ŒUVRES COMPLÈTES

DE

LAMARTINE

PUBLIÉES ET INÉDITES

CRITIQUE

DE

L'HISTOIRE DES GIRONDINS

PAR L'AUTEUR DES GIRONDINS LUI-MÊME

VII

TOME QUINZIÈME

PARIS

CHEZ L'AUTEUR, RUE DE LA VILLE-L'ÉVÊQUE, 43

M DCCC LXI

ŒUVRES COMPLÈTES

DE

LAMARTINE

—

TOME QUINZIÈME

CRITIQUE

DE

L'HISTOIRE DES GIRONDINS

PAR

L'AUTEUR DES GIRONDINS LUI-MÊME

A VINGT ANS DE DISTANCE

(INÉDITE)

VII

CRITIQUE

DE

L'HISTOIRE DES GIRONDINS

I

Les Persans, nos aînés en sagesse comme en années, regardent la vieillesse comme un don céleste qui permet à l'esprit de thésauriser plus d'intelligence et plus de vérités. Les cheveux blanchis leur paraissent un symptôme de maturité : ils ont exprimé cette opinion dans un proverbe. Les proverbes en Orient sont les médailles des langues. Après avoir été monnaie des peuples, les proverbes se retrouvent dans les décombres des nations et se conservent dans leur mémoire comme des axiomes qu'on ne discute plus. A un proverbe, point de réplique ; on dirait qu'un dieu a parlé là en un mot, on incline la tête, on accepte sur parole et on se tait.

Or ce proverbe des Persans, qui fut vraisemblablement déjà proverbe avant Zoroastre, le voici :

Agrandissement d'années, élargissement d'intelligence;

c'est-à-dire, plus vous avez de temps pour voir les choses humaines, et mieux vous les comprenez. Autrement dit, à mérite égal les hommes mûrs ont plus de sagesse que les jeunes gens. C'est tellement banal qu'on rougit de le discuter. L'âge n'a-t-il pas eu de tout temps l'autorité de la présomption de sagesse ? A-t-on jamais vu une seule nation (excepté les *Abdéritains*, peuple fou qui voulait rire) mettre sa jeunesse dans son sénat, demander leurs lumières à ceux qui n'ont rien appris, et leur expérience à ceux qui n'ont pas encore vécu !

Non, ce bal masqué de barbes grises allant recevoir les leçons des imberbes, comme disait Henri IV, serait la nature renversée. Que deviendrait le respect, ce grand auxiliaire moral des gouvernements? Que deviendrait la société politique, enfance éternelle qui condamnerait les peuples à une éternelle étourderie? Si le passé n'enseignait pas l'avenir, à quoi bon la mémoire? Le monde recommencerait tous les jours, et cette succession de folies de jeunesse ne serait qu'une succession de catastrophes dans l'histoire des nations.

L'expérience est donc quelque chose; et les années apportent cette expérience aux esprits sincères. Voilà l'explication et la justification du proverbe persan : *Agrandissement d'années, élargissement d'intelligence*. La vie est une leçon, et toute leçon doit profiter à celui à qui Dieu l'accorde.

II

Or, en France, où l'on parle si bien, mais où l'on pense trop vite; en France, où les paradoxes courants prennent si souvent la place des vérités acquises, les partis arriérés ou avancés ont adopté depuis quelques années un proverbe tout contraire, le proverbe du contre-sens, le proverbe du sophisme. Le sens de ce proverbe est celui-ci : celui qui change d'opinion a tort ; celui qui reçoit les leçons de la vie et qui en profite pour rectifier ou modifier sa pensée est un grand coupable. Malheur et mépris aux esprits progressifs qui s'améliorent, qui se rectifient, qui se corrigent eux-mêmes en vivant ! Ils sont présumés intéressés, versatiles, adulateurs du temps qui court, apostats de leur tradition et d'eux-mêmes. Honneur et respect aux incorrigibles ! Confiance exclusive aux esprits pétrifiés et aux caractères têtus qui, lorsqu'ils ont une fois proféré une erreur ou une sottise, ne s'en dédisent jamais et veulent mourir, comme disait M. de Chateaubriand, ce grand oracle du respect humain dans ce siècle, « non pas conformes à la vérité, mais conformes à eux-mêmes. »

III

J'avoue que je n'ai jamais compris le sens de cet axiome de l'obstination des partis, quels qu'ils soient, en France : « Tu ne changeras pas. »

Tu ne changeras pas ; c'est-à-dire, tu vivras des jours sans nombre, tu verras des idées justes prendre la place de préjugés absurdes, des trônes s'écrouler sur des fondements vermoulus, des castes s'effacer devant des nations, des gouvernements légitimes se fonder sur les devoirs réciproques des hommes en société de services et de défense mutuels, des démagogues surgir comme les vices incarnés de la multitude, irriter les passions du peuple, les pousser jusqu'au délire, jusqu'au meurtre, s'armer de ces fureurs populaires pour prendre la hache au lieu de sceptre et pour promener, sur ce peuple lui-même, ce niveau de fer qui trouve toujours une tête plus haute que son envie ; tu verras le sang le plus pur ou le plus scélérat couler à torrents dans les rues de tes villes ; tu verras les partis populaires épuisés céder au parti soldatesque, première forme de la tyrannie ; tu verras un soldat popularisé par la victoire prendre à la fois la place de la liberté, du trône et du peuple par un coup de main ; tu le verras provoquer le monde pour le vaincre, changer l'Europe en un champ de bataille annuel, faucher périodiquement les générations nouvelles, plus vite que la nature ne les fait naître, pour son ambition, en sorte que les vieillards se demandaient s'il y aurait encore une jeunesse et si Dieu ne faisait plus naître les générations que pour mourir à vingt ans au signe de ce pourvoyeur de la gloire.

Tu le verras tomber en rendant par sa chute la vie à la jeunesse de son peuple; et, prodige de démence : tu verras après trente ans les peuples déifier ce consommateur de peuples et lui faire un titre de règne du plus grand abus de sang humain qui ait jamais été fait, depuis César, en Occident !

Tu auras vu envahir deux fois la patrie par le reflux inévitable de l'Europe sur ce nid d'aigles qu'on appelle la France, où le conquérant, conquis à son tour, allait devenir la proie de sa proie.

Tu auras vu que la gloire n'est qu'une fumée de sang humain qui monte au ciel, il est vrai, en fascinant les yeux myopes des peuples, mais qui y monte pour défier sa justice et pour provoquer sa vengeance.

Tu auras vu des rois légitimes, héritiers d'un juste décapité, rappelés de l'exil au trône, rapporter la paix, la liberté, la libération du territoire; adopter ce qu'il y avait de juste dans la Révolution ; rétablir la souveraineté représentative du peuple; faire prospérer leur pays sous la sauvegarde de tous les droits équitablement pondérés; y faire fleurir l'éloquence de la tribune et de la presse, cette royauté de l'intelligence de niveau avec la royauté du sang; présider du haut d'un trône populaire à une véritable renaissance de tous les arts de l'esprit, de toutes les industries de la paix; tu les auras vus, frappés par les armes mêmes qu'ils avaient remises à la nation, odieusement accusés des désastres que leur présence venait réparer, et chassés du trône, d'exil en exil, par l'ingratitude de la liberté.

IV

Tu auras vu un schisme de famille s'emparer de ce trône par voie de popularité fondée sur un mauvais souvenir, hérédité qui ne devait pas être un crime dans les fils innocents des fautes du père, mais qui ne devait pas être non plus un titre à la couronne tombée avec la tête d'un martyr de la royauté.

Tu auras vu tomber à son tour, presque sans secousse, ce roi mal assis sur les débris de sa maison, par la versatilité d'un peuple qui ne sait ni haïr ni aimer longtemps.

Tu auras vu la France remise debout par l'effort de citoyen désintéressés, appelée, sans acception de parti ou de caste, à se gouverner elle-même, s'élever pendant quelques mois à une magnanime modération et à une légalité volontaire, chercher en soi-même les conditions de la liberté, sauver l'ordre, la vie des citoyens, la paix du monde, puis abdiquer déplorablement son propre règne et préférer la gloire d'un nom dynastique à sa propre dynastie républicaine, trop fatigante pour sa faiblesse ; semblable à ces souverains détrônés de nos premières races qui, laissant les ciseaux du moine dépouiller leurs fronts chevelus, regardaient du fond d'un cloître régner à leur place l'élu du camp ou le maire du palais.

Tu auras vu ces mêmes multitudes, qui saluaient l'écroulement des trônes, saluer de leurs acclamations la restauration des trônes ; tu auras vu les tribuns les plus démagogues se transformer en courtisans les plus dévoués, sous prétexte de couronner le peuple en couronnant l'armée. L'armée, peuple en effet, peuple héroïque sur les champs de bataille, peuple qui sauve la patrie en uniforme, mais qui marche à tous les tambours, pour ou contre tous les droits du peuple lui-même, pourvu que la gloire militaire lui dore toutes les causes et lui compte au même taux toutes les journées dans des états de service qui vont du 18 brumaire à Marengo, d'Austerlitz à Waterloo, de Waterloo à Alger, d'Alger à l'acclamation de la république, de l'acclamation de la république au 2 décembre, du 2 décembre à Solferino, de Solferino qui sait où ?

Tu auras vu tout cela ; tu auras appris pendant un demi-siècle ce que valent les principes les plus contradictoires de gouvernement ; tu auras partagé le fanatisme presque unanime de 1789 pour la régénération d'un royaume sous l'initiative si bien intentionnée d'un roi philosophe et magnanime qui se dépouillait lui-même de son sceptre pour donner ce sceptre à son peuple ; tu auras partagé trois ans après l'indignation et le remords de la nation contre l'ingratitude de ce peuple conduisant en pompe son bienfaiteur couronné à l'échafaud et enseignant ainsi à l'histoire que la vertu est un crime et que le premier devoir d'un roi, c'est de régner.

V

Tu auras partagé l'exécration du monde contre ces terroristes de la première république, livrant tous les jours une ration de sang humain à leurs séides et croyant qu'on bâtit des monuments de liberté sur des fondations de cadavres.

Tu auras partagé l'enthousiasme imprévoyant des armées affamées de gloire et des citoyens affamés d'ordre pour un empire sorti des camps pour expirer sur le sol deux fois conquis de la patrie.

Tu auras accueilli le retour des héritiers de Louis XVI comme une providence, et tu les auras bannis, quelques années après, comme des criminels d'État.

Tu auras eu des hymnes pour une monarchie, dite de Juillet, fondée sur toutes les violations du droit monarchique, et tu auras eu des huées contre elle le lendemain de sa chute.

VI

Tu auras eu des aspirations romaines pour une république légale et pacifique, réconciliant dans une concorde unanime toutes les classes prêtes à s'entre-déchirer! Tu auras été ivre de sécurité et de joie en voyant cette république, qui se craignait elle-même, abolir courageusement la peine de mort le lendemain de son avénement imprévu, de peur d'abuser jamais des armes que tous les régimes s'étaient transmises jusque-là les uns aux autres pour immoler leurs ennemis; tu auras frémi d'espérance en voyant cette démocratie philosophique déclarer la paix au monde étonné; tu auras eu le délire de l'admiration en voyant quelques citoyens obéis par le peuple et pressés par d'innombrables prétoriens de la multitude de perpétuer leur dictature; tu les auras vus, au contraire, appeler la nation entière à se lever debout dans ses comices afin de remettre plus vite cette dictature à la nation représentant cette légitimité des interrègnes. Et quand la nation, relevée par la main de ces hommes de sauvetage, aura repris son aplomb et son sang-froid, tu n'auras eu pour ces citoyens, victimes émissaires de leur dévouement, que des calomnies, des mépris, des outrages, des abandons pour décourager les abnégations futures et pour montrer à l'avenir qu'on ne sauve sa patrie qu'à la condition de se perdre soi-même; mauvais exemple qui ne profitera pas à la nation !

VII

Tu auras vu tout cela !

Et l'on voudrait que tu fusses resté le même, sans incrédulité quand tout trompe, sans variation quand tout varie, sans modification quand tout change, sans ébranlement quand tout tombe, sans expérience quand tout enseigne autour de toi! Royaliste en 89, Jacobin modéré en 1790, Girondin en 1791, terroriste en 1793, thermidorien réactionnaire en 1795, bonapartiste en 1798, consulaire en 1800, impérialiste en 1805, bourbonien légitimiste en 1815, orléaniste en 1830, républicain en 1848, napoléonien en 1850, impérialiste en 1852, et aujourd'hui, que sais-je? agitateur de l'Europe à peine calmée, évocateur de guerres en Occident et en Orient, auxiliaire de l'ambition d'un roi des Alpes pour monopoliser les républiques, les trônes et les tiares en Italie; dupe de l'Angleterre monopolisant à son tour les mers, les montagnes et les péninsules par la main d'un roi, vice-roi des tempêtes !

VIII

Quoi! vivre si longtemps ne t'aurait servi qu'à cela! Tu ne saurais pas aujourd'hui que les plus belles philosophies n'ont que des jours d'explosion et des années de fumée, fumée à travers laquelle on ne reconnaît plus rien que des décombres; que les peuples, comme des banqueroutiers de la vérité, ne tiennent jamais ce qu'ils promettent; que les princes les meilleurs ne recueillent que l'assassinat, comme Henri IV, ou le martyre, comme Louis XVI; que les réformateurs les plus bienfaisants ont pour ennemis les utopistes les plus absurdes; que les gouvernements héréditaires subissent les dérisions de la nature, qui ne sanctionne pas l'hérédité du génie ou des vertus; que les gouvernements parlementaires subissent la domination de l'intrigue, la fascination du talent, l'aristocratie de l'avocat, soldat du sophisme comme de la vérité, qui prête sa voix à toutes les causes, pourvu que l'on applaudisse, et qui est aux assemblées ce que la caste militaire est aux despotes, pourvu qu'ils les payent en grades et en gloire; que les gouvernements absolus font porter à tous la responsabilité des fautes d'une seule tête; que les gouvernements à trois pouvoirs sont la lutte acharnée de trois factions organisées qui consument le temps des peuples dans leurs vaines querelles, qui n'ont le plus souvent d'autre mérite que de se faire obstacle les unes aux autres, de se réduire mutuellement à l'impuissance d'action, d'empêcher les grands maux, mais d'empêcher aussi les grandes améliorations, et qui finissent par des Gracques ou par des Césars, ces héritiers naturels des anarchies ou des servitudes; que les républiques ne sont que la convocation du peuple entier au jour d'écroulement de toutes choses pour tout soutenir; que le tocsin du salut commun dans l'incendie des révolutions qui menace de consumer l'édifice social, mais que si ces républiques sauvent tout, elles ne fondent rien à moins d'une lumière qui n'éclaire pas souvent le fond des masses d'une capacité qui manque encore au peuple, et d'une vertu publique qui manque plus encore aux classes gouvernementales.

IX

Que vous ayez eu toutes ces nobles illusions du royalisme, des gouvernements à une tête, des gouvernements à trois têtes, des gouvernements de parole, des dictatures ou des républiques dans votre jeunesse, sur la foi des théories toujours séduisantes comme les mirages de l'esprit humain, cela est naturel, honorable même, aux différentes phases d'une vie qui pense. Les théories sont les beaux songes des hommes de bien; il est glorieux d'être successivement trompé par elles; ces déceptions sont les douleurs sans doute, mais non les remords de l'esprit. Et l'on veut qu'après soixante années d'épreuves de toutes ces natures de gouvernement vous vous imposiez la loi de croire ce que vous ne croyez plus, de dire ce que vous ne pensez plus, d'affecter par vanité de constance dans vos opinions une opiniâtreté de mauvaise foi dans des doctrines qui vous ont menti, déçu, trompé tant de fois!

C'est là une ostentation de fausse sagesse qui n'est que la répugnance de l'orgueil humain à confesser sa faiblesse, ou bien ce n'est qu'une improbité d'esprit donnant au monde une fausse monnaie de conviction pour acheter à ce prix l'estime du vulgaire, qui s'attache à ces immutabilités d'attitude comme à des preuves de force, tandis qu'elles ne sont le plus souvent que des impuissances de l'esprit ou des fanfaronnades de caractère.

Je dirai plus, ces immutabilités d'opinion sont une offense à Celui qui a fait de la vie un enseignement à tous les âges, un refus de prêter l'oreille, l'esprit, le cœur à Celui qui nous éclaire par l'expérience, depuis le premier jour où l'homme pense et doute jusqu'au jour où il cesse de penser et de douter. De toutes les heures de la vie, chacune est chargée de nous apporter une vérité; aucune de ces heures ne vient à nous les mains vides, et c'est peut-être la dernière heure d'une longue vie qui vous apporte la vérité la plus précieuse en récompense de votre sincérité à la rechercher et de votre patience à l'attendre.

X

En résumé, la vie est une leçon que le temps est chargé de donner à l'homme en lui faisant épeler, syllabe par syllabe, les événements.

Celui qui n'a pas changé n'a pas vécu, puisqu'il n'a rien appris.

Celui qui prétend avoir tout su le premier jour est un

homme qui n'avait ni raison de naître, ni raison de vivre, ni raison de mourir, car il n'avait rien à apprendre en naissant.

Il n'avait rien appris en vivant, il mourait sans emporter ou sans laisser après lui sur la terre le moindre profit de la vie : théorie de l'immobilité qui fait de l'homme immuable la *créature du temps perdu*.

Une telle théorie insulte à la fois l'homme et Dieu. N'insistons pas ; changer c'est vivre, vivre c'est changer.

La vie n'est pas semblable à ces fontaines d'Auvergne, pleines de sédiments impurs, qui pétrifient ce qu'on leur jette et qui, au lieu d'une fleur ou d'un fruit, vous rendent une pierre. La vie est un courant qui mène à la vérité, c'est-à-dire au bien. Le temps sait tout ; et nous ne pouvons savoir quelque chose qu'en l'associant à nos ignorances et en lui demandant ses secrets.

XI

Il est donc non-seulement permis de changer en vivant, mais c'est un devoir de conscience. Bien entendu que cette théorie du changement s'applique à l'esprit, mais non au cœur ; que le changement doit être désintéressé et non vénal ; que tout changement qui consiste à abandonner une cause vaincue parce qu'elle est vaincue est une lâcheté ; que tout changement qui consiste à s'allier à une cause victorieuse parce qu'elle est victorieuse est une abjection de caractère ; que changer par ambition, c'est une suspicion légitime de vice ; que changer par cupidité de fortune est une vénalité de cœur qui déshonore la vérité même ; que changer d'amis quand la fortune les trahit est une versatilité d'affection qui prouve la courtisanerie de l'âme. Mais que changer d'opinion sans abandonner ses sentiments personnels, ni les vaincus, ni les malheureux, ni les faibles ; changer à ses dépens en s'exposant sciemment au contraire aux dénigrements d'intentions, aux colères du respect humain, au mépris des partis et aux souffrances de considération qui suivent ordinairement ces progrès des hommes sincères dans ce qu'ils croient la route des améliorations morales et des vérités progressives, c'est souffrir pour la cause du bien, c'est le martyre d'esprit pour la vérité, martyre que les hommes aggravent par leur fiel et par leur vinaigre, mais que la vérité récompense par les jouissances de la conscience.

Même quand le martyre s'est trompé de cause, il ne s'est pas trompé de vertu !

XII

Je pense ainsi, et voilà pourquoi je ne me reproche point d'avoir changé plusieurs fois dans le cours de mes années d'opinions ou de marche politiques dans les situations diverses où se sont trouvés notre pays et notre temps. Je me reprocherais plutôt de n'avoir pas assez changé, c'est-à-dire de n'avoir pas assez profité du temps que Dieu m'a laissé vivre pour me transformer davantage encore, d'avoir peut-être trop sacrifié aux convenances, aux situations antécédentes, au respect humain, à toutes ces considérations personnelles qui empêchent de se démentir plus franchement de ce qu'on a dit étourdiment sur la foi d'autrui dans son âge d'ignorance : toutes choses qui sont louables au point de vue du monde, mais qui sont méprisables au point de vue de Dieu ; freins timides qui retardent la marche de la pensée d'un siècle par la difficulté d'avouer que le vieil homme est mort en vous, qu'on est un nouvel homme, et par le désir naturel, mais coupable, de concilier vaniteusement en vous l'homme d'hier et l'homme d'aujourd'hui.

Dire : « Je me suis trompé, » c'est le prosternement de l'orgueil, et cet orgueil, cependant, il faut le fouler aux pieds, si l'on veut être honnête homme jusqu'à la moelle, et mériter l'indulgence du juge futur en acceptant les sévérités et les humiliations du juge présent.

Et voilà pourquoi je changerais encore sans hésitation si je venais à découvrir que mes opinions actuelles sont des erreurs et qu'il y a des routes nouvellement découvertes dans lesquelles la marche est plus sûre, le sol plus solide et les vertus sociales plus mûres et plus abondantes pour l'humanité.

XIII

Est-il donc étonnant que pensant ainsi et qu'ayant le sentiment, je dirai presque le remords, de quelques erreurs de jugement commises par moi dans l'appréciation des actes et des hommes de la première Révolution française (*Histoire des Girondins*), est-il étonnant, dis-je, que je relise sévèrement ce livre (qui fut un événement, j'en conviens, et qui vit encore d'une forte vie à l'heure où je parle), et que je présente aujourd'hui le curieux phénomène d'un écrivain, critique après avoir été historien, et qui juge à vingt ans de distance, en pleine maturité, le livre écrit par lui-même à une autre époque de son siècle et sous d'autres impressions de son esprit? Un seul exemple de cette critique de soi-même a été donné en France dans l'opuscule intitulé : *Rousseau juge de Jean-Jacques.* Mais si je n'ai pas reçu de la nature le style et l'éloquence de J.-J. Rousseau, je n'ai pas reçu non plus sa féroce personnalité ; et si le lecteur a quelque excès à craindre de ma plume dans ce jugement sur moi-même, ce n'est pas, à coup sûr, l'excès d'orgueil ; ce serait plutôt l'excès de sévérité. La vie m'a appris à être modeste, et les événements publics, comme les événements privés, qui m'ont écrasé sans m'aplatir, ne me laissent de mes œuvres ou de mes actes qu'une fière humiliation devant les hommes et une humble humilité devant Dieu.

L'humiliation, c'est la peine; l'humilité, c'est la leçon!

XIV

Or, quel était l'état des choses, en France, et quelles étaient mes propres dispositions d'esprit en 1846, quand j'écrivis cette histoire?

L'esprit de la France était très-troublé, très-peu propre par conséquent à jeter un regard d'ensemble et surtout un regard impartial sur la Révolution française, très-peu propre aussi à porter un jugement sain et définitif sur les hommes qui avaient été, en bien ou en mal, les grands acteurs de cette révolution.

M. Thiers, dont on ne m'accusera pas de dénigrer les grandes œuvres historiques (voyez mes *Entretiens sur l'Histoire de l'Empire,* que j'ai appelée, le premier, *le livre du siècle*), M. Thiers n'était pas encore ce qu'il est ; l'âge et la vie publique pleine de bon sens, de fautes expiées, de leçons terribles, n'avaient pas donné encore à son esprit ce sens de la moralité ou de l'immoralité des événements et des caractères qui est la vertu de l'histoire. Il écrivait au point de vue du succès, non au point de vue de la morale. Il venait d'écrire ainsi sans profondeur, sans philosophie, sans justice, une histoire de la Révolution qui n'était qu'une adulation à la Révolution elle-même. On avait fait à ce livre, très-superficiel selon moi, une vogue de circonstance et une popularité de parti. Plus j'ai étudié les faits, les hommes, les événements de la Révolution française, plus ce livre a baissé dans mon esprit ; mais *habent sua fata libelli.* Cette histoire amnistiait les erreurs, les tyrannies, les sévices même de la Révolution ; elle faisait remonter la colère et le mépris de la nation jusque sur les victimes. Son mérite était précisément d'être fausse. Il fallait des passions et non des principes à la démocratie ; elle avait trouvé un jeune homme de talent, elle lui dit : « Fais mon portrait, mais flatte-moi, et défigure mes ennemis, je te nommerai peintre du peuple. »

Du côté opposé, les historiens de la Révolution dans le parti royaliste, religieux, aristocratique, n'avaient écrit sous le nom d'histoire que le martyrologe des victimes de 1791 à 1794 ; ils avaient barbouillé de sang tous les principes les plus saints et les plus innocents de la philosophie révolutionnaire du dix-huitième siècle. Parce que Danton, Marat, Robespierre, avaient été des meurtriers, il semblait à les lire que la liberté modérée, l'égalité devant la loi, la tolérance devant Dieu, la représentation de toutes les classes, de tous les droits, de tous les intérêts devant les institutions, étaient des délires ou des crimes. De telles histoires, pamphlets de la démocratie ou pamphlets de l'aristocratie, n'étaient propres qu'à éterniser la guerre civile des esprits entre les enfants d'un même peuple.

XV

Une grande histoire est un grand jugement dans ces procès d'opinions. Ce jugement manquait à la France ; c'était une bonne œuvre que d'essayer de le porter selon mes faibles forces. J'y pensais depuis longtemps. J'avais deux mobiles.

Le premier, tout moral, c'était de démontrer historiquement au peuple et surtout aux hommes d'État que le crime politique, populaire, démocratique ou aristocratique, déshonorait ou perdait fatalement toutes les causes qui croyaient pouvoir se servir pour leur succès de cette arme à deux tranchants ;

Que la Providence était aussi logique que la conscience ;

Que les événements ne pardonnaient pas plus que Dieu l'emploi des moyens criminels, même pour les causes les plus légitimes, et qu'en commentant avec clairvoyance la Révolution française, le plus vaste et le plus confus des événements modernes, on trouverait toujours infailliblement un excès pour cause d'un revers, et un crime pour cause d'une catastrophe.

En un mot, je voulais, comme le veut la Providence, que l'histoire fût un cours de morale et que l'honnêteté des moyens fût la légitimité des innovations.

Un tel livre eût été le catéchisme en action de la politique; mais il fallait une main divine pour l'écrire : je n'étais qu'un homme de bonne volonté.

Le second mobile qui me sollicitait intérieurement à écrire cette histoire à la fois dramatique et critique de la Révolution française était, je l'avoue, un mobile humain, une ambition d'artiste, une soif de gloire d'écrivain toute semblable à la pensée d'un peintre qui entreprend une grande page historique ou un portrait et qui n'a pas pour objet seulement de faire ressemblant, mais de faire beau, afin que dans le tableau ou dans le portrait on ne voie pas uniquement l'intérêt du sujet, mais qu'on voie aussi le génie du pinceau et la gloire du peintre. Ici, je m'excuse et il faut m'excuser. *Homo sum.*

XVI

Bien jeune encore et lorsque mes premiers succès littéraires m'avaient donné le pressentiment d'une carrière aussi complète, que mes modestes facultés d'*amateur* plutôt que d'artiste me permettaient de former un plan de vie plus ou moins illustre, je m'étais dit et j'avais dit bien souvent à mes amis de jeunesse : « Si Dieu me seconde, j'emploierai les années qu'il daignera m'accorder à trois grandes choses qui sont, selon moi, les trois missions de l'homme d'élite ici-bas. » (J'aurais dû dire les trois vanités, maintenant que toutes ces vanités sont mortes en moi et que je les expie par autant d'humiliations sur la terre, afin qu'elles me soient pardonnées là-haut.)

« J'emploierai donc, disais-je à ces amis, ma première jeunesse à la poésie, cette rosée de l'aurore, au lever d'un sentiment dans l'âme matinale; je ferai des vers, parce que les vers, langue indécise entre ciel et terre, moitié songe, moitié réalité, moitié musique, moitié pensée, sont l'idiome de l'espérance qui colore le matin de la vie, de l'amour qui enivre, du bonheur qui enchante, de la douleur qui pleure, de l'enthousiasme qui prie.

» Quand j'aurai chanté en moi-même et pour quelques âmes musicales comme la mienne, qui évaporent ainsi le trop-plein de leur calice avant l'heure des grands soleils, je passerai ma plume rêveuse à d'autres plus jeunes et plus véritablement doués que moi ; je chercherai dans les événements passés ou contemporains un sujet d'histoire, le plus vaste, le plus philosophique, le plus dramatique, le plus tragique de tous les sujets que je pourrai trouver dans le temps, et j'écrirai en prose, plus solide et plus usuelle, cette histoire, dans le style qui se rapprochera le plus, selon mes forces, du style métallique, nerveux, profond, pittoresque, palpitant de sensibilité, plein de sens, éclatant d'images, palpable de relief, sobre mais chaud de couleurs, jamais déclamatoire et toujours pensé; autant dire, si je le peux, dans le style de *Tacite;* de *Tacite,* ce philosophe, ce poëte, ce sculpteur, ce peintre, cet homme d'État des historiens, homme plus grand que l'homme, toujours au niveau de ce qu'il raconte, toujours supérieur à ce qu'il juge, porte-voix de la Providence qui n'affaiblit pas l'accent de la conscience dont il est l'organe, qui ne laisse aucune vertu au-dessus de son admiration, aucun forfait au-dessous de sa colère; Tacite, le grand justicier du monde romain, qui supplée seul la vengeance des dieux, quand cette justice dort!

» Quand j'aurai écrit ce livre d'histoire, complément de ma célébrité littéraire de jeunesse, si j'ai le hasard de conquérir cette double célébrité du poëte et de l'historien, je jetterai de nouveau la plume, la plume, après tout, hochet du talent, instrument trop insuffisant et trop spéculatif de la pensée; la plume, qui n'est rien devant l'épée. J'entrerai résolûment dans l'action et je consacrerai les années de ma maturité à la guerre, véritable vocation de ma nature qui aime à jouer avec la mort et la gloire, ces grandes parties dont les vaincus sont des victimes, dont les vainqueurs sont des héros.

» Et si la guerre, que je préfère à tout, me manque, je monterai aux tribunes, ces champs de bataille de l'esprit humain où l'on ne meurt pas moins de ses blessures au cœur que l'on ne meurt ailleurs du feu ou du fer; et je tâcherai de me munir, quoique tardivement, d'éloquence, cette action parlée qui confond dans Démosthène, dans Cicéron, dans Mirabeau, dans Vergniaud, dans Chatham, la littérature et la politique, l'homme du discours et l'homme d'État, deux immortalités en une.

» Enfin, s'il m'est accordé de survivre aux révolutions, aux guerres civiles, aux poignards des sicaires, des Catilina, des Clodius, des Octave, des Antoine de mon temps, et de vieillir couché sur mes propres décombres, brisé de cœur, mais sain d'esprit, j'emploierai ces dernières années de grâce à l'œuvre finale de toute intelligence : à la contemplation et l'invocation de mon Créateur ; je ferai, comme Cicéron, le livre éternellement à faire *De naturâ deorum ;* je mêlerai mon grain d'encens à l'encens des siècles. »

XVII

Voilà quels étaient mes plans de jeunesse.

Ce n'étaient pas les plans de Dieu.

L'orgueil y avait trop de part pour qu'ils fussent ratifiés par ce que les anciens nommaient la destinée, et par cette puissance incorruptible que nous nommons Providence.

Tout a tourné autrement que je ne l'avais orgueilleusement conçu dans mes puériles ambitions d'avenir. En poésie, je n'ai été qu'une main novice qui fait rendre par un attouchement léger quelques accords à un instrument à cordes dont le doigté n'est pas une vraie science, mais une inhabile improvisation de l'âme.

En ambition militaire, l'occasion m'a manqué ; j'ai vécu dans un temps de paix ; il n'y avait guerre que d'idées.

En éloquence politique, je suis arrivé trop tard aux tribunes dites parlementaires, monopole des avocats, pour développer les forces réelles d'éloquence raisonnée et passionnée que je sentais véritablement rugir en moi comme des lions muselés entre les barreaux d'une ménagerie.

De plus, ma fausse situation dans les chambres de 1830 à 1848 ne me laissait pas la liberté de mes mouvements;

je n'étais d'aucun parti actif et, par conséquent, j'étais en suspicion légitime à tous les partis.

L'éclectisme, qui est l'attitude de la vérité dans les philosophes, est la faiblesse des hommes d'État dans les temps de passion.

Sorti de la Restauration avec d'amers regrets de sa chute, adversaire de cœur de la royauté de 1830, ennemi trop honnête cependant pour m'allier avec les factions, ou légitimistes, ou révolutionnaires, qui conspiraient la ruine de cette royauté sans avoir à offrir à sa place qu'une anarchie au pays, je vivais dans le vague et je parlais sans échos. La tribune n'était véritablement pour moi qu'un exercice semblable à celui de Démosthène sur le bord de la mer. Il parlait aux flots qui étouffaient sa voix, et moi aux partis qui cherchaient à étouffer la mienne. La France seule en entendait quelques retentissements dans les journaux indépendants, et voyait croître autour de mon nom une lente popularité qui devait lui être utile un jour.

XVIII

Mon action politique ne commença que dans une grande tempête imprévue, le jour même d'une chute soudaine de la royauté de juillet, déjà en fuite avant d'avoir eu le temps de combattre.

Ce jour-là je fus roi d'une heure, c'est vrai. Placé, par mon indépendance des partis, entre tous les partis, les républicains se jetèrent à moi par inquiétude de leur triomphe; les royalistes, par peur de leur défaite ; les légitimistes, par le sentiment de leur inopportunité et de leur impuissance dans cet anéantissement du trône ; le peuple surtout, par l'intérêt de salut public et par ce besoin d'un chef qui parle plus haut que toutes les théories dans les périls extrêmes des tremblements de tous les foyers.

Ce n'était pas un gouvernement qu'il fallait créer à la minute, il n'en aurait pas duré deux. C'était un sauvetage qu'il fallait organiser sous le nom de république. J'eus le sentiment de cette vérité.

Au lieu de suivre en hésitant un mouvement désordonné qui allait mener de convulsions en convulsions désormais irrésistibles aux derniers abîmes, je fis résolûment la république, je la fis seul, quoi qu'on vous en dise, j'en assume seul la responsabilité ; je nommai seul les chefs les plus en vue et les plus populaires qui pouvaient lui apporter l'autorité des différentes factions auxquelles ils appartenaient ; je me nommai moi-même, parce que je n'appartenais à aucune, et parce que, soutenu par le peuple seul, je pouvais être arbitre dans ce conseil souverain du gouvernement. La France fut admirable de sagesse et d'héroïsme, on ne le dira jamais assez. Folle la veille, lâche le lendemain, elle fut pendant les quatre mois du danger au niveau d'elle-même ; la république, contre laquelle elle vocifère tant depuis, fut son salut. Un homme d'État renversé, mais qui s'éleva lui-même en ce moment à la hauteur d'un vrai patriotisme, M. Thiers, en trouva sur l'heure la vraie formule : « Gardons la république, car c'est le gouvernement qui nous divise le moins. » C'est la pensée que j'avais exprimée autrement en entrant le jour même à l'hôtel de ville, ces Tuileries du peuple.

XIX

M. Dupin, dans un volume récent, renouvelle encore contre moi cette accusation irréfléchie de n'avoir pas proclamé la régence, la régence d'une femme intéressante sans doute, mais d'une femme exclue du gouvernement par la loi que le parti d'Orléans venait de se faire à lui-même ; régence aussi illégale par conséquent que la république, une régence déjà tombée dans la rue et ramenée, à travers la révolution et l'armée immobiles, à la porte d'une Chambre dissoute de fait.

Et au nom de quoi aurais-je proclamé cette régence des orléanistes, moi qui n'avais jamais voulu adhérer au gouvernement, schisme de famille, de 1830 ; moi qui lui avais renvoyé toutes mes places diplomatiques pour ne pas le servir ; moi qui m'étais respectueusement refusé à tout rapport avec cette royauté, par scrupule de fidélité à mes souvenirs ! En vérité, M. Dupin et les orléanistes auraient bien ri, le lendemain, d'un légitimiste de cœur refaisant après coup une seconde révolution de 1830 et réinstallant une seconde monarchie d'Orléans, pour l'attaquer le surlendemain !

Et quand j'aurais tenté ce contre-sens à moi-même, l'aurais-je pu accomplir avec l'ombre de succès un peu durable ? Où étaient le peuple, l'armée, les chambres, les ministres, pour sanctionner et soutenir cette régence de hasard sortie d'une insurrection contre la royauté de juillet, aventure dans une aventure, illégalité dans une illégalité, révolution de 1830 dans une révolution de 1830, belle-fille contre le beau-père, petit-fils contre l'aïeul, belle-sœur contre le beau-frère, neveu contre les oncles, chaos dans un chaos!

Et puisque M. Dupin et les révolutionnaires orléanistes de 1830 pensent qu'une régence était si facile et si simple à faire, et à faire durer huit jours seulement, que ne la faisaient-ils eux-mêmes? Qui les gênait?

Certes, c'était à eux, orléanistes, et non à moi, adversaire de la royauté illégitime d'Orléans, de se charger de ce rôle; logique en eux, il était absurde en moi. M. Dupin n'y a pas pensé. Si l'empire qu'il sert aujourd'hui, comme il a servi la légitimité, la royauté de juillet, la république, avec un zèle qui ne faiblit jamais et avec un talent qui grandit toujours; si, dis-je, l'empire venait à chanceler dans une journée de février quelconque, que penserait M. Dupin d'un républicain, d'un légitimiste, d'un orléaniste qui viendrait sur le champ de mort de l'empire écroulé, quoi faire? Proclamer un empire bâtard de branche cadette et factieuse, cela ne serait pas moins ridicule que le rôle que M. Dupin et ses amis me reprochent de n'avoir pas pris le 24 février! En vérité, si je l'avais pris, ce rôle, je ne saurais pas aujourd'hui où cacher ma honte. Il faut respecter et protéger le malheur d'une dynastie qui s'écroule sur son faux principe, c'est ce que nous avons fait; mais il ne faut pas relever un faux principe tombé pour servir de base au trône d'une veuve qu'on admire et d'un enfant qu'on plaint. Une veuve n'a pas besoin d'une régence pour se consoler d'un sépulcre, et un enfant, pour être heureux, n'a pas besoin pour hochet d'un sceptre dérobé à un aïeul dans l'escamotage d'une demi-révolution.

XX

Telles étaient dès l'année 1844 mes dispositions d'esprit à l'égard de la royauté pseudo-républicaine et pseudo-dynastique de la famille d'Orléans. Je l'aurais vénérée partout ailleurs que sur un trône; par tradition de famille, du côté de ma mère, je lui devais plus que du respect, je lui devais de la reconnaissance. Cette auguste maison avait eu des patronages, des bienveillances, des générosités princières pour ma famille maternelle. La mère de ma mère était sous-gouvernante de ces enfants, des princes du sang et de la fille du vénérable duc de Penthièvre. Le roi Louis-Philippe et ses frères avaient été, avant l'époque de madame de Genlis, élevés par ma grand'mère; un de mes proches parents était son intendant des finances. Après la terreur, la duchesse d'Orléans, reléguée en Espagne, avait prié ma grand'mère d'aller chercher madame Adélaïde d'Orléans, sa fille, en Suisse, et de la lui ramener en Espagne. La mission de confiance avait été remplie. Après 1814, ma mère avait retrouvé dans Louis-Philippe et dans madame Adélaïde, sa sœur, des souvenirs d'enfance et d'éducation communs qui les disposaient à toutes les bontés pour la fille de leur gouvernante. J'avais l'honneur d'en être reçu avec distinction dans mon adolescence. La protection du prince et de sa sœur ne me fut néanmoins d'aucun secours, soit dans la carrière littéraire, où l'on n'est protégé que par son talent, si on en a; soit dans la carrière militaire, où je servais, dans les gardes-nobles de Louis XVIII, une cause très-opposée au parti politique déjà dessiné du duc d'Orléans; soit dans la carrière diplomatique, où je servais fidèlement la politique de la légitimité jusqu'à sa chute. D'ailleurs, mon père, le chevalier de Lamartine, ancien et loyal officier de cavalerie dans le régiment Dauphin au moment de la Révolution, ses frères, royalistes comme lui, quoique constitutionnels de 1789, m'auraient vu avec répugnance devenir le client de la maison d'Orléans. Elle portait à leurs yeux la responsabilité du prince démagogue, complice de 1793, puni d'un vote de mort par la hache du même bourreau.

XXI

Il faut le dire, les opinions politiques sont dans le sang : tel père, tel fils.

Jamais ce mot ne fut plus généralement vrai que dans les temps de vicissitudes soit religieuses, soit nationales, soit dynastiques. J'avais sucé le royalisme loyal et traditionnel pour les Bourbons, frères, enfants ou neveux du vertueux Louis XVI, avec le lait; je n'aimais pas la maison d'Orléans. Sa popularité révolutionnaire me paraissait une récompense inique d'une participation contre nature du chef de cette maison à l'ingratitude du peuple français envers le plus innocent et le plus dévoué des rois, et au meurtre de ce roi sur l'échafaud de 1793. Ce que ce peuple aujourd'hui semblait aimer dans le nouveau duc d'Orléans, il faut l'avouer, c'était le fils du 21 janvier. Cela révoltait en moi ma conscience de royaliste et d'honnête homme. Sans avoir de haine, j'avais de l'humeur contre la popularité du duc d'Orléans; elle semblait outrager la justice et la Providence; ses caresses trop subalternes et trop significatives à sa rentrée de l'émigration, aux survivants de 1791 et aux généraux bonapartistes de 1815 et de l'île d'Elbe, achevaient de me désaffectionner de cette branche de la dynastie. Ces cajoleries et ces sourires d'intelligence aux ennemis de la Restauration quand on était restauré soi-même et comblé de richesses, de faveurs, d'honneurs, par cette Restauration si clémente au passé, si généreusement imprudente pour l'avenir, tout cela, comme dit Tacite, *mal odorait si près du trône.* Je voyais encore quelquefois par déférence et assez familièrement le duc d'Orléans; il me traitait avec distinction; il m'entretint même avec un rare talent d'élocution une fois très-longuement de politique étrangère, sans craindre de dénigrer ouvertement la diplomatie du gouvernement de Charles X, et d'exposer hardiment et savamment la politique étrangère qu'il dessinerait pour son gouvernement, s'il était roi. Mais, tout en se livrant avec une apparente confiance à des épanchements téméraires dans la bouche d'un premier prince du sang, il comblait de toutes ses faveurs, de toutes ses caresses d'intimité, les généraux, les pamphlétaires et les orateurs de la faction bonapartiste ou de la faction démagogique survivants du 20 mars 1815 ou de 1791.

Héritier du trône sans doute, mais se posant surtout en héritier éventuel et présomptif des factions contre sa famille.

Honnête homme dans l'acception privée de ce mot, mais non honnête parent, comme les événements ne l'ont que trop démontré depuis.

Malgré mon respect pour son rang et malgré mon appréciation très-haute de son esprit politique, cette attitude ambidextre m'inspirait plus d'éloignement que d'attrait pour ce prince.

Ce fut le motif qui m'empêcha de solliciter de lui la moindre intervention de son crédit auprès des ministres de la Restauration pour mon avancement dans mon humble carrière diplomatique; il m'eût semblé peu loyal de me servir du crédit d'un prince du sang dont les opinions me répugnaient pour m'avancer dans un parti royaliste prédestiné à combattre ses intrigues; ce n'était pas là de la bonne guerre; je restai donc simplement ce que je devais être dans mes relations de convenance avec cette auguste maison, autrefois protectrice de ma famille, sans empressement, mais sans hostilité, respectueux en dehors, mais désapprobateur en dedans, poli, mais réservé, honorant la personne du prince, mais adversaire de son parti.

Une circonstance accidentelle nous brouilla ouvertement pendant quelques mois, et une réparation, fièrement exigée par moi, nous raccommoda; voici comment:

XXII

J'avais écrit, sans aucune provocation de la cour de Charles X, un petit poëme politique, libéral et royaliste, intitulé *le Sacre*.

On le trouvera, si on daigne le relire, tel qu'il fut imprimé alors, dans mes *Œuvres complètes*, imprimées aujourd'hui. J'y avais inséré, avec bonne intention pour la maison d'Orléans, mais avec maladresse évidente, quelques vers qui faisaient allusion au vote régicide de Philippe-Égalité et à la noble résipiscence de ses fils qui lavait glorieusement cette tache sur l'écusson du père.

Je n'avais fait confidence de ces vers à personne; j'étais à cent vingt lieues de Paris; l'imprimeur seul à qui j'avais adressé le manuscrit du poëme connaissait ces vers.

J'ignore comment le prince, très-attentif apparemment à ce qui pouvait toucher à son nom dans la presse, en eut communication.

Sa colère éclata en termes mal contenus; il chargea un de mes proches parents, président de son conseil, M. Henrion de Pansey, de m'écrire que ces vers l'avaient affligé, et qu'il me suppliait de les effacer par les justes égards que je devais à sa maison. Ma mère, qui vivait encore à cette époque, appuya par ses larmes la prière du duc d'Orléans. Je n'hésitai pas : les vers et la requête du prince étaient secrets, il n'y avait aucune vile complaisance à moi de sacrifier, aux susceptibilités d'un prince que je n'avais pas eu l'intention de blesser, quelques mauvais vers de circonstance qu'il me priait d'effacer par la voix toute-puissante de ma mère. Je m'empressai d'écrire à mon éditeur dans ce sens, et de lui envoyer une *variante* qui faisait disparaître toute allusion à ce fâcheux souvenir.

Tout paraissait donc fini. Mais le prince avait dans les journaux ennemis des Bourbons des confidents trop informés et des serviteurs trop complaisants de ses colères. Un article irrité du *Constitutionnel*, journal anticipé de l'usurpation future, parut le lendemain du jour où j'avais reçu la prière du prince et où j'y avais convenablement condescendu.

Cet article me présentait comme un insulteur de la maison d'Orléans, chargé par la monarchie des Bourbons de raviver à son profit les souvenirs sinistres de 1793. Cet article était aussi calomnieux de fond que de forme; car Charles X était si loin de m'avoir provoqué à écrire le *Chant du Sacre*, qu'il se récria violemment, à l'apparition de ce poëme, sur le langage très-libéral que je lui prêtais dans le dialogue.

Son ministre de la maison du roi lui ayant mis sous les yeux mon poëme, au milieu des nombreux écrits en vers ou en prose dont on voulait récompenser les auteurs par quelque faveur de cour, et mon nom ayant été ainsi prononcé devant le roi : « Ah ! pour celui-ci, répondit Charles X, ne m'en parlez pas, il me fait dire trop de sottises ! » Charles X appelait de ce nom tous les sentiments populaires qu'on lui prêtait pour attester son attachement à la charte libérale de Louis XVIII et tout le pacte moderne de la monarchie et de la liberté.

Le même courrier m'apportait une lettre de M. de Pansey, président du conseil du duc d'Orléans, sur un ton tout différent de celui de la prière à laquelle j'avais accédé. « Dites à M. de Lamartine, me faisait écrire le prince, que,
» s'il persiste à insérer ce passage dans son poëme, il saura
» ce que c'est que le ressentiment du premier prince du
» sang. »

XXIII

A la lecture de l'article du *Constitutionnel*, et surtout à la lecture de cette injonction comminatoire du président du conseil du duc d'Orléans, je sentis que ma concession de la veille serait une lâcheté, et que, si j'avais dû au duc d'Orléans et aux larmes de ma mère d'obtempérer à l'instant à une demande secrète, je me devais à moi-même de révoquer ma concession confidentielle, et de maintenir contre une menace ce que j'avais effacé devant une prière, du moment surtout où la publicité injurieuse du *Constitutionnel*, qui ne pouvait venir que du Palais-Royal, avait mis le public dans la confidence.

Je me hâtai donc de révoquer, courrier par courrier, l'autorisation de supprimer les vers concédés, et j'écrivis au prince les motifs qui me faisaient une loi de lui désobéir, à moins de lui sacrifier mon caractère et mon honneur. Je dois dire à sa louange qu'il comprit parfaitement ma situation, et qu'il se déclara satisfait, quoique blessé.

A mon retour à Paris, je crus devoir m'abstenir de le voir, malgré de pressantes et nombreuses avances de sa part pour provoquer mon retour au Palais-Royal; je m'y refusai obstinément pendant plusieurs mois, croyant à mon tour que je pouvais me sentir offensé par le ton et par la divulgation de sa menace. A la fin, une négociation, conduite au nom du prince par madame la comtesse de Dolomieu, première dame d'honneur de la duchesse d'Orléans, aboutit à une réconciliation complète et à un déjeuner de famille au Palais-Royal auquel je fus convié, pendant l'été de 1829.

La fête mémorable que le duc d'Orléans donna à cette même époque au roi de Naples fut une autre occasion de rapprochement. J'y fus prié par le duc d'Orléans, j'y assistai; mais l'heure de la révolution y sonna pendant la fête par les tumultes populaires et par l'incendie des chaises du jardin sous les fenêtres et sous les yeux du roi.

J'étais dans la salle du banquet, non encore ouverte au public, tout près de Charles X, lorsque l'incendie scandaleux fut allumé comme une illumination anticipée à la révolution orléaniste, et je vis ses premières lueurs se refléter sur le front confiant mais attristé de Charles X. J'étais navré.

Le duc d'Orléans, pendant toute cette fête, me traita avec une froideur publique et affectée presque offensante. Cette froideur contrastait trop avec sa familiarité intime depuis notre réconciliation pour qu'elle ne fût pas remarquée par mon coup d'œil.

J'y vis une intention marquée de s'éloigner de moi royaliste, devant ses amis bonapartistes et révolutionnaires, et je compris trop bien son intention pour ne pas m'éloigner moi-même et sans retour de sa maison.

XXIV

La révolution de 1830 éclata en effet quelques semaines après cette fête. Je n'étais pas en France, je n'en eus pas les émotions sur place, j'en eus les tristesses réfléchies ; elles furent en moi profondes, elles le sont toujours. Je compris que la France perdait étourdiment la seule et peut-être la dernière occasion de réconcilier le passé monarchique et l'avenir libéral dans une maison royale dont un membre pouvait errer, mais dont la dynastie, innocente d'une erreur sénile, et respectée dans un enfant légitime de la France, pouvait imprimer à la fois à nos destinées nationales et politiques la solidité des traditions et la vigueur des nouveautés. C'était la légitimité du sceptre, oui; mais c'était aussi la légitimité de la révolution fixée à ses principes vrais et légitimes.

Cette occasion de sagesse perdue, le câble me paraissait rompu, le vaisseau en dérive, la France livrée au hasard de tous les vents, la révolution compromise par ses excès, la royauté engagée contre les royalistes, des règnes courts, des partis au lieu de nation, des républiques précaires, des dictatures militaires comme celles qui précédèrent la décomposition césarienne de la constitution romaine sous les Gracques, les Marius, les Sylla; enfin une oscillation désordonnée qui brise les institutions politiques et qui donne le vertige aux nations, au lieu du mouvement régulateur qui maintient la vie et qui la modère. Ces pressentiments ne m'ont point trompé jusqu'ici (sauf l'empire, que sa modération dans la force fait vivre); la monarchie illégitime du duc d'Orléans ne devait pas avoir même la durée de la vie d'un homme déjà avancé en âge : elle était morte avant son fondateur.

XXV

Bien que je fusse jeune au moment où Charles X s'écroulait, et bien que l'ardeur de mon sang fît fermenter puissamment en moi l'ambition patriotique de prendre une part platonique aux affaires de mon pays, je ne consultai pas cette ambition, très-excusable à mon âge; je consultai l'honneur, c'est-à-dire cette délicatesse de sentiment, peut-être plus chevaleresque que civique, qui semblait commander à un royaliste de naissance de tomber avec son roi qui tombe, de porter le deuil de sa cause vaincue, et de ne pas passer avec la fortune du camp du vaincu au camp du vainqueur.

Je donnai donc volontairement et avec insistance ma démission de mes fonctions diplomatiques, malgré les instances du ministre et du nouveau roi pour m'engager à poursuivre ma carrière, me promettant même de l'élargir et de l'agrandir devant moi.

Ces instances du nouveau gouvernement furent si vives, que M. Molé, ministre alors des affaires étrangères, se refusa péremptoirement à remettre ma démission au roi, à moins que je n'écrivisse au roi lui-même une lettre explicative de mes motifs.

M. Molé se chargea de remettre ma démission et ma lettre au roi lui-même.

J'écrivis en conséquence cette lettre en termes convenables, mais résolus, au roi.

M. Molé la lui remit en plein conseil. Le roi la lut en silence, puis la passant à M. Laffitte : « Lisez, lui dit-il, voilà une démission convenablement et noblement donnée ! » M. Laffitte lut à haute voix la lettre à ses collègues; ils en écoutèrent la lecture avec des marques d'assentiment unanime. « Qu'on appelle mon fils, » dit le roi. Le duc d'Orléans entra. « Tiens, dit le roi à son fils, voilà une lettre et une démission honorablement offertes; lis cela. » Puis se tournant vers M. Molé : « Dites à M. de Lamartine de ma part que j'accepte en la regrettant sa démission, mais que cela ne changera rien à mes sentiments à son égard, et que je le prie de venir me voir comme avant la révolution. »

C'est M. Molé, chez qui je dînais ce jour-là, qui me transmit littéralement ces détails à la sortie du conseil, et qui m'engagea fortement à aller voir le roi.

« Je n'en ferai rien, répondis-je à M. Molé. Dites au roi que je ne puis pas compromettre mon honneur de royaliste en allant désormais au Palais-Royal ou aux Tuileries ; je n'irais que pour lui confirmer de vive voix mon refus de ses faveurs, et le public, en m'y voyant entrer, croirait que j'y vais pour solliciter ces mêmes faveurs. On pourrait prendre une politesse pour une adhésion à son gouvernement ; je dois respectueusement m'abstenir de paraître où je ne veux ni complimenter ni servir. »

Je partis le lendemain pour l'Angleterre.

XXVI

L'intègre vieillard M. Dupont de l'Eure, type d'honneur démocratique, qui était ministre à cette époque, m'a bien souvent rappelé cette lettre et cette démission, qui l'avaient frappé, pendant que nous étions ensemble, et dans un même esprit de résistance aux excès populaires, à la tête de la république, en 1848. Il s'étonnait, en se rappelant les circonstances intimes dont il avait été témoin, des calomnies doctrinaires et orléanistes qui faisaient de moi un courtisan mécontent, renversant une monarchie qui ne lui avait pas ouvert ses rangs pour donner carrière à son ambition. Et voilà comment les pamphlétaires écrivent l'histoire ! Croyez maintenant à ces contre-vérités des partis qu'on appelle l'histoire ! Quant à moi, depuis que j'ai vu l'histoire vraie derrière les rideaux, et que je lis l'histoire travestie dans les récits contemporains, je n'en crois plus un seul mot; c'est plutôt le catéchisme de toutes les contre-vérités. J'en donnerai d'étranges exemples en ce qui concerne les événements et les hommes de 1848 dans mes *Mémoires politiques*. En fait d'éloge ou d'accusation qu'on a fait admettre comme des vérités reçues à l'égard de certains hommes que les partis voulaient perdre ou grandir par intérêt ou par ignorance, le public aura à déplacer dans ses niches bien des statues et à faire réparation à bien d'autres. Subir en silence pendant de longues années ces fausses popularités et ces fausses dépopularités pour le bien de son pays, c'est un des supplices les plus méritoires mais les plus pénibles pour les survivants des révolutions. On dit : la vérité viendra tôt ou tard. Je n'en sais rien ; mais, quand elle viendra, je crains bien qu'elle ne trouve sa place prise par les préjugés historiques, et que l'opinion trompée ne continue à prendre les idoles de l'intrigue audacieuse pour les héros modestes du salut de la patrie.

XXVII

Quoi qu'il en soit, à mon retour de Londres, je me présentai hardiment comme candidat indépendant, mais ami de l'ordre, aux électeurs du département du Nord.

J'échouai de peu de voix.

J'aurais soutenu résolûment la politique pacifiante et conservatrice de Casimir Périer ; je n'aimais pas l'homme;

mais j'aimais son courage. Après avoir saccadé le trône, il se cramponnait et il se buttait d'un pied intrépide contre l'entraînement anarchique qui poussait la France à tous les excès; il mourut à la peine, mais son cercueil arrêta son pays.

Il mérite certainement la statue que les pays justes élèvent à ceux qui les sauvent par un héroïque repentir après les avoir compromis par de téméraires agitations.

XXVIII

Déçu dans mon désir de monter derrière Casimir Périer sur la brèche, pour y défendre non la royauté orléaniste, mais la société européenne assaillie par les partis de la guerre universelle et par les partis de la turbulence anarchique au dedans, je m'absentai pendant deux ans, pour tromper, par de grands voyages dans l'Orient, mon impatience d'action sans emploi possible dans mon pays.

A mon retour, je me trouvai nommé député du Nord par les électeurs de Dunkerque, de Berghes et d'Hondschoote, qui s'étaient souvenus de moi pendant mon absence, grâce à ma sœur et à mon beau-frère, habitant ce cher pays, et aux amis indépendants qui m'avaient protégé contre l'oubli dans cette terre de la vraie liberté.

J'entrai à la chambre, libre comme l'air de cette mer du Nord qui souffle où il veut, sans craindre les écueils, mais sans y pousser.

Ma situation était très-embarrassante, et je fus presque tenté de me repentir d'avoir affronté la tribune sans appui, dans aucun des partis qui lui donnaient l'écho, la popularité et l'autorité dans le pays.

Le parti de la royauté orléaniste? Je ne voulais pas par honneur m'y affilier; je voulais lui garder mes rancunes décentes de royaliste tombé avec les regrets de 1830; l'attitude me semblait obligée, le nom d'apostat du malheur m'eût déshonoré à mes propres yeux.

Le parti des légitimistes, fourvoyé dans toutes les impasses et dans toutes les coalitions contre nature par des chefs éloquents mais sans vue?... Il m'était impossible de m'y rallier. La direction que ces hommes de tribune lui imprimaient était le contre-sens le plus flagrant à la nature de ce grand et noble parti; il devait, selon moi, représenter avec une digne gravité ce qu'il était lui-même dans le pays, c'est-à-dire le passé rallié au présent par la force des choses et par la raison des esprits, l'aristocratie des souvenirs, la chevalerie des sentiments, le désintéressement du patriotisme, la libéralité des sacrifices, le patronage intelligent et moral du peuple, le génie des campagnes, l'alliance antique et intime du château et de la chaumière, la religion serviable à la misère par la charité de l'opulente noblesse rurale, les intérêts de l'agriculture, l'honneur de l'armée fière des noms militaires antiques confondus avec les noms militaires nouveaux, une abstention complète des emplois et des faveurs de cour, une brigue honnête et utile de tous les services gratuits que le citoyen peut offrir à sa patrie pour que le civisme de ces hautes classes devînt insensiblement la base de leur nouvelle illustration, un esprit d'ordre surtout qui ne marchanda jamais ses services contre les factions turbulentes qui portaient le trouble dans la rue, qui prêchaient la guerre pour la guerre au dehors, qui faisaient de la tribune et de la presse deux foyers d'agitation ultrà-révolutionnaires, donnant à toute journée parlementaire des accès de fièvre avec redoublement au pays ; en un mot, un grand parti conservateur, indépendant du gouvernement, commençant par conquérir l'estime et finissant par exercer une influence méritée sur le peuple des campagnes, sur les élections, sur le journalisme, sur les chambres ; parti ne voulant rien de la dynastie illégitime pour lui-même, mais lui imposant tout et même l'abdication dans ses mains, par son ascendant sur la nation réconciliée avec ses aristocraties propriétaires du sol, par son alliance avec la bourgeoisie ascendante, suzeraine des capitaux qui nourrissent les prolétaires ; et enfin par son utilité aux prolétaires, que l'ordre seul vivifie et que le désordre affame en un jour.

C'est ainsi que j'avais compris, après la révolution de 1830, le rôle qu'un orateur homme d'État et qu'un chef parlementaire patriote aurait dessiné au parti légitimiste dans le parlement, dans l'armée, dans le journalisme, dans les élections, dans les campagnes et dans la rue. Être ce que l'on est, voilà la première force des vrais partis. La nature est la première des politiques. Une restauration de monarchie d'Henri V était possible ainsi, et seulement ainsi ; il fallait se restaurer soi-même par l'estime du pays avant de songer à une restauration d'Henri V par les factions et par l'intrigue.

XXIX

La direction imprimée par un grand orateur de causes privées, illustrant mais fourvoyant le parti qui l'applaudissait, fut, à mon sens, précisément le contraire de cette haute politique.

Courir aux succès de tribune au lieu des grands résultats d'opinion, jeter quelques imprécations retentissantes au parti du gouvernement, embarrasser les ministres dans toutes les questions, se coaliser avec tous les partis de la guerre ou de l'anarchie dans la chambre, se faire applaudir par les factions au lieu de se faire estimer par la nation propriétaire et conservatrice, ébranler, hors de saison, un gouvernement mal assis, mais qui couvrait momentanément au moins les intérêts les plus sacrés de l'ordre et de la paix; menacer sans cesse de faire écrouler cette tente tricolore sur la tête de ceux qui s'y étaient abrités ; jouer le rôle d'anarchiste au nom des royalistes conservateurs, de démagogue au nom des aristocraties, de provocateur de l'Europe au nom d'un pays si intéressé à la paix; se coaliser tour à tour avec tous les éléments de perturbation qui fermentaient dans la chambre et dans la rue; harceler le pilote au milieu des écueils et prendre ainsi la responsabilité des naufrages aux yeux d'un pays qui voulait à tout prix être sauvé; former des alliances avec tel ministre ambitieux, pour l'aider à donner l'assaut à tel autre ministre; renverser en commun un ministère, sans vouloir soutenir l'autre, et recommencer le lendemain avec tous les assaillants le même jeu contre le cabinet qu'on avait inauguré la veille; être, en un mot, un instrument de désorganisation perpétuelle, se prêtant à tous les rivaux de pouvoir pour renverser leurs concurrents et triompher subalternement sur des décombres de gouvernement; danger pour tous, secours pour personne; *condottiere* de tribune toujours prêt à l'assaut, mais infidèle à la victoire; faire du parti légitimiste un appoint de toutes les minorités, même de la minorité démagogique dans le parlement : voilà, selon moi, la direction ou plutôt voilà l'aberration imprimée à ce parti, moelle de la France, qui réduisait les royalistes à ce triste rôle d'être à la fois haïs par la démocratie pour leur supériorité sociale, haïs par les conservateurs industriels pour leur action subversive de tout gouvernement, haïs par les prolétaires honnêtes pour leur participation à tous les désordres qui tuent le travail et tarissent la vie avec le salaire. Le génie de l'homme d'État manquait, selon mes idées politiques, à cette parole. Capable d'orner son parti par ses succès de tribune et par son honnêteté, incapable de le soutenir par ses conseils. Si l'histoire recueille un jour les discours de cet orateur, si glorieux par son éloquence, on s'étonnera bien de ne pas trouver un seul discours de gouvernement en quinze ans dans la bouche du chef naturel des conservateurs en France.

Aussi à quel degré de contradiction avec sa nature et par conséquent de nullité d'influence dans le pays, le parti légitimiste se trouva-t-il à la fin de cette campagne de quinze ans par la fausse stratégie de ses guides politiques ! Certes, si ce grand parti avait eu une autre attitude pendant les quinze ans que la Providence lui accorda pour se reconstituer, il eût apparu à la France avec une bien autre importance en 1848, et le nom de sa dynastie, restauré par le temps et prononcé dans la tempête, aurait eu des millions d'échos dans le suffrage universel. Pourquoi donc ne l'a-t-il pas même fait entendre dans ce moment suprême, ce nom? C'est que la fausse direction imprimée à ce parti lui avait coupé le chemin.

Chose étonnante! on n'en parla même pas.

Certes, ce grand parti n'avait pas disparu, mais il avait perdu le terrain naturel sur lequel il pouvait manœuvrer, combattre, et sauver la France. Il fut forcé de laisser la république la sauver à sa place, et quand le sauvetage par la république fut accompli, le parti des Bourbons vota la monarchie sous le nom de Bonaparte. L'éloquence ne sauve que les orateurs, la bonne direction seule sauve les dynasties.

Malheur aussi aux partis politiques vaincus qui sont encore assez riches pour payer des flatteurs! Ils en trouvent dans la presse, ils en trouvent à la tribune; et ces flatteurs les mènent à leur perte. Telle était la situation du parti royaliste après 1830, sous la direction de son publiciste de grand cœur et de grande voix, mais de fausse vue. Ce parti, en se faisant faction révolutionnaire, avait perdu sa nature nationale; le pays alarmé, qui avait besoin de se rallier à quelque chose de solide, ne le trouvant plus à sa place, se ralliait à la monarchie bonapartiste! Je puis m'en étonner, mais m'en affliger, non! De tous les changements de religion, le pire est un schisme! Je n'aime pas le bonapartisme, mais je le préfère encore à l'orléanisme. L'un est un parti fort comme un préjugé populaire; l'autre est un parti d'intrigues équivoques qui prête le flanc à tous les partis résolus.

XXX

Il m'était impossible d'accepter, pour le parti légitimiste libéral mais loyal dont je sortais, le rôle d'auxiliaire de mauvaise foi des factions démagogiques dans la chambre et dans la presse ; cette tactique ne répugnait pas moins à ma loyauté qu'à mon bon sens. Je sentais trop qu'à ce jeu de théâtre, sans autre but que des applaudissements de parterre, les légitimistes perdaient l'honneur et ne gagnaient aucune popularité sérieuse dans le fond du pays. J'aimais mieux être seul et attristé sur mon banc désert que de m'enrôler sous ce drapeau bigarré de jacobinisme menaçant et de légitimité mécontente pour harceler un gouvernement désagréable mais nécessaire.

XXXI

Il y avait un autre parti : le parti La Fayette. Ce parti s'était laissé très-volontairement escamoter la république ; il en portait le drapeau, mais il en avait peur ; il affectait d'avoir été dupe, mais au fond il avait été plus complice que dupe du duc d'Orléans. Royaliste connitionnel le jour de l'événement au Palais-Royal et à l'hôtel de ville, républicain d'attitude après coup afin de regagner un peu de popularité dans les factions extrêmes, ce parti, représenté par cinq ou six orateurs populaires dans la chambre et par autant de journaux acharnés dans la rue demandait à grands cris des institutions ultrà-démocratiques, des proscriptions contre les royalistes au dedans et la guerre universelle de propagande au dehors. C'étaient les grognards de 1792 et de l'île d'Elbe conjurés contre la royauté qu'ils venaient d'acclamer quelques mois auparavant. Il n'y avait, pour un jeune royaliste de cœur tel que moi et pour un homme de gouvernement quand même, aucune conscience, aucune décence, aucun honneur de se jeter dans ce parti comme dans un asile de vaincu cherché parmi les vainqueurs de 1830. Je n'eus pas même à délibérer. « Où allez-vous vous asseoir dans cette chambre? me demandèrent mes amis à mon arrivée à Paris. — Au plafond, répondis-je, car je ne vois de place politique pour moi dans aucun de ces trois partis. »

XXXII

Je m'assis en effet au sommet de la droite, sur un banc entièrement isolé, regardant d'en haut les luttes et trop impatient cependant de m'y mêler. J'aurais dû rester en silence, sur cette hauteur, attendant les occasions s'il en survenait; j'aurais mieux fait mille fois; mais le caractère prévaut toujours sur la raison dans les natures actives. Le mien m'entraînait à l'action, même hors de propos; attendre n'était pas mon tempérament. D'ailleurs je voulais m'exercer à l'éloquence parlée, à laquelle je me sentais appelé par l'abondance et la force des pensées qui fermentaient en moi, à chaque discussion que j'entendais d'en haut s'agiter en bas dans la chambre. J'étais comme un de ces instruments à fibre suspendus à la muraille d'une salle de musique, qui vibrent à l'unisson, sans qu'un archet touche leurs cordes, au seul bruit de l'orchestre où ces instruments n'ont pas leur partition écrite dans le concert.

Je croyais de plus, dans mon ignorance des assemblées, qu'il suffisait de monter plein de pensées, de passions et de raison à la tribune, pour y trouver, dans l'inspiration du marbre et du bois, des paroles capables de dominer ou d'enthousiasmer l'auditoire ; je voulais en faire l'épreuve le plus tôt possible, prendre la tribune d'assaut, et fixer mon rang dans l'éloquence, puisque je ne pouvais pas encore fixer ma politique dans les partis.

XXXIII

Je cherchai donc dans cette situation difficile les questions *neutres*, pour ainsi dire, telles que les questions d'affaires étrangères, de finances, d'humanité, de moralité, d'institutions bienfaisantes pour les classes laborieuses, d'économie politique, de liberté du commerce, d'industrie, de charité, et je pris la parole au milieu d'une très-vive attention, publique dans quelques-unes de ces discussions.

Cette malheureuse prévention de poésie que je traînais dès cette époque après moi, comme un lambeau de pourpre qu'un roi de théâtre traîne en descendant de la scène dans la foule ébahie d'une place publique, me causait un immense embarras. J'aurais voulu m'en dépouiller à tout prix.

Le vulgaire, trop jaloux de sa nature pour reconnaître deux facultés dans un même homme, me jetait sans cesse à la face cette accusation hébétée de poésie. Qu'y répondre? J'étais incontestablement coupable de quelques vers plus ou moins heureux de jeunesse qui s'étaient fixés dans la mémoire et qui accolaient à mon nom cette épithète flatteuse en littérature, injurieuse en politique, à laquelle je n'avais rien à répliquer qu'un haussement d'épaules, mais qu'il m'a fallu subir toute ma vie et jusqu'aujourd'hui, comme la proscription de Platon de la république. Platon, le plus chimérique des rhéteurs, excluait les poëtes de son utopie, parce qu'ils sont les plus clairvoyants des hommes; l'envie parlait par sa bouche. Homère, dont la poésie divine n'est que le bon sens en relief, illustré par le génie du langage et de la couleur, aurait évidemment bien gouverné plus de peuples que les rêveries prosaïques de Platon n'en auraient corrompu et anarchisé.

XXXIV

Cependant, malgré ces dénigrements envieux qui me faisaient écouter avec bien des signes de répugnance, je ne fus pas trop mal accueilli dans mes premières tentatives oratoires par le public du dehors. J'appris laborieusement à improviser; moins je parlais de mémoire, plus j'étais heureux dans mes répliques. On m'accusait seulement de me tenir trop dans les théories et dans les nuages, de ne pas descendre assez vers la chambre, de l'élever avec moi au lieu de m'abaisser avec elle, de ne prendre aucun parti vif et passionné dans les questions ministérielles, de ne donner aucun gage à la monarchie d'Orléans, dont je me tenais soigneusement écarté, ni au parti conservateur, auquel je restais suspect tout en défendant souvent sa cause, ni au parti de l'opposition radicale, dont je combattais la turbulence et les anarchies, ni au parti légitimiste, que je respectais dans son malheur, mais que je n'approuvais pas dans ses coalitions malséantes avec l'esprit de désordre, de mauvaise foi et de démolition; en un mot, de me montrer trop homme de gouvernement dans mon indépendance et trop homme d'indépendance dans mon opposition.

XXXV

Ces reproches étaient fondés, j'en sentais moi-même tous les inconvénients et tous les déboires; mon impatience de caractère et mon bouillonnement de verve oratoire en souffraient cruellement, mais j'y étais condamné par la fausse position d'un adversaire de la royauté d'Orléans dans une assemblée d'orléanistes et d'un ennemi de l'anarchie dans une opposition radicale. Tout le monde croyait que c'était chez moi faute de caractère et d'énergie, que je ne saurais jamais prendre un parti, et que, par conséquent, je ne serais bon ni à moi, ni aux autres. La chambre et les journaux se trompaient aussi sur moi, sans qu'il fût ni opportun, ni possible à moi de les détromper. Toute ma force comprimée consistait donc à attendre; il m'en fallait cent fois plus pour attendre que pour agir. Je faisais l'*heure,* comme disent les Italiens, dans leur poétique et populaire langage, *far l'ora* : user le temps. J'avais le pressentiment que l'heure si lente à couler sonnerait enfin, et que les vices d'origine de la monarchie d'Orléans amèneraient tôt ou tard une de ces crises où les hommes de réserve qui ne sont rien la veille deviennent les hommes nécessaires du lendemain.

Quand on se destine à ce rôle de réserve, de ressource suprême, de salut pour tous les partis au jour des écroulements, qu'a-t-on à faire? A plaire et à déplaire tour à tour à tous les partis, à conquérir peu à peu l'estime froide et la confiance éventuelle du pays, à donner de temps en temps quelque preuve de résolution et de talent dans les assemblées, puis à rentrer applaudi dans son silence et dans son inaction, comme un soldat assis qui fourbit son arme, afin que le pays se dise : J'ai un bon combattant de plus dans l'occasion, j'ai un nom en réserve dans ma mémoire.

J'étais arrivé à ce demi-succès. On ne me comprenait pas, mais on commençait à me soupçonner d'une utilité future dans les événements que le temps amène avec lui.

Le roi surtout ne s'y trompait pas. Un mot de lui à un de ses confidents, M. Vatout, mot qui me fut rapporté par cet ami de la cour, ne me laissa pas douter des vues du prince sur moi, si j'avais consenti à briguer ou à accepter seulement sa confiance. « Pourquoi, dit un jour à ce prince un des députés orléanistes admis dans les soirées de la famille royale, pourquoi n'offrez-vous pas un ministère à M. de Lamartine, qui vous défend quelquefois si gratuitement à la tribune? — Non, non, répondit le roi, ne m'en parlez pas encore, son temps viendra; je ne veux pas l'user avant l'heure : M. de Lamartine, ce n'est pas un ministre, c'est un ministère. »

Le roi et sa sœur, qui se souvenaient du patronage de leur auguste maison sur ma famille et sur ma mère, ne doutaient pas de mon empressement à les servir dans une si haute position, aussitôt qu'ils feraient un appel décisif à mon ambition satisfaite. C'était au moment où les premiers démembrements du parti doctrinaire et orléaniste commençaient à s'opérer dans les chambres et à faire chercher, hors des rangs compactes de ce parti déjà divisé, des ministères qui ne représentaient que des interrègnes et qui ne duraient qu'un jour.

XXXVI

Le roi, très-clairvoyant sur les conséquences de cette guerre civile entre ses amis, me fit prier à plusieurs reprises par un ami commun de venir causer secrètement avec lui de la gravité des circonstances. Je répugnais à cette conférence, qui pouvait faire mal interpréter par tous les partis mes relations délicates et confidentielles avec la cour. Je consultai l'oracle des hautes pensées et des hautes convenances, M. Royer-Collard. Son rôle réservé et sa situation de conservateur désintéressé dans l'assemblée étaient précisément les mêmes que les miens. « Que feriez-vous, lui dis-je, et que me conseillez-vous de faire? — Ce que je ferais moi-même, me répondit-il sans hésiter : j'irais, j'écouterais, je donnerais sincèrement les conseils qui me paraîtraient les meilleurs. On les doit au chef de son pays, pour son pays et non pour lui-même. Je ne réserverais que ma personne, qui ne m'appartient pas, puiqu'elle appartient à la cause de la dynastie légitime et de la liberté conservatrice. — J'irai donc, » lui dis-je. Et j'y allai.

J'ai raconté (voir le *Conseiller du peuple*), dans une réponse aux ignares calomnies de M. Croker, pamphlétaire officieux de Louis-Philippe à Londres, depuis son exil à Claremont, les circonstances et les paroles échangées entre le roi et moi dans ce premier entretien aux Tuileries. Le roi vivait encore ; il pouvait me démentir si j'avais dénaturé l'entretien ; il n'en fit rien. C'était un roi aigri sans doute par le malheur, mais c'était un honnête homme. Il laissa son ami M. Croker écrasé par mon démenti à ses mensongères accusations d'ambition mécontente, cause, disait-il, de ma conduite en 1848.

XXXVII

Je ne reviendrai pas sur ce récit de ma première conférence avec le roi. Ce qu'il suffit de savoir, c'est qu'elle fut pressante jusqu'au pathétique du côté du roi ; loyale, res-respectueuse, mais inflexible de mon côté ; qu'il me déroula pendant trois heures les circonstances atténuantes de son acceptation de la couronne en 1830 ; les concessions nécessaires à l'opinion qui l'avaient forcé de se jeter entre les mains de tels ou tels ministres, nécessités désagréables pour l'homme, indispensables pour la couronne ; les divisions d'amour-propre qui décomposaient ses ministères, la pression contraire de ces ministres ambitieux sur son gouvernement, l'inconciliabilité de leurs prétentions dans les conseils, le danger de leurs brigues dans les chambres, le danger aussi grand de décréditer la couronne en la confiant à des ministères subalternes que ne couvrait rien, pas même leur insuffisance aux yeux du pays; enfin sa résolution de se rejeter tout entier sur les hommes de patriotisme, de gouvernement et de talent, qui avaient appartenu au royalisme d'avant 1830, de faire de la monarchie avec des monarchistes, et de la conservation avec des conservateurs; à ce titre, il me conjura d'abdiquer mes répugnances à servir la monarchie sous un nouveau monarque, à me rallier hautement à sa maison et à sa cause, devenue la cause de l'ordre en Europe, et à servir de noyau à un ministère dans cet esprit de rapatriement des royalistes par sa dynastie.

J'ajoute qu'il me parla avec une éloquence raisonnée et suprême dont je ne le croyais pas susceptible, qu'il éleva cette éloquence du dégoût jusqu'au pathétique, qu'il s'attendrit lui-même jusqu'à l'émotion qui mouillait ses yeux; qu'il serrait mes genoux entre ses genoux avec ce geste familier et pressant d'un homme qui veut conquérir un autre homme; que je restai moi-même souvent sans réplique à ses instances; que mes refus persistants et mes efforts pour me lever de ma chaise et pour me retirer de sa présence ne le découragèrent pas de me retenir et de recommencer ses instances; qu'il renvoya deux ou trois fois ses aides de camp, et, entre autres, l'excellent comte d'Houdetot, qui entr'ouvraient la porte pour lui annoncer tels ou tels survenants et même les ministres; qu'en sortant pour aller présider un moment le conseil, il me ferma à clef dans la salle d'audience, me conjurant en souriant de ne pas profiter de son absence pour m'évader, et de réfléchir jusqu'à son retour ; qu'il revint bientôt après reprendre l'entretien où il l'avait laissé, et qu'enfin, de guerre lasse : « Eh bien, me dit-il, ne vous ai-je donc pas convaincu ? — Votre Majesté, répondis-je avec une vraie douleur de ne pouvoir céder, m'a vivement ému, m'a convaincu de son éloquence ; elle serait aussi élevée à la tribune que sur son trône ; mais l'admiration n'est pas de la conversion, et je la supplie de trouver bon que je sorte de sa présence comme j'y suis entré, nullement hostile, mais libre de tout lien avec sa dynastie. »

Il lâcha le bouton de mon habit, qu'il tenait encore, avec un mouvement saccadé de mécontentement visible sur ses traits, et je sortis triste mais résolu de sa présence.

XXXVIII

La coalition parlementaire, manœuvre déloyale qui ne pouvait aboutir qu'à la chute du trône d'Orléans, sapé maintenant par les chefs orléanistes, à la déception des légitimistes et des libéraux coalisés, avec des vues contraires, dans un acharnement commun contre la royauté de 1830, forma alors autour du trône une circonvallation de plus en plus resserrée, où le roi, menacé à la fois par ses complices de juillet et par ses ennemis avoués, allait être étouffé entre cinq ou six intrigues de parlement, de presse et de trahisons presque domestiques, qui présageaient à tout œil clairvoyant une chute sinon prochaine, du moins inévitable.

Ce prince en ce moment faisait pitié même à ses ennemis. Un parlement séditieux, ameuté contre lui par ses propres ministres, lui portait les défis les plus insolents et les coups les plus mortels. Quelque parti qu'il essayât de prendre, il était perdu. S'adressait-il à l'un de ses anciens ministres pour lui remettre le gouvernement, il trouvait devant lui un autre ministre, rival du premier, qui devenait plus acharné à la curée d'un pouvoir dont il était exclu. Lui proposait-on de se partager ce pouvoir, chacun d'eux le voulait seul et le voulait tout entier. Le roi allait-il vers les légitimistes, il les trouvait inexorables. Allait-il aux républicains, il les trouvait incompatibles avec une royauté même bâtarde qu'ils n'avaient adoptée en 1830 qu'à la condition de la honnir et de la désarmer. Allait-il au centre, il n'y trouvait plus qu'un troupeau sans chef, dépourvu de ces supériorités oratoires qui groupent les partis à leur voix, centre prompt à voter, incapable de gouverner, vide d'hommes politiques, foule qui soutient tout par discipline et qui laisse tout crouler par incapacité de génie et de volonté. Enfin le roi cherchait-il un tiers parti dans les chambres, il ne rencontrait que quelques hommes honnêtes et diserts de second ordre, appoint inconsistant de grands partis, convoitant le pouvoir sans avoir l'audace d'y prétendre, ni l'énergie de le saisir dans la tempête. Cette période de gouvernement parlementaire était de nature à dégoûter des régimes mixtes de gouvernement; ce n'était qu'une oscillation sur l'abîme avant d'y tomber. Jamais scandale aussi humiliant pour le caractère des hommes d'État ne fut donné au monde politique. Les fondateurs de cette royauté, descendus dans les rangs de ses agresseurs, leur révélaient les côtés faibles, qu'ils connaissaient mieux que personne, et guidaient les colonnes des coalisés légitimistes, libéraux, radicaux, se lassant de cette *couronne à condition* qu'ils bafouaient, après l'avoir conseillée et exploitée pendant douze ans.

L'ambition ressemblait tellement à la trahison, qu'on ne pouvait discerner, en les regardant agir et parler, s'ils combattaient pour s'emparer du ministère ou pour livrer la couronne elle-même à la dérision du peuple.

Ces coalisés faisaient leurs conditions tout haut à la tribune.

Je me souviens des scènes, des accents, des physionomies, des gestes, qui jetaient presque tous les jours une lumière véritablement sinistre sur les fissures volcaniques de ces âmes de feu dissimulées sous des visages stoïques.

Un mot surtout me frappa par la signification de l'homme qui le prononça, et par le geste, l'accent et le regard d'intelligence avec lesquels cet homme d'État affirma sa résolution et sa fureur.

Le jeune orateur républicain Garnier-Pagès, ravi mais étonné d'entendre un ancien ministre du roi de juillet proférer les doctrines les plus envenimées et les menaces les plus acerbes contre la couronne, se leva d'enthousiasme de son banc radical, à l'extrémité gauche de l'assemblée, pour crier bravo au ministre conservateur dépaysé dans l'anarchie. « Oui, bravo, bravo, répéta debout le républicain encore incrédule ; mais nous suivrez-vous jusqu'au bout dans cette voie où vous nous devancez à cette tribune? — Oui, jusqu'au bout, répondit le ministre défié par cette interrogation, jusqu'au bout ! » Et il appuya sa résolution d'un regard et d'une main qui convainquirent le parti radical et glacèrent d'effroi la majorité.

Or, le *bout*, c'était évidemment, dans l'esprit de Garnier-

Pagès, le renversement du trône et la république. « L'entendez-vous ? dis-je à voix basse à mon voisin, et combien y a-t-il de distance d'un discours semblable à un détrônement? Comptez les pas d'un 20 juin à un 10 août. — Ce discours, ce geste, cette pâleur, cet accent de haine, me répondit mon voisin, qui vit encore, me rajeunissent de cinquante ans. J'ai vu Danton! »

Ce ministre n'était pas M. Thiers !

XXXIX

C'est alors que le roi appela M. Molé pour rallier les centres et pour livrer le dernier combat contre la coalition. M. Molé, homme rompu aux crises de gouvernement, avait par son nom, par sa fortune, par sa haute élégance personnelle, plus de *décorum* monarchique que de dévouement aux trois monarchies qu'il avait servies dans sa jeunesse. Il décorait une monarchie, plus qu'il n'était capable de la soutenir ou de la relever. Il n'avait ni l'éloquence ni la passion des deux ministres défectionnaires de la couronne, qu'il avait à combattre à la tribune et dans la presse. Mais, comme il n'avait trahi personne, il les dominait du front par l'estime qu'on lui portait même dans les rangs de l'opposition coalisée.

Je le connaissais de longue date, pour l'avoir rencontré dans la société politique de madame de Montcalm, sœur du duc de Richelieu. Je n'avais ni communauté d'opinions, ni aucun lien d'idées avec lui; j'avais simplement du goût pour sa personne. La dignité et la grâce se confondaient sur son beau visage; c'était la séduction de l'aristocratie compatible avec la liberté moderne. Sa situation si difficile au ministère devant le parti radical, devant le parti légitimiste et devant le parti des deux ministres défectionnaires et acharnés, m'intéressait. Seul contre tous, c'est un beau rôle quand on a la raison avec soi. J'étais si chevaleresquement indigné de la déloyauté de la coalition, que je résolus de la combattre par probité politique seule, et de défendre le ministère et la couronne en volontaire, comme on défend sur un grand chemin, sans le connaître, un homme attaqué par devant et par derrière par des agresseurs conjurés, ou comme on court à un incendie pour porter de l'eau, sans avoir aucun intérêt dans l'édifice qui brûle.

Je le fis avec vigueur et avec succès, ne voulant aucun prix de mes secours que la gloire et le patriotisme satisfaits. J'entrai résolûment dans la lice, j'y combattis corps à corps les deux habiles et éloquents ministres défectionnaires de la couronne; la victoire me resta toujours, sinon dans le scrutin, du moins dans l'opinion. Le public apprit à connaître mon nom. Le parti conservateur s'attacha à moi comme à une espérance.

Le roi, étonné de se voir secouru par un orateur indépendant de qui il n'avait rien à attendre et qui ne voulait rien de la cour, fut profondément touché de cette intervention volontaire, qu'il prit sans doute pour du dévouement. M. Molé et ses collègues cherchèrent comment ils pouvaient me récompenser de tant de services. Le public, inintelligent de mes vrais mobiles, crut bêtement que j'étais passé de mon isolement dans les rangs du parti conservateur orléaniste. Je ne laissai pas longtemps planer sur moi cette fausse interprétation de ma conduite. Dans des réunions des centres, chez M. Delessert, on se demanda devant moi comment on pouvait me payer de mon dévouement en honneurs ou en pouvoirs. Je me levai, et, dans un discours sténographié le soir et imprimé depuis, je dis catégoriquement aux deux cent vingt députés qui m'ouvraient leurs rangs et leurs cœurs : « Ne me comptez pas avec vous, je n'y suis que par occasion, et comme auxiliaire libre qui vous défend contre une coalition perverse et anarchique ; le jour où cette coalition sera vaincue, je me retirerai de vos rangs pour rentrer dans mon indépendance et peut-être dans une opposition loyale contre vous-mêmes. Votre estime est tout ce que je voulais mériter. Je la perdrais justement si je vous laissais croire que je partage vos principes et votre attachement à la dynastie de 1830. Ce n'est pas le roi de 1830 que je défends, c'est la royauté constitutionnelle indignement attaquée dans les conditions de son indépendance. Je ne dois pas m'engager avec cette royauté et avec vous par une reconnaissance quelconque des honneurs et des pouvoirs que vous voulez bien m'offrir. Sauvons ensemble la constitution parlementaire, et restons ensuite, vous ce que vous êtes, et moi ce que je suis. » Ce discours existe ; on peut le relire à sa date. On pensait alors à m'offrir la présidence de la chambre ; je n'en voulais pas.

XL

M. Dupin, dans le quatrième volume de ses *Mémoires,* véritables archives des choses et des hommes de ce temps, se trompe involontairement, je n'en doute pas, sur mes vues et sur mon caractère dans cette circonstance. Il m'attribue l'ambition, très-avouable, si je l'avais eue, de la présidence, et il attribue au déboire que j'aurais eu de ne pas réussir dans cette candidature mon ressentiment contre le roi et contre la majorité, que j'avais accusés d'ingratitude pour leur résistance à mon ambition.

Les *Mémoires* de M. Dupin sont ici complétement dans l'erreur. Le discours chez M. Delessert subsiste et atteste que je mis moi-même une barrière entre la majorité reconnaissante et moi, et que je ne consentis à briguer ni ministère, ni présidence. A quelques sarcasmes près qui échappaient à la verve épigrammatique de M. Dupin comme des réminiscences de la jovialité gauloise dans un sénat de Rome, M. Dupin avait été nommé par la nature président perpétuel d'un sénat français. On ne pouvait que se subalterniser en lui succédant. C'était sa place. L'électricité de son génie, l'ubiquité de son attention, le poids écrasant de son apostrophe, l'universalité de ses connaissances, le coup mortel de ses reparties et jusqu'au tocsin de sa sonnette impatiente de désordre comme son esprit, commandaient l'ordre aux tumultes et le silence aux vociférations ; c'était le *quos ego* de Virgile incarné dans ce Cicéron de fauteuil. Je n'avais aucune de ces aptitudes. Je ne voulais pas surtout neutraliser ma pensée ou ma parole dans ce rôle neutre qui fait de l'homme un mécanisme impartial de discussion. Combattre, oui ; présider, non. Étouffer mon opinion sous mon rôle, ce n'était pas ma nature. Je n'y pensai jamais ; j'apportais trop de pensée dans le grand procès politique du temps, pour me réduire au rôle d'arbitre des discussions.

XLI

Après cette longue lutte de M. Molé et du parti conservateur contre les deux ministres devenus chefs de faction, et contre les passions ameutées que ces deux *assembleurs de nuages* groupèrent dans la chambre et dans la presse contre la couronne qu'ils avaient eux-mêmes forgée en 1830, M. Molé succomba à une ou deux voix de minorité.

C'est là que je vis pour la première fois combien les véritables hommes d'État étaient rares. Certes, le roi était un habile noueur d'intrigues, un manœuvrier consommé des partis dans l'opposition et sur le trône ; certes M. Molé était un homme d'esprit, rompu par l'âge et par l'expérience aux résolutions de gouvernement, aux statistiques de chambres, aux tactiques d'élections, aux bascules d'opinion dans un pays aussi mobile et aussi inattendu que la France. Eh bien ! ces deux hommes consommés creusèrent en une nuit, tête à tête, de leurs propres mains, l'abîme qui allait les engloutir inévitablement tous les deux ; et sept ou huit ministres, capables chacun de bonne administration et de bon conseil, ne trouvèrent ni une parole ni un geste pour se jeter résolûment entre le roi et le précipice ouvert devant lui.

Voici une anecdote qui n'a pas été encore connue de l'histoire, et qui éclaire d'un jour sinistre le précipice où la monarchie de juillet allait se jeter, elle et son trône. J'y fus le principal témoin et le principal acteur. Personne, excepté M. de Montalivet, n'en peut parler plus véridiquement. Voici le fait :

Le lendemain, de très-grand matin, du jour où le ministère conservateur tomba en presque minorité dans la chambre, je reçus un mot de M. Molé. Le premier ministre me priait confidentiellement de me rendre chez lui, à huit heures, non au ministère, mais dans son hôtel de famille de la rue de la Ville-l'Évêque, pour assister officieusement à une conférence secrète des ministres sur le parti à conseiller à la couronne dans la décision urgente que le vote de la veille imposait au roi et à ses conseillers responsables.

Faut-il se retirer devant le vote de l'Assemblée ? Faut-il la braver, la dissoudre, et en appeler au pays dans une élection générale ?

XLII

Je me rendis au rendez-vous chez M. Molé. J'y trouvai les ministres réunis.

« Nous vous avons convoqué, me dit M. Molé, comme un des défenseurs les plus signalés des droits de la couronne et du gouvernement, pour assister aux débats intimes sur la résolution qu'il s'agit de prendre et pour nous éclairer de votre opinion sur les graves circonstances où nous nous trouvons. »

La discussion s'ouvrit. Elle fut solennelle, profonde, pathétique. Il s'agissait du sort de la monarchie, il ne fallait pas se tromper. Une erreur de jugement était la ruine d'un gouvernement et peut-être une anarchie de la France et une combustion de l'Europe.

Le premier ministre posa la question ; il prit la bravade pour le courage, il se posa en homme ferme qui accepte le combat avec l'opinion, qui ne cède rien au temps et aux circonstances, et qui ne veut tomber qu'avec la monarchie.

Cette harangue du premier ministre avait un côté si spécieux, si fier et si chevaleresque, qu'elle subjugua tous les autres ministres, et que les uns, par des discours aussi résolus, les autres, par un silence approbateur, applaudirent à cette énergie et votèrent unanimement pour la dissolution immédiate de la chambre et pour un appel au pays contre les odieuses manœuvres de la coalition, manœuvres qui révoltaient les honnêtes gens et qui révolteraient, on n'en doutait pas, les électeurs. Ils ne pouvaient pas manquer de donner raison à la couronne indignement attaquée dans ses prérogatives constitutionnelles, de destituer de leur mandat les députés complices de l'ambition tribunitienne des deux ministres qui avaient groupé autour d'eux tous les ennemis de leur propre royauté, et de renvoyer à leur place des hommes d'ordre et de consolidation.

XLIII

J'étais au coin de la cheminée, muet et consterné de la résolution, selon moi si fatale, conseillée ou acceptée par tous, mais je n'étais que témoin sans responsabilité officielle dans le débat; mon visage seul, triste et désapprobateur malgré moi, montrait sans doute que la résolution de dissoudre la chambre en ce moment m'inspirait un trop juste effroi. On me regardait. Après avoir attendu quelque temps que je prisse à mon tour la parole, et voyant que je continuais à me taire, M. Molé m'apostropha enfin avec un ton de reproche : « Mais enfin, dit-il, qu'en pense M. de Lamartine? Nous ne l'avons pas appelé pour assister seulement comme un de nos amis à ce débat, mais surtout pour écouter ses impressions personnelles sur le parti à prendre et pour nous éclairer de son opinion ; nous le supplions donc de nous dire nettement sa pensée.

» — Ma pensée, répondis-je en me levant et en prenant le marbre de la cheminée pour le marbre de la tribune, je ne vous la disais pas et je désirais ne pas avoir à vous la dire, parce qu'elle est sinistre d'après la résolution que je vois déjà toute prise dans ce conseil de gouvernement. »

On se récria, on me demanda de m'expliquer ; je le fis franchement, longuement, énergiquement, sans ménagement pour l'avis des membres du cabinet que je venais d'entendre. Le fond de mon discours était celui-ci :

XLIV

La France est un pays susceptible et passionné d'opposition qu'il ne faut jamais défier de rien, même du suicide. Elle est capable de se précipiter elle-même de la *roche Tarpéienne*, pour prouver à un gouvernement qui la défie qu'elle est indomptable et libre. Voilà son caractère, prouvé par vingt actes de fierté plus semblables à la folie qu'au civisme.

Ce caractère bien connu de l'opinion publique en France, qu'allez-vous faire en lui renvoyant ses représentants de la coalition, hommes sans doute très-égarés et très-coupables en ce moment, mais que vous allez mettre sous la sauvegarde de ceux qui les ont envoyés comme des victimes de leur dévouement au peuple et de leur résistance au despotisme de la couronne et de votre ressentiment à vous? Vous allez décupler leur popularité de mauvais aloi et en faire une popularité civique, popularité de vengeance contre la couronne et de ressentiment irréfléchi contre vous-mêmes. Vous les renvoyez très-embarrassés de leur victoire d'hier, on vous les renverra triomphants d'un second mandat; ce mandat sera presque une révolution. La question qui n'est aujourd'hui que ministérielle sera monarchique à leur retour dans la chambre; elle n'est posée aujourd'hui qu'entre vous et deux ministres, elle sera posée bientôt entre le roi et le peuple; c'est une lutte corps à corps où le roi et le peuple seront vaincus tout à la fois. Votre loyauté vous commande de vous sacrifier pour sauver au roi et au peuple une pareille épreuve. Sacrifiez-vous à l'instant.

Et ce sacrifice du pouvoir que vous représentez sera-t-il long? Sera-t-il définitif? Aura-t-il pour la monarchie le danger que vous lui supposez? Nullement. A peine aurez-vous porté tout à l'heure votre démission au roi pour obéir respectueusement à la lettre de la constitution qui commande au ministère de se retirer au premier signal de la volonté des chambres, que le pays, indigné de la déloyauté de vos adversaires et effrayé du vide que votre retraite va faire dans le gouvernement, se retournera tout entier contre la coalition victorieuse et lui demandera compte de sa victoire.

Or, quel compte la coalition peut-elle lui rendre de ses motifs en vous renversant? Quel ministère homogène ou seulement possible présentera-t-elle à la nation et au roi? Quel concert de vues et d'hommes peut-on établir entre les chefs, tous antipathiques les uns aux autres, de cette incroyable agglomération d'assaillants qui, en vous donnant l'assaut, ont tous un but et un drapeau différents? Comment les républicains donneront-ils la main aux légitimistes? Comment les légitimistes prêteront-ils leurs votes implacables aux doctrinaires, conduits par un ministre de 1830, auteur de leur ruine et proscripteur de leur dynastie? Comment ce ministre lui-même, remonté au gouvernement par la brèche qu'il a ouverte, se réconciliera-t-il avec ces autres ministres du centre gauche, dont toute la popularité ne repose que sur son antipathie contre les doctrinaires et sur les haines contre les Bourbons de 1815? Comment les radicaux de l'extrême gauche se feront-ils royalistes par complaisance pour ce jeune Gracque qui a pris les marches d'un trône pour tribune de ses épigrammes contre son roi? Quel lien ralliera ces hommes et ces groupes entre eux le jour où, leur hostilité satisfaite, le pays et le roi leur demanderont de leur présenter un ministère et une majorité? C'est là l'épreuve de l'immoralité et de la perversité des coalitions, c'est que leur seule œuvre est de saper et de ruiner un gouvernement, sans pouvoir en édifier même l'ombre avec les débris de ce qu'elles renversent. Ennemis entre eux, vainqueurs par une haine aveugle, ils ne peuvent le lendemain que s'entre-déchirer, déclarer leur impuissance de rien reconstruire, et menacer par cette impuissance le pays d'un long interrègne ou d'une éternelle anarchie.

C'est là la situation de ces cinq ou six chefs de parti qui viennent, malheureusement pour eux, de triompher de vous, sans pouvoir vous remplacer. Il ne leur manquait que cette victoire pour les convaincre aux yeux du pays d'immoralité et de néant dans leur ligue. Hâtez-vous de leur remettre la place vide, de les défier de former un ministère et de construire, soit séparés, soit réunis, une majorité qui les supporte seulement un jour. Ils essayeront vingt combinaisons sans en trouver une.

Une collection de minorités n'est pas une majorité. Cette vérité, sur laquelle le pays a pu se faire illusion pendant la bataille, éclatera à ses yeux dès demain.

L'interrègne de tout ministère durera, au grand dommage de la France, au grand effroi des bons citoyens, jusqu'à ce que les factions de la rue prennent la place des partis parlementaires et que les émeutes proclament à coups de canon la nécessité de reconstituer un pouvoir.

Ce pouvoir démontré introuvable dans la chambre parmi les ligueurs qui vous ont renversés, le pays demandera lui-même à grands cris au roi de dissoudre cette assemblée, cause de son anarchie. Le roi dissoudra alors, par la main de quelques ministres transitoires. Les électeurs indignés laisseront sur le carreau un grand nombre de ces ligueurs convaincus de *nuisance*, et renverront en masse des hommes de bien, décidés à vous soutenir. Vous remonterez par la main de la nation elle-même au pouvoir dont les factions vous ont précipités ; les majorités loyales et patriotiques se disputeront l'honneur de vous soutenir ; la monarchie sera sauvée par les manœuvres mêmes de la coalition qui la menaçait, et tout se sera fait constitutionnellement par l'opinion elle-même, sans qu'on puisse accuser ni vous, ni la royauté, d'avoir résisté une heure à l'esprit ou à la lettre de la constitution.

Que si, au contraire, vous conseillez au roi de dissoudre aujourd'hui la chambre, le pays défié, ou croyant l'être, par la couronne, formera dans les élections la même majorité future que les ambitions ou les factions viennent de former dans la chambre ; il renverra au roi tout ce qu'il trouvera sous sa main de plus hostile à la couronne et à vous. La royauté, défiée à son tour par cette chambre envenimée contre elle, voudra céder ou voudra lutter pour la liberté du choix de ses ministres. Si elle cède, elle passera sous le joug des ministres ligueurs qui lui seront imposés par la nouvelle chambre, et alors ces maires du palais lui imposeront leur politique de guerre à l'étranger et d'agitation au dedans ; la royauté restera humiliée et responsable par son trône des actes de son ministère. Si elle résiste, elle sera conduite à des dissolutions incessantes ou à des coups d'État nécessaires ; les dissolutions l'useront, les coups d'État l'engloutiront, la lutte entre la nation et la couronne commencera ; vous en savez les suites. Je n'achève pas, mais je vous déclare en conscience que, bien qu'étranger et voulant rester étranger personnellement à la cause de la dynastie qui représente en ce moment la royauté, je sors d'ici l'esprit épouvanté pour mon pays des conséquences de la résolution que vous venez de prendre. Une révolution à courte échéance m'apparaît à travers ces actes de défi à la

France. Si vous portez ce conseil au roi et si le roi signe, la dynastie d'Orléans a régné en France!

XLV

Mon discours, véritablement et à mon insu prophétique, et dont je ne donne ici que la substance, avait produit sur tous les ministres, à l'exception de M. Molé, président du conseil, un effet infiniment plus pathétique que je ne m'y attendais. Je voyais les fronts se plisser, les physionomies se tendre, les yeux s'assombrir, les visages pâlir, le doute et la consternation se succéder sur les traits. M. Molé seul se promenait d'un pas saccadé dans son cabinet et allait frapper du doigt la vitre de ses fenêtres, comme un homme qui s'impatiente et qui cherche à se distraire de l'obsession de ses pensées, témoignant un mécontentement très-mal contenu de mes arguments. Les autres semblaient, au contraire, convaincus; nul ne faisait un geste pour me répliquer.

Enfin le ministre favori, mais honnête homme, qui passait pour avoir l'influence d'un dévouement éprouvé sur le roi, M. de Montalivet, prit la parole, avec le geste et le ton d'un homme sincère qui revient sans fausse pudeur sur l'avis qu'il a imprudemment adopté et qui ne rougit pas de se démentir, pour sauver sa cause aux dépens de son amour-propre.

« Messieurs, dit-il, j'avoue que j'ai été ému jusqu'au renversement de mes propres pensées par les raisons toutes neuves et, selon moi, toutes-puissantes, que M. de Lamartine vient de nous faire apparaître. Je passe à son opinion, et, quoique le parti de la dissolution ait paru jusqu'ici avoir l'unanimité dans nos esprits, je demande qu'on revienne sur la résolution prise, et que nous discutions de nouveau une résolution si grave, avant de la présenter au roi. »

XLVI

Tous les autres ministres présents, à l'exception toujours de M. Molé, firent un signe d'assentiment aux paroles de M. de Montalivet et parurent prêts à se ranger avec lui du côté de ma politique. On allait recommencer l'épreuve et voter selon les conclusions de mon discours, quand M. Molé, s'avançant au milieu de la chambre avec la figure bouleversée par l'embarras de sa situation, étendit la main vers ses collègues comme pour prévenir la reprise de la discussion, et s'écria : « Arrêtez, messieurs. Toute discussion est désormais inutile. Il faut que je vous avoue un parti pris, que j'aurais dû peut-être vous déclarer avant de vous réunir. Le roi, sur mon avis, a signé cette nuit la dissolution de la chambre ! »

Un murmure d'étonnement et de douleur courut à cette nouvelle inattendue sur toutes les lèvres.

« A quoi bon nous consulter, puisqu'il est trop tard pour modifier la pensée du roi et du cabinet ? » dirent d'un ton de reproche les collègues un peu humiliés de M. Molé. Chacun se leva et se retira plein de doutes ! Je me retirai moi-même avec le pressentiment tragique d'une révolution que je ne désirais nullement pour mon pays ; je préférais, en bon Français, un règne désagréable à une anarchie.

Je n'ai jamais vu sans effroi se briser gratuitement un gouvernement dont les débris écrasent toujours quelque chose dans leur chute. Je rentrai chez moi profondément attristé.

La dissolution fut connue dans la journée. Tout ce que j'avais pressenti se réalisa littéralement en quelques semaines : la coalition, renvoyée devant ses juges, les électeurs, triompha partout ; elle imposa au roi le ministère de M. Thiers, qui mena la France à deux doigts d'une guerre universelle, à propos d'un pacha d'Égypte révolté contre son maître, cause de guerre aussi absurde que celle qu'on a inventée aujourd'hui pour satisfaire la fantaisie d'un petit roi des Alpes, qui veut régner à Florence, à Naples, à Palerme, à Venise, sans avoir ni droit ni force pour s'y maintenir sans la France. Tout allait se bouleverser en Europe, quand j'attaquai seul, avec l'énergie d'un désespoir patriotique, le ministère de M. Thiers, dans des lettres politiques qui furent le tocsin de l'incendie européen, dans le journal *la Presse*.

Reproduites dans les trois cents journaux de Paris et des départements, ces lettres rallièrent, la veille de la session, une majorité égarée, muette, mais patriotique, qui renversa M. Thiers, déjà embarrassé et repentant de sa témérité. Il s'arrêta. En s'arrêtant, il préserva l'Europe d'une guerre insensée.

Le ministre, son rival, qui avait consenti à servir, à Londres, sa politique de guerre et qui n'avait servi qu'à se rendre acceptable au roi pour remplacer M. Thiers, se hâta d'accourir pour se saisir de ce gouvernement désorienté. On ne comprenait guère pourquoi l'un tombait, pourquoi l'autre s'élevait. Ils avaient renversé ensemble ; à quel titre le démolisseur de la veille se présentait-il comme le conservateur du lendemain ? Mais à titre d'ambition et de talent, la majorité se reconstitua sous la main de cet homme d'État et le suivit, malheureusement pour la couronne, jusqu'à la catastrophe qu'il ne sut ni prévoir, ni conjurer, ni dompter. Sa ruine fut celle de la monarchie, double expiation de 1830 et de la coalition. Ne sommes-nous pas tous les expiateurs de nos passions ? Qui de nous n'a pas une justice dans ses malheurs, et un repentir dans ses jactances d'infaillibilité ?

XLVII

Toutes ces alliances de partis antipathiques, toutes ces audaces de défection dans les favoris de la couronne, toutes ces pressions déloyales sur la royauté que chacun voulait dominer sous prétexte de la servir, toutes ces trahisons après la victoire, toutes ces faiblesses du parlement devant les passions des hommes qui l'ameutaient pour le compromettre dans leurs brigues, toutes ces simonies de l'intérêt public devant les cupidités individuelles du pouvoir, toutes ces agitations sans but, qui faisaient bouillonner sans cesse la France et qui la remplissaient de haines, de factions, de passions, au lieu de la calmer et de l'occuper de ses intérêts urgents et permanents, me dégoûtaient prodigieusement, je l'avoue, de ce qu'on appelle le régime parlementaire.

Si c'était pour arriver à ce gouvernement de vaines paroles et d'odieuses intrigues qu'on avait traversé la mer de sang de 1793, le carnage militaire de quinze ans d'empire, la réaction armée de l'Europe contre la France en 1814, le retour du despotisme soldatesque de l'île d'Elbe en 1815, l'expulsion de trois dynasties en un jour de 1830 et les dix ans de dynastie agitatrice en 1840 ; en vérité, le résultat de tant d'efforts pour arriver à diviser la France en deux camps, comme les *verts* et les *bleus* du Bas-Empire à Constantinople, entre deux ministres, racoleurs de factions, coureurs de majorité au but des portefeuilles dans le *stade* de la rue de Bourgogne à Paris, en vérité, me disais-je, ce résultat de tant d'événements n'en vaut ni le temps perdu, ni le sang versé, ni la grande émotion des esprits en 1789 par la pensée du dix-huitième siècle, ni la grande convulsion de la Révolution française en 1791. Il faut que le vrai sens de cette Révolution ait été perdu en route et dans son histoire. Ne serait-il pas possible de retrouver ce sens vrai de la Révolution française en remontant à son origine et à ses premiers organes, d'en dégager la juste signification des passions et des crimes à travers lesquels elle a perdu son caractère et son but, et de rappeler ainsi la France de 1840 à la philosophie sociale et politique dont elle fut l'apôtre et la victime pour devenir, quoi ? l'enjeu de quelques rhéteurs au jeu stérile de la tribune et des feuilles publiques jetées tous les matins au feu des animosités civiles, pour alimenter les vaines factions de cour et de rue qui ne produisent que fumée ou lueurs sinistres dans l'esprit des masses découragées ? Un siècle a-t-il été donné aux hommes si intelligents et si énergiques de notre patrie pour en faire un si misérable usage ? Je touche à peine à ma pleine maturité ; j'ai vu de mes yeux d'enfant la première république sans la comprendre et sans me souvenir d'autre chose que des sanglots qu'elle faisait retentir dans les familles décimées par les prisons ou les échafauds ; j'ai vu l'empire sans entendre autre chose que les pas des armées allant se faire mitrailler sur tous les champs de bataille de l'Europe, et les chants de victoire mêlés au deuil de toutes ces familles du peuple qui payaient ces victimes du sang prodigué de leurs enfants ; j'ai vu l'Europe armée venir deux fois sur les traces de nos armées envahissantes, envahir à son tour notre capitale ; j'ai vu les Bourbons rentrer avec la paix humiliante mais nécessaire à Paris et y retrouver la guerre des partis contre eux au lieu de la guerre étrangère éteinte sous leurs pas ; j'ai vu Louis XVIII tenter la réconciliation générale, dans le contrat de sa charte entre la monarchie et la liberté ; je l'ai vu manœuvrer avec longanimité et sagesse au milieu de ces tempêtes de parlement et d'élection qui ne lui pardonnaient qu'à la condition de mourir ; j'ai vu Charles X, pourchassé par la meute des partis parlementaires, ne trouver de refuge que dans un coup d'État désespéré qui fut à la fois sa faute et sa punition.

Je vois maintenant un prince révolutionnaire demander grâce tour à tour aux royalistes d'être un fils de la Convention, aux républicains d'être un roi sur un trône, aux étrangers d'être l'élu d'une insurrection, aux bonapartistes d'être un Bourbon, à la démocratie d'être un petit neveu de Louis XIV, à l'aristocratie d'être l'élu d'une démocratie ; je le vois forcé de faire effacer ses armoiries sur les portes de son palais, comme un crime de sa naissance envers un peuple qui ne veut plus d'ancêtres ; forcé de donner à sa nièce, dans les cachots de Blaye, la question de la pudeur sacrée de la femme, de constater le flagrant délit de son sexe pour déconsidérer, par-devant témoins, ses partisans ; supplice que l'antiquité n'avait pas inventé et qu'un parti acharné contre la royauté exige d'elle comme une concession à l'ignobilité de sa haine. Je le vois chercher à tâtons ses ministres parmi les complices de son avénement en 1830, et ne trouver en eux que des dévouements conditionnels, des intelligences avec ses ennemis dans le parlement ou dans la presse. Et enfin je vois des transfuges du pouvoir de 1830, à la tête de toutes les colonnes d'opposition, fomenter dans toute la France une agitation fiévreuse qui commence par des banquets et qui finira inévitablement par des séditions. Est-ce là le gouvernement parlementaire ? ou n'est-ce pas plutôt une petite anarchie d'*Œil-de-Bœuf,* qui joue aux révolutions de salle à manger, les fenêtres ouvertes, et qui finira par appeler le peuple à faire invasion dans les festins, à renverser les tables et à remplacer les convives ? Ces saturnales d'opposition coalisée à table me répugnaient par leur mauvaise foi comme par leur danger, et je me refusai énergiquement à y prendre part. Je dis hautement les motifs de mon abstention dans une lettre aux journaux qui sera réimprimée dans ce recueil. On verra que je ne m'enrôlai jamais alors, quoi qu'on en ait dit depuis, dans les rangs de cette coalition malséante qui voulait secouer tout sans rien remplacer.

XLVIII

Mais les scandales de ce gouvernement inexpérimenté, qu'on appelait le gouvernement parlementaire, me convainquirent que le pouvoir vraiment national et populaire n'était plus là; qu'aucune des dynasties rivales tombées, retombées, retombant encore, ne pouvait le reconstituer solidement en elle; que l'aristocratie y avait renoncé implicitement en faisant de sa cause une plaidoirie, comme si un grand parti donnait un mandat d'éloquence, une procuration d'opinion, au lieu de combattre de sa personne dans ces compétitions d'influence, de popularité et de trône; que cette classe moyenne exclusive, intéressée, adulée, à qui ses exploitateurs recommandaient de s'adjuger à elle-même le nom et les prétentions d'une aristocratie de second étage, n'était ni assez antique, ni assez enracinée, ni assez large, ni assez populaire, pour affecter le privilége d'un gouvernement national; qu'elle n'avait rien de permanent, de chevaleresque, de prestigieux, excepté ses industries et ses commerces, aussi mobiles que ses convoitises de monopoles financiers: jalouse en haut, jalousée en bas, menaçante et menacée de toutes parts; que le dernier mot de la Révolution française ne pouvait être cette petite oligarchie groupée par la peur et par l'orgueil autour d'un roi d'expédient; que cela allait crouler aux premières lueurs de l'incendie parlementaire allumé par ceux-là mêmes qui l'avaient si mal éteint en 1830; qu'il fallait pourvoir d'avance aux catastrophes inévitables de ce gouvernement déjà démoli dans l'opinion des masses, en donnant à ces masses envahissantes une histoire vraie de la Révolution qu'elles auraient bientôt à reprendre en sous-œuvre, afin qu'elles ne s'égarassent pas de nouveau sans plan et sans sagesse dans les démences et dans les crimes qui avaient perdu jusqu'au nom de cette Révolution.

« Il faut, dis-je à mes amis, confidents de ma pensée, il

faut écrire pour ce peuple, dans une histoire impartiale, morale et pathétique à la fois, le commentaire vivant de sa première révolution, un Machiavel français, non dans l'esprit du Machiavel italien, mais dans l'esprit d'un Tacite moderne; il faut prouver, par tous les faits de cette révolution, qu'en histoire, comme en morale, chaque crime, même heureux un jour, est suivi le lendemain d'une véritable expiation; que les peuples, comme les individus, sont tenus de faire honnêtement les choses honnêtes; que le but ne justifie pas les moyens, comme le prétendent les scélérats de théorie ou les fanatiques de liberté et de démocratie; que les plus justes principes périssent par l'iniquité des actes; que la conscience ne subit pas d'interrègnes; que la Providence est toujours là pour la venger, et que, si la révolution de 1793 a noyé les plus belles pensées philosophiques dans le sang, c'est qu'elle est tombée des lèvres des philosophes dans les mains des tribuns, et des mains des tribuns dans les mains des Sylla et des César, lavant le sang dans le sang, et restaurant facilement la tyrannie, que les sociétés préfèrent justement aux crimes. Une histoire écrite dans cet esprit sera pour le peuple une haute leçon de moralité révolutionnaire, utile à l'instruire et à le contenir la veille d'une prochaine révolution. »

Voilà le but moral que je me proposais en pensant d'avance à ce commentaire en action du crime et de la vertu dans la politique populaire. Je voulais faire un catéchisme en action de la république future, si, comme je n'en doutais déjà plus guère, une république, au moins temporaire, devait recevoir prochainement de la nation et de la société françaises le mandat de la nécessité, le devoir de sauver la patrie après l'écroulement de sa monarchie d'expédient sur la tête de ses auteurs ; que la prochaine république fût *girondine* au lieu d'être *jacobine*.

Voilà toute la pensée de mon livre !

XLIX

J'avoue qu'un sentiment plus vain, un mobile profane de gloire personnelle, se mêlait dans ma pensée à ce sentiment tout moral de préparer les masses à répudier les immoralités, les iniquités, les crimes, la guerre même, qui avaient souillé le nom du peuple dans la première république. Ce sentiment était purement littéraire.

Je voulais essayer mon talent, encore douteux pour moi-même, dans une grande œuvre en prose ; l'histoire me paraissait et me paraît encore la première des tragédies, le plus difficile des drames, le chef-d'œuvre de l'intelligence humaine, la poésie du vrai. Je voulais être, si cela m'était possible, le dramaturge du plus vaste événement des temps modernes, le Thucydide d'une autre Athènes, le Tacite d'une autre Rome, le Machiavel d'une autre Italie ; je m'en sentais imaginairement la force en moi ; le lyrisme pieux et élégiaque de ma première jeunesse s'était promptement transformé en moi, comme autrefois dans Solon, en une vigueur de réflexion politique qui me passionnait pour les sujets historiques plus que pour les poëmes du cœur et de la pensée. Mes fleurs tombaient et je croyais les sentir remplacées par des fruits d'intelligence. Je me trompais ; mais l'orgueil n'excuse-t-il pas un peu en nous ces flatteries involontaires de l'imagination ? On se croit capable de ce qu'on rêve, et ce que je rêvais n'était-il pas en effet le plus beau drame historique des temps connus? La France elle-même, actrice et théâtre de ce grand drame, n'avait-elle pas rêvé plus beau qu'elle?

Une grande pensée, un code de la raison, saisit un peuple intelligent, enthousiaste, aventureux, la France.

Il s'agit de la rénovation presque complète du monde religieux, moral et politique.

Balayer de la scène le moyen âge tout entier et installer à sa place un âge de justice, de logique, de vérité, de liberté, de fraternité, conçu d'une seule pièce et jeté d'un seul jet.

En religion, conserver la belle morale et la sainte piété chrétienne, en détrônant les superstitions et les intolérances.

En politique, supprimer les féodalités oppressives des peuples, pour les admettre aux droits de famille nationale, et leur laisser la faculté de grandir au niveau de leur droit, de leur travail, de leur activité libre.

En législation, supprimer les priviléges iniques pour inaugurer les lois communes à tous et à tous utiles.

En magistrature, remplacer l'hérédité, principe accidentel et brutal d'autorité, par la capacité, principe intelligent, moral et rationnel.

En autorité législative, remplacer la volonté d'un seul par la délibération publique des supériorités élues, représentant les lumières et les intérêts généraux du peuple tout entier.

Enfin, en pouvoir exécutif, respecter la monarchie, exception unique à la loi de capacité, pour représenter la durée éternelle d'une autorité sans rivale, sans éclipse, sans interrègne; honorer cette majesté à perpétuité de la nation, mais la désarmer de tout arbitraire, et n'en faire que la majestueuse personnification de la perpétuité du peuple. Voilà la véritable Révolution française, voilà le plan des architectes sages et éloquents des deux siècles.

L

Ces dogmes, à peine contredits par quelques intéressés des classes théocratiques et des classes aristocratiques en bien petit nombre, sont acclamés comme une révélation aux états généraux, en présence d'un roi qui les applaudit lui-même généreusement après les avoir provoqués. Les priviléges se nivellent d'eux-mêmes, la tolérance des cultes fait justice à toutes les consciences, les grands se sacrifient, le peuple s'exalte, les vérités encore en théorie pleuvent de chaque bouche au milieu d'une ivresse qui semble unanime; on dirait l'explosion d'une révélation civile, éclatant de son propre éclat dans toutes les âmes et pulvérisant d'évidence tous les obstacles à la réformation des institutions du moyen âge.

Mais à des vérités si neuves il faut un monde neuf aussi pour les accueillir et pour s'y conformer sans hésitation, sans froissement, sans partialité, sans récrimination dans les dépossédés de l'erreur, sans excès et sans violence dans les nouveaux venus à la liberté.

Ici les passions descendent dans la lice à la place des théories. Le roi, modérateur bien intentionné de la révolution, est méconnu par les uns et par les autres dans ses actes et dans ses intentions; les grands lui reprochent sa faiblesse pour les novateurs, les novateurs sa partialité avec les grands; le peuple l'enveloppe de ses soupçons, bientôt de ses menaces, puis de ses fureurs. Le prince appelle ses troupes pour défendre le peu de majesté royale qui lui reste; le peuple irrité corrompt les troupes et donne de nouveaux assauts au roi jusque dans son palais.

Un dictateur de popularité s'élève sur le flot mouvant de la multitude d'une capitale. Ce dictateur subit lui-même toutes les lois de cette multitude au lieu d'en dicter; sa présence légalise toutes les violences du peuple envers la cour; caressant envers le peuple, poli avec le roi. Ce prince arraché à son palais de Versailles devient le triomphe de la captivité royale. Les Tuileries deviennent la prison décente de la royauté. Le roi tente de s'échapper, on l'y ramène ; La Fayette ne peut plus être que le geôlier national de la couronne.

Cette royauté suspendue sur la tête du roi passe à l'Assemblée constituante; une constitution règne métaphysiquement à sa place; l'Assemblée constituante rend un trône presque aboli à ce fantôme de roi captif.

Louis XVI déteste la constitution et l'observe cependant, pour convaincre la nation de son impraticabilité, et pour la faire reviser par ceux mêmes qui l'ont faite. Tout le royaume est en feu, sans roi, sans loi, sans répression possible des désordres d'une anarchie.

La guerre étrangère paraît une heureuse diversion aux hommes d'État; on impute au roi ses premiers revers. Une seconde Assemblée est nommée par la France sous l'empire de la terreur et de la fureur. Tous les hommes éminents et sages de l'Assemblée constituante en sont malheureusement exclus par une volontaire abdication de leur mandat. Mirabeau lui-même, s'il eût encore vécu, n'aurait pas pu siéger dans le conseil de la Révolution épuré de tous ses talents.

Les hommes secondaires n'apportent dans cette Assemblée que des mandats de violence; ils assiégent le roi d'exigences et d'humiliations. Le club des Jacobins règne par ses tribuns sur le peuple; le peuple règne par ses agitateurs à l'hôtel de ville dans la commune de Paris. Les Girondins, au ministère et dans l'Assemblée, pèsent tantôt sur l'Assemblée par leur éloquence, tantôt sur le roi par leur popularité; ils essayent le rôle de modérateurs de la Révolution. Les Jacobins et la commune soulèvent contre eux la multitude.

Moitié complices, moitié contraints, les Girondins cèdent, le 20 juin et le 10 août, aux grandes séditions où le trône tombe sous leurs yeux. Ils proclament complaisamment la déchéance et la captivité du roi qu'ils auraient voulu conserver pour personnifier en lui un ordre légal. Une Convention nationale, formée de tous les partis extrêmes, est appelée à leur place par le tocsin du 10 août; des tribuns forcenés de la commune de Paris veulent les intimider par les massacres de septembre. Les Girondins rejettent cette fois avec horreur et indignation ce sang des assassinats dont ils ne veulent à aucun prix leur part. Danton leur offre encore la paix, s'ils consentent à ne plus reprocher ces forfaits à leurs auteurs. Vergniaud noblement refuse d'amnistier jamais le crime. On leur pose alors, pour les embarrasser, la terrible question du jugement et du supplice du roi. Complices s'ils acceptent, suspects de royauté s'ils refusent, ils commencent par refuser; ils préparent par des discours sublimes la défense du roi menacé, puis ils cèdent, non par lâcheté, mais par une très-fausse et très-criminelle politique de parti, qui croit sauver des milliers de têtes en en concédant une à la république.

Cette tête auguste et innocente livrée entraîne leurs propres têtes. On les immole coupables, au lieu de les immoler vertueux. La terreur règne deux ans sur leurs cadavres ; c'est une de ces périodes de la vie d'un peuple sur lesquelles aucun voile, jeté comme un linceul, ne peut cacher le sang des milliers de victimes. Les bourreaux eux-mêmes finissent de tuer, non par remords, mais par lassitude. Le crime aussi a ses défaillances.

Robespierre, qui a eu le fatal honneur de donner son nom à cette sinistre époque, est choisi par ses complices pour couvrir de son nom les holocaustes et les responsabilités de tous. Il tombe par la main de tous et paye pour tous au 9 thermidor et devant la postérité.

L'opinion, légère, inique et intéressée, amnistie ses complices et ses adulateurs. La Révolution, enivrée de ce sang comme une bacchante, ne sait plus ce qu'elle veut ni ce qu'elle fait. Elle marche au hasard à sa propre destruction et passe des bourreaux aux victimes, des intrigants aux idéologues, des idéologues aux soldats, des soldats aux dictateurs, des dictateurs aux despotes. Sa pensée se brouille dans sa tête, et la plus grande pensée des siècles aboutit à la guerre et à la servitude. On croit voir les Gracques, les Marius et les Sylla aboutir aux Césars. Paris et Rome se ressemblent ; les temps répètent les temps, et la France, pour avoir laissé ses efforts vers la réforme du monde politique dégénérer en convulsions démagogiques, ne se retrouve plus de force pour faire de sa liberté modérée par la règle un gouvernement. Entre l'échafaud des tribuns du peuple et les baïonnettes des dictateurs il n'y a plus que le choix du fer immolant ou asservissant les citoyens.

LI

Quelle leçon morale et quel sujet pathétique d'histoire pour un écrivain qui voulait instruire le peuple en moralisant la liberté !

Je n'hésitai plus à choisir ce drame moderne à ce point central et culminant de la Révolution, où l'on voit encore la beauté des principes et où l'on aperçoit déjà l'horreur des excès. Ce point, c'est l'échafaud des Girondins. J'y montai en esprit, pour prendre de là mon *panorama* historique.

Rien ne me gênait dans ma situation politique parlementaire soit envers le gouvernement, soit envers l'opposition légitimiste, soit envers l'opposition semi-républicaine. Je recueillais dans cette entière liberté d'esprit le fruit de mon indépendance d'engagement avec tous les pouvoirs et tous les partis. Je pouvais donc dire ce qui me semblait la vérité à tous. Dégagé par la catastrophe de 1830 non de l'affection et des respects que je portais à la royauté des Bourbons légitimes exilés, mais dégagé par la mauvaise attitude des légitimistes dans la chambre de toute solidarité avec eux, excepté de la solidarité d'origine commune; dégagé de la royauté d'Orléans, dont je ne conspirais pas la chute, mais dont je ne plaignais pas les dangers et les expiations; plus dégagé encore des coalitions anarchiques que les aristocrates, les démocrates, les légitimistes, nouaient de si mauvaise foi dans le parlement, rien ne m'empêchait d'écrire de la Révolution une histoire qui pût froisser, offenser, irriter même par son impartialité toutes opinions et profiter au besoin à la moralisation future d'une seconde république que j'entrevoyais dans l'ombre du lointain, comme une dernière ressource de gouvernement en France, après la chute, certaine selon moi, de la royauté schismatique d'Orléans.

Je le répète, mes traditions de famille m'avaient fait une seconde nature de mon attachement à la royauté séculaire de la France, aux vertus si mal récompensées de l'honnête Louis XVI, aux malheurs de sa race, à la haute et sage modération de Louis XVIII, ce roi conciliateur de la royauté et de la liberté par la charte, même au caractère chevaleresque de Charles X, tombé dans une faute, mais laissant après lui un enfant de la couronne innocent par son âge du coup d'État qui lui avait enlevé sa patrie.

Cette royauté des expiations étant impossible à rétablir, cette royauté des conspirations étant impossible pour moi à aimer et à servir, cette coalition immorale et déloyale dans le parlement étant impossible à honorer, incapable de fonder, capable seulement de tout détruire, je n'avais plus de devoir et de lien qu'avec la politique abstraite, idéale, personnelle qui pouvait seule à un jour donné recruter, au profit des principes sainement et honnêtement progressifs, les opinions d'un peuple prêt à retomber dans l'anarchie.

Ces principes, qui étaient ceux de la vraie philosophie politique de l'Assemblée constituante, ceux que les Mirabeau, les Barnave, les Clermont-Tonnerre, les Lally-Tollendal, les Bailly, les Mounier, les Montmorency, les Cazalès, les Vergniaud, avaient si magnifiquement débattus ou formulés dans leur éloquence de raison, me passionnaient encore à distance et me paraissaient le but dépassé, mais le but idéal de la Révolution, auquel il fallait ramener le peuple par l'opinion avant de l'y ramener un jour par le fait, si les événements échappaient à l'ambitieuse et intrigante faction de la fausse révolution et de la fausse royauté de 1830.

Le livre des *Girondins* était donc à mes yeux non pas un levier pour soulever et précipiter un trône, mais une pierre d'attente pour remplacer un édifice écroulé dans ces éventualités de gouvernements qui seraient appelés par le hasard à remplacer le gouvernement menaçant et menacé de 1830.

La république se présentait sans doute à mon esprit, mais elle s'y présentait comme une possibilité improbable plutôt que comme un but arrêté ou même désirable ; seulement je voulais, dans le cas où la nation se réfugierait, après le renversement du trône d'Orléans, dans la république, qu'une histoire consciencieusement sévère de la première république eût prémuni le peuple français contre les mauvaises passions, les illusions, les fanatismes, les crimes et les terreurs qui avaient perverti, férocisé et ruiné la première fois le règne du peuple. Je n'avais dans l'esprit aucune des chimères socialistes de Platon, de Jean-Jacques Rousseau, de Mably, de Robespierre, de Saint-Just, qui mènent le peuple droit au crime par la fureur qui succède aux déceptions, et qui tuent bourreaux et victimes par la guerre anticivique de la propriété qui refuse tout et du prolétariat qui anéantit tout.

LII

La révolution vraie, selon moi, ne s'exprimait que par trois principes ou plutôt par trois tendances légitimes, résultat de mes études et de mes réflexions sur la vraie nature et sur les vrais dogmes de la rénovation française.

Ces trois tendances de l'esprit de la nouvelle civilisation inaugurée sur les ruines de la civilisation féodale, étaient celles-ci :

Déplacement mais nullement destruction du principe d'autorité, c'est-à-dire, au lieu du despotisme des rois, des cours, des sacerdoces absolus, autorité raisonnée mais absolue ensuite et irrésistible de la volonté représentée du peuple tout entier, confiée à un roi héréditaire ou à des autorités électives. En un mot, une autorité très-concentrée, très-forte, très-obéie, nécessaire à la répression des passions individuelles ou des factions collectives. L'ordre libre, mais l'ordre très-prédominant sur ce qu'on appelle la liberté. Car l'autorité est la première nécessité de la société ; la liberté n'en est que la dignité individuelle.

La seconde de ces tendances, c'est la liberté religieuse, longtemps effacée des constitutions civiles de l'Europe par la féodalité des consciences, et devant, selon moi, reprendre sa place naturelle, c'est-à-dire la première place, dans les indépendances de l'âme et par l'indépendance des cultes desservis par eux-mêmes, avec indemnité préalable des établissements et des individus consacrés antérieurement au culte de l'État. C'est la plus difficile des libertés à établir consciencieusement, mais c'est la plus sainte et la plus favorable à l'action religieuse sur les sociétés dont l'âme est toujours une foi libre.

La troisième de ces tendances, c'est la concorde organique entre les classes riches ou pauvres de la société par des institutions qui les rapprochent et qui leur inspirent non cette fraternité déclamatoire et métaphysique qui ne consiste qu'en égalité et en communauté des biens impraticables et contre nature, mais des actes efficaces de patronage et de clientèle entre la propriété du capital et la propriété du travail, entre le propriétaire et le prolétaire, entre le sol et le bras, propriétés aussi sacrées l'une que l'autre et dont l'une ne peut subsister sans l'autre. Dans ce but, je voulais que les classes laborieuses eussent, par un vote proportionné à leur droit de vivre, une part consultative dans la représentation trop privilégiée des classes propriétaires ou industrielles; je voulais, comme en Angleterre, un impôt de bienfaisance sur le revenu, non pas un impôt progressif qui décime le travail en décimant le capital, mais un impôt proportionnel qui oblige la classe riche à une charité légale qui met du cœur et de la vertu dans les lois.

LIII

Toutes ces tendances exigeaient évidemment, pour être graduellement obéies, un élargissement immense du régime électoral, étroit, privilégié et par conséquent dangereux à un jour donné pour la société elle-même, qui ne vit que de justice et qui meurt toujours de privilége.

Ces lois étaient certainement républicaines dans le sens moral du mot, mais elles n'étaient nullement antimonarchiques dans le sens politique. Les institutions républicainement spiritualistes peuvent avoir une tête monarchique, sans pour cela cesser d'être populaires.

Une fois les idées progressives admises en pratique dans le gouvernement d'une société bien faite, la monarchie peut être avec logique et avec avantage le lien de ce faisceau d'idées.

J'étais loin de le méconnaître. Aussi je ne me déclarai point républicain, mais populaire, et dans un discours prononcé à un banquet célèbre qui me fut donné à Mâcon par les délégués de trois ou quatre provinces réunies (banquet littéraire qu'il ne faut pas confondre avec les banquets politiques organisés par la coalition parlementaire), dans ce discours, dis-je, qui fit tressaillir la France par la hardiesse des idées et de l'accent, je conclus à dompter la monarchie par la force de l'opinion, et non à la détruire. Ce fut un vigoureux conseil, ce ne fut point une menace. On peut le relire ici dans mes *Œuvres complètes*. Les journaux de toutes les nuances en France et en Europe le reproduisirent et lui donnèrent, par leurs commentaires, le retentissement d'une chute anticipée du trône d'Orléans dans les esprits. Ce n'était pas mon intention. Je le rectifiai même dans mon propre département par une lettre énergique contre les banquets parlementaires de la coalition, auxquels je refusai de m'unir.

Mais, libre désormais de tout ménagement envers le ministère de M. Molé, remplacé par un ministère de pure manœuvre, pris dans la défection d'une partie des coalisés, je montai à la tribune, et pour la première fois je déclarai que j'entrais dans l'opposition.

L'opposition m'applaudit à outrance; le parti conservateur s'étonna et s'affligea, sans toutefois m'injurier.

Seulement on attribua généralement cette déclaration d'hostilité loyale au gouvernement à la rancune personnelle d'une ambition trompée, qui se venge en renversant ce qu'elle a protégé la veille. Cela était bien faux; car le roi venait pour la seconde fois de me demander une entrevue secrète; j'y avais consenti par pure déférence respectueuse pour nos anciennes relations. Il m'avait tout offert, avec des instances qui rendaient le refus difficile à un cœur touché de ses embarras; j'avais tout refusé. Son principal ministre à cette époque, qui sait mieux que personne *une partie* de la vérité sur cette entrevue et sur les avances du roi, les a démenties récemment, dit-on, en les mettant sur le compte de mon imagination. Le roi lui-même, du fond de sa tombe, dans ses révélations posthumes, démentira, plus pertinemment que moi, son ministre. Aucun roi n'a tant écrit.

Mais remontons de quelques mois, au moment où, en écrivant les *Girondins*, je faisais ce discours épique, cette discussion en récit qui devait produire et qui produisit une émotion plus grande et plus durable que cent discours de tribune.

LIV

J'ai dit dans quel esprit et dans quelle indépendance complète d'opinion politique j'avais résolu d'écrire cette histoire. Je m'enveloppai, à la campagne entre les sessions et à Paris entre les séances, de tous les documents imprimés, manuscrits, vivants, qui survivaient à cette mémorable époque. Ils étaient nombreux, volumineux, sincères; flattés de ce qu'une main libre cherchait dans leurs portefeuilles ou dans leur mémoire l'impartiale lumière qui ne luit qu'après que les partis sont morts et que les ressentiments sont éteints. J'avais résolu avant tout d'être véridique envers et contre tous et au besoin envers moi-même ; je ne négligeai rien pour être bien informé. Quant au style, je ne m'en occupai pas; j'étais sûr que les événements eux-mêmes m'inspireraient, malgré mon peu d'habitude de la prose, la clarté, l'ordre, la lumière, le naturel et même la seule éloquence de l'histoire, la sensibilité communicative qui mêle du cœur au récit. J'étais né pathétique ; je n'avais qu'à me laisser aller à ma nature. Sentir m'était aisé, savoir était plus difficile ; j'y mis tous mes soins.

Voici, entre mille autres, un exemple de l'attention scrupuleuse et infatigable que j'apportai dans mon travail à être intéressant à force d'être vrai. Dans tout ce qu'on me contestera sur la véracité des moindres détails de ce long récit en sept volumes, je suis prêt à donner des preuves par témoignages aussi irrécusables que celles que je vais produire en réponse à M. de Cassagnac, qui calomnie innocemment mon exactitude en histoire. La véracité, c'est la probité de l'histoire. Mentir à la postérité, c'est mentir à Dieu; car l'histoire est divine.

LV

Un écrivain qui frappe juste, mais qui frappe souvent trop fort, à cause de la vigueur même de son talent, M. de Cassagnac, vient d'écrire à son tour un livre sur les Girondins. Il m'accuse d'avoir non falsifié, mais inventé la fable de la mort et du banquet des Girondins la veille de leur supplice. Ce dernier souper des victimes m'avait paru à moi-même si improbable et si dramatique, que j'avais trouvé là à l'histoire un faux air de poëme ou de roman, et que j'avais résolu de le révoquer en doute ou de le réduire aux proportions les plus prosaïques de l'histoire. Cependant, de ce qu'une chose est dramatiquement pittoresque et pathétique il ne s'ensuit pas qu'elle soit fausse. Je voulus m'éclairer consciencieusement avant de la rapporter.

J'avais entendu parler d'un ecclésiastique, nommé l'abbé Lambert, prêtre assermenté, ami de plusieurs des Girondins, qui avait communiqué avec eux dans leur prison et assisté à leurs derniers moments jusqu'à l'heure du supplice. Je pris les informations les plus patientes et les plus précises sur cet ecclésiastique et sur ce qu'il était devenu après le 31 mai 1793. J'appris qu'il vivait encore, qu'il s'était réconcilié avec l'Église au temps des rétractations, et qu'il était, depuis longues années, curé de la commune de Bessancourt, dans le département de Seine-et-Oise. Je lui écrivis pour lui demander si les circonstances de sa participation aux événements du 31 mai étaient vraies, et si, dans le cas où ce bruit aurait quelque fondement, il voudrait bien consentir à me recevoir et à me donner sur la mort de ses amis les informations utiles à l'histoire. Il me répondit avec beaucoup de bonté qu'il était étonné que son nom, depuis si longtemps égaré et enseveli dans le coin de terre où il desservait une humble paroisse, fût parvenu jusqu'à moi ; que, son âge et ses infirmités l'empêchant de se déplacer lui-même, il me recevrait dans son pauvre presbytère et me dirait tout ce que sa mémoire lui rappelait de ces tragiques événements.

Je pris la poste, accompagné d'un jeune homme de Mâcon, devenu depuis mon collègue à l'Assemblée constituante de 1848, que je ne crois pas devoir nommer ici sans son autorisation, mais qui attesterait, je n'en doute pas, ce voyage et cette enquête avec moi à Bessancourt.

LVI

Le curé de Bessancourt, encore vert et comme présent à tout ce passé, nous donna tous les renseignements désirés sur les derniers jours, sur les diverses dispositions d'esprit, sur les conversations des condamnés. Nous écrivions les scènes, les portraits, les paroles, à mesure que ses souvenirs, provoqués par nos questions, se retrouvaient et se déroulaient dans la mémoire du vieillard ; c'étaient comme les notes du tableau historique et véridique que je me proposais de composer d'ensemble à mon retour. Une journée suffit à peine à recueillir ce témoignage du seul et dernier témoin de ce grand drame. L'interrogatoire du curé de Bessancourt ne fut interrompu que par le déjeuner et le dîner que nous prîmes à sa table frugale. Nous le quittâmes le soir, pleins de reconnaissance pour son accueil et pleins des souvenirs vivants que nous emportions de ses entretiens.

Peu de temps après, je repartis de Paris pour Bessancourt, afin de compléter et d'éclaircir quelques autres circonstances du récit restées obscures dans mon esprit. J'étais accompagné cette fois par un homme de lettres, confident de mes travaux et devenu lui-même l'éminent historien d'une autre époque de notre histoire. Sa parole ne me manquerait pas au besoin pour dissiper les doutes de M. de Cassagnac. Ce second voyage de Bessancourt et les renseignements minutieux de l'abbé Lambert complétèrent ma conviction. Je n'eus qu'à rédiger ses témoignages. Il est sans doute possible qu'après un si long laps de temps le curé de Bessancourt ait commis quelques inadvertances de noms, de dates, de détails sur des personnages si nombreux alors dans les prisons et sur leurs rôles respectifs dans ce drame pathétique de leur dernière heure; mais il est impossible à qui a entendu ce modeste et sincère témoin de ces scènes de révoquer en doute sa véracité. Il n'avait jamais songé jusque-là à se faire un mérite de ce hasard qui l'avait lié à cette époque avec les Girondins; il parlait peu, il n'écrivait rien. Je pense qu'il n'aimait pas à reporter la pensée de ses paroissiens sur sa qualité de prêtre assermenté et constitutionnel dans sa jeunesse, et qu'il était plus importuné qu'empressé d'être cité en témoignage sur ces événements qui lui rappelaient une faute d'orthodoxie sacerdotale, expiée depuis par sa rétractation.

Si ces témoignages de la consciencieuse minutie de mes recherches sur les moindres circonstances historiques de mon *Histoire des Girondins* ne suffisaient pas pour édifier l'écrivain qui m'attribue l'invention de cette prétendue *fable*, voici, à ce sujet, une lettre d'un des principaux habitants de Bessancourt, qui m'arrive aujourd'hui, avec l'autorisation de la reproduire :

« Monsieur,

» Je n'ai pas besoin de remonter bien loin dans mes souvenirs pour attester que le vénérable abbé Lambert a été, pendant de longues années (depuis 1816 jusqu'en 1847, année de sa mort), curé de Bessancourt (Seine-et-Oise); que cet ecclésiastique a toujours passé dans la commune pour avoir été l'ami des Girondins et le pieux consolateur de quelques-uns d'entre eux la veille de leur supplice, en 1793; et que vous êtes venu, accompagné d'un de vos amis ou collègues dont le nom m'échappe, passer de longues heures chez M. le curé Lambert dans son presbytère de Bessancourt, pour recueillir personnellement, de la bouche de ce vieillard, tous les détails que vous rapportez dans votre *Histoire des Girondins*. C'est là, monsieur, que j'eus l'honneur de vous connaître, d'assister à vos entretiens à la table de M. le curé Lambert, et de vous recevoir dans ma maison de Bessancourt dans l'intervalle de ces entretiens.

» Beaucoup d'habitants du village ont conservé comme moi le souvenir de cette enquête et la certifieraient au besoin.

» Recevez, monsieur, l'assurance de ma considération la plus distinguée.

» N. Nalin.

« Bessancourt, le 9 juillet 1861. »

LVII

Voilà donc quatre témoignages d'hommes encore vivants qui, indépendamment des témoignages écrits, ne laissent aucun doute sur la réalité des scènes solennelles et des paroles mémorables qui précédèrent le supplice des Girondins ; sauf ces légendes plus ou moins exactes, plus ou moins amplifiées, qui ne sont point du fait de l'historien, mais du peuple, espèce d'atmosphère ambiante de l'imagination populaire qui enveloppe toujours les grands événements, comme elle enveloppe dans la nature les grands horizons.

Le critique se trompe également en niant l'emprisonnement provisoire, mais assez long, des principaux Girondins dans la prison des Carmes de la rue de Vaugirard avant leur captivité à la Conciergerie. Il se trompe par conséquent en m'attribuant la supposition arbitraire des inscriptions murales des chambres hautes des Carmes aux Girondins détenus dans ces chambres. Je les ai relevées moi-même sur ces murs blanchis à la chaux, où sans doute on peut les vérifier encore. Je n'ai donné que comme conjecture vraisemblable, mais nullement certaine, l'attribution de telle de ces inscriptions à tel ou tel de ces prisonniers. Ce n'est point là de l'histoire, mais de la conjecture morale qui n'a aucune valeur positivement historique, mais qui ne fut jamais interdite aux historiens non pour falsifier, mais pour vivifier leur récit.

C'est ce même scrupule de véracité, quelle que fut la peine

prise pour en consulter les sources par des voyages ou par des recherches parmi les familles des principaux acteurs du drame révolutionnaire, dont on retrouvera les preuves toutes les fois qu'on voudra, comme M. de Cassagnac, contester l'exactitude de telle ou telle page de l'*Histoire des Girondins*.

LVIII

Indépendamment des documents imprimés ou manuscrits recueillis avec tant de soin et de prodigalité dans l'immense et lumineux recueil de MM. Buchez et Roux, qui a été mon manuel historique, toujours ouvert sur ma table pendant les deux années consacrées par moi à écrire cette histoire, je n'ai pas négligé une seule information verbale possible à obtenir des parents ou des amis des personnages, même odieux, dont j'avais à sonder la vie publique ou la vie intime. C'est en approchant de l'homme témoin des événements qu'on approche le plus près de la vérité des actes et des caractères. L'histoire, qui n'est que surface de loin, n'est véridique que dans l'intimité. L'acteur disparaît, l'homme se révèle, l'histoire devient nue comme la vérité.

C'est ainsi que j'ai approché bien près Danton ; Danton, le seul homme d'État de la Révolution après Mirabeau, le Jupiter tonnant de ces orages, le tribun dont on sentait le cœur convulsif palpiter de remords anticipés jusque dans les éclats de voix qui lançaient la peur pour faire fuir les victimes au lieu de les frapper, l'homme qui aurait été le grand factieux des vérités modernes s'il avait eu le courage de ne pas concéder un crime pour arme de la liberté.

La seconde femme de Danton, qu'il avait épousée à l'âge de quinze ans, vivait à l'époque où j'écrivais les *Girondins*, et vit, je crois, encore aujourd'hui. Elle porte un nom respectable qui cache le nom trop mémorable de son premier mari. Elle fut retrouvée par moi; elle consentit à déchirer en ma faveur le voile de veuve et le linceul de ses jeunes souvenirs; elle m'envoya son fils d'un second lit, jeune homme d'un nom sans tache, d'un rang élevé, d'un cœur filial, d'une conversation aussi discrète qu'instructive. Je connus par lui tous les secrets de nature et d'intimité sur le caractère, sur la vie intérieure, sur les sentiments privés, sur la séparation dernière, sur la mort tragique d'un de ces hommes à deux aspects, terribles au dehors, *placables* au dedans. C'est sur ce vrai modèle, sorti de l'ombre du rideau du lit conjugal, que j'ai modelé le buste de Danton.

LIX

Ai-je excusé un seul de ses crimes inexcusables, les massacres de septembre[1] et la concession de la tête du roi au 21 janvier? Non. Atténuer l'horreur du crime, c'est

[1] Je ne crois plus que Danton ait voulu les massacres de septembre. Je dois le dire, la commune même de Paris ne les voulut pas; elle les adopta après coup pour les arrêter. Manuel faillit périr en tentant de désarmer les égorgeurs; Danton, tout audacieux qu'il était, n'osa pas les désavouer. C'est un crime sans père!

le partager gratuitement; l'excuse même est pire que le crime, car c'est le crime sans la passion qui le fait commettre, c'est le crime à froid.

Mais j'ai fait connaître le vrai coupable, le popularisme jusqu'au sang, et j'ai montré le vrai Danton, le magnanime scélérat, noyé dans un forfait dont il se repent, en cherchant vainement à regagner le bord de l'innocence, qu'on ne regagne jamais qu'au ciel, par le repentir et par l'expiation.

C'est ainsi que voulant restituer à Robespierre son vrai caractère historique de fanatisme systématique et convaincu, d'aberration politique et sociale au commencement et de férocité désespérée à la fin, je recherchai avec soin, pendant tout un hiver, à Paris, les moindres fils encore subsistants qui pouvaient se rattacher à cette figure, et dire non la vérité convenue, mais la vérité vraie et occulte sur ce tribun, précipité de sa dictature le 9 thermidor, journée dont Bonaparte, qui avait connu et fréquenté ce tyran du comité de salut public, disait à Sainte-Hélène que : « c'était un procès jugé, mais non instruit. » Mot très-hardi, mais très-vrai.

LX

J'appris par hasard qu'une des filles du menuisier Duplay, de la rue Saint-Honoré, existait encore, sous le nom de madame Lebas, dans la rue de Tournon; qu'elle était la tradition vivante de cette famille qui avait donné à Robespierre une si longue et si intime hospitalité dans son intérieur, depuis son arrivée à Paris, pour siéger à l'Assemblée constituante, jusqu'à sa mort, dans laquelle il avait entraîné Duplay, sa femme et une partie de la famille Duplay.

Je parvins à me faire introduire chez madame Lebas, ce témoin naïf et passionné de la vie intime de Robespierre, cette protestation vivante et ardente contre les calomnies (car on calomnie même le crime) des historiens de la Révolution.

Je trouvai dans madame Lebas une femme de la Bible après la dispersion des tribus à Babylone, retirée du commerce des vivants dans le haut étage d'un appartement modique, conversant avec ses souvenirs, entourée des portraits de sa famille décimée au 18 fructidor, de ses sœurs dont Robespierre avait dû épouser la plus belle, de Robespierre lui-même dans tous ces costumes élégants dont il s'enorgueillissait de présenter le contraste sur sa personne avec la veste, le bonnet rouge, les sabots, signes sordides, flatteries ignobles des Jacobins à l'égalité et à la misère des populaces. Un magnifique portrait au pastel, de grandeur naturelle, de Saint-Just, ce Barbaroux des terroristes, cet Antinoüs des Jacobins, s'étalait dans un cadre d'or poudreux contre la muraille entre les rideaux du lit et la porte, objet d'un culte de souvenir de jeune fille pour le plus séduisant des disciples du tribun de la mort.

La jeune fille était devenue femme, mère, veuve; elle avait vieilli d'années et de visage, sans rappeler par ses traits aucune beauté passée, mais sans aucun signe de vieillesse ou de caducité. Une pensée fixe, triste, mais nullement déconcertée, donnait à ses traits fortement accusés une sorte de pétrification lapidaire dans une seule idée et dans un même sentiment, idée abstraite, sentiment ferme, mais nullement sévère.

Elle m'accueillit avec sécurité, prévenue qu'elle était par le poëte Béranger que je n'étais point de sa religion politique, que je ne venais ni pour la flatter, ni pour la trahir, mais uniquement pour m'instruire et pour entendre ses témoignages sur le temps, sur les choses, sur les hommes qu'elle avait traversés, connus, fréquentés de si près dans cette intimité quotidienne où les hommes les plus comédiens en public oublient de se masquer, selon leurs rôles, devant les témoins domestiques de toutes les heures secrètes de leur vie.

Je lui répétai ce que lui avait dit à ce sujet Béranger : « Je ne me présente point à vous, lui dis-je, comme un partisan de la terreur et comme un réhabilitateur de la mémoire que vous cultivez. A Dieu ne plaise ! Fils de royaliste, royaliste moi-même de naissance, de tradition, d'éducation, pendant mes jeunes années, si Robespierre n'était pas mort, mon père n'aurait pas vécu, et toute ma famille aurait été victime de son système de rénovation de la France par l'extermination. Mais je veux porter dans l'histoire publique l'honnêteté de la conscience privée, peindre les acteurs non avec les traits du préjugé et de la vengeance, mais avec leurs propres traits. On doit justice même à ce que l'on réprouve, et, s'il y a une vertu mêlée par hasard au crime dans un homme justement abhorré de ses ennemis ou de ses victimes, il ne faut point nier cet amalgame monstrueux, mais souvent réel ; il faut séparer, avec une sincérité loyale, cette vertu du crime, et dire à l'histoire : Ceci était vertu, ceci était crime; et ceci, crime et vertu, était l'homme. Voilà dans quel esprit de répulsion instinctive contre votre idole et d'impartialité historique dans l'histoire je viens recueillir vos souvenirs. Accordez-les-moi ou refusez-les-moi, selon l'idée que vous vous ferez de moi-même ; je respecterai également votre confiance ou votre silence, je reviendrai ou je m'éloignerai sans retour. »

Madame Lebas fut plus sensible à cette franchise qu'elle ne l'aurait été à une adulation intéressée de ses sentiments. Elle m'accorda un libre accès dans sa retraite et me laissa feuilleter à mon aise, et page par page, sa mémoire présente, intarissable et passionnée sur tous les détails intérieurs ou extérieurs de la vie privée et de la vie publique de Robespierre. Tout ce que j'ai rapporté dans les *Girondins* sur la vie ascétique, retirée, laborieuse, chaste et pour ainsi dire abstraite de l'idole des Jacobins et du peuple, est textuellement la conversation de madame Lebas. Le style et les réflexions seuls sont de moi.

LXI

Saint-Just aussi jouait un grand rôle dans cette mémoire. Je crois que la jeune fille de l'entrepreneur Duplay, hôte de Robespierre, avait eu la pensée de devenir l'épouse du jeune et beau proconsul, fanatique séide de ce Mahomet d'entre-sol, quand la révolution que Robespierre croyait accomplir serait enfin close par cette bergerie plébéienne et sentimentale que Saint-Just et son maître croyaient établir à la place des inégalités nivelées et des échafauds abolis.

Car, au fond, c'était là leur pensée. On la retrouve dans tous leurs papiers secrets et dans toutes leurs conversations à portes fermées, à la table de la mère de mesdemoiselles Duplay. Toutes les fois que le nom de Saint-Just revenait dans nos entretiens, l'accent s'amollissait, la physionomie s'attendrissait visiblement dans madame Lebas, et un regard d'enthousiasme rétrospectif s'élevait du portrait vers le plafond, comme un reproche muet au ciel d'avoir tranché quelque douce perspective, par la hache de 1794, avec cette tête d'ange exterminateur sur le buste d'un proscripteur de vingt-sept ans.

LXII

Je retrouvai avec plus de peine encore une autre source d'informations sur Danton dans M. de Saint-Albin, dont le vaste hôtel de la rue du Temple était un vrai musée de la terreur. Il y avait échappé lui-même en changeant de nom. Mais ses informations avaient des réticences qui ne permettaient pas de croire à la complète impartialité du confident de Danton. Il ne fallait lui demander que les figures.

J'en découvris une autre bien plus sûre, bien plus précise et bien plus originale dans Souberbielle, vieux et fidèle terroriste, resté jusqu'à quatre-vingts ans fanatique de Robespierre comme au jour de la proclamation de l'Être suprême, et ne cessant pas de déplorer le 9 thermidor et le supplice du tribun-pontife, comme la commémoration d'un calvaire de la vertu sur l'échafaud de Robespierre et de Saint-Just.

Souberbielle, qui demeurait presque invisible dans le quartier de la place Royale, avec une vieille servante, me recevait au chevet de son lit avec une joie mal déguisée, comme un mourant reçoit un légataire pour lui confier avant la mort ses chers souvenirs. Il paraissait vivre dans l'aisance, quoique dans la solitude. Son appartement, au premier étage d'une maison décente, était en désordre, mais c'était un désordre de négligence ; les meubles s'y entassaient sur les meubles, les tableaux sur les tableaux, les étoffes sur les étoffes : on eût dit un encan.

Il avait été un des confidents les plus initiés dans les pensées et dans les actes politiques du chef du comité de salut public. Robespierre l'avait nommé médecin en chef et en même temps agent principal de sa confiance à cette *École de Mars,* corps de jeunes janissaires personnels de Robespierre, logés au Champ de Mars, qui gardaient de loin la Convention et veillaient surtout sur Robespierre lui-même, prêts à voler à son secours dans le cas où ses collègues, fatigués de sa domination, viendraient à lui livrer combat dans l'Assemblée ou dans la capitale. Souberbielle savait tous ses secrets et partageait, même à quarante ans de distance, tout le fanatisme de son maître pour les grandes pensées populaires et *vertueuses* qu'il lui supposait encore.

Cette apothéose de Robespierre était dure pour moi à supporter. Dans ses accès d'enthousiasme, le sang chaud et méridional de Souberbielle, qui se portait à son front, lui donnait une figure sibyllique d'inspiré de l'échafaud ; ses cheveux blancs se hérissaient avec le frémissement de l'exaltation sur sa tête, et les reflets rouges de ses rideaux de lit cramoisis, transpercés par le soleil du matin et se répercutant sur ce lit de vieillard, semblaient filtrer non de la lueur, mais une teinte de sang. Il n'était pas féroce, mais encore ivre de l'ivresse des champs de bataille du 9 thermidor, où Robespierre, qui n'avait pas voulu combattre, avait préféré mourir désarmé. Cela était juste. Le crime a quelquefois des martyrs, jamais de héros.

C'est à ce soin minutieux et consciencieux de rechercher la vérité aux sources privées les plus rapprochées des acteurs, et par conséquent les plus naturellement partiales pour eux, que j'ai dû le reproche non pas d'avoir flatté, mais trop minutieusement reproduit les portraits les plus odieux des hommes les plus réprouvés parmi les tribuns sanguinaires du comité de salut public, et surtout de Robespierre, cette personnification de la terreur. Non pas cependant qu'on m'ait attribué aucune complicité de doctrines avec cet homme chimérique d'institutions, philosophe d'échafaud, impassible de meurtre, sans cruauté comme sans pitié dans le cœur, s'il avait un cœur, immolateur par système de tout ce qui résistait au froid délire d'un impossible nivellement sous le niveau de fer de sa guillotine. Le jugement final porté par moi dans les *Girondins* sur cet homme, sur ses systèmes et sur ses actes, est trop implacable de sévérité pour qu'on puisse m'imputer aucune complicité d'idées ou aucune intention d'atténuation de ses *immanités*, juste horreur des siècles. Mais l'imagination des lecteurs voit toujours le crime ou la vertu d'une seule pièce; elle s'irrite quand on lui montre dans un monstre une parcelle de vertu, et dans un homme de bien un atome de faiblesse. La moindre justice dans l'historien lui paraît une complicité, la moindre équité est à ses yeux une connivence.

LXIII

De plus, et ici je me frappe la poitrine, le public a eu un peu raison contre moi. On a trouvé que le pinceau de l'historien caressait trop les détails intimes de cette figure, et que ce soin même du pinceau accusait une certaine indulgence coupable ou malséante pour le modèle. Ainsi la philosophie ascétique du député d'Arras, la ténacité froide de ses idées d'abord féneloniennes, la patience de ses utopies à attendre l'heure des applications, au milieu des premiers murmures de l'Assemblée constituante contre ses chimères démagogiques, son obstination à acquérir par un travail ingrat l'éloquence qui lui manquait à l'origine et qu'il finit par conquérir à forces de veilles, sa pauvreté volontaire, sa vie d'artisan dans une maison d'artisan, sa sobriété, sa séquestration absolue du monde des plaisirs ou des intrigues, en sorte qu'il ne sortait de son entre-sol, au-dessus d'un atelier, que pour apparaître aux deux tribunes du peuple : tous ces détails vrais du portrait de Robespierre, détails sur lesquels j'ai trop insisté, d'après madame Lebas, n'étaient que de la fidélité et ont paru de la faveur.

Moi, un terroriste! On l'a bien vu, quand, porté un moment, par le hasard de ma vie et des événements, à la place même où Robespierre avait reçu le coup de pistolet vengeur du sang qu'il avait demandé et qu'il demandait encore, mon premier acte politique a été de proposer au gouvernement de la seconde république, qui partageait mon impatience d'humanité, de porter le décret d'abolition de la peine de mort en politique, et de désarmer, en nous désarmant, le peuple de l'arme des supplices, qui déshonore toutes les causes populaires quand elle ne les tue pas. C'était un commentaire en action sans doute assez explicite, et j'oserai dire en ce moment, assez dévoué, de ma prétendue apothéose de Robespierre.

Mais je n'en avais pas eu moins tort, comme historien, d'avoir donné prétexte à ce reproche, non par mon cœur, mais par mon pinceau. Ces sortes de figures sinistres doivent rester dans l'ombre des tableaux; la lumière les jette trop en avant sur la scène. Il faut de l'horreur autour des bourreaux, pour qu'il y ait plus d'éclat autour des victimes. Un coup de pinceau, comme un coup de hache, avec une couleur de sang, voilà tout.

Encore une fois, c'est là une faute de conception et presque de moralité dans l'*Histoire des Girondins*. J'en demande pardon comme artiste, mais certes pas comme homme politique. La fidélité du portrait n'est pas la complicité du peintre.

Quand, dans le moyen âge de Rome papale, la belle et infortunée Cinci devint complice de la mort d'un tyran féodal, féroce et incestueux, qui était son père, et quand la juste inflexibilité du pape refusa la grâce d'une coupable, grâce que toute l'Italie demandait à cause de la fatalité, de l'innocence et de la beauté de la victime, un peintre illustre saisit son pinceau et retraça, pendant qu'elle marchait à l'échafaud, la figure angélique et la pâleur livide de la *Cinci;* ce portrait rendit à la condamnée une vie immortelle. Qui jamais accusa le peintre du parricide de son modèle?

LXIV

Cela dit quant à la véracité et à la sincérité de l'histoire, un mot du style. Le style étant ce qu'on appelle le talent, et le talent étant la partie d'un livre où se réfugie l'amour-propre de l'auteur, il serait malséant et immodeste à moi d'en parler ; j'aurais voulu en avoir davantage pour populariser et immortaliser les récits, les leçons et les moralités de ces mémorables événements.

L'homme a beau se guinder, il ne peut ajouter une ligne à sa taille ; il est ce qu'il est. Je n'ai pas mis de prétention dans mon style, j'y ai mis un peu plus d'attention que dans mes autres écrits, en vers ou en prose, parce que mes autres écrits, surtout en prose, ne s'adressaient qu'au temps, et que l'histoire s'adresse à la postérité. Je respectais plus la postérité que mon temps. Mais le caractère de mon style, étant le mouvement, la chaleur et l'improvisation, ne comporte pas ces perfections élégantes et ce poli des surfaces qui, dans les styles vraiment classiques, sont l'œuvre du temps. Dans l'ordre matériel, comme dans l'ordre littéraire, tout ce qui est poli est froid. Voyez le marbre. Je ne suis pas de marbre, je suis d'argile, je le reconnais. C'est donc au public et non à moi de caractériser le style des *Girondins*.

Je ferai ici une simple observation sur la critique qui a été faite le plus souvent de mon style historique par des historiens mes émules ou mes rivaux. C'est l'abondance et la minutieuse exactitude des portraits de mes personnages historiques. Si c'est un défaut, j'en conviens; mais j'en conviens sans m'en accuser et sans m'en repentir. Voici pourquoi :

LXV

Je n'ai jamais eu d'autre rhétorique et d'autre critique que mon plaisir. Faire l'histoire comme j'aime à la lire, voilà tout mon système d'écrivain. Or les portraits physiques et biographiques des personnages me charment et m'instruisent dans Thucydide, dans Tacite, dans Machiavel, dans Saint-Simon, dans tous les grands historiens anciens ou modernes. L'homme m'explique l'événement, le visage m'explique l'homme, les traits me révèlent le caractère, la vie privée me dévoile les motifs souvent cachés de la vie publique.

Peut-être ce goût pour les portraits tient-il en moi à mon imagination plastique et pittoresque, qui a besoin de se représenter fortement la physionomie des choses et des hommes pendant qu'elle lit le récit des événements où ces hommes sont en scène dans le livre. C'est possible; mais j'ai toujours cru que la peinture n'était pas un défaut dans ces tableaux écrits qu'on appelle la grande histoire. Un nom seul ne me peint rien, ce n'est qu'une abstraction composée de quelques syllabes. J'ai en dégoût les historiens abstraits; ils éveillent ma curiosité, ils ne la satisfont pas.

Plutarque pensait évidemment comme moi, mais il plaçait le portrait après l'homme. Je n'ai jamais compris pourquoi les historiens français, anglais, italiens, espagnols ont imité Plutarque en cela ; cela m'a toujours paru bizarre et absurde. Car quel est l'objet du portrait historique ? C'est évidemment d'appeler et de fixer l'attention et l'intérêt sur la figure d'un personnage que l'on va voir entrer en scène et agir sous vos yeux. C'est donc, selon la logique, le moment où il faut dire au lecteur : Voilà quel était ce personnage, voilà d'où il venait, voilà comment il était sorti de l'obscurité, voilà dans quelles dispositions de famille, de corps, d'esprit, de passion il arrivait pour participer à l'événement. On comprend alors, dès qu'il apparaît, dès qu'il parle, dès qu'il agit, ses premiers mots et ses moindres actes ; on a le pressentiment de sa présence et de son importance dans le drame, on le regarde, on le reconnaît, on s'incorpore, pour ainsi dire, d'avance avec lui. C'est donc avant le rôle et non après la mort du personnage qu'il faut, selon moi, le portrait ; ce n'est pas quand il est mort ou retiré pour jamais de la scène. Ce qu'il faut alors au lecteur, ce n'est pas le portrait, c'est le jugement historique et moral sur le rôle héroïque ou odieux de cet homme, c'est l'épitaphe lapidaire de son nom. Je crois donc que ces historiens antiques ou ces historiens routiniers modernes qui ont imité Plutarque en plaçant le portrait à la fin au lieu de le placer au commencement se sont trompés de place dans leur système historique ; je le crois d'autant plus que ce n'est pas ainsi que procède la nature, cette grande logicienne, cette grande rhétoricienne de l'école de Dieu.

Quand la nature veut nous intéresser à un événement où figure un homme ou une femme quelconque, que fait-elle ? Elle commence par nous montrer la place où cet événement va se passer, un site, un paysage, une ville, une maison, un palais, un temple, un champ de bataille, une assemblée publique, un peuple en ébullition ou en silence, mêlé ou attentif à un événement ; puis elle nous montre un personnage qui arrive sur cette scène pour y figurer au premier plan, son visage, son attitude, sa démarche, sa physionomie calme ou convulsive, son costume même et jusqu'à l'ombre que son corps projette à côté ou derrière lui sur la place ou sur la foule au milieu de laquelle il apparaît. Voilà le procédé de la nature. D'abord le lieu, puis l'homme, puis les accessoires, les indices de l'événement qui va se passer. Quand la nature a jeté ainsi le site et l'homme dans les yeux du spectateur, et que ces yeux ont eu le temps de bien regarder et de bien se figurer le personnage qui doit parler ou agir, elle le fait se mouvoir, elle le fait parler ou agir, elle le fait commettre des actes de vertu, de politique, ou des forfaits d'ambition à travers l'événement qui se déroule. On suit le personnage, on le pressent, on le devine, on se passionne pour ou contre lui, selon qu'on participe soi-même par l'admiration ou par l'horreur à l'héroïsme, au fanatisme, au crime ou à la vertu de l'homme historique ; on vit de sa vie ou l'on meurt de sa mort par l'imagination émue pour ou contre lui ; il disparaît, et l'historien alors reparaît lui ; et, semblable au chœur antique, cet historien prend la parole, prononce un jugement moral, court, nerveux, impartial, favorable ou implacable sur le personnage qu'il vient de représenter à vos yeux. Voilà comment procède la nature. Le style doit-il procéder autrement ? Évidemment non ; le mode naturel est le mode logique. La nature est le Quintilien des bons esprits ; faisons comme elle, et nous serons sûrs de frapper l'œil, de satisfaire l'esprit et de toucher le cœur.

LXVI

C'est ainsi que j'ai raisonné, c'est ainsi que j'ai essayé de faire, c'est ainsi que j'ai été amené à faire beaucoup de portraits et à placer ces figures avant l'action, comme sur la scène on présente l'acteur avant le rôle et non pas le rôle avant l'acteur, contre-sens à la logique de la nature dont Plutarque a donné l'exemple aux pédants de l'histoire.

Ai-je bien ou mal fait d'imiter la nature au lieu d'imiter Plutarque ou Rollin? Ce n'est pas à moi de le dire. Encore une fois, mon livre est plein de défauts; mais, malgré ces défauts, c'est de tous les livres historiques publiés en Europe depuis Jean-Jacques Rousseau, dans la fièvre d'engouement qui saisit l'Europe à l'apparition de la *Nouvelle Héloïse*, c'est celui de tous les livres sérieux qui a été le plus vite et le plus persévéramment dévoré par la curiosité publique depuis son apparition; c'est celui qu'on a accusé bien à tort d'avoir assez ébranlé les esprits en France et en Europe pour avoir fait une révolution en France et huit ou dix révolutions en Europe.

J'ai prononcé le mot d'engouement tout à l'heure, pour expliquer le succès de la *Nouvelle Héloïse* de Jean-Jacques Rousseau au moment de son apparition; mais remarquez qu'on ne peut expliquer par ce mot d'engouement le succès des *Girondins,* car l'engouement ne dure pas vingt ans sans rémission et même sans dégoût contre un livre; or les éditions de l'*Histoire des Girondins* se succèdent depuis vingt ans sous la presse de Paris, de Londres, de la

Belgique, sans que la prodigieuse consommation de ce livre se soit abaissée d'un chiffre ou ralentie d'un jour en France et en Europe. (Consultez à cet égard les libraires.) Donc le mode de composition et de style que j'ai employé à ce livre avait, au milieu de mille imperfections et de mille insuffisances de talent, au moins cet intérêt dû aux portraits mêmes que mes émules en histoire me reprochent.

J'ajoute encore, et je dois ajouter, que, par un acharnement extrême et injuste, la faction orléaniste, la faction démagogique et le haut parti légitimiste [1] ont fait de concert tout ce qu'ils ont pu pour décréditer ce livre, et qu'ils n'y

---

(1) Le croira-t-on quand je serai mort et quand on verra, à toutes les pages de ma vie, mes sacrifices, mes fidélités d'honoration à ses princes exilés, mes partialités de cœur, mes égards de plume pour ce parti de ma jeunesse ; le croira-t-on que c'est par ce parti, par ses organes, par ses courtisans, que j'ai été le plus insulté à l'aide de tactiques indignes, qui livrent un ami dont on n'a rien à craindre, pour flatter, qui? des ennemis implacables dont on n'a rien à espérer! c'est-à-dire les ministres de Louis-Philippe qui vous ont jetés hors du trône et du territoire en 1830. Vous n'avez pas assez de génuflexions pour ces hommes de la faction d'Orléans, vous n'avez pas assez de dédain et d'injures pour celui qui, en 1830 et depuis, a souffert pour vous le stoïque martyre de l'honneur. De telles tactiques ne portent pas bonheur aux dynasties, mais elles portent leçon à ceux qui ont la faiblesse de se dévouer au malheur des princes détrônés. Vous amnistiez vos ennemis, et vous faites bien ; mais vos amis désintéressés de vos mauvais jours, il n'y a pas d'amnistie pour ceux-là dans vos cœurs. Cela n'est ni loyal, ni royal, sachez-le bien. Henri IV fut un ingrat, tout le monde le sait, oui ; mais il ne fut pas un accusateur. L'ingratitude des rois, c'est quelquefois de la politique ; mais l'accusation, c'est de l'indigence de cœur. On peut être couronné avec ce caractère, on n'est pas roi !

sont pas parvenus ; le même nombre d'exemplaires leur glisse tous les ans entre les doigts et se répand dans toutes les bibliothèques du globe. Cela ne prouve pas que ce livre a du style, mais cela fait présumer qu'il a de la vie. La vie aussi est un style ; c'est le cœur des livres : tant que ce cœur bat, le livre n'est pas mort, et il continue à faire battre le cœur de ceux qui le lisent des mêmes sentiments qui animent l'auteur en l'écrivant. J'admets donc que le livre est faiblement écrit ; mais son succès prodigieux et continu me permet de croire qu'il est, malgré ses imperfections, encore vivant et sympathique.

LXVII

Un autre caractère qui me frappe en le relisant moi-même aujourd'hui, et qui fait, je n'en doute pas, une grande partie de son intérêt, c'est que les hommes y sont beaucoup plus en scène que les choses. J'ai personnifié partout les évènements dans les acteurs ; c'est le moyen d'être toujours intéressant, car les hommes vivent et les choses sont mortes, les hommes ont un cœur et les choses n'en ont pas, les choses sont abstraites et les hommes sont réels. Otez du livre une centaine d'hommes principaux qui animent tout de leur âme, qui passionnent tout de leurs passions, et le livre n'existerait plus. C'est ainsi qu'ayant à représenter dès le début la Révolution qui va s'ouvrir, je choisis un homme, Mirabeau, et je personnifie en lui toute la Révolution. Sa biographie, plus romanesque qu'un roman, attache tout de suite le lecteur, par toutes les curiosités de l'esprit et par toutes les émotions de l'âme, au drame dont ce grand acteur va remuer la scène.

LXVIII

« J'entreprends d'écrire l'histoire d'un petit nombre d'hommes qui, jetés par la Providence au centre du plus grand drame des temps modernes, résument en eux les idées, les passions, les fautes, les vertus d'une époque, et dont la vie et la politique, formant, pour ainsi dire, le nœud de la Révolution française, sont tranchées du même coup que les destinées de leur pays.

» Cette histoire pleine de sang et de larmes est pleine aussi d'enseignements pour les peuples. Jamais peut-être autant de tragiques événements ne furent pressés dans un espace de temps aussi court; jamais non plus cette corrélation mystérieuse qui existe entre les actes et leurs conséquences ne se déroula avec plus de rapidité. Jamais les faiblesses n'engendrèrent plus vite les fautes, les fautes les crimes, les crimes le châtiment. Cette justice rémunératoire que Dieu a placée dans nos actes mêmes comme une conscience plus sainte que la fatalité des anciens ne se manifesta jamais avec plus d'évidence; jamais la loi morale ne se rendit à elle-même un plus éclatant témoignage et ne se vengea plus impitoyablement. En sorte que le simple récit de ces deux années est le plus lumineux commentaire de toute une grande révolution, et que le sang répandu à flots n'y crie pas seulement terreur et pitié, mais leçon et exemple aux hommes. C'est dans cet esprit que je veux les raconter.

» L'impartialité de l'histoire n'est pas celle du miroir qui reflète seulement les objets, c'est celle du juge qui voit, qui écoute, et qui prononce. Des annales ne sont pas de l'histoire : pour qu'elle mérite ce nom, il lui faut une conscience; car elle devient plus tard celle du genre humain. Le récit vivifié par l'imagination, réfléchi et jugé par la sagesse, voilà l'histoire telle que les anciens l'entendaient, et telle que je voudrais moi-même, si Dieu daignait guider ma plume, en laisser un fragment à mon pays.

LXIX

» Mirabeau venait de mourir. L'instinct du peuple le portait à se presser en foule autour de la maison de son tribun, comme pour demander encore des inspirations à son cercueil; mais Mirabeau vivant lui-même n'en aurait plus eu à donner. Son génie avait pâli devant celui de la Révolution; entraîné à un précipice inévitable par le char même qu'il avait lancé, il se cramponnait en vain à la tribune. Les derniers mémoires qu'il adressait au roi, et que l'armoire de fer nous a livrés avec le secret de sa vénalité, témoignent de l'affaissement et du découragement de son intelligence. Ses conseils sont versatiles, incohérents, presque puérils. Tantôt il arrêtera la Révolution avec un grain de sable. Tantôt il place le salut de la monarchie dans une proclamation de la couronne, et dans une cérémonie royale propre à populariser le roi. Tantôt il veut acheter les applaudissements des tribunes et croit que la nation lui sera vendue avec eux. La petitesse des moyens de salut contraste avec l'immensité croissante des périls. Le désordre est dans ses idées. On sent qu'il a eu la main forcée par les passions qu'il a soulevées, et que, ne pouvant plus les diriger, il les trahit, mais sans pouvoir les perdre. Ce grand agitateur n'est plus qu'un courtisan effrayé qui se réfugie sous le trône, et qui, balbutiant encore les mots terribles de nation et de liberté, qui sont dans son rôle, a déjà contracté dans son âme toute la petitesse et toute la vanité des pensées de cour. Le génie fait pitié quand on le voit aux prises avec l'impossible. Mirabeau était le plus fort des hommes de son temps ; mais le plus grand des hommes se débattant contre un élément en fureur ne paraît plus qu'un insensé. La chute n'est majestueuse que quand on tombe avec sa vertu. »

LXX

Lisez son portrait politique à la suite de son portrait physique et moral ; l'homme personnifie immédiatement en lui non-seulement la pensée, mais, hélas ! aussi les passions et les immoralités que toute révolution fait bouillonner dans toutes ces vastes commotions humaines.

« Dès son entrée dans l'Assemblée nationale, il la remplit ; il y est lui seul le peuple entier. Ses gestes sont des ordres, ses motions sont des coups d'État. Il se met de niveau avec le trône. La noblesse se sent vaincue par cette force sortie de son sein. Le clergé, qui est peuple, et qui veut remettre la démocratie dans l'Église, lui prête sa force pour faire écrouler la double aristocratie de la noblesse et des évêques. Tout tombe en quelques mois de ce qui avait été bâti et cimenté par les siècles. Mirabeau se reconnaît seul au milieu de ces débris. Son rôle de tribun cesse. Celui de l'homme d'État commence. Il y est plus grand encore que dans le premier. Là où tout le monde tâtonne, il touche juste, il marche droit. La Révolution dans sa tête n'est plus une colère, c'est un plan. La philosophie du dix-huitième siècle, modérée par la prudence du politique, découle toute formulée de ses lèvres. Son éloquence, impérative comme la loi, n'est plus que le talent de passionner la raison. Sa parole allume et éclaire tout. Presque seul dès ce moment, il a le courage de rester seul. Il brave l'envie, la haine et les murmures, appuyé sur le sentiment de sa supériorité. Il congédie avec dédain les passions qui l'ont suivi jusque-là. Il ne veut plus d'elles le jour où sa cause n'en a plus besoin ; il ne parle plus aux hommes qu'au nom de son génie. Ce titre lui suffit pour être obéi. L'assentiment que trouve la vérité dans les âmes est sa puissance. Sa force lui revient par le contre-coup. Il s'élève entre tous les partis et au-dessus d'eux. Tous le détestent, parce qu'il les domine ; et tous le convoitent, parce qu'il peut les perdre ou les servir. Il ne se donne à aucun, il négocie avec tous; il pose, impassible sur l'élément tumultueux de cette Assemblée, les bases de la constitution réformée : législation, finances, diplomatie, guerre, religion, économie politique, balance des pouvoirs, il aborde et il tranche toutes les questions, non en utopiste, mais en politique. La solution qu'il apporte est toujours la moyenne exacte entre l'idéal et la pratique. Il met la raison à la portée des mœurs, et les institutions en rapport avec les habitudes. Il veut un trône pour appuyer la démocratie, il veut la liberté dans les chambres, et la volonté de la nation, une et irrésistible, dans le gouvernement. Le caractère de son génie, tant défini et tant méconnu, est encore moins l'audace que la justesse. Il a sous la majesté de l'expression l'infaillibilité du bon sens. Ses vices mêmes ne peuvent prévaloir sur la netteté et sur la sincérité de son intelligence. Au pied de la tribune, c'est un homme sans pudeur et sans vertu ; à la tribune, c'est un honnête homme. Livré à ses déportements privés, marchandé par les puissances étrangères, vendu à la cour pour satisfaire ses goûts dispendieux, il garde dans ce trafic honteux de son caractère l'incorruptibilité de son génie. De toutes les forces d'un grand homme sur son siècle, il ne lui manque que l'honnêteté. Le peuple n'est pas une religion pour lui, c'est un instrument ; son dieu, à lui, c'est la gloire ; sa foi, c'est la postérité ; sa conscience n'est que dans son esprit ; le fanatisme de son idée est tout humain ; le froid matérialisme de son siècle enlève à son âme le mobile, la force et le but des choses impérissables. Il meurt en disant : « Enveloppez-moi » de parfums et couronnez-moi de fleurs pour entrer dans » le sommeil éternel. » Il est tout du temps ; il n'imprime à son œuvre rien d'infini. »

LXXI

Ici, je laisse respirer le lecteur et je caractérise l'esprit de la Révolution. Cette caractérisation est pleine d'erreurs, elle est lyrique plus que politique. J'y remarque surtout des théories sociales du *Contrat social* de Jean-Jacques Rousseau ; il faut lire ces pages avec une extrême précaution de jugement. J'ai lu depuis ce *Contrat social* de Jean-Jacques Rousseau que je vantais alors sur parole ; j'en ai publié dernièrement l'analyse et la critique raisonnées (*Entretiens littéraires* de 1861). J'engage mes lecteurs à les lire ; on y verra combien j'ai changé d'impression sur ce faux prophète d'une liberté anarchique, d'une liberté sans limites, d'une égalité impraticable. L'histoire et l'expérience m'ont mûri l'esprit ; ce n'est nullement une répudiation de principes, c'est un progrès. La société libre moins que la société tyrannique ne peut se fonder sur des mensonges. Le *Contrat social* de Jean-Jacques Rousseau et les *droits de l'homme* de La Fayette, proclamés en 1789, sont un catalogue de contre-vérités politiques. Ni l'un ni l'autre de ces apologistes des droits de l'homme en société ne comprenaient un mot de ce qu'ils écrivaient ; du moins, ils n'en prévoyaient pas les conséquences. Le peuple votait d'enthousiasme, quoi ? le néant. Combien il serait beau aujourd'hui d'écrire ces vrais droits de l'homme par la main d'un Aristote, d'un Bacon, d'un Montesquieu, d'un Mirabeau ! Car Mirabeau ne donne jamais dans ces métaphysiques de Jean-Jacques Rousseau ; il les laisse jeter au peuple comme des osselets, mais il s'en moque toujours les portes fermées. S'il n'avait pas la vertu de la probité politique, il avait le génie des réalités.

LXXII

Le portrait de Louis XVI est vrai, il est respectueux pour le malheur de sa situation.

Voyez ce dernier trait :

« Dans la situation de Louis XVI, et quand on se demande quel est le conseil qui aurait pu le sauver, on cherche et on ne trouve pas. Il y a des circonstances qui enlacent tous les mouvements d'un homme dans un tel piége que, quelque direction qu'il prenne, il tombe dans la fatalité de ses fautes ou dans celle de ses vertus. Louis XVI en était là. Toute la dépopularisation de la royauté en France, toutes les fautes des administrations précédentes, tous les vices des rois, toutes les hontes des cours, tous les griefs du peuple, avaient pour ainsi dire abouti sur sa tête et marqué son front innocent pour l'expiation de plusieurs siècles. Les époques de rénovation ont leurs sacrifices. Quand elles veulent renouveler une institution qui ne leur va plus, elles entassent sur l'homme en qui cette institution se personnifie tout l'odieux et toute la condamnation de l'institution elle-même ; elles font de cet homme une victime qu'elles immolent au temps : Louis XVI était cette victime innocente, mais chargée de toutes les iniquités des trônes, et qui devait être immolée en châtiment de la royauté. Voilà le roi. »

LXXIII

On m'a beaucoup reproché le portrait de la reine, lisez pourtant. Quel peintre, même madame Lebrun, a porté plus de grâce et plus d'attendrissement sur cette figure ?

« Cette jeune reine semblait avoir été créée par la nature pour attirer à jamais l'intérêt et la pitié des siècles sur un de ces drames d'État qui ne sont pas complets quand les infortunes d'une femme ne les achèvent pas. Fille de Marie-Thérèse, elle avait commencé sa vie dans les orages de la monarchie autrichienne. Elle était sœur de ces enfants que l'impératrice tenait par la main quand elle se présenta en suppliante devant les fidèles Hongrois, et que ces troupes s'écrièrent : « Mourons pour notre roi Marie-Thérèse ! » Sa fille aussi avait le cœur d'un roi. A son arrivée en France, sa beauté avait ébloui le royaume : cette beauté était dans tout son éclat. Elle était grande, élancée, souple : une véritable fille du Tyrol. Les deux enfants qu'elle avait donnés au trône, loin de la flétrir, ajoutaient à l'impression de sa personne ce caractère de majesté maternelle qui sied si bien à la mère d'une nation. Le pressentiment de ses malheurs, le souvenir des scènes tragiques de Versailles, les inquiétudes de chaque jour, pâlissaient seulement un peu sa première fraîcheur. La dignité naturelle de son port n'enlevait rien à la grâce de ses mouvements ; son cou, bien détaché des épaules, avait ces magnifiques inflexions qui donnent tant d'expression aux attitudes. On sentait la femme sous la reine, la tendresse du cœur sous la majesté du port. Ses cheveux blond-cendré étaient longs et soyeux ; son front haut et un peu bombé venait se joindre aux tempes par ces courbes qui donnent tant de délicatesse et tant de sensibilité à ce siége de la pensée ou de l'âme chez les femmes ; les yeux de ce bleu clair qui rappelle le ciel du Nord ou l'eau du Danube ; le nez aquilin, les narines bien ouvertes et légèrement renflées, où les émotions palpitaient, signe du courage ; une bouche grande, des dents éclatantes, des lèvres autrichiennes, c'est-à-dire saillantes et découpées ; le tour du visage ovale, la physionomie mobile, expressive, passionnée ; sur l'ensemble de ces traits, cet éclat qui ne se peut décrire, qui jaillit du regard, de l'ombre, des reflets du visage, qui l'enveloppe d'un rayonnement semblable à la vapeur chaude et colorée où nagent les objets frappés du soleil : dernière expression de la beauté qui lui donne l'idéal, qui la rend vivante et qui la change en attrait. Avec tous ces charmes, une âme altérée d'attachement, un cœur facile à émouvoir, mais ne demandant qu'à se fixer ; un sourire pensif et intelligent qui n'avait rien de banal ; des intimités, des préférences, parce qu'elle se sentait digne d'amitiés. Voilà Marie-Antoinette comme femme. C'était assez pour faire la félicité d'un homme et l'ornement d'une cour.

» Pour inspirer un roi indécis et pour faire le salut d'un État dans des circonstances difficiles, il fallait plus : il fallait le génie du gouvernement ; la reine ne l'avait pas. Rien n'avait pu la préparer au maniement des forces désordonnées qui s'agitaient autour d'elle ; le malheur ne lui avait pas donné le temps de la réflexion. Accueillie avec enivrement par une cour orgueilleuse et une nation ardente, elle avait dû croire à l'éternité de ces sentiments. Elle s'était endormie dans les dissipations de Trianon. Elle avait entendu les premiers bouillonnements de la tempête sans croire au danger ; elle s'était fiée à l'amour qu'elle inspirait et qu'elle se sentait dans le cœur. La cour était devenue exigeante, la nation hostile. Instrument des intrigues de la cour sur le cœur du roi, elle avait d'abord favorisé, puis combattu toutes les réformes qui pouvaient prévenir ou ajourner les crises. Sa politique n'était que de l'engouement, son système n'était que son abandon alternatif à tous ceux qui lui promettaient le salut du roi. »

LXXIV

Tout cela est parfaitement indulgent quoique parfaitement historique ; ce qui suit l'est également :

« On en vint à la redouter dans le parti de la Révolution. On est prompt à calomnier ce qu'on craint. On la peignait dans d'odieux pamphlets sous les traits d'une Messaline ; les bruits les plus infâmes circulaient ; les anecdotes les plus controuvées furent répandues. Le cœur d'une femme, fût-elle reine, a droit à l'inviolabilité ; ses sentiments ne deviennent de l'histoire que quand ils éclatent en publicité. »

Voilà ce qui fit éclater contre moi un cri de profanation de l'image de la reine qui retentit encore. J'avais deux torts, en effet, que je ne cherche point à excuser : le premier, c'était de porter, quoique dans une intention très-innocente et même très-atténuante, le jour non pas de l'évidence, mais de la conjecture sur l'intérieur d'une femme qui ne doit compte qu'à Dieu et à son mari de la nature de ses intimités et de ses prédilections, intimités et prédilections que l'historien doit toujours présumer pures ; le second, c'était de m'être servi du mot de *pudeur* au lieu du mot de *convenance* dans la dernière phrase de ce paragraphe. Je l'avais mis très-innocemment. Ainsi, l'histoire étant à mes yeux toujours un peu monumentale, toutes les fois qu'il se présente à ma plume de ces mots signifiant la même chose, je choisis de préférence le mot le plus classique, le mot à étymologie latine. J'avais fait là ce que je fais toujours, j'avais pris le mot latin *pudeur* au lieu du mot moderne *réserve* ou *convenance*. On affecta de croire que j'avais voulu par ce mot donner un caractère d'impudicité à la conduite de la reine. Rien n'était plus loin de ma pensée. Je changeai le mot dès que je m'aperçus de sa mauvaise interprétation à la seconde édition ; mais il était trop tard pour la susceptibilité réelle ou feinte des royalistes du parti de la reine. Je ne les accuse pas à mon tour d'avoir affecté de prendre un *lapsus* de plume pour une profanation sacrilége. Je reconnais que j'avais été, non pas coupable, mais téméraire et malheureux dans ce regard jeté sur l'intérieur de cette jeune reine. Rien n'autorise à lui imputer un tort de conduite dans ses devoirs d'épouse, de mère et d'amie. Mais quant à son influence versatile et selon moi funeste sur les conseils de son mari, je persiste, sur la foi de ses amis eux-mêmes, *unanimes* à déplorer son influence en ce sens, à lui attribuer bien involontairement les conséquences les plus tragiques de ces conseils contradictoires donnés au roi. Ce n'était pas sa faute, sans doute, mais ce fut son malheur ; sa tête charmante mais sans expérience n'avait rien du génie viril de gouvernement que demandait une telle époque. Qu'on lise *sans exception* tous les mémoires de ses plus intimes courtisans de Versailles ou de Trianon, publiés avant et depuis les *Girondins*, on se convaincra qu'à cet égard ils sont tous plus sévères même que l'histoire sur l'action politique de la reine; et qu'on lise dans les *Girondins* les pages du cinquième volume consacrées par moi aux malheurs et au supplice de cette princesse, dont l'apothéose, juste alors, eut pour piédestal un cachot et un échafaud, certes on ne m'accusera plus d'avoir voulu ternir cette sublime ascension de la victime. J'en ai pour preuve l'indulgente justice et la constante faveur de jugement que sa fille dévouée, madame la duchesse d'Angoulême, en France comme dans l'exil, conserva jusqu'à sa mort à mon nom. Sous la sévérité peut-être exagérée de l'historien de sa mère, cette princesse se plut à reconnaître le cœur toujours ému et toujours respectueux du peintre des malheurs de sa maison royale, le *Van Dyck* de ces autres Stuarts. J'en suis resté reconnaissant jusqu'à ce jour aussi, et cependant il faut ajouter que madame la duchesse d'Angoulême ne connaissait de moi que mes ouvrages et mon refus de servir une autre royauté que la sienne après 1830. Elle ne se souvenait pas du jeune royaliste inconnu de 1815 qui gardait la porte de son palais ou qui escortait à cheval la fuite nocturne de son oncle sur la route de la Belgique; mais elle lisait dans les *Girondins* le 10 août, la tour du Temple, le 21 janvier, le cachot de la Conciergerie, le martyre royal de sa mère disculpée et sanctifiée par les larmes de l'Europe, et le peintre qui avait déversé tant d'horreur sur ces supplices, tant de pitié sur ces victimes, ne lui apparaissait pas comme un sacrilége, mais comme un vengeur.

Cependant, je le répète, moins indulgent que cette princesse envers moi-même, je me reproche amèrement d'avoir employé une expression malheureuse, quoique promptement effacée, en parlant d'une reine enivrée de jeunesse, de beauté, de puissance, d'adulations, et qui devait être plus tard l'éternelle victime et l'éternel remords de la Révolution.

LXXV

Après ce portrait de la cour, viennent ceux de l'Assemblée : on les a lus ; Robespierre vient le dernier. On a vu que je me reproche justement aussi d'avoir donné en apparence, comme artiste, trop de vernis à ce portrait. Qu'on en lise cependant le début : on y sent d'avance l'inflexibilité du jugement définitif.

« Dans l'ombre encore, et derrière les chefs de l'Assemblée nationale, un homme presque inconnu commençait à se mouvoir, agité d'une pensée inquiète qui semblait lui interdire le silence et le repos ; il tentait en toute occasion la parole, et s'attaquait indifféremment à tous les orateurs, même à Mirabeau. Précipité de la tribune, il y remontait le lendemain ; humilié par les sarcasmes, étouffé par les murmures, désavoué par tous les partis, disparaissant entre les grands athlètes qui fixaient l'attention publique, il était sans cesse vaincu, jamais lassé. On eût dit qu'un génie intime et prophétique lui révélait d'avance la vanité de tous ces talents, la toute-puissance de la volonté et de la patience, et qu'une voix entendue de lui seul lui disait : « Ces hommes qui te méprisent t'appartiennent ; tous les » détours de cette Révolution qui ne veut pas te voir » viendront aboutir à toi, car tu t'es placé sur sa route

» comme l'inévitable excès auquel aboutit toute impul-
» sion ! » Cet homme, c'était Robespierre.

» Il y a des abîmes qu'on n'ose pas sonder et des caractères qu'on ne veut pas approfondir, de peur d'y trouver
trop de ténèbres et trop d'horreur ; mais l'histoire, qui a
l'œil impassible du temps, ne doit pas s'arrêter à ces terreurs ; elle doit comprendre ce qu'elle se charge de raconter. »

Ici je ne m'excuse pas, je me justifie. L'accusation
d'avoir flatté Robespierre est la calomnie qui a le plus con-
tristé mon cœur.

M'accusera-t-on aussi d'avoir flatté le club des Jacobins,
levier de Robespierre ? Qu'on lise.

LXXVI

« Le club dominant était celui des Jacobins ; ce club
était la centralisation de l'anarchie ; aussitôt qu'une volonté
puissante et passionnée remue une nation, cette volonté
commune rapproche les hommes, l'individualisme cesse et
l'association légale ou illégale organise la passion publique.
De toutes les passions du peuple, celle qu'on y flattait le
plus, c'était la haine ; on le rendait ombrageux pour l'as-
servir. Convaincu que tout conspirait contre lui, roi, reine,
cour, ministres, le peuple se jetait avec désespoir entre les
bras de ses défenseurs ; le plus éloquent à ses yeux était
celui qui manifestait le plus de crainte ; il avait soif de dé-
nonciations, on les lui prodiguait. C'était ainsi que Barnave, les Lameth, puis Danton, Brissot, Camille Desmou-

DE L'HISTOIRE DES GIRONDINS. 131

lins, Pétion, Robespierre, avaient conquis leur autorité sur le peuple ; ces noms avaient monté avec sa colère ; ils entretenaient cette colère pour rester à leur sommet. La représentation nationale n'avait que les lois, le club avait le peuple, la sédition et même l'armée.

» Hélas! tout était aveugle alors, excepté la Révolution elle-même (c'est-à-dire la réforme et la reconstitution civile, moins ses abus, ses erreurs et ses vices).

» Si chacun des partis ou des hommes mêlés dès le premier jour à ces grands événements eût pris leur vertu au lieu de leur passion pour règle de leurs actes, tous ces désastres, qui les écrasèrent, eussent été sauvés à eux et à leur patrie. Si le roi eût été ferme et intelligent, si le clergé eût été désintéressé des choses temporelles, si l'aristocratie eût été juste, si le peuple eût été modéré, si Mirabeau eût été intègre, si Lafayette eût été décidé, si Robespierre eût été humain, la Révolution se serait déroulée, majestueuse et calme comme une pensée divine, sur la France et de là sur l'Europe ; elle se serait installée comme une philosophie dans les faits, dans les lois, dans les cultes.

» Il devait en être autrement. La pensée la plus sainte, la plus juste et la plus pieuse, quand elle passe par l'imparfaite humanité, n'en sort qu'en lambeaux et en sang. Ceux mêmes qui l'ont conçue ne la reconnaissent plus et la désavouent. Mais il n'est pas donné au crime lui-même de dégrader la vérité ; elle survit à tout, même à ses victimes. Le sang qui souille les hommes ne tache pas l'idée, et, malgré les égoïsmes qui l'avilissent, les lâchetés qui l'entravent, les forfaits qui la déshonorent, la Révolution souillée se purifie, se reconnaît, triomphe et triomphera. »

Le seul devoir de l'écrivain honnête était donc de définir

cette Révolution, de ne point la laisser confondre comme on le fait tous les jours, aujourd'hui plus que jamais, avec les excès, les iniquités, les spoliations, les échafauds qui la souillèrent. C'est ce que l'*Histoire des Girondins* fait, on le reconnaîtra à toutes ses pages. Ce livre est mon témoin. Il a quelques faux principes; il n'a pas une excuse pour une goutte de sang, aucun démagogue n'y est flatté.

LXXVII

Les portraits de Camille Desmoulins, de Marat et autres sont des stigmates. Voyez comment ce singe et ce tigre de la terreur y sont peints; et cependant, si l'opinion publique a eu quelque faiblesse, même parmi les écrivains royalistes de ce temps, c'est pour Camille Desmoulins, cet enfant gâté de la faveur publique.

« Les *Discours de la Lanterne aux Parisiens*, transformés plus tard dans les *Révolutions de France et de Brabant*, étaient l'œuvre de Camille Desmoulins. Ce jeune étudiant, qui s'était improvisé publiciste, sur une chaise du jardin du Palais-Royal, aux premiers mouvements populaires du mois de juillet 1789, avait conservé dans son style, souvent admirable, quelque chose de son premier rôle. C'était le génie sarcastique de Voltaire descendu du salon sur les tréteaux. Nul ne personnifiait mieux en lui la foule que Camille Desmoulins. C'était la foule avec ses mouvements inattendus et tumultueux, sa mobilité, son inconséquence, ses fureurs interrompues par le rire ou soudainement changées en attendrissement et en pitié pour les victimes mêmes qu'elle immolait. Un homme à la fois si ardent et si léger, si trivial et si inspiré, si indécis entre le sang et les larmes, si prêt à lapider ce qu'il venait de déifier dans son enthousiasme, devait avoir sur un peuple en révolution d'autant plus d'empire qu'il lui ressemblait davantage. Son rôle, c'était sa nature. Il n'était pas seulement le singe du peuple, il était le peuple lui-même. Son journal, colporté le soir dans les lieux publics et crié avec des sarcasmes dans les rues, n'a pas été balayé avec ces immondices du jour. Il est resté et il restera comme une Satire Ménippée trempée de sang. C'est le refrain populaire qui menait le peuple aux plus grands mouvements, et qui s'éteignait souvent dans le sifflement de la corde de la lanterne ou dans le coup de hache de la guillotine. Camille Desmoulins était l'enfant cruel de la Révolution. Marat en était la rage; il avait les soubresauts de la brute dans la pensée, et les grincements dans le style. Son journal, *l'Ami du Peuple*, suait le sang à chaque ligne. »

LXXVIII

L'accusation d'avoir présenté le parti tour à tour ambitieux et faible des Girondins pour un parti idéal de la Révolution n'est pas moins erronée. Voyez leur entrée en scène, en 1791, après la proclamation de la constitution.

« L'Assemblée était pressée de ressaisir la passion publique, qu'un attendrissement passager lui enlevait. Elle rougissait déjà de sa modération d'un jour, et cherchait à semer de nouveaux ombrages entre le trône et la nation.

Un parti nombreux dans son sein voulait pousser les choses à leurs conséquences et tendre la situation jusqu'à ce qu'elle se rompît. Ce parti avait besoin pour cela d'agitation ; le calme ne convenait pas à ses desseins. Il avait des ambitions au-dessus de ses talents, ardentes comme sa jeunesse, impatientes comme sa soif de situation.

» L'Assemblée constituante, composée d'hommes mûrs, assis dans l'État, classés dans la hiérarchie sociale, n'avait eu que l'ambition des idées de la liberté et de la gloire; l'Assemblée nouvelle avait celle du bruit, de la fortune et du pouvoir. Formée d'hommes obscurs, pauvres et inconnus, elle aspirait à conquérir tout ce qui lui manquait.

» Ce dernier parti, dont Brissot était le publiciste, Pétion la popularité, Vergniaud le génie, les Girondins le corps, entrait en scène avec l'audace et l'unité d'une conjuration. C'était une bourgeoisie triomphante, envieuse, remuante, éloquente, l'aristocratie du talent, voulant conquérir et exploiter à elle seule la liberté, le pouvoir et le peuple. L'Assemblée se composait par portions inégales de trois éléments : les constitutionnels, parti de la liberté et de la monarchie modérée ; les Girondins, parti du mouvement continué jusqu'à ce que la Révolution tombât dans leurs mains ; les Jacobins, parti du peuple et d'une impitoyable utopie. Le premier, transaction et transition ; le second, audace et intrigue ; le troisième, fanatisme et dévouement. De ces deux derniers partis, le plus hostile au roi n'était pas le parti jacobin. L'aristocratie et le clergé détruits, ce parti ne répugnait pas au trône ; il avait à un haut degré l'instinct de l'unité du pouvoir. Ce n'est pas lui qui demanda le premier la guerre et qui prononça le premier le mot de république ; mais il prononça le premier et souvent le mot dictature ; le mot république appartient à Brissot et aux Girondins. Si les Girondins, à leur avénement à l'Assemblée, s'étaient joints au parti constitutionnel pour sauver la constitution en la modérant, et la Révolution en né poussant pas à la guerre, ils auraient sauvé leur parti et maintenu le trône. L'honnêteté, qui manquait à leur chef, manqua à leur conduite ; l'intrigue les entraîna. Ils se firent les agitateurs d'une assemblée dont ils pouvaient être les hommes d'État. Ils n'avaient pas la foi à la république, ils en simulèrent la conviction. En révolution, les rôles sincères sont les seuls rôles habiles. Il est beau de mourir victime de sa foi, il est triste de mourir dupe de son ambition. »

Est-ce là un apologiste ou un juge ? Parlerais-je aujourd'hui plus sévèrement ?

LXXIX

En ce qui concerne à cette date la constitution civile du clergé, sorte de concordat populaire, aussi illogique et aussi oppressif qu'un concordat royal, je n'ai rien à rétracter de mon jugement ; ce fut une des grandes fautes de la Révolution ; en matière de conscience, son salut et son devoir étaient dans un peuple libre et dans une Église libre, se mouvant librement et respectueusement dans deux sphères indépendantes, la sphère civique et la sphère religieuse. Bien que je ne me dissimule rien des difficultés de cette séparation des deux autorités, elle triomphera un jour ; la religion en sera plus pure et plus efficace, plus morale, la conscience plus fière d'elle-même, l'État plus irresponsable des fureurs ou des persécutions des pouvoirs humains.

Le portrait de Vergniaud se dessine dans la question de l'émigration. Le droit de tout faire, excepté ce qui attente à la patrie, est son principe; il est aussi celui du bon sens. Seulement la confiscation des biens de l'émigré, droit qui punit les enfants et la famille de la faute d'un père, dont ils sont innocents et pour lequel ils sont frappés dans leur existence, est un faux principe en équité comme en politique.

LXXX

« Vergniaud, né à Limoges et avocat à Bordeaux, n'avait alors que trente-trois ans. Le mouvement l'avait saisi et emporté tout jeune. Ses traits majestueux et calmes annonçaient le sentiment de sa puissance. Aucune tension ne les contractait. La facilité, cette grâce du génie, assouplissait tout en lui, talent, caractère, attitude. Une certaine nonchalance annonçait qu'il s'oubliait aisément lui-même, sûr de se retrouver avec toute sa force au moment où il aurait besoin de se recueillir. Son front était serein, son regard assuré, sa bouche grave et un peu triste; les pensées sévères de l'antiquité se fondaient dans sa physionomie avec les sourires et l'insouciance de la première jeunesse. On l'aimait familièrement au pied de la tribune. On s'étonnait de l'admirer et de le respecter dès qu'il y montait. Son premier regard, son premier mot mettait une distance immense entre l'homme et l'orateur. C'était un instrument d'enthousiasme qui ne prenait sa valeur et sa place que dans l'inspiration. Cette inspiration, servie par une voix grave et par une élocution intarissable, s'était nourrie des plus purs souvenirs de la tribune antique. Sa phrase avait les images et l'harmonie des plus beaux vers. S'il n'avait pas été l'orateur d'une démocratie, il en eût été le philosophe et le poëte. Son génie tout populaire lui défendait de descendre au langage du peuple, même en le flattant. Il n'avait que des passions nobles comme son langage. Il adorait la Révolution comme une philosophie sublime qui devait ennoblir la nation tout entière sans faire d'autres victimes que les préjugés et les tyrannies. Il avait des doctrines et point de haines, des soifs de gloire et point d'ambitions. Le pouvoir même lui semblait quelque chose de trop réel, de trop vulgaire pour y prétendre. Il le dédaignait pour lui-même, et ne le briguait que pour ses idées. La gloire et la postérité étaient les deux seuls buts de sa pensée. Il ne montait à la tribune que pour les voir de plus haut; plus tard il ne vit qu'elles du haut de l'échafaud, et il s'élança dans l'avenir, jeune, beau, immortel dans la mémoire de la France, avec tout son enthousiasme et quelques taches déjà lavées dans son généreux sang. Tel était l'homme que la nature avait donné aux Girondins pour chef. Il ne daigna pas l'être, bien qu'il eût l'âme et les vues d'un homme d'État; trop insouciant pour un chef de parti, trop grand pour être le second de personne. Il fut Vergniaud. Plus glorieux qu'utile à ses amis, il ne voulut pas les conduire ; il les immortalisa. »

LXXXI

En relisant aujourd'hui le jugement que je portais alors sur l'Assemblée constituante à sa dernière séance, j'y trouve plusieurs éloges plus lyriques que justes, et que je ne ratifierais pas de sang-froid aujourd'hui. Voici le texte, voici les corrections :

« L'Assemblée constituante avait abdiqué dans une tempête.

» Cette Assemblée avait été la plus imposante réunion d'hommes qui eût jamais représenté non pas la France, mais le genre humain. Ce fut en effet le concile œcuménique de la raison et de la philosophie modernes. La nature semblait avoir créé exprès, et les différents ordres de la société avoir mis en réserve pour cette œuvre, les génies, les caractères et même les vices les plus propres à donner à ce foyer des lumières du temps la grandeur, l'éclat et le mouvement d'un incendie destiné à consumer les débris d'une vieille société, et à en éclairer une nouvelle. Il y avait des sages comme Bailly et Mounier, des penseurs comme Sieyès, des factieux comme Barnave, des hommes d'État comme Talleyrand, des hommes époques comme Mirabeau, des hommes principes comme Robespierre. Chaque cause y était personnifiée par ce qu'un parti avait de plus haut ou de plus tranché. Les victimes aussi y étaient illustres. Cazalès, Malouet, Maury, faisaient retentir en éclats de douleur et d'éloquence les chutes successives du trône, de l'aristocratie et du clergé. Ce foyer actif de la pensée d'un siècle fut nourri, pendant toute sa durée, par le vent des plus continuels orages politiques. Pendant qu'on délibérait dedans, le peuple agissait dehors et frappait aux portes. Ces vingt-six mois de conseils ne furent qu'une sédition non interrompue. A peine une institution s'était-elle écroulée à la tribune, que la nation la déblayait pour faire place à l'institution nouvelle. La colère du peuple n'était que son impatience des obstacles, son délire n'était que sa raison passionnée. Jusque dans ses fureurs, c'était toujours une vérité qui l'agitait. Les tribuns ne l'aveuglaient qu'en l'éblouissant. Ce fut le caractère unique de cette Assemblée, que cette passion pour un idéal qu'elle se sentait invinciblement poussée à accomplir. Acte de foi perpétuel dans la raison et dans la justice; sainte fureur du bien qui la possédait et qui la faisait se dévouer elle-même à son œuvre, comme ce statuaire qui, voyant le feu du fourneau où il fondait son bronze prêt à s'éteindre, jeta ses meubles, le lit de ses enfants, et enfin jusqu'à sa maison dans le foyer, consentant à périr pour que son œuvre ne pérît pas.

» C'est pour cela que la révolution qu'a faite l'Assemblée constituante est devenue une date de l'esprit humain, et non pas seulement un événement de l'histoire d'un peuple. Les hommes de cette Assemblée n'étaient pas des Français, c'étaient des hommes universels. On les méconnaît et on les rapetisse quand on n'y voit que des prêtres, des aristocrates, des plébéiens, des sujets fidèles, des factieux ou des démagogues. Ils étaient et ils se sentaient eux-mêmes mieux que cela : des ouvriers de Dieu, appelés par lui à restaurer la raison sociale de l'humanité, et à rasseoir le droit et la justice par tout l'univers. Aucun d'eux, excepté les opposants à la Révolution, ne renfermait sa pensée dans les limites de la France. La déclaration des droits de l'homme le prouve. C'était le décalogue du genre humain dans toutes les langues. La Révolution moderne appelait les Gentils comme les Juifs au partage de la lumière et au règne de la fraternité.

LXXXII

» Aussi n'y eut-il pas un de ses apôtres qui ne proclamât la paix entre les peuples. Mirabeau, La Fayette, Robespierre lui-même, effacèrent la guerre du symbole qu'ils présentaient à la nation. Ce furent les factieux et les ambitieux qui la demandèrent plus tard; ce ne furent pas les grands révolutionnaires. Quand la guerre éclata, la Révolution avait dégénéré. L'Assemblée constituante se serait bien gardée de placer aux frontières de la France les bornes de ses vérités et de renfermer l'âme sympathique de la Révolution française dans un étroit patriotisme. La patrie de ses dogmes était le globe. La France n'était que l'atelier où elle travaillait pour tous les peuples. Respectueuse et indifférente à la question des territoires nationaux, dès son premier mot elle s'interdit les conquêtes. Elle ne se réservait que la propriété, ou plutôt l'invention des vérités générales qu'elle mettait en lumière. Universelle comme l'humanité, elle n'eut pas l'égoïsme de s'isoler. Elle voulut donner et non dérober. Elle voulut se répandre par le droit et non par la force. Essentiellement spiritualiste, elle n'affecta d'autre empire pour la France que l'empire volontaire de l'imitation sur l'esprit humain.

» Son œuvre était prodigieuse, ses moyens nuls; tout ce que l'enthousiasme lui inspire, l'Assemblée l'entreprend et l'achève, sans roi, sans chef militaire, sans dictateur, sans armée, sans autre force que la conviction. Seule au milieu d'un peuple étonné, d'une armée dissoute, d'une aristocratie émigrée, d'un clergé dépouillé, d'une cour hostile, d'une ville séditieuse, de l'Europe en armes, elle fit ce qu'elle avait résolu : tant la volonté est la véritable puissance d'un peuple, tant la vérité est l'irrésistible auxiliaire des hommes qui s'agitent pour elle ! Si jamais l'inspiration fut visible dans le prophète ou dans le législateur antique, on peut dire que l'Assemblée constituante eut deux années d'inspiration continue. La France fut l'inspirée de la civilisation. »

Je dis aujourd'hui :

Cet hymne dépasse en admiration la portée de l'Assemblée constituante. Le mot d'*homme principe*, qui s'applique à Robespierre, est un scandale de mot qui peut faire douter de mes principes à moi-même. Est-ce que le fanatisme est une lumière? est-ce que le sophisme est une vérité? est-ce que le sang est un apostolat? Il est vrai qu'à ce moment Robespierre n'en avait pas encore versé, et qu'il avait plaidé au contraire contre la peine de mort. C'est ce qui m'excuse de l'avoir qualifié ainsi à ce moment de la Révolution où il était encore éloquent. Mais, comme la vie tout entière d'un homme le résume à toutes les dates de sa vie dans la qualification qu'un historien lui donne, ma plume a été étourdie, sinon coupable, en donnant alors à Robespierre une qualification à double interprétation, capable de fausser l'esprit de la jeunesse sur ce *Marius* civil, sur ce proscripteur-bourreau de la Révolution. Je m'en repens, et je l'efface.

LXXXIII

De la situation dégradée du roi au moment où la constitution de 1791 était proclamée, où sa puissance n'existait plus, et où sa responsabilité pesait tous les jours sur sa tête, j'en conclus qu'il eût mieux valu alors pour le roi dégradé et pour la nation exigeante proclamer une république ou une dictature de la nation qui aurait laissé le roi à l'écart et en réserve pendant les essais d'application des principes populaires nouveaux. Je le crois encore, Louis XVI eut tort d'accepter une couronne qui n'était plus qu'une hache suspendue sur sa tête par les factions prêtes à se servir de lui, à le déshonorer, puis le frapper. La nation eut tort de ne pas retirer à elle le pouvoir tout entier, puisqu'elle en rejetait la responsabilité sur un fantôme de roi... Le roi et sa famille n'auraient pas péri, la nation n'aurait eu à accuser qu'elle-même de ses convulsions, la république constitutionnelle se serait établie sans 10 août, sans massacres de septembre, sans 21 janvier, sans *terreur;* ou bien la France, convaincue de l'impuissance de la république, aurait rappelé à un trône conservé intact Louis XVI et sa malheureuse famille, à la charge de maintenir les lois civiles sagement réformées en 1789.

Ce que j'ai dit là dans le septième livre des *Girondins*, je le redis à vingt ans de distance, après deux restaurations, une monarchie schismatique de 1830, une république de salut commun, qui n'a ni versé une goutte de sang, ni proscrit, ni spolié personne, et après une restauration dynastique d'une monarchie napoléonienne qu'il ne m'appartient ni de caractériser ici, ni de louer, ni d'accuser de mon point de vue d'historien, puisque mon point de vue est celui de la seconde république. Mais je dirai toujours qu'une franche république sans proscripteurs et sans proscrits vaut mieux pour un peuple en révolution qu'une fausse monarchie enchaînée et assassinée par les factions de 1791.

Lisez ici l'explication de ma pensée historique. Elle est hardie, mais je la crois plus vraie en 1791 que la timide circonspection des Girondins.

« S'il y eût eu dans l'Assemblée constituante plus d'hommes d'État que de philosophes, elle aurait senti qu'un état intermédiaire était impossible sous la tutelle d'un roi à demi détrôné. On ne remet pas aux vaincus la garde et l'administration des conquêtes. Agir comme elle agit, c'était pousser fatalement le roi ou à la trahison ou à l'échafaud. Un parti absolu est le seul parti sûr dans les grandes crises. Le génie est de savoir prendre ces partis extrêmes à leur minute. Disons-le hardiment, l'histoire à distance le dira un jour comme nous : il vint un moment où l'Assemblée constituante avait le droit de choisir entre la monarchie et la république, et où elle devait choisir la république. Là était le salut de la Révolution et sa légitimité. En manquant de résolution elle manqua de prudence.

» Mais, dit-on avec Barnave, la France est monarchique par sa géographie comme par son caractère, et le débat s'élève à l'instant dans les esprits entre la monarchie et la république. Entendons-nous :

» La géographie n'est d'aucun parti : Rome et Carthage

n'avaient point de frontières, Gênes et Venise n'avaient point de territoires. Ce n'est pas le sol qui détermine la nature des constitutions des peuples, c'est le temps. L'objection géographique de Barnave est tombée un an après, devant les prodiges de la France en 1792. Elle a montré si une république manquait d'unité et de centralisation pour défendre une nationalité continentale. Les flots et les montagnes sont les frontières des faibles; les hommes sont les frontières des peuples.

LXXXIV

» Laissons donc la géographie! Ce ne sont pas les géomètres qui écrivent les constitutions sociales, ce sont les hommes d'État.

» Or, les nations ont deux grands instincts qui leur révèlent la forme qu'elles ont à prendre, selon l'heure de la vie nationale à laquelle elles sont parvenues : l'instinct de leur conservation et l'instinct de leur croissance. Agir ou se reposer, marcher ou s'asseoir, sont deux actes entièrement différents, qui nécessitent chez l'homme des attitudes entièrement diverses. Il en est de même pour les nations. La monarchie ou la république correspondent exactement chez un peuple aux nécessités de ces deux états opposés : le repos ou l'action. Nous entendons ici ces deux mots de repos et d'action dans leur acception la plus absolue; car il y a aussi repos dans les républiques et action sous les monarchies.

» S'agit-il de se conserver, de se reproduire, de se développer dans cette espèce de végétation lente et insensible que les peuples ont comme les grands végétaux ; s'agit-il de se maintenir en harmonie avec le milieu européen, de garder ses lois et ses mœurs, de préserver ses traditions, de perpétuer les opinions et les cultes, de garantir les propriétés et le bien-être, de prévenir les troubles, les agitations, les factions : la monarchie est évidemment plus propre à cette fonction qu'aucun autre état de société. Elle protége en bas la sécurité qu'elle veut pour elle-même en haut. Elle est l'ordre par égoïsme et par essence. L'ordre est sa vie, la tradition est son dogme, la nation est so héritage, la religion est son alliée, les aristocraties sont ses barrières contre les invasions du peuple. Il faut qu'elle conserve tout cela ou qu'elle périsse. C'est le gouvernement de la prudence, parce que c'est celui de la plus grande responsabilité. Un empire est l'enjeu du monarque. Le trône est partout un gage d'immobilité. Quand on est placé si haut, on craint tout ébranlement, car on n'a qu'à perdre ou qu'à tomber.

» Quand une nation a donc sa place sur un territoire suffisant, ses lois consenties, ses intérêts fixés, ses croyances consacrées, son culte en vigueur, ses classes sociales graduées, son administration organisée, elle est monarchique, en dépit des mers, des fleuves, des montagnes. Elle abdique, et elle charge la monarchie de prévoir, de vouloir et d'agir pour elle. C'est le plus parfait des gouvernements pour cette fonction. Il s'appelle des deux noms de la société elle-même : *unité* et *hérédité*.

LXXXV

» Un peuple, au contraire, est-il à une de ces époques où il faut agir dans toute l'intensité de ses forces pour opérer en lui ou en dehors de lui une de ces transformations organiques qui sont aussi nécessaires aux peuples que le courant est nécessaire aux fleuves, ou que l'explosion est nécessaire aux forces comprimées, la république est la forme obligée et fatale d'une nation à un pareil moment. A une action soudaine, irrésistible, convulsive du corps social, il faut les bras et la volonté de tous. Le peuple devient foule, et se porte sans ordre au danger. Lui seul peut suffire à la crise. Quel autre bras que celui du peuple tout entier pourrait remuer ce qu'il a à remuer? déplacer ce qu'il veut détruire? installer ce qu'il veut fonder? La monarchie y briserait mille fois son sceptre. Il faut un levier capable de soulever trente millions de volontés. Ce levier, la nation seule le possède. Elle est elle-même la force motrice, le point d'appui et le levier.

» On ne peut pas demander alors à la loi d'agir contre la loi, à la tradition d'agir contre la tradition, à l'ordre établi d'agir contre l'ordre établi. Ce serait demander la force à la faiblesse et le suicide à la vie. Et d'ailleurs on demanderait en vain au pouvoir monarchique d'accomplir ces changements, où souvent tout périt, et le roi avant tout le monde. Une telle action est le contre-sens de la monarchie : comment le voudrait-elle?

» Demander à un roi de détruire l'empire d'une religion

qui le sacre, de dépouiller de ses richesses un clergé qui les possède au même titre divin auquel lui-même possède le royaume, d'abaisser une aristocratie qui est le degré élevé de son trône, de bouleverser des hiérarchies sociales dont il est le couronnement, de saper des lois dont il est la plus haute, ce serait demander aux voûtes d'un édifice d'en saper le fondement. Le roi ne le pourrait ni ne le voudrait. En renversant ainsi tout ce qui lui sert d'appui, il sent qu'il porterait sur le vide. Il jouerait son trône et sa dynastie. Il est responsable par sa race. Il est prudent par nature et temporisateur par nécessité. Il faut qu'il complaise, qu'il ménage, qu'il patiente, qu'il transige avec tous les intérêts constitués. Il est le roi du culte, de l'aristocratie, des lois, des mœurs, des abus et des erreurs de l'empire. Les vices mêmes de la constitution font souvent partie de sa force. Les menacer, c'est se perdre. Il peut les haïr, il ne peut les attaquer.

» A de semblables crises la république seule peut suffire. Les nations le sentent et s'y précipitent comme au salut. La volonté publique devient le gouvernement. Elle écarte les timides, elle cherche les audacieux ; elle appelle tout le monde à l'œuvre, elle essaye, elle emploie, elle rejette toutes les forces, tous les dévouements, tous les héroïsmes. C'est la foule au gouvernail.

LXXXVI

» Tant que les révolutions ne sont pas achevées, l'instinct du peuple pousse à la république ; car il sent que toute autre main que la sienne est trop faible pour imprimer l'impulsion qu'il faut aux choses. Le peuple ne se fie pas, et il a raison, à un pouvoir irresponsable, perpétuel et héréditaire, pour faire ce que commandent des époques de création. Il veut faire ses affaires lui-même. Sa dictature lui paraît indispensable pour sauver la nation. Or, la dictature organisée du peuple, qu'est-ce autre chose que la république? Il ne peut remettre ses pouvoirs qu'après que toutes les crises sont passées, et que l'œuvre révolutionnaire est incontestée, complète et consolidée. Alors il peut reprendre la monarchie et lui dire de nouveau : « Règne au nom des » idées que je t'ai faites ! »

» L'Assemblée constituante fut donc aveugle et faible de ne pas donner la république pour instrument naturel à la Révolution. Mirabeau, Bailly, La Fayette, Sieyès, Barnave, Talleyrand, Lameth, agissaient en cela en philosophes, et non en grands politiques. L'événement l'a prouvé. Ils crurent la Révolution achevée aussitôt qu'elle fut écrite ; ils crurent la monarchie convertie aussitôt qu'elle eut juré la constitution. La Révolution n'était que commencée, et le serment de la royauté à la Révolution était aussi vain que le serment de la Révolution à la royauté. Ces deux éléments ne pouvaient s'assimiler qu'après un intervalle d'un siècle. Cet intervalle, c'était la république. Un peuple ne passe pas en un jour, ni même en cinquante ans, de l'action révolutionnaire au repos monarchique. C'est pour l'avoir oublié à l'heure où il fallait s'en souvenir, que la crise a été si terrible et qu'elle nous agite encore. Si la Révolution qui se poursuit toujours avait eu son gouvernement propre et naturel, la république, cette république eût été moins tumultueuse et moins inquiète que nos cinq tentatives de monarchie. La nature des temps où nous avons vécu proteste contre la forme traditionnelle du pouvoir. A une époque de mouvement, un gouvernement de mouvement, voilà la loi !

» L'Assemblée nationale, dit-on, n'en avait pas le droit : elle avait juré la monarchie et reconnu Louis XVI ; elle ne pouvait le détrôner sans crime ! L'objection est puérile, si elle vient d'esprits qui ne croient pas à la possession des peuples par les dynasties. L'Assemblée constituante, dès son début, avait proclamé le droit inaliénable des peuples et la légitimité des insurrections nécessaires. Le serment du Jeu de Paume ne consistait qu'à jurer désobéissance au roi et fidélité à la nation. L'Assemblée avait ensuite proclamé Louis XVI roi des Français. Si elle se reconnaissait le pouvoir de le proclamer roi, elle se reconnaissait par là même le droit de le proclamer simple citoyen. La déchéance pour cause d'utilité nationale et d'utilité du genre humain était évidemment dans ses principes. Que fait-elle cependant ? Elle laisse Louis XVI roi ou elle le refait roi, non par respect pour l'institution, mais par pitié pour sa personne et par attendrissement pour une auguste décadence. Voilà le vrai. Elle craignait le sacrilége, et elle se précipite dans l'anarchie. C'était clément, beau, généreux ; Louis XVI méritait bien du peuple. Qui peut flétrir une magnanime condescendance ? Avant le départ du roi pour Varennes, le droit absolu de la nation ne fut qu'une fiction abstraite, un *summum jus* de l'Assemblée. La royauté de Louis XVI resta le fait respectable et respecté. Encore une fois, c'était bien fait.

» Mais il vint un moment, et ce moment fut celui de la fuite du roi, sortant du royaume, protestant contre la volonté nationale, et allant chercher l'appui de l'armée et l'intervention étrangère, où l'Assemblée rentrait dans le droit rigoureux de disposer du pouvoir déserté. Trois partis s'offraient à elle : déclarer la déchéance et proclamer le gouvernement républicain ; proclamer la suspension temporaire de la royauté, et gouverner en son nom, pendant son éclipse morale ; enfin restaurer à l'instant la royauté.

» L'Assemblée choisit le pire. Elle craignit d'être dure, et elle fut cruelle ; car, en conservant au roi le rang suprême, elle le condamna au supplice de la colère et du dédain de son peuple. Elle le couronna de soupçons et d'outrages. Elle le cloua au trône, pour que le trône fût l'instrument de ses tortures et enfin de sa mort.

» Des deux autres partis à prendre, le premier était le plus logique et le plus absolu : proclamer la déchéance et la république.

» La république, si elle eût été alors légalement établie par l'Assemblée dans son droit et dans sa force, aurait été tout autre que la république qui fut perfidement et atrocement arrachée, neuf mois après, par l'insurrection du 10 août. Elle aurait eu, sans doute, les agitations inséparables de l'enfantement d'un ordre nouveau. Elle n'aurait pas échappé aux désordres inévitables dans un pays de premier mouvement, passionné par la grandeur même de ses dangers. Mais elle serait née d'une loi, au lieu d'être née d'une sédition ; d'un droit, au lieu d'une violence ; d'une délibération, au lieu d'une insurrection. Cela seul changeait les conditions sinistres de son existence et de son avenir. Elle devait être remuante, elle pouvait rester pure.

» Voyez combien le seul fait de sa proclamation légale et

réfléchie changeait tout. Le 10 août n'avait pas lieu ; les perfidies et la tyrannie de la commune de Paris, le massacre des gardes, l'assaut du palais, la fuite du roi à l'Assemblée, les outrages dont il y fut abreuvé, enfin son emprisonnement au Temple, étaient écartés. La république n'aurait pas tué un roi, une reine, un enfant innocent, une princesse vertueuse. Elle n'aurait pas eu les massacres de septembre, ces Saint-Barthélemy du peuple qui tachent à jamais les langes de la liberté. Elle ne se serait pas baptisée dans le sang de trois cent mille victimes. Elle n'aurait pas mis dans la main du tribunal révolutionnaire la hache du peuple, avec laquelle il immola toute une génération pour faire place à une idée. Elle n'aurait pas eu le 31 mai. Les Girondins, arrivés purs au pouvoir, auraient eu bien plus de force pour combattre la démagogie. La république, instituée de sang-froid, aurait bien autrement intimidé l'Europe qu'une émeute légitimée par le meurtre et les assassinats. La guerre pouvait être évitée, ou, si la guerre était inévitable, elle eût été plus unanime et plus triomphante. Nos généraux n'auraient pas été massacrés par leurs soldats aux cris de trahison. L'esprit des peuples aurait combattu avec nous, et l'horreur de nos journées d'août, de septembre et de janvier, n'aurait pas repoussé de nos drapeaux les peuples attirés par nos doctrines. Voilà comment un seul changement, à l'origine de la république, changeait le sort de la Révolution. »

LXXXVII

Les Girondins règnent sous le nom de Louis XVI, et règnent en le trahissant. On a critiqué le portrait de madame Roland. Leur Égérie est flattée, cela est vrai; j'ai glissé sur le mélange d'intrigue et d'emphase qui composait le génie à la fois féminin et romain de cette femme. J'ai plus cédé en cela à la popularité qu'à la vérité. J'ai voulu donner une *Cornélie* à la république. Je ne sais au fond ce qu'était *Cornélie*, cette mère des Gracques qui élevait des conspirateurs contre le sénat de Rome et qui les formait à la sédition, vertu des ambitieux populaires.

Quant à madame Roland, qui enflait un mari vulgaire du souffle de sa colère de femme contre une cour odieuse parce qu'elle ne s'ouvrait pas à sa vanité de parvenue, il n'y a de vraiment beau en elle que sa mort. Son rôle n'a que la parade de la véritable grandeur d'âme. Elle dicte à son mari de noires trahisons contre le roi qui l'a admis dans son ministère; elle anime les Girondins, ses familiers, d'une haine implacable contre la reine, déjà si humiliée et si menacée; elle n'a ni respect ni pitié pour cette victime, elle la désigne du doigt à la multitude ameutée. Elle n'est plus ni femme, ni mère, ni Française. Elle se pose en Némésis à la porte des tours du Temple, après que la reine y gémit sur son époux, sur ses enfants, sur elle-même, entre le trône et l'échafaud. Ce stoïcisme ostentatoire de l'implacabilité tue, à mes yeux, la femme dans ce tribun des femmes. Je devais, pour être vrai, la flétrir; par complaisance pour la popularité, je l'ai exaltée. Mon enthousiasme n'était pas complétement sincère. Charlotte Corday, malgré son dévouement criminel dans l'acte héroïque, dans l'inspiration, valait mille fois mieux que madame Roland. Le cœur manque à ce buste de femme politique, comme il manque à presque toutes les femmes qui affectent une passion métaphysique et populaire faute d'une passion individuelle et tendre qui nourrisse leur âme au lieu de nourrir leur vanité.

Ce sentiment vrai en moi contre les tribuns féminins de la république ou de la royauté perçait déjà malgré moi dans l'apothéose affectée que je faisais de madame Roland.

« L'orgueil de ce monde aristocratique qui la voyait sans la compter pesait sur son âme. Une société où elle n'avait pas son rang lui semblait mal faite. C'était moins de l'envie que de la justice révoltée en elle. Les êtres supérieurs ont leur place marquée par Dieu, et tout ce qui les en écarte leur semble une usurpation. Ils trouvent la société souvent inverse de la nature; ils se vengent en la méprisant. De là la haine du génie contre la puissance. Le génie rêve un ordre de choses où les rangs seraient assignés par la nature et par la vertu. Ils le sont presque toujours par la naissance, cette faveur aveugle de la destinée. Il y a peu de grandes âmes qui ne sentent en naissant la persécution de la fortune, et qui ne commencent par une révolte intérieure contre la société. Elles ne s'apaisent qu'en se décourageant. D'autres se résignent, par une compréhension plus haute, à la place que Dieu leur assigne. Servir humblement le monde est encore plus beau que le dominer. Mais c'est là le comble de la vertu. La religion y conduit en un jour, la philosophie n'y conduit que par une longue vie, par le malheur et par la mort. Il y a des jours où la plus haute place du monde, c'est un échafaud. »

LXXXVIII

Rien de plus injuste que les accusations d'inhumanité de plume envers le roi, la reine, la famille royale, dans le récit du 10 août. Les royalistes se sont abstenus de me lire, afin d'avoir le droit de répéter sur parole ces calomnies démenties par chacune de mes pitiés de cœur dans ce récit. Lisez de bonne foi aujourd'hui :

« L'Assemblée suspendit sa séance à une heure du matin. La famille royale était restée jusque-là dans la loge du logographe. Dieu seul peut mesurer la durée des quatorze heures de cette séance dans l'âme du roi, de la reine, de Madame Élisabeth et de leurs enfants. La soudaineté de la chute, l'incertitude prolongée, les vicissitudes de crainte et d'espérance, la bataille qui se livrait aux portes et dont ils étaient le prix sans même voir les combattants, les coups de canon, la fusillade retentissant dans leur cœur, s'éloignant, se rapprochant, s'éloignant de nouveau comme l'espérance qui joue avec le mourant, la pensée des dangers de leurs amis abandonnés au château, le sombre avenir que chaque minute creusait devant eux sans en apercevoir le fond, l'impossibilité d'agir et de se remuer au moment où toutes les pensées poussent l'homme à l'agitation, la gêne de s'entretenir même entre eux, l'attitude impassible que le soin de leur dignité leur commandait, la crainte, la joie, le désespoir, l'attendrissement, et, pour dernier supplice, le regard de leurs ennemis fixé constamment sur leurs visages pour y surprendre un crime dans une émotion ou s'y repaître de leur angoisse, tout fit de ces heures éternelles la véritable agonie de la royauté. La chute fut longue, profonde, terrible, du trône à l'échafaud. Nulle part elle ne fut plus sentie que là. C'est le premier coup qui brise, les autres ne font que tuer.

» Si l'on ajoute à ces tortures de l'âme les tortures du corps de cette malheureuse famille, jetée, après une nuit d'insomnie, dans cette espèce de cachot; l'air brûlant exhalé par une foule de trois ou quatre mille personnes, s'engouffrant dans la loge, et intercepté dans le couloir par la foule extérieure qui l'engorgeait; la soif, l'étouffement, la sueur ruisselante, la tendresse réciproque des membres de cette famille multipliant dans chacun d'eux les souffrances de tous, on comprendra que cette journée eût dû assouvir à elle seule une vengeance accumulée par quatorze siècles.

» Le prince, accoudé sur le devant de la loge comme un homme qui assiste à un grand spectacle, semblait déjà familiarisé avec sa situation. Il faisait des observations judicieuses et désintéressées sur les circonstances, sur les motions, sur les votes, qui prouvaient un complet détachement de lui-même. Il parlait de lui comme d'un roi qui aurait vécu mille ans auparavant; il jugeait les actes du peuple envers lui comme il aurait jugé les actes de Cromwell et du long parlement envers Charles Ier. La puissance de résignation qu'il possédait lui donnait cette puissance d'impartialité, sous le fer même du parti qui le sacrifiait. Il adressait souvent la parole à demi-voix aux députés les plus rapprochés de lui et qu'il connaissait, entre autres à Calon, inspecteur de la salle, à Coustard et à Vergniaud. Il entendit sans changer de couleur, de regard, d'attitude, les invectives lancées contre lui et le décret de sa déchéance. La chute de sa couronne ne donna pas un mouvement à sa tête. On vit même une joie secrète luire sur ses traits à travers la gravité et la tristesse du moment. Il respira fortement, comme si un grand fardeau eût été soulevé de son âme. L'empire pour lui était un devoir plus qu'un orgueil. En le détrônant on le soulageait.

LXXXIX

» Madame Élisabeth, insensible à la catastrophe politique, ne cherchait qu'à répandre un peu de sérénité dans cette ombre. La triste condoléance de son sourire, la profondeur d'affection qui brillait dans ses yeux à travers ses larmes, ouvraient au roi et à la reine un coin de ciel intérieur où les regards se reposaient confidentiellement de tant de trouble. Une seule âme qui aime, un seul accent qui plaint, compensent la haine et l'injure de tout un peuple : elle était la pitié visible et présente à côté du supplice.

» La reine avait été soutenue au commencement par l'espérance de la défaite de l'insurrection. Émue comme un héros au bruit du canon, intrépide contre les vociférations des pétitionnaires et des tribunes, son regard les bravait, sa lèvre dédaigneuse les couvrait de mépris ; elle se tournait sans cesse, avec des regards d'intelligence, vers les officiers de sa garde, qui remplissaient le fond de la loge et le couloir, pour leur demander des nouvelles du château, des Suisses, des forces qui leur restaient, de la situation des personnes chères qu'elle avait laissées aux Tuileries et surtout de la princesse de Lamballe, son amie. Elle avait appris en frémissant d'indignation, mais sans pâlir, le massacre de Suleau dans la cour des Feuillants, les cris de rage des assassins, les fusillades des bataillons aux portes de l'Assemblée, les assauts tumultueux du peuple pour forcer l'entrée du couloir et venir l'immoler elle-même. Tant que le combat avait duré, elle en avait eu l'agitation et l'élan. Aux derniers coups de canon, aux cris de victoire du peuple, à la vue de ses écrins, de ses bijoux, de ses portefeuilles, de ses secrets étalés et profanés sous ses yeux comme les dépouilles de sa personne et de son cœur, elle était tombée dans une abattement immobile, mais toujours fier. Elle dévorait sa défaite, elle ne l'acceptait pas comme le roi. Son rang faisait partie d'elle-même ; en déchoir, c'était mourir. Le décret de suspension, prononcé par Vergniaud, avait été un coup de hache sur sa tête. Elle ferma un moment les yeux et parut se recueillir dans son humiliation ; puis l'orgueil de son infortune brilla sur son front comme un autre diadème. Elle recueillit toute sa force pour s'élever, par le mépris des coups, au-dessus de ses ennemis ; elle ne les sentit plus que dans les autres. »

Nous demandons à tout lecteur de bonne foi si la pitié manque à l'infortune et si le respect manque à la catastrophe dans un tel tableau ? Est-ce démoraliser le peuple que lui peindre ainsi ses victimes, et que lui arracher des larmes sur les victoires mêmes que ses tribuns remportent en son nom ?

XC

Quant aux massacres de septembre, mystère qui n'a pas encore été sondé après soixante ans de recherches, la langue humaine a-t-elle une exécration et un anathème qui puissent égaler l'horreur que ce forfait de cannibales m'inspire, comme à tous les hommes civilisés? Qu'on lise ce récit compulsé tête par tête, dans cette mêlée de cadavres et dans cette mare de sang, pour faire au peuple horreur de lui-même quand il prend ses fureurs pour loi? Peut-être ai-je été injuste même envers Danton en lui attribuant la première pensée de ce coup d'État de l'assassinat en masse? Je crois plutôt maintenant que le vrai crime de Danton, dans ces journées de la hache, a été une espèce de connivence forcée avec les scélérats obscurs et forcenés de la commune de Paris, et que, ne pouvant pas arrêter le crime résolu par ces municipes bourreaux, Danton a lâchement préféré être leur complice le doigt sur la bouche, gémissant en silence, mais laissant accomplir des horreurs qu'il détestait en les excusant. Cette partie de l'*Histoire des Girondins* est la plus ténébreuse; les conjectures y suppléent aux documents vrais, tant les survivants, parmi les assassins, ont eu intérêt à déchirer les pages de ce mois néfaste. Une seule chose est certaine, c'est que ni Robespierre, encore pur de sang, ni surtout les Girondins, n'y trempèrent pas. Ce fut même l'horreur de ces journées de septembre qui sépara les Girondins de Danton. Danton ne leur demandait que de se taire, de laisser ces cadavres dans l'ombre et ces égorgeurs dans l'impunité. Les Girondins n'y consentirent jamais ; leur politique, en cela inflexiblement honnête, se refusa à conclure le pacte de la réticence avec Danton, au prix du sang de septembre amnistié par eux. On ne conçoit pas comment M. de Cassagnac attribue aux Girondins les massacres de septembre ; c'est comme si on attribuait la journée du 9 thermidor et la mort de Robespierre à Robespierre ! Les Girondins sont morts pour avoir voulu obstinément et honnêtement mourir plutôt que de sanctionner par leur silence les crimes de septembre. Que n'ont-ils été aussi inflexibles dans le jugement à mort du roi ! Ils auraient laissé la plus grande force d'un parti républicain à la postérité, une mémoire pure, non-seulement de toute participation, mais de toute indulgence aux crimes populaires.

XCI

Avant d'avoir participé moi-même, non aux conspirations, mais aux événements d'une révolution, il m'était impossible de croire que des événements aussi capitaux que les massacres de septembre pussent rester dans une complète obscurité devant l'histoire, soit qu'ils fussent des effets sans cause, des crimes d'emportement non prémédités, et dont personne n'a la responsabilité que l'élément populaire, soulevé par un hasard ; soit que les conspirateurs de ces émotions artificielles du peuple eussent si bien caché leur nom et leur main qu'on ne pût jamais les prendre en flagrant délit de préméditation. J'étais dans l'erreur, je l'avoue de bonne foi. Les deux événements les plus saillants de l'année révolutionnaire de 1848 sont le mouvement même du 24 février, qui inonde tout à coup les rues d'hommes armés qui élèvent des barricades au cœur de Paris, qui lasse l'armée pendant deux jours de lutte, qui établit un camp insignifiant mais inexpugnable dans le centre d'une capitale, qui bivouaque toute une nuit sur les toits, qui paraît dissous, et qui, le matin du troisième jour, sort de ce camp, attaque et disperse les troupes royales, marche sur le palais, en chasse la royauté, entoure l'Assemblée, et ne se dissipe que devant quelques citoyens tout à fait étrangers à la sédition, qui proclament du droit d'un interrègne le règne provisoire de la nation.

Eh bien, quoique mêlé plus que personne aux mouvements, aux choses, aux hommes de cette journée; quoique les ayant interrogés dans la chaleur et dans la confidence de l'événement, il m'a été impossible de découvrir la moindre lueur de vérité, même de probabilité, sur les causes, les plans, les actes de cette prise d'armes des 22, 23, 24 février contre la royauté de juillet. Je suis sorti de cette enquête historique sans trouver ni conjuration, ni plan, ni meneurs de cet événement inexpliqué. Si l'on me demandait un nom seulement qui ait eu l'initiative de telle ou telle circonstance de cette lutte, je déclare en conscience qu'il me serait impossible de le prononcer. Il y a des événements qui sortent de terre comme des bouches de volcan, sans avoir été allumés par aucune main, ou qui sortent du ciel, comme des météores, sans que personne puisse dire d'où ils viennent, ce qu'ils vont frapper et où ils vont s'éteindre.

J'ai demandé vingt fois aux républicains les plus notoires : « Le savez-vous? » Tous m'ont répondu : « Non, nous n'en savons, à cet égard, pas plus que vous. Nous sommes descendus dans la rue, parce que nous y avons vu nos amis, mais nous ignorons par qui le feu a été allumé. » Il y a plus de hasard qu'on ne croit dans les révolutions ; elles ont plus de mystères que de secrets.

XCII

Le second événement, et malheureusement le plus saillant de la révolution de 1848, ce sont les journées de juin. Qui les a préméditées ? Qui les a conçues ? Qui les a faites ? Quel but ? Quels moyens ? Quelle cause ? Quels hommes enfin ? Impossible à savoir, téméraire à dire, absurde à supposer.

Je savais bien, aussi bien, un peu mieux que tout le monde, parce que j'avais plus lu et mieux compris l'histoire des révolutions, qu'il y aurait, de toute nécessité, une journée de sédition dans Paris quelques semaines après que nous y aurions réinstallé la souveraineté de la nation dans la représentation nationale, symbole de droit, d'ordre et de souveraineté ; que les factions anarchiques latentes ou publiques, contenues par nous jusque-là d'une main souple et ferme à la fois, s'efforceraient de disputer la place à cette souveraineté régulière de la représentation de la France, rentrée à Paris pour tout ressaisir et tout dominer par sa présence. C'était inévitable, c'était fatal ; c'était le refoulement pour ainsi dire matériel d'un élément désordonné par un élément régulier.

C'est dans la prévision de cette journée de sédition normale que j'avais cherché un général républicain, pour le mettre à la tête d'une armée de la capitale, et que je faisais approcher, jour par jour, les différents corps de cette armée de Paris, afin que son général, venu d'Algérie, la trouvât nombreuse et prête, sous sa main, au jour prévu. J'avais choisi dans ce général, qui m'était inconnu, le seul chef républicain de l'armée, afin que les républicains ne pussent pas l'inculper de royalisme, et ne se divisassent pas devant le danger commun le jour de la sédition prochaine.

Le général était arrivé. Il avait reçu toutes mes confidences et toutes nos instructions. Le gouvernement provisoire lui avait remis, à ma requête, le ministère de la guerre et le commandement général de toutes les troupes militaires ou civiles: quatre-vingt mille hommes de toutes armes dans Paris ou dans le rayon de Paris; seize mille hommes de gardes mobiles, jeunesse intrépide de la capitale, formée par moi-même dans la nuit du 24 février, et brûlant de se signaler par un service héroïque à l'ordre; la garde républicaine à pied et à cheval, vigoureuse élite de l'ancienne gendarmerie de Paris; enfin trois cent mille hommes à peu près de garde nationale, dont la majorité était disposée à défendre au moins ses foyers et ceux des citoyens : en tout environ quatre cent mille baïonnettes, dont cent vingt mille au moins de troupes de ligne.

Nous attendions donc sous les armes, dix jours d'avance, la sédition probable, mais déjouée par de si formidables précautions. Les partis politiques, dans l'Assemblée et dans le gouvernement lui-même, quelquefois en lutte sur des questions de principe, étaient unanimes pour la répression de tout attentat populaire à la république et à la représentation nationale. Ceux-là mêmes, parmi les membres du gouvernement les plus démocrates, que l'ignorance publique a accusés de connivence perfide avec l'insurrection étaient, au fond, les plus impatients et les plus actifs dans la préparation des mesures militaires destinées à écraser cette sédition. L'histoire, quand elle aura déchiré ses derniers voiles, en donnera des preuves irrécusables. J'atteste sur ma conscience le plus loyal concours de ces hommes injustement inculpés dans les journées de juin. Ce déchirement de la république à son berceau n'était certes ni dans leur intérêt ni dans leur opinion. Ils pouvaient vouloir une république dictatoriale, que je ne voulais pas, moi; mais ils ne pouvaient vouloir un accès de guerre populaire qui servirait de prétexte au renversement de la république légale, représentative et conservatrice de l'ordre social en France et de la paix en Europe. Aussi s'y opposèrent-ils autant que moi.

XCIII

On sait ce qui arriva. Des barricades s'élevèrent inopinément dans quelques faubourgs, des coups de feu éclatèrent dans la nuit. Le gouvernement, attentif aux moindres symptômes, fut tout entier debout avant le jour; il donna le commandement général de toutes les forces que nous avons énumérées au général ministre de la guerre, pour qu'un déploiement imposant et soudain de ces forces décourageât alors tout ce petit groupe de factieux sans chefs. Il ne s'en fia pas même à ces forces : il sonna le tocsin du salut public, et il appela au secours de la capitale tous les volontaires de l'ordre répondant à son appel dans les départements.

Il y eut lenteur dans les déploiements des forces défensives militaires. A peine une vingtaine de mille hommes de l'armée de ligne, au lieu de quatre-vingt mille hommes, se montrèrent-ils dans Paris le premier jour. Cette pénurie de soldats de l'armée laissa trop de terrain et trop de temps à la sédition. L'escarmouche qui n'aurait pas duré trois heures, devint une bataille qui dura trois jours. La république, seule de tous les gouvernements attaqués à main armée dans son centre, triompha héroïquement, mais d'un triomphe qui n'aurait dû coûter que peu de sang, et qui coûta bien des vies précieuses à la France.

On crut, en France et en Europe, qu'elle s'était entre-déchirée elle-même, et que cette fermentation de la lie d'une capitale était une grande guerre intestine. Cette fausse apparence jeta l'opinion dans la dictature et dans la voie des proscriptions en masse, proscriptions disproportionnées à la cause. Le peuple s'aigrit, les provinces s'alarmèrent, les partisans des dynasties en expectative se groupèrent contre la république, l'ennemi commun; la république s'exagéra sur sa Montagne comme sur un mont Aventin, menaçant le civisme au lieu de le rassurer; les élections furent extrêmes comme les partis; la France oublia la liberté superflue des temps calmes pour ne penser qu'à son salut, qu'elle crut compromis. Les journées de juin, gagnées par la république, tuèrent indirectement mais inévitablement la république. On cria à la complicité du gouvernement et à sa mollesse le jour de la lutte; et, la vérité, c'est que le gouvernement était armé jusqu'à l'excès de forces; qu'il était debout avant l'heure de la sédition; que la lenteur dans le maniement des troupes préparées surabondamment pour la crise l'étonna et le consterna plus que personne ; qu'il se constitua énergiquement lui-même en permanence et en conseil de guerre, pour couvrir de son corps la représentation nationale; qu'il prit lui-même les armes du soldat dans les moments où la victoire semblait hésiter ; que ses principaux membres montèrent à cheval, pour conduire les rares colonnes de gardes mobiles à l'assaut des positions de l'ennemi ; et qu'il prodigua son sang à la place des troupes, pendant qu'on l'accusait de cacher ses troupes pour encourager la sédition.

XCIV

On accusa le général de perfidie envers le gouvernement, qu'il voulait, disait-on, remplacer en se rendant nécessaire, pendant que ce général, coupable seulement d'imprévoyance et de lenteur dans le rassemblement des troupes qu'on lui avait prodiguées, voyait avec désespoir tomber ses braves lieutenants, et se prolonger l'inexplicable conflit de toute une nation contre une émotion de faubourg, mal réprimée le matin, formidable le soir.

On accusa les ateliers nationaux, qu'on croyait être une armée de réserve dans la main du gouvernement, et qui n'était qu'une armée de la faim, neutralisée momentanément par une solde de secours pour prévenir le meurtre ou le pillage des propriétaires de Paris, jusqu'à la réorganisation du travail, asphyxié par une révolution soudaine. Les ateliers nationaux, loyalement influencés par le gouvernement, offrirent au contraire leur secours, le 24 juin, pour combattre la sédition naissante, et se séparèrent presque à l'unanimité des séditieux.

On accusa les *socialistes* de différents systèmes, avec lesquels, certes, je n'ai pas pactisé, et auxquels je ne marchanderais pas l'accusation et même le soupçon, s'ils étaient mérités. Je dois à la vérité que les socialistes, chefs et disciples, furent des citoyens loyaux, pacifiques, intermédiaires, messagers de paix et de réconciliation sur tous les points, pendant toute la mêlée, et que, s'ils ont démérité du bon sens avant, pendant et après la république, ils n'ont pas démérité un seul jour de la patrie et de l'humanité. La justice n'est pas un hommage, mais elle est un devoir. Les socialistes furent innocents de ces fatales journées.

D'où sortirent-elles donc? Je l'ignore; et je crois que personne mieux que moi n'était placé pour ne rien ignorer, s'il y avait eu quelque chose de mystérieux à savoir. Elles sortirent, comme les horribles journées de septembre, d'une émotion atroce et soudaine, qui porte une populace au crime avant de l'avoir portée à la préméditation. Les masses ont leurs fièvres contagieuses, causées par des miasmes inconnus, et ces fièvres ont leur délire, qu'on ne calme qu'en enchaînant les furieux. Il en fut ainsi peut-être des journées de septembre; et peut-être que, si on avait interrogé Danton lui-même, il aurait répondu comme moi sur les journées de juin : « Je l'ignore. » Seulement Danton, par une criminelle faiblesse qui ne veut pas abandonner sa popularité, même dans le sang, commit le crime rétrospectif de tolérer ces égorgements et le crime irrémissible d'en proposer l'imitation aux départements! Et moi, je combattis à main armée les assassins de la patrie aux journées de juin, et je ne leur ai jamais pardonné leur crime mystérieux contre la république et contre la France.

Lisez et jugez si j'ai flatté ce crime. Voici la page de l'arrêt dans les *Girondins* :

XCV

« Danton voulut trois choses : la première, secouer le peuple et le compromettre tellement dans la cause de la Révolution, qu'il ne pût plus reculer et qu'il se précipitât aux frontières, tout souillé du sang des royalistes, sans autre espérance que la victoire ou la mort; la seconde, porter la terreur dans l'âme des royalistes, des aristocrates et du clergé; enfin, la troisième, intimider les Girondins, qui commençaient à murmurer de la tyrannie de la commune, et montrer à ces âmes faibles que, s'ils ne se faisaient pas les instruments du peuple, ils en pourraient bien être les victimes.

» Danton fut surtout poussé au meurtre par une cause plus personnelle et moins théorique : son caractère. Il avait la réputation de l'énergie, il en eut l'orgueil. Il voulut la déployer dans une mesure qui étonnât ses amis et ses ennemis. Il prit le crime pour du génie. Il méprisa ceux qui s'arrêtaient devant quelque chose, même devant l'assassinat en masse. Il s'admira dans son dédain de remords. Il consentit à être le phénomène de l'emportement révolutionnaire. Il y eut de la vanité dans son forfait. Il crut que son acte, en se justifiant par l'intention et par le lointain, perdrait de son caractère; que son nom grandirait quand il serait en perspective, et qu'il serait le colosse de la Révolution. Il se trompait. Plus les crimes politiques s'éloignent des passions qui les font commettre, plus ils baissent et pâlissent aux regards de la postérité. L'histoire est la conscience du genre humain. Le cri de cette conscience sera la condamnation de Danton. On a dit qu'il sauva la patrie et la Révolution par ces meurtres, et que nos victoires sont leur excuse. On se trompe comme il s'est trompé. Un peuple qu'on aurait besoin d'enivrer de sang pour le pousser à défendre sa patrie serait un peuple de scélérats et non un peuple de héros. L'héroïsme est le contraire de l'assassinat. »

Voilà cependant le livre qu'on a appelé une flatterie à l'immoralité démocratique! Que dites-vous de plus et qu'ai-je dit de moins que vous, hommes de bien de tous les partis? En morale, il n'y a pas de parti, il n'y a qu'une conscience.

La mienne me reproche d'avoir peut-être trop porté sur un seul homme le crime anonyme des massacres de septembre. J'ai été en cela plus dramatique que juste, je le dis à la postérité.

XCVI

Dans le vingt-septième livre, je trouve un portrait de Louis-Philippe à la bataille de Jemmapes, que je ne tracerais pas autrement aujourd'hui. Je m'étonne d'avoir osé l'écrire si sincère à quelques pas des Tuileries, où ce prince régnait en 1846, et si impartial au milieu de deux oppositions qui le défiguraient à plaisir, afin d'avoir le droit de le haïr.

« Le duc de Chartres était le fils aîné du duc d'Orléans. Né dans le berceau même de la liberté, nourri de patriotisme par son père, il n'avait pas eu à faire son choix entre les opinions. Son éducation avait fait ce choix pour lui. Il avait respiré la Révolution, mais il ne l'avait pas respirée au Palais-Royal, foyer des désordres domestiques et des plans politiques de son père. Son adolescence s'était écoulée studieuse et pure dans les retraites de Belle-Chasse et de Passy, où madame de Genlis gouvernait l'éducation des princes de la famille d'Orléans. Jamais femme ne confondit si bien en elle l'intrigue et la vertu, et n'associa une situation plus suspecte à des préceptes plus austères. Odieuse à la mère, favorite du père, mentor des enfants, à la fois démocrate et amie du prince, ses élèves sortirent de ses leçons pétris de la double argile du prince et du citoyen. Elle façonna leur âme sur la sienne. Elle leur donna beaucoup de lumières, beaucoup de principes, beaucoup de calcul.

» Le duc de Chartres s'était fait accepter des anciens soldats comme prince, des nouveaux comme patriote, de tous comme camarade. Son intrépidité était raisonnée. Elle ne l'emportait pas, il la guidait. Elle lui laissait la lumière du coup d'œil et le sang-froid du commandement. Il allait au feu sans presser et sans ralentir le pas. Son ardeur n'était pas de l'élan, mais de la volonté. Elle était réfléchie comme un calcul et grave comme un devoir. Sa taille était élevée, sa stature solide, sa tenue sévère. L'élévation du front, le bleu de l'œil, l'ovale du visage, l'épaisseur majestueuse mais un peu lourde du menton, rappelaient en lui le Bourbon et faisaient souvenir du trône. Le cou souvent incliné, l'attitude modeste du corps, la bouche un peu pendante aux deux extrémités, le coup d'œil adroit, le sourire caressant, le geste gracieux, la parole facile, rappelaient le fils d'un complaisant de la multitude et faisaient souvenir du peuple. Sa familiarité, martiale avec l'officier, soldatesque avec les soldats, patriotique avec les citoyens, lui faisait pardonner son rang. Mais, sous l'extérieur d'un soldat du peuple, on apercevait au fond de son regard une arrière-pensée de prince du sang. Il se livrait à tous les accidents d'une révolution avec cet abandon complet, mais habile, d'un esprit consommé. On eût dit qu'il savait d'avance que les événements brisent ceux qui leur résistent, mais que les révolutions, comme les vagues, rapportent souvent les hommes où elles les ont pris. Bien faire ce que la circonstance indiquait, en se fiant du reste à l'avenir et à son rang, était toute sa politique. Machiavel ne l'eût pas mieux conseillé que sa nature. Son étoile ne l'éclairait jamais qu'à quelques pas devant lui. Il ne lui demandait ni plus de lumière, ni plus d'éclat. Son ambition se bornait à savoir attendre. Sa providence était le temps; né pour disparaître dans les grandes convulsions de son pays, pour survivre aux crises, pour déjouer les partis déjà fatigués, pour satisfaire et pour amortir les révolutions. A travers sa bravoure, son enthousiasme exalté pour la patrie, on craignait d'entrevoir en perspective un trône relevé sur les débris et par les mains d'une république. Ce pressentiment, qui précède les hautes destinées et les grands noms, semblait révéler de loin à l'armée que de tous les hommes qui s'agitaient alors dans la Révolution celui-là pouvait être un jour, le plus utile ou le plus fatal à la liberté.

» Dumouriez, qui avait entrevu le jeune duc de Chartres à l'armée de Luckner, l'observa attentivement dans cette occasion, fut frappé de son sang-froid et de sa lucidité dans l'action, pressentit une force dans cette jeunesse, et résolut de se l'attacher. »

XCVII

La lutte des Girondins avec Marat s'ouvre par un portrait que j'ai copié sur l'image de Marat mort dans sa baignoire, peint par le peintre David, qui osa se déclarer l'ami de ce forcené.

« L'extérieur de Marat révélait son âme. Petit, maigre, osseux, son corps paraissait incendié par un foyer intérieur. Des taches de bile et de sang marquaient sa peau. Ses yeux, quoique proéminents et pleins d'insolence, paraissaient souffrir de l'éblouissement du grand jour. Sa bouche, largement fendue, comme pour lancer l'injure, avait le pli habituel du dédain. Il connaissait la mauvaise opinion qu'on avait de lui et semblait la braver. Il portait la tête haute et un peu penchée à gauche, comme dans le défi. L'ensemble de sa figure, vue de loin et éclairée d'en haut, avait de l'éclat et de la force, mais du désordre. Tous les traits divergeaient comme la pensée. C'était le contraire de la figure de Robespierre, convergente et concentrée comme un système : l'une, méditation constante; l'autre, explosion continue. A l'inverse de Robespierre, qui affectait la propreté et l'élégance, Marat affectait la trivialité et la saleté du costume. Des souliers sans boucles, des semelles de clous, un pantalon d'étoffe grossière et taché de boue, la veste courte des artisans, la chemise ouverte sur la poitrine, laissant à nu les muscles du cou; les mains épaisses, le poing fermé, les cheveux gras sans cesse labourés par ses doigts : il voulait que sa personne fût l'enseigne vivante de son système social. »

Les Girondins essayent de reporter sur Marat toute la responsabilité des journées de septembre. Quelques-uns d'entre eux se refusent à pallier ce crime sur le nom de Danton pour se ménager une force. « Non, s'écrie l'intrépide Guadet en se retirant de la conférence; tout, excepté l'impunité, aux égorgeurs et à leurs complices! Une république pure ou la mort! C'est le combat que nous devons livrer. »

(C'est celui que nous avons livré et gagné nous-même un demi-siècle plus tard, et que les amis de la liberté honnête, la seule liberté, livreront toujours dans des occasions semblables, s'ils veulent réconcilier la vertu et la liberté dans le gouvernement des masses.)

XCVIII

La question de la mort du roi ne peut laisser aucun doute sur ma réprobation du régicide. Et de quel régicide? Du régicide d'un roi innocent, populaire, mourant de ses bonnes intentions pour son royaume. Je n'ai pas cherché là une honteuse popularité dans l'absolution du crime de la

France. Je dis la France, parce qu'une nation de trente millions d'hommes qui laisse accomplir sous ses yeux, immobile, un pareil acte, en est complice. Nous en portons tous notre part ; et je ne doute pas que les malheurs de notre terre depuis ce jour fatal du 21 janvier, meurtre d'un juste, ne soient une expiation de cette pusillanime complicité.

Danton lui-même pensait comme moi, quand il répondait à un club qui lui reprochait de ne pas insister sur le procès du roi : « Je suis un révolutionnaire, je ne suis pas une bête féroce. Je n'aime pas le sang des rois vaincus. Adressez-vous à Marat. »

Je n'ai pas excusé un moment les Girondins d'avoir faibli, non par peur, mais par politique, devant les Jacobins, en consentant à leur livrer à la fin cette victime royale et pure qu'ils leur avaient disputée si éloquemment au commencement. J'ai versé dans le récit de la captivité de la famille royale tout ce que j'avais de pitié dans le cœur et de larmes dans les yeux sur ce groupe émissaire de la famille couronnée, mis hors la loi de l'humanité par une révolution faite au nom de l'humanité. Le pathétique de ce récit dans les *Girondins* n'est que la justice de l'histoire, qui en appelle au cœur des férocités de l'esprit. J'ai ajouté même, non sciemment, mais précipitamment, à ce tableau des angoisses du roi, de la reine, de madame Élisabeth, des enfants, en attribuant au fidèle serviteur Cléry des opinions révolutionnaires qui devaient contrister ses maîtres. Je dois réparation à Cléry, et je l'offre à sa mémoire dans la note ci-jointe [1].

---

[1] M. de Lamartine avait puisé ses appréciations sur les sentiments de Cléry et sur son entrée au Temple à une source que

XCIX

J'ai commis une erreur légère dans le récit de l'entrevue de Louis XVI au Temple, au moment du procès. Le vénérable fils de M. de Sèze a remué ses souvenirs de quatre-vingts ans, pour me prouver l'inexactitude de détail de mon récit en ce qui touche son père. Il ne veut pas d'une gloire dérobée, même pour ajouter à celle de son père. Ce n'est pas à M. de Sèze que Louis XVI, n'ayant plus rien à offrir en signe de reconnaissance, offrit sa cravate comme une dernière relique de son cœur; c'est à un brave commissaire de la commune de Paris, nommé Vincent. Vincent n'avait brigué ce rôle de surveillant du Temple que pour y porter, sous l'apparence de la sévérité, toute la compassion et tous

tout portait à lui faire croire parfaitement authentique; mais mesdames Cléry de Gaillard et Gram de Cléry, filles du dernier serviteur du roi, vivement émues des allégations contenues dans ce paragraphe, s'adressèrent aussitôt à M. de Lamartine, appuyant leur réclamation de documents et de preuves. Ces renseignements irrécusables lui firent insérer de suite une rectification dans le livre LVI du huitième volume de l'*Histoire des Girondins*. Aujourd'hui, c'est la vie de Cléry entre les mains, c'est en pouvant de nouveau s'appuyer sur des faits positifs, que M. de Lamartine confirme l'hommage qu'il rend à la vérité sur le dévouement si entier, si complet du fidèle Cléry, avant et après son entrée dans la tour du Temple.

Cette réparation n'est qu'un devoir envers les intéressants héritiers du nom et de la fidélité de Cléry.

29 juillet 1861.

les bons offices de son dévouement à la famille royale. C'est à lui que le roi donna sa cravate. Il récompensa M. de Sèze en le faisant asseoir à sa table, à ce dernier banquet, à cette *cène* de la royauté mourante, et en lui conférant ainsi ce privilége de haute noblesse, noblesse de l'âme, si supérieure à celle du rang. Sur le refus de Target, qui affligea à jamais l'éloquence, M. de Sèze avait brigué le danger de mourir en défendant non la couronne, mais l'innocence. M. de Malesherbes mourut pour crime de dévouement, M. de Sèze en reçut la récompense dans l'éternel honneur de son nom. Il y avait du reste une chevalerie héréditaire dans le sang de cette famille des de Sèze, d'origine espagnole, qui retrouva à la tribune, dans la plus illustre des causes, une illustration égale à l'illustration des armes. Je n'ai pu serrer sans un respectueux attendrissement cette main de vieillard qui avait serré celle de son père, qui avait serré celle du plus juste et du plus malheureux des rois.

Qu'on daigne relire en effet le jugement hardi d'idées, mais implacable de justice, par lequel je termine le récit du jugement de Louis XVI, même en me plaçant au point de vue de la nation répudiant la royauté.

C

« Un des exécuteurs, prenant la tête du supplicié par les cheveux, la montra au peuple et aspergea de sang les bords de l'échafaud. Des fédérés et des républicains fanatiques montèrent sur les planches, trempèrent les pointes de leurs sabres et les lances de leurs piques dans le sang, et les brandirent vers le ciel en poussant le cri de : « Vive la République ! » L'horreur de cet acte étouffa le même cri sur les lèvres du peuple. L'acclamation ressembla plutôt à un immense sanglot. Les salves de l'artillerie allèrent apprendre aux faubourgs les plus lointains que la royauté était suppliciée avec le roi. La foule s'écoula en silence. On emporta les restes de Louis XVI dans un tombereau couvert au cimetière de la Madeleine, et on jeta de la chaux dans la fosse, pour que les ossements consumés de la victime de la Révolution ne devinssent pas un jour les reliques du royalisme. Les rues se vidèrent. Des bandes de fédérés armés parcoururent les quartiers de Paris en annonçant la mort du *tyran* et en chantant le sanguinaire refrain de la *Marseillaise*. Aucun enthousiasme ne leur répondit, la ville resta muette. Le peuple ne confondait pas un supplice avec une victoire. La consternation était rentrée avec la liberté dans la demeure des citoyens. Le corps du roi n'était pas encore refroidi sur l'échafaud que le peuple doutait de l'acte qu'il venait d'accomplir, et se demandait, avec une anxiété voisine du remords, si le sang qu'il venait de répandre était une tache sur la gloire de la France ou le sceau de la liberté. La conscience des républicains eux-mêmes se troubla devant cet échafaud. La mort du roi laissait un problème à débattre à la nation.

» Cinquante-trois ans se sont écoulés depuis ce jour ; ce problème agite encore la conscience du genre humain et partage l'histoire elle-même en deux partis : crime ou stoïcisme, selon le point de vue où l'on se place pour le considérer, cet acte est un parricide aux yeux des uns ; il est aux yeux des autres un acte politique qui écrivit avec le sang d'un roi les droits du peuple, qui devait rendre la royauté et la France à jamais irréconciliables, et qui, ne laissant à la France compromise d'autre alternative que de subir la vengeance des despotes ou de les vaincre, condamnait la nation à la victoire par l'énormité de l'outrage et par l'impossibilité du pardon.

» Quant à nous, qui devons justice et pitié à la victime, mais qui devons aussi justice aux juges, nous nous demandons, en finissant ce mélancolique récit, ce qu'il faut accuser, ce qu'il faut absoudre du roi, de ses juges, de la nation ou de la destinée. Et si l'on peut rester impartial quand on est attendri, nous posons en ces termes dans notre âme la redoutable question qui fait hésiter l'histoire, douter la justice, trembler l'humanité :

CI

» La nation avait-elle le droit de juger en tribunal légal et régulier Louis XVI ? Non : car pour être juge il faut être impartial et désintéressé, et la nation n'était ni l'un ni l'autre. Dans ce combat terrible, mais inévitable, que se livraient, sous le nom de Révolution, la royauté et la liberté pour l'asservissement ou l'émancipation des citoyens, Louis XVI personnifiait le trône, la nation personnifiait la liberté. Ce n'était pas leur faute, c'était leur nature. Les tentatives de transaction étaient vaines. Les natures se combattaient en dépit des volontés. Entre ces deux adversaires, le roi et le peuple, dont par instinct l'un devait vouloir retenir, l'autre arracher les droits de la nation, il n'y avait d'autre tribunal que le combat, d'autre juge que la victoire. Nous ne prétendons pas dire par ces paroles qu'il n'y eût pas au-dessus des deux partis une moralité de la cause et des actes qui juge la victoire elle-même. Cette justice ne périt jamais dans l'éclipse des lois et dans la ruine des empires ; seulement elle n'a pas de tribunal où elle puisse citer légalement ses accusés ; elle est la justice qui n'a ni juges institués ni lois écrites, mais qui prononce ses arrêts dans la conscience, et dont le code est l'équité.

» Louis XVI ne pouvait être jugé en politique ni en équité que par un procès d'État.

» La nation avait-elle le droit de le juger ainsi? La nation avait certes la faculté de modifier la forme extérieure de sa souveraineté, de niveler son aristocratie, de salarier son Église, d'abaisser ou même de supprimer son trône pour régner elle-même par ses propres magistratures. Or, du moment que la nation avait le droit de combattre et de s'affranchir, elle avait le droit de surveiller et de consolider les résultats de sa victoire. Si donc Louis XVI, roi trop récemment dépossédé de la toute-puissance, roi à qui toute restitution de pouvoir au peuple devait paraître déchéance, roi mal satisfait de la part de règne qui lui restait, aspirant à reconquérir l'autre part, tiraillé d'un côté par une assemblée usurpatrice, tiraillé de l'autre par une reine inquiète, par une noblesse humiliée, par un clergé qui faisait intervenir le ciel dans sa cause, par une émigration implacable, par ses frères courant en son nom par toute l'Europe pour chercher des ennemis à la Révolution ; si Louis XVI, roi, paraissait à la nation une conspiration vivante contre sa liberté, si la nation le soupçonnait de trop regretter dans son âme le pouvoir suprême, de faire trébucher volontairement la nouvelle constitution pour profiter de ses chutes, de conduire la liberté dans des piéges, de se réjouir de l'anarchie, de désarmer la patrie, de lui souhaiter secrètement des revers, de correspondre avec ses ennemis, la nation avait le droit de le citer jusque sur son trône, de l'en faire descendre, de l'appeler à sa barre et de le déposer au nom de sa propre dictature et de son propre salut. Si la nation n'avait pas eu ce droit, le droit de trahir impunément les peuples eût donc été dans la constitution nouvelle une des prérogatives des rois!

CII

» Nous venons de voir qu'aucune loi écrite ne pouvait être appliquée au roi, et que, ses juges étant ses ennemis, son jugement ne pouvait être légal, mais une grande mesure d'État dont l'équité seule devait débattre les motifs et dicter l'arrêt. Que disait l'équité, et quelle peine pouvait-elle prononcer, si le vainqueur a le droit d'appliquer une peine au vaincu?

» Louis XVI, dégradé de la royauté, désarmé et prisonnier, coupable peut-être dans la lettre, était-il coupable dans l'esprit, si l'on considère la contrainte morale et physique de sa déplorable situation? Était-ce un tyran? Non. Un oppresseur du peuple? Non. Un fauteur de l'aristocratie? Non. Un ennemi de la liberté? Non. Tout son règne protestait, depuis son avénement au trône, de la tendance philosophique de son esprit et des instincts populaires de son cœur à prémunir la royauté contre les tentations du despotisme, à faire monter les lois sur le trône, à demander des conseils à la nation, à faire régner par lui et en lui les droits et les intérêts du peuple. Prince révolutionnaire, il avait appelé lui-même la Révolution à son secours. Il avait voulu lui donner beaucoup ; elle avait voulu arracher davantage : de là la lutte.

» Cependant tout n'était pas politiquement irréprochable du côté du roi dans cette lutte. L'incohérence et le repentir des mesures trahissaient la faiblesse et avaient souvent servi de prétexte aux violences et aux attentats du peuple. Ainsi, Louis XVI avait convoqué les états généraux ; et voulant trop tard circonscrire le droit de délibération, l'insurrection morale du serment du *Jeu de Paume* lui avait forcé la main. Il avait voulu intimider l'Assemblée constituante par un rassemblement de troupes à Versailles, et le peuple de Paris avait pris la Bastille et embauché les gardes-françaises. Il avait pensé à éloigner le siége de l'Assemblée nationale de la capitale, et la populace de Paris avait marché sur Versailles, forcé son palais, massacré ses gardes, emprisonné sa famille aux Tuileries. Il avait tenté de s'enfuir au milieu de son armée et peut-être d'une armée étrangère, et la nation l'avait ramené enchaîné au trône et lui avait imposé la constitution de 91. Il avait parlementé avec l'émigration et les rois, ses vengeurs, et la populace de Paris avait fait le 20 juin. Pour obéir à sa conscience, il avait refusé sa sanction à des lois commandées par la volonté du peuple, et les Girondins unis aux Jacobins avaient fait le 10 août. Selon l'esprit dans lequel on envisageait ces vicissitudes de son règne, depuis le commencement de la Révolution, il y avait de quoi l'accuser ou de quoi le plaindre. Il n'était ni tout à fait innocent, ni tout à fait coupable; il était surtout malheureux ! Si le peuple pouvait lui reprocher des faiblesses et des dissimulations, il pouvait, lui roi, reprocher de cruelles violences au peuple. L'action et la réaction, le coup et le contre-coup s'étaient succédé de part et d'autre avec une telle rapidité, comme dans une mêlée, qu'il était difficile de dire qui avait frappé le premier. Les fautes étaient réciproques, les ombrages mutuels. Qui donc avait le droit de condamner l'autre et de lui dire avec justice et impartialité : « Tu mourras ? » Aucun des deux. Le roi ne pouvait pas plus, en cas de victoire, juger le peuple, que le peuple ne pouvait légalement juger le roi. Il n'y avait point là de justiciable; il y avait un vaincu, voilà tout. Le procès légal était une hypocrisie de justice, la hache seule était logique. Robespierre l'avait dit. Mais la hache après le combat et frappant un homme désarmé, au nom de ses ennemis, qu'est-elle dans toutes les langues? Un meurtre de sang-froid, sans excuse, du moment qu'il est sans nécessité, en un mot une immolation.

CIII

» Déposer Louis XVI, le bannir du sol national ou l'y retenir dans l'impuissance de conspirer et de nuire, voilà ce que commandaient aux conventionnels le salut de la république, la sûreté de la Révolution. L'immolation d'un homme captif et désarmé n'était qu'une concession à la colère ou une concession à la peur. Vengeance ici, lâcheté là, cruauté partout. Immoler un vaincu cinq mois après la victoire, ce vaincu fût-il coupable, ce vaincu fût-il dangereux, était un acte sans pitié. La pitié n'est pas un vain mot parmi les hommes. Elle est un instinct qui avertit la force d'amollir sa main à la proportion de la faiblesse et de l'adversité des victimes. Elle est une justice généreuse du cœur humain, plus clairvoyante au fond et plus infaillible que la justice inflexible de l'esprit. Aussi tous les peuples en ont-ils fait une vertu. Si l'absence de toute pitié est un crime dans le despotisme, pourquoi donc serait-ce une vertu dans les républiques? Le vice et la vertu changent-ils de nom en changeant de parti? Les peuples sont-ils dispensés d'être magnanimes? Il n'y a que leurs ennemis qui oseraient le prétendre, car ils voudraient les déshonorer. Leur force même leur commande plus de générosité qu'à leurs tyrans!

CIV

» Enfin le meurtre du roi, comme mesure de salut public, était-il nécessaire? Nous demanderions d'abord si ce meurtre était juste, car rien d'injuste en soi ne peut être nécessaire à la cause des nations. Ce qui fait le droit, la beauté et la sainteté de la cause des peuples, c'est la parfaite moralité de leurs actes. S'ils abdiquent la justice, ils n'ont plus de drapeaux. Ils ne sont que des affranchis du despotisme imitant tous les vices de leurs maîtres. La vie ou la mort de Louis XVI, détrôné ou prisonnier, ne pesait pas le poids d'une baïonnette de plus ou de moins dans la balance des destinées de la république. Son sang était une déclaration de guerre plus certaine que sa déposition. Sa mort était, certes, un prétexte d'hostilités plus spécieux que sa captivité, dans les conseils diplomatiques des cours ennemies de la Révolution. Prince épuisé et dépopularisé par quatre ans de lutte inégale avec la nation, livré vingt fois à la merci du peuple, sans crédit sur les soldats; caractère dont on avait si souvent sondé la témérité et l'indécision, descendu d'humiliation en humiliation et degré par degré du haut de son trône dans la prison, Louis XVI était l'unique prince de sa race à qui il ne fût pas possible de songer à régner. Dehors, il était décrédité par ses concessions; dedans, il eût été l'otage patient et inoffensif de la république, l'ornement de son triomphe, la preuve vivante de sa magnanimité. Sa mort, au contraire, aliénait de la cause française cette partie immense des populations qui ne juge les événements humains que par le cœur. La nature humaine est pathétique; la république l'oublia, elle donna à la royauté le prestige du martyre, à la liberté le stigmate de la vengeance. Elle prépara ainsi une réaction contre la cause républicaine, et mit du côté de la royauté la sensibilité, l'intérêt, les larmes d'une partie des peuples. Qui peut nier que l'attendrissement sur le sort de Louis XVI et de sa famille n'ait été pour beaucoup dans le retour vers la royauté quelques années après? Les causes perdues ont des retours dont il ne faut souvent chercher les motifs que dans le sang des victimes odieusement immolées par la cause opposée. Le sentiment public, une fois ému d'une iniquité, ne se repose que quand il s'est, pour ainsi dire, absous par quelque réparation éclatante et inattendue. Il y eut du sang de Louis XVI dans tous les traités que les puissances de l'Europe passèrent entre elles pour incriminer et étouffer la république ; il y eut du sang de Louis XVI dans l'huile qui sacra Napoléon si peu de temps après les serments à la liberté ; il y eut du sang de Louis XVI dans l'enthousiasme monarchique qui raviva en France le retour des Bourbons à la restauration ; il y en eut même en 1830 dans la répulsion au nom de la république, qui jeta la nation indécise entre les bras d'une autre dynastie. Ce sont les républicains qui doivent le plus déplorer ce sang, car c'est sur leur cause qu'il est retombé sans cesse, et c'est ce sang qui leur a coûté la république !

C V

» Quant aux juges, Dieu lit seul dans la conscience des individus. L'histoire ne lit que dans la conscience des partis. L'intention seule fait le crime ou l'explication de pareils actes. Les uns votèrent par une puissante conviction de la nécessité de supprimer le signe vivant de la royauté en abolissant la royauté elle-même ; les autres par un défi aux rois de l'Europe, qui ne les croiraient pas, selon eux, assez républicains tant qu'ils n'auraient pas supplicié un roi ; ceux-ci, pour donner aux peuples asservis un signal et un exemple qui leur communiquassent l'audace de secouer la superstition des rois ; ceux-là par une ferme persuasion des trahisons de Louis XVI, que la presse et la tribune des clubs leur dépeignaient, depuis le commencement de la Révolution, comme un conspirateur ; quelques-uns par impatience des dangers de la patrie ; quelques autres, comme les Girondins, à regret et par rivalité d'ambition, à qui donnerait le gage le plus irrécusable à la république; d'autres par cet entraînement qui emporte les faibles âmes dans le courant des assemblées publiques; d'autres par cette lâcheté qui surprend tout à coup le cœur et qui fait abandonner la vie d'autrui comme on abandonne sa propre vie; un grand nombre enfin votèrent la mort avec réflexion, par un fanatisme qui ne se faisait illusion ni sur l'insuffisance des crimes, ni sur l'irrégularité des formes, ni sur la cruauté de la peine, ni même sur le compte qu'en demanderait la postérité à leur mémoire, mais qui crurent la liberté assez sainte pour justifier par sa fondation ce qui manquait à la justice de leur vote, et assez implacable pour lui immoler leur propre pitié!

CVI

» Tous se trompèrent. Cependant l'histoire, même en accusant, ne peut méconnaître, au milieu de toutes les conséquences politiques, contraires à l'équité, cruelles pour le sentiment et fatales à la liberté, du supplice de Louis XVI, qu'il n'y eût une sinistre puissance dans cet échafaud. Ce fut la puissance des partis désespérés et des résolutions sans retour. Ce supplice vouait la France à la vengeance des trônes, et donnait ainsi cruellement à la république la force convulsive des nations : la force du désespoir. L'Europe l'entendit; la France répondit. Les transactions, les indécisions, les négociations cessèrent ; et la Mort, tenant la hache régicide d'une main et le drapeau tricolore de l'autre, fut prise seule pour négociateur et pour juge entre la monarchie et la république, entre l'esclavage et la liberté, entre le passé et l'avenir des nations. »

CVII

Tout est juste, selon moi, dans ce jugement de l'histoire sur le droit, sur le fait, sur l'exécution de ce crime de la république. L'esprit et le cœur, la logique et la nature y ont chacune leur rétribution. Une seule phrase m'y blesse : c'est la dernière, concession menteuse à cette école historique de la Révolution qui attribue un bon effet à une détestable cause, et qui prétend que la terreur a sauvé la patrie. Je n'aurais pas dû admettre, même dans une seule ligne, cette circonstance atténuante dans les moralistes immoraux de la Révolution, qui l'ont érigée en préjugé pour glorifier les bourreaux aux dépens des victimes. Cela est faux, de la fausseté du crime qui ne sauve jamais rien et qui perd toujours tout, même celui qui le commet, même la nation au profit de laquelle on le commet. Louis XVI, épargné et respecté dans son inviolabilité de vaincu, se serait élevé entre les nations étrangères et la France au dehors, entre les victimes et les bourreaux au dedans, comme un témoignage de la première des vertus humaines, l'humanité. L'Europe aurait été désarmée du plus odieux grief qu'elle eût à reprocher à la république; nul à l'intérieur n'aurait osé élever l'échafaud des vaincus de la Révolution sur ce sol où la nation aurait abattu l'échafaud de Louis XVI. La tête du roi respectée aurait été l'amnistie vivante de la royauté. La tête du roi jetée, comme on l'a tant dit, en défi à l'Europe, ne fut qu'un gage de guerre à mort entre les peuples et les partis. Cette tête auguste entraîna en tombant jusqu'à celles de la reine, de la sœur du roi, des femmes, des enfants, des vieillards. La Révolution fit horreur à elle-même, la liberté mourut sur son propre échafaud.

Voilà ce qu'il fallait dire, au lieu de laisser par cette phrase équivoque une pusillanime excuse de patriotisme aux hommes du 21 janvier. Périsse cette phrase ! L'historien qui fournit une excuse au crime et un faux fuyant à la cruauté prépare à son insu des indulgences futures aux imitateurs de ces crimes. Là où la conscience crie, l'homme n'a pas le droit d'être muet. C'est une faute que je ne me pardonne pas à moi-même. Honte sur moi pour cette complaisance ! Je voulus amnistier les apologistes de la Révolution, et je me suis condamné moi-même. C'est la vengeance intime de Dieu ; il l'exerce dans la conscience. La conscience doit la crier tout haut : sa seule justification, c'est sa douleur.

CVIII

Le livre trente-sixième voit éclore du sang de Louis XVI la coalition contre la France régicide. La situation actuelle de la maison de Savoie, devenue le levier de la Révolution par ambition de dévorer l'Italie tout entière, après avoir été jusqu'à ce jour le fléau le plus fanatique de la Révolution et l'ennemi le plus acharné de la France, cette double et fausse nature donne un intérêt étrange et récent à la guerre entre la république et la maison de Savoie racontée dans ce trente-sixième livre.

Voici comment je décrivais et je jugeais dans les Girondins cette maison royale qui ne présentait alors au monde que sa face contre-révolutionnaire :

« La Savoie, massif des Alpes, se rattache au mont Blanc et au mont Cénis par son sommet le plus élevé. D'un côté elle décline d'une seule pente rapide sur les riches plaines du Piémont, vers Turin ; de l'autre, elle se creuse en quatre larges et profondes vallées qui courent, chacune avec un torrent dans son lit, du pied des glaciers jusqu'à l'embouchure de ces gorges. Là, ces torrents, dont la pente s'adoucit ou cesse, deviennent des lacs, comme les lacs de Genève, d'Annecy, du Bourget, ou se perdent dans les grandes eaux de l'Isère ou du Rhône, qui les versent à la Méditerranée par les provinces du midi de la France. Ces torrents roulent sans cesse dans leur écume les avalanches et les rochers détachés du flanc des montagnes. On les entend mugir à une immense profondeur. Ils rendent souvent entièrement impossible le passage d'un bord à l'autre. Dans leurs bassins, où leurs lits s'élargissent, quelques bourgades, aux murailles basses, aux toits de lave noire, s'étendent sur le sable gris et sur les cailloux accumulés par ces eaux. Partout ailleurs les pentes rapides portent çà et là quelques petits villages ou quelques chaumières isolées, suspendus et comme cramponnés aux gradins étroits et perpendiculaires des montagnes. Là où les descentes sont moins roides, s'étendent quelques prairies et s'élèvent quelques ceps de vigne qui s'enlacent aux noyers, et que le paysan, avare d'espace, cultive en larges treilles, sur des colonnes de bois mort.

» Sur ces vallées principales, d'autres vallées s'embranchent à chaque instant, mais pour se perdre sans issue dans des gorges qui se rétrécissent tout à coup et qui aboutissent aux neiges. La vallée de Faucigny, la plus rapprochée du Valais et de la Suisse, part du pied du mont Blanc et débouche sur Genève. La Maurienne, qui descend du mont Cénis, s'élargit tout à coup, en s'approchant de la France, entre Conflans et Montmélian, deux villes de la Savoie. Là, elle a son confluent avec la vallée de la Tarantaise, où coule l'Isère. A quelque distance de Montmélian, la Maurienne se bifurque, courant à droite sur Chambéry, capitale de la Savoie, à gauche sur Grenoble, ville française et capitale du Dauphiné, encaissée dans une anse des Alpes. Montmélian, qui garde à la fois l'entrée de la Maurienne, de la Tarantaise, de la plaine de Chambéry et de la vallée du Grésivaudan, route de Grenoble, est ainsi la clef de la Savoie.

CIX

» Le peuple qui habite ces plateaux, ces vallées et ces plaines, soumis à une souveraineté dont le siége est en Italie, n'a de l'Italien que son gouvernement. C'est une race complétement distincte de la race latine et de la race helvétique. Elle ne parle ni l'allemand ni l'italien; elle parle français. Son caractère, ses mœurs, ses habitudes, ses industries même se rattachent naturellement à la France.

» Aussitôt que le lien forcé qui l'unit au Piémont se relâche ou se brise, la Savoie incline vers la France. Les guerres qu'elle fait à la France sous le drapeau sarde sont des guerres contre nature et presque des guerres civiles. A l'exception de la noblesse et du clergé, que les souverainetés héréditaires et les faveurs de cour attachent d'un amour fanatique à la maison régnante de Savoie, tout le reste de la nation a le cœur français. Le joug du Piémont lui pèse; la suprématie du nom piémontais l'humilie; les priviléges honorifiques de la noblesse le froissent; la domination de son clergé, qui craint l'introduction des idées du dehors dans ces montagnes, lui dispute la lumière et l'air du siècle. La maison de Savoie, quoique paternelle, bienfaisante et recherchant les améliorations administratives pour les trois États qu'elle gouverne, les tient cependant dans une sorte de discipline monastique qui rappelle le régime espagnol. Le roi, le noble, le prêtre, le soldat, sont tout le peuple.

» Cependant la communauté de langue, la contiguïté de frontières, les relations de commerce, les émigrations nombreuses des Savoyards en France, avaient laissé infiltrer les idées révolutionnaires dans ces montagnes. Jean-Jacques Rousseau avait passé sa jeunesse dans la petite ville d'Annecy et dans la solitude des Charmettes, auprès de Chambéry. Voltaire avait vieilli à Ferney, à la porte de la Savoie. Genève, forte colonie de la liberté protestante, et métropole, après les jours de Calvin, de la philosophie moderne, touchait par ses faubourgs au territoire savoisien. Ces souvenirs, ces influences, ces voisinages, avaient inspiré à la population le mépris d'un gouvernement doux, mais arriéré, et le désir de se donner à la France.

» Malgré de fréquentes unions de famille entre la maison

de Savoie et la maison de Bourbon, le traité de Worms, en 1741, entre Charles-Emmanuel et Marie-Thérèse, avait inféodé politiquement la monarchie sarde à l'Autriche. Victor-Amédée, qui régnait au moment où la Révolution éclatait en France, était un prince aimé de ses peuples, temporisateur comme la vieillesse, épuisant sa sagesse en paroles et le temps en conseils. On l'appelait le Nestor des Alpes. Malgré les inquiétudes que lui donnait le penchant de la Savoie à se détacher du faisceau de ses trois principautés et à se jeter dans les bras de la Révolution, son caractère l'aurait porté à la neutralité. Mais l'influence de son clergé sur son esprit lui avait inspiré l'horreur d'une république qui ne menaçait pas moins le Dieu de sa foi que le trône de ses pères. De nombreux ecclésiastiques français, chassés de leurs paroisses par le refus de jurer la constitution civile du clergé, s'étaient réfugiés chez leurs confrères de Savoie. Ils y semaient le bruit des persécutions contre l'Église et les malédictions contre le schisme. Chambéry était rempli d'évêques et de gentilshommes fugitifs qui étalaient les douleurs, les espérances et les illusions des réfugiés de tous les temps et de tous les pays. Turin était la capitale de la contre-révolution au dehors. Les royalistes de Lyon, de Grenoble et du Midi entretenaient, par les frontières de la Savoie et par le comté de Nice, des relations sourdes avec Turin. Le roi de Sardaigne avait retiré son ambassadeur de Paris, en déclarant suffisamment par cet acte qu'il considérait Louis XVI comme prisonnier, et qu'il ne traiterait plus avec la nation française. M. de Sémonville, envoyé par Dumouriez à Turin pour obtenir des explications amicales, avait été arrêté à Alexandrie, comme suspect de venir fomenter l'esprit d'agitation en Italie. Les

Girondins, maîtres du ministère et de l'Assemblée, firent décider les hostilités. »

Ils firent bien : les amis infidèles sont plus dangereux que les ennemis déclarés.

CX

Le portrait de Marat à cette époque est le portrait de la Némésis populaire.

« Sa vie était un dialogue furieux et continu avec la foule. Il semblait regarder toutes ses impressions comme des inspirations, et les recueillait à la hâte comme des hallucinations de la sibylle ou les pensées sacrées des prophètes. La femme avec laquelle il vivait le considérait comme un bienfaiteur méconnu du monde, dont elle recevait la première les confidences. Marat, brutal et injurieux pour tout le monde, adoucissait son accent et attendrissait son regard pour cette femme. Elle se nommait Albertine. Il n'y a pas d'homme si malheureux ou si odieux sur la terre à qui le sort n'ait ainsi attaché une femme dans son œuvre, dans son supplice, dans son crime ou dans sa vertu.

» Marat avait, comme Robespierre et comme Rousseau, une foi surnaturelle dans ses principes. Il se respectait lui-même dans ses chimères comme un instrument de Dieu. Il avait écrit un livre en faveur du dogme de l'immortalité de l'âme. Sa bibliothèque se composait d'une cinquantaine de volumes philosophiques, épars sur une planche de sapin clouée contre le mur nu de sa chambre. On y remarquait Montesquieu et Raynal souvent feuilletés. L'Évangile était

toujours ouvert sur sa table. « La Révolution, disait-il à
» ceux qui s'en étonnaient, est tout entière dans l'Évangile.
» Nulle part la cause du peuple n'a été plus énergiquement
» plaidée, nulle part plus de malédictions n'ont été infligées
» aux riches et aux puissants de ce monde. Jésus-Christ,
» répétait-il souvent en s'inclinant avec respect à ce nom,
» Jésus-Christ est notre maître à tous ! »

» Quelques rares amis visitaient Marat dans sa morne
solitude : c'étaient Armonville, le septembriseur d'Amiens;
Pons de Verdun, poëte adulateur de toutes les puissances;
Vincent, Legendre, quelquefois Danton; car Danton, qui
avait longtemps protégé Marat, commençait à le craindre.
Robespierre le méprisait comme un caprice honteux du
peuple. Il en était jaloux, mais il ne s'abaissait pas à men-
dier si bas sa popularité. Quand Marat et lui se coudoyaient
à la Convention, ils échangeaient des regards pleins d'injure et de mépris mutuels : « Lâche hypocrite ! murmurait
» Marat. — Vil scélérat! » balbutiait Robespierre. Mais
tous deux unissaient leur haine contre les Girondins.

CXI

» Le costume débraillé de Marat, à cette époque, contrastait également avec le costume décent de Robespierre.
Une veste de couleur sombre rapiécée, les manches re-
troussées comme celles d'un ouvrier qui quitte son ouvrage;
une culotte de velours tachée d'encre, des bas de laine
bleue, des souliers attachés sur le coude-pied par des
ficelles; une chemise sale et ouverte sur la poitrine, des

cheveux collés aux tempes et noués par derrière avec une lanière de cuir, un chapeau rond à larges bords retombant sur les épaules : tel était l'accoutrement de Marat à la Convention. Sa tête d'une grosseur disproportionnée à l'extrême petitesse de sa taille, son cou penché sur l'épaule gauche, l'agitation continuelle de ses muscles, le sourire sardonique de ses lèvres, l'insolence provoquante de son regard, l'audace de ses apostrophes, le signalaient à l'œil. L'humilité de son extérieur n'était que l'affiche de ses opinions. Le sentiment de son importance grandissait en lui avec le pressentiment de sa puissance. Il menaçait tout le monde, même ses anciens amis. Il raillait Danton sur son luxe et sur ses goûts voluptueux. « Danton, disait-il à Le-
» gendre, va-t-il toujours disant que je suis un brouillon
» qui gâte tout? J'ai demandé autrefois pour lui la dicta-
» ture, je l'en croyais capable. Il s'est amolli dans les dé-
» lices. Les dépouilles de la Belgique et l'orgueil de ses
» missions l'ont enivré. Il est trop grand seigneur aujour-
» d'hui pour s'abaisser jusqu'à moi. Camille Desmoulins,
» Chabot, Fabre d'Églantine et ses flatteurs me dédaignent.
» Le peuple et moi nous les surveillons. »

CXII

La création du tribunal révolutionnaire, à la voix de Danton, était faite pour intimider les faibles et pour donner à tous l'héroïsme de la peur.

Je trouve ici dans les *Girondins* une approbation entachée de quelques erreurs de logique, consignées en axiomes dans la déclaration des droits de l'homme à l'usage de la Convention. Je dois à un examen plus attentif des questions sociales, à l'âge, à l'expérience, des sentiments plus justes sur la société politique, qu'elle soit républicaine ou monarchique. Je me dois à moi-même de ne pas laisser à la jeunesse qui nous suit la faible autorité de mon nom sur ces axiomes, dont l'adoption trompe et ruine le peuple. Voici ces axiomes de Jean-Jacques Rousseau, préconisés par Robespierre et adoptés sur parole par la Convention. Robespierre ici cependant est en théorie bien moins utopiste que Jean-Jacques Rousseau.

CXIII

« Article 1er. Le but de toute association politique est le
» maintien des droits naturels et imprescriptibles de
» l'homme et le développement de toutes ses facultés.

» Art. 2. Les principaux droits de l'homme sont de
» pourvoir à la conservation de son existence et de sa
» liberté.

» Art. 3. Ces droits appartiennent également à tous les
» hommes, quelle que soit la différence de leurs forces
» physiques et morales. L'égalité des droits est établie par
» la nature. La société, loin d'y porter atteinte, ne fait
» que la garantir contre l'abus de la force, qui la rend illu-
» soire.

» Art. 4. La liberté est le pouvoir qui appartient à
» chaque homme d'exercer à son gré toutes ses facultés ;
» elle a la justice pour règle, les droits d'autrui pour

» bornes, la nature pour principe, et la loi pour sauve-
» garde.

» Art. 5. La loi ne peut défendre que ce qui est nuisible
» à la société ; elle ne peut ordonner que ce qui lui est
» utile.

» Art. 7. La propriété est le droit qu'a chaque citoyen
» de jouir de la portion de bien qui lui est garantie par la
» loi.

» Art. 8. Le droit de propriété est borné, comme tous
» les autres, par l'obligation de respecter la propriété d'au-
» trui.

» Art. 11. La société est obligée de pourvoir à la subsis-
» tance de tous ses membres, soit en leur procurant du
» travail, soit en assurant les moyens d'exister à ceux qui
» sont hors d'état de travailler.

» Art. 12. Les secours nécessaires à l'indigence sont une
» dette du riche envers le pauvre ; il appartient à la loi de
» déterminer la manière dont cette dette doit être acquittée.

» Art. 13. Les citoyens dont le revenu n'excède pas ce
» qui est nécessaire à leur subsistance sont dispensés de
» contribuer aux dépenses publiques ; les autres doivent les
» supporter progressivement selon l'étendue de leur for-
» tune.

» Art. 14. La société doit favoriser de tout son pouvoir
» le progrès de la raison publique, et mettre l'instruction à
» la portée de tous les citoyens.

» Art. 16. Le peuple est souverain ; le gouvernement est
» son ouvrage et sa propriété ; les fonctionnaires publics
» sont ses commis. Le peuple peut, quand il lui plaît,
» changer son gouvernement et révoquer ses mandataires.

» Art. 18. La loi est égale pour tous.

» Art. 19. Tous les citoyens sont admissibles à toutes les
» fonctions, sans aucune autre distinction que celle des ver-
» tus et des talents.

» Art. 20. Tous les citoyens ont un droit égal de con-
» courir à la nomination des mandataires du peuple et à
» la formation de la loi.

» Art. 21. Pour que ces droits ne soient pas illusoires et
» l'égalité chimérique, la société doit salarier les fonction-
» naires publics, et pourvoir à ce que tous les citoyens qui
» vivent de leur travail puissent assister aux assemblées
» publiques où la loi les appelle, sans compromettre leur
» existence et celle de leurs familles.

» Art. 25. La résistance à l'oppression est la conséquence
» des autres droits de l'homme et du citoyen : il y a op-
» pression contre le corps social quand un seul de ses
» membres est opprimé.

» Art. 34. Les hommes de tous les pays sont frères, et
» les différents peuples doivent s'entr'aider selon leur pou-
» voir, comme les citoyens d'un même État.

» Art. 35. Celui qui opprime une seule nation est ennemi
» de toutes.

» Art. 37. Les rois, les aristocrates, les tyrans, quels
» qu'ils soient, sont des esclaves révoltés contre le souve-
» rain de la terre, qui est le *genre humain*, et contre le lé-
» gislateur de l'univers, qui est la *nature*. »

CXIV

» Cette déclaration était plutôt un recueil de maximes qu'un code de gouvernement ; elle révélait cependant la pensée du mouvement qui s'accomplissait. Ce qui rend la Révolution si grande au milieu même de ses orages, de ses anarchies et de ses crimes, c'est qu'elle était une doctrine. Ses dogmes étaient si sains, que, si l'on avait effacé de ce code l'impression de la main sanglante qui les avait signés, on aurait pu les croire rédigés par le génie de Socrate ou même par la charité de Fénelon. C'est par cette raison que les théories pures de la Révolution, dépopularisées par les douleurs et les crimes dont leur enfantement a travaillé la France, revivent et revivront de plus en plus dans les aspirations des hommes. Elles ont été souillées, mais elles sont divines. Effacez le sang, il reste la vérité. »

CXV

La jeunesse qui lira ces axiomes, dont la plus grande partie est véritablement évangélique, doit en effacer avec précaution trois choses destructives de toutes vraies notions sociales :

1° Les droits naturels et imprescriptibles, qui ne sont en réalité ni naturels ni imprescriptibles, attendu que les droits sociaux ne peuvent exister avant la société qui les confère et qui les garantit.

2° Le droit de liberté naturelle, que l'homme doit se mesurer et se conférer à lui-même, droit destructif de toute autorité sociale qui peut seule mesurer, définir et protéger la liberté de chacun en proportion compatible avec la liberté et la sûreté de tous.

3° L'égalité est établie par la nature : absurdité contredite à chaque fait par la nature, qui n'a fait que des inégalités de force, tandis que la société seule établit ces égalités de droit qui sont la moralité de ses lois spiritualistes.

4° La résistance à l'oppression par l'individu mécontent de son sort ou de son gouvernement : résistance arbitraire, individuelle, anarchique, qui n'est que le plagiat de La Fayette : « *L'insurrection est le plus saint des devoirs* »; c'est-à-dire l'anarchie sanctifiée.

5° Il y a oppression quand un seul des membres de l'association est opprimé. Qui sera juge de l'oppression d'un seul, et quelle société subsisterait un seul jour, s'il suffisait qu'un seul se sentît ou se crût arbitrairement opprimé ?

6° Les rois, les aristocrates, les tyrans, quels qu'ils soient, sont des esclaves révoltés contre le souverain de la terre, qui est le genre humain.

L'insurrection de toutes les nations contre toutes les formes d'autorité établies dans d'autres nations serait donc le droit commun du globe, selon la Convention ; et, dans ce cas, la guerre internationale, universelle, incessante, serait donc le fait social universel sur le globe ! L'humanité ne serait qu'un massacre en permanence pour racheter le genre humain.

Un corps politique, la Convention, qui statuait un tel

droit public, n'était donc qu'une assemblée d'utopistes métaphysiciens, qui donnait pour base à la politique des axiomes gonflés de vent et de sophismes au lieu de réalités pratiques.

CXVI

Je me reproche d'avoir ici beaucoup trop loué les tendances philosophiques de la Convention. Je n'avais pas assez sondé alors moi-même le creux vide de ces axiomes ; plein de Platon et de Fénelon à cette époque, je n'avais pas assez lu Aristote et Montesquieu, ces maîtres du vrai en politique.

Quant au devoir de la société d'assister obligatoirement tous ses membres, la taxe des pauvres et l'impôt sur le revenu, pour égaliser le tribut aux forces contribuables, je suis toujours dans l'opinion qu'aucune société bien ordonnée ne peut subsister sans âme, que l'âme sociale doit se manifester par des actes moraux, et que la moralité de la société est dans l'assistance mutuelle de ceux qui la composent. Le riche étant plus fort doit plus que le pauvre, qui est plus faible. Seulement la Convention, dans cet esprit, exagérait jusqu'à l'absurde sa charité sociale, car elle établissait dans ces axiomes l'impôt progressif au lieu de l'impôt proportionnel aux facultés de l'imposé. Or, l'impôt progressif n'est pas seulement l'équité entre le riche et le pauvre ; l'impôt progressif est la destruction de la richesse et du travail. Tout le monde pauvre, voilà son résultat logique. C'est de l'économie politique de Tarquin fauchant les plantes qui dominent les autres plantes. La plante humaine, avertie de cette coupe réglée, ne poussera plus pour chercher le soleil ; c'est là le résultat de l'impôt progressif. La mort pour prime au travail et à l'économie, voilà la théorie de la Convention. Il est loisible à un rhéteur de débiter de pareilles doctrines, il n'est pas permis à une nation d'être sophiste. Le sophisme en chiffre ne la tue pas moins que le sophisme en morale.

Bien que j'aie, dans le livre trente-neuvième des *Girondins*, trop caressé peut-être quelques tendances erronées de la Convention, on verra cependant que ces sophismes d'égalité impossible des biens et des fonctions me révoltaient déjà, comme des démentis donnés par l'utopie à la nature. Lisez :

CXVII

« Ce partage égal des lumières, des facultés et des dons de la nature est évidemment la tendance légitime du cœur humain. Les révélateurs, les poëtes et les sages ont roulé éternellement cette pensée dans leur âme, et l'ont perpétuellement montrée dans leur ciel, dans leurs rêves ou dans leurs lois, comme la perspective de l'humanité. C'est donc un instinct de la justice dans l'homme, par conséquent un plan divin que Dieu fait entrevoir à ses créatures. Tout ce qui contrarie ce plan, c'est-à-dire tout ce qui tend à constituer des inégalités de lumières, de rang, de condition, de fortune parmi les hommes, est impie. Tout ce qui tend à niveler graduellement ces inégalités, qui sont souvent des injustices, et à répartir le plus équitablement l'héritage commun entre tous les hommes, est divin. Toute politique peut être jugée à ce signe, comme tout arbre est jugé à ses fruits. L'idéal n'est que la vérité à distance.

» Mais plus un idéal est sublime, plus il est difficile à réaliser en institutions sur la terre. La difficulté jusqu'ici a été de concilier avec l'égalité des biens les inégalités de vertus, de facultés et de travail, qui différencient les hommes entre eux. Entre l'homme actif et l'homme inerte, l'égalité de biens devient une injustice ; car l'un crée et l'autre dépense. Pour que cette communauté des biens soit juste, il faut supposer à tous les hommes la même conscience, la même application au travail, la même vertu. Cette supposition est une chimère. Or, quel ordre social pourrait reposer solidement sur un pareil mensonge? De deux choses l'une. Ou bien il faudrait que la société, partout présente et partout infaillible, pût contraindre chaque individu au même travail et à la même vertu. Mais alors que devient la liberté ? La société n'est plus qu'un universel esclavage.

» Ou bien il faudrait que la société distribuât de ses propres mains, tous les jours, à chacun selon ses œuvres, la part exactement proportionnée à l'œuvre et au service de chacun dans l'association générale. Mais alors quel sera le juge ?

» La sagesse humaine imparfaite a trouvé plus facile, plus sage et plus juste de dire à l'homme : « Sois toi-même » ton propre juge ; rétribue-toi toi-même par ta richesse ou » par ta misère. » La société a institué la propriété, proclamé la liberté du travail et légalisé la concurrence.

» Mais la propriété instituée ne nourrit pas celui qui ne

possède rien. Mais la liberté du travail ne donne pas les mêmes éléments de travail à celui qui n'a que ses bras et à celui qui possède des milliers d'arpents sur la surface du sol. Mais la concurrence n'est que le code de l'égoïsme et la guerre à mort entre celui qui travaille et celui qui fait travailler, entre celui qui achète et celui qui vend, entre celui qui nage dans le superflu et celui qui a faim! Iniquité de toutes parts! Incorrigibles inégalités de la nature et de la loi! La sagesse du législateur paraît être de les pallier une à une, siècle par siècle, loi par loi. Celui qui veut tout corriger d'un coup brise tout. Le possible est la condition de la misérable sagesse humaine. Sans prétendre résoudre par une seule solution des iniquités complexes, corriger sans cesse, améliorer toujours, c'est la justice d'êtres imparfaits comme nous. Dans les desseins de Dieu, le temps paraît être un élément de la vérité elle-même; demander la vérité définitive à un seul jour, c'est demander à la nature des choses plus qu'elle ne peut donner. L'impatience crée des illusions et des ruines au lieu de vérités. Les déceptions sont des vérités cueillies avant le temps. »

CXVIII

Les Girondins succombent à l'effort de ramener en arrière une Révolution emportée aux derniers excès. Danton les suit dans la tombe. On n'a vu encore qu'une révolution, arrêtée dans sa fougue et refoulée en arrière par sa propre prudence, rentrer dans l'ordre et dans le juste sous la parole de ses chefs: c'est la révolution de 1848, plus calomniée pour sa modération par ceux qu'elle a sauvés que la Convention pour ses crimes. Pourquoi cette révolution est-elle restée pure d'excès? C'est que les hommes qui en prirent la direction d'une main ferme et téméraire n'avaient donné à la démagogie aucun de ces gages et de ces complicités qui lient les hommes d'État aux excès de la multitude; c'est surtout parce que la leçon terrible de 1793 a l'esprit du peuple, et que la presse et la tribune libres avaient depuis trente années formé ce peuple par un certain apprentissage de la liberté. Le peuple de 1793 sortait ignorant et furieux de la servitude; le peuple de 1848 sortait instruit et modéré de la liberté. Il fut ému, mais admirable; il sentit ses propres périls, il eut peur de lui-même, et il aida ses chefs à le refréner. L'histoire, quand le temps d'être juste sera venu pour elle, rendra à la France l'hommage unique qui lui est dû pour ces cinq mois, pendant lesquels elle se gouverna sans gouvernement légal, par sa propre sagesse et par la seule autorité de la raison publique.

Les Girondins avaient trempé dans le sang de Louis XVI, Danton dans les turbulences de la démagogie. Ils avaient été complices des terroristes, tout en les détestant. Ils n'avaient plus rien à disputer que leurs têtes. Ils avaient livré celles d'autres victimes. A quel titre pouvaient-ils invoquer l'inviolabilité de leurs jours? Ils périssent tristement, mais justement. Leur mort fut le talion de leurs jours. Il fallait périr innocent. On m'a accusé d'avoir fait des héros; qu'on lise donc avant d'accuser! Est-ce une apothéose que ces pages :

CXIX

« Telle fut la catastrophe méritée du parti girondin ; il mourut comme il était né, d'une sédition légalisée par la victoire. La journée du 2 juin, qu'on appelle encore le 31 mai, parce que la lutte dura trois jours, fut le 10 août de la Gironde. Ce parti tomba de faiblesse et d'indécision, comme le roi qu'il avait renversé. La république qu'il avait fondée s'écroula sur lui après huit mois seulement d'existence. On honora ce groupe de républicains pour ses intentions, on l'admira pour ses talents, on le plaignit pour ses malheurs, on le regretta à cause de ses successeurs, et parce que ses chefs en tombant ouvrirent une longue marche à l'échafaud. On se demande, après la disparition de ce parti, quelle était son idée et s'il en avait une. L'histoire se demande à son tour si le triomphe de la Gironde au 31 mai aurait sauvé la république ; s'il y avait dans ces hommes de paroles, dans leurs conceptions, dans leur union, dans leurs caractères et dans leur génie politique, les éléments d'un gouvernement à la fois dictatorial et populaire, capable de comprimer les convulsions de la France au dedans, de faire triompher la nation au dehors, et de procurer l'avénement d'une république régulière en la préservant des rois et des démagogues. L'histoire n'hésite pas à répondre : Non, les Girondins n'avaient en eux aucune de ces conditions. La pensée, l'unité, la politique, la résolution, tout leur manquait. Ils avaient fait la Révolution sans la vouloir ; ils la gouvernaient sans la comprendre.

La Révolution devait se révolter contre eux et leur échapper.

» Il faut deux choses à des hommes d'État pour diriger les grands mouvements d'opinion auxquels ils participent : l'intelligence complète de ces mouvements, et la passion dont ces mouvements sont l'expression dans un peuple. Les Girondins n'avaient complétement ni l'une ni l'autre. A l'Assemblée législative, ils avaient pactisé longtemps avec la monarchie, mal acceptée par eux, et n'avaient pas compris qu'un peuple ne se transforme et ne se régénère presque jamais sous la main et sous le nom du pouvoir auquel il échappe. La république, timidement tramée par quelques-uns d'entre eux, avait été plutôt accueillie comme une nécessité fatale qu'embrassée comme un système par les autres. Dès le lendemain de sa proclamation, ils avaient redouté le fruit de leur enfantement, comme une mère qui serait accouchée d'un monstre. Au lieu de travailler à fortifier la république naissante, ils n'avaient montré de sollicitude que pour l'affaiblir. La constitution qu'ils lui proposaient ressemblait à un regret plutôt qu'à une espérance. Ils lui contestaient un à un tous ses organes de vie et de force. L'aristocratie se révélait, sous une autre forme, dans toutes leurs institutions bourgeoises. Le principe populaire s'y sentait d'avance étouffé. Ils se défiaient du peuple; le peuple à son tour se défiait d'eux. La tête craignait le bras, le bras craignait la tête. Le corps social ne pouvait que s'agiter ou languir.

CXX

» Aussi les Girondins, depuis leur avénement, avaient-ils marché de défis en concessions et de résistances en défaites. Le 10 août leur avait arraché le trône, dont ils rêvaient encore la conservation dans le décret même où Vergniaud proclamait la déchéance du roi. Danton leur avait surpris les proscriptions de septembre. Ils n'avaient su ni les prévenir par un déploiement de forces, ni couvrir les victimes de leurs corps, ni punir ce crime sur les assassins. Robespierre leur avait arraché la tête de Louis XVI, cédée lâchement en échange de leurs propres têtes. Marat leur avait arraché son impunité et son triomphe après son accusation au 10 mars. Les Jacobins leur avaient arraché le ministère dans la personne de Roland. Enfin Pache, Hébert, Chaumette et la commune leur arrachaient maintenant leur abdication et ne leur laissaient que la vie. Faibles au dedans, ils avaient été malheureux au dehors. Dumouriez, leur homme de guerre, avait trahi la république, et jeté sur eux, par cette trahison, le soupçon de complicité. Les armées, sans chefs, sans discipline, sans recrutement, reculaient de défaite en défaite. Les places fortes du Nord tombaient ou ne se défendaient qu'avec leurs murailles. Le royalisme conquérait l'Ouest; le fédéralisme disloquait le Midi; l'anarchie paralysait le centre; les factions tyrannisaient la capitale. La Convention, riche d'orateurs, mais sans chefs politiques, flottait entre leurs mains en admirant leurs discours, mais en se jouant de leurs actes. Ils détestaient les Jacobins, et ils les laissaient régner. Ils abhorraient le tribunal révolutionnaire, et ils le laissaient frapper au hasard, en attendant qu'il les frappât eux-mêmes. Ils redoutaient le déchirement de la république, et leurs correspondances désespérées ne cessaient de pousser leurs départements au suicide par le fédéralisme.

» Encore quelques mois d'un pareil gouvernement, et la France, à demi conquise par l'étranger, reconquise par la contre-révolution, dévorée par l'anarchie, déchirée de ses propres mains, aurait cessé d'exister et comme république et comme nation. Tout périssait entre les mains de ces hommes de paroles. Il fallait ou se résigner à périr avec eux, ou fortifier le gouvernement. La violence s'en empara. Elle prit, comme elle l'avait fait au 10 août, cette dictature que personne n'osait prendre encore dans la Convention. L'insurrection de la commune, fomentée et dirigée par des passions perverses, fut présentée aux yeux des patriotes comme l'insurrection du salut public. Le peuple, voyant clairement qu'il allait périr, porta illégalement sa propre main au gouvernail, et l'arracha aux mains impuissantes qui le laissaient dévier. Le peuple crut user en cela de son droit suprême, du droit d'exister. On l'accusa de s'être arrogé l'initiative sur les départements et d'avoir substitué la volonté de Paris à la volonté de la France. « Que pou-
» vaient, disent les patriotes du 31 mai, les départements
» à la distance où ils étaient des événements? Avant qu'on
» les eût consultés, avant qu'ils eussent répondu, avant que
» leur force d'opinion et leur force armée fussent arrivées à
» Paris, les coalisés pouvaient être à ses portes, les Ven-
» déens aux portes d'Orléans, la république étouffée dans

» son berceau. » Dans les périls extrêmes, la proximité est un droit. C'est à la partie du peuple la plus rapprochée du danger public d'y pourvoir la première. En pareil cas, la mesure du pouvoir est la portée du bras. Une ville exerce alors la dictature de sa situation, sauf à la faire ratifier ensuite. Paris l'avait exercée maintes fois avant et depuis 1789. La France ne lui reprochait ni le 14 juillet, ni le Jeu de Paume, ni même le 10 août, où Paris avait conquis pour elle, sans la consulter et sans l'attendre, la Révolution et la république.

CXXI

» D'ailleurs, quelles que soient les théories d'égalité abstraite entre les villes d'un empire, ces théories cèdent malheureusement la place au fait dans des circonstances d'exception; et ce fait a son droit, car il a sa justice quand il a sa nécessité. Sans doute les villes où siégent les gouvernements ne sont que des membres du corps national; mais ce membre, c'est la tête! La capitale d'une nation exerce sur les membres une puissance d'initiative, d'entraînement et de résolution, en rapport avec les sens plus énergiques dont la tête est le siége dans la nation comme dans l'individu. La polémique rigoureuse peut contester avec raison ce droit, l'histoire ne peut le nier. Dans les temps réguliers, le gouvernement est partout en proportion égale. Dans les temps extrêmes, le gouvernement est, non de droit, mais de fait, partout où on le saisit. L'initiative est la maîtresse des choses quand elle est dans le sens des choses. Le 31 mai était illégal; qui le justifie? Mais le 10 août était-il légal? C'était le titre des Girondins cependant. Quel parti pouvait légitimement alors invoquer la loi? Aucun. Tous l'avaient violée. La loi n'était, dans cette usurpation réciproque et continue, ni dans la Montagne, ni dans la Gironde, ni dans la commune, ni à Paris, ni à Bordeaux. La loi n'était plus, ou plutôt la loi, c'était la Révolution elle-même! Un peuple égaré par son patriotisme crut la promulguer au milieu du tumulte et de la sédition de ces trois journées. C'était le désordre, mais à ses yeux c'était la loi pourtant; car cette violence lui paraissait la mesure qui pouvait seule sauver la patrie et la Révolution. Le 10 août, lui disait-on, pouvait seul sauver la liberté, le 31 mai sauver la nation. »

CXXII

Toutes les circonstances les plus minutieuses de la vie de Charlotte Corday, cette Judith chaste de la patrie, sont de la plus consciencieuse exactitude. Je n'ai négligé ni soins ni peines pour les obtenir. Je dois presque tout à un homme de cœur et de talent, son voisin, M. de la Sicotière, qui a fait, d'après nature et d'après les traditions encore vivantes, le portrait de son immortelle compatriote. Je dois beaucoup aussi au spirituel docteur Georges Duval, témoin des événements et peintre des figures.

Mon jugement définitif sur cette héroïque et cependant sinistre figure peut-il être taxé de complicité avec le poignard? Le voici; lisez :

« Telles furent la vie et la mort de Charlotte Corday. En présence du meurtre, l'histoire n'ose glorifier ; en présence de l'héroïsme, l'histoire n'ose flétrir. L'appréciation d'un tel acte place l'âme dans cette redoutable alternative de méconnaître la vertu ou de louer l'assassinat. Comme ce peintre qui, désespérant de rendre l'expression complexe d'un sentiment mixte, jeta un voile sur la figure de son modèle et laissa un problème au spectateur, il faut jeter ce mystère à débattre éternellement dans l'abîme de la conscience humaine. Il y a des choses que l'homme ne doit pas juger, et qui montent, sans intermédiaire et sans appel, au tribunal direct de Dieu. Il y a des actes humains tellement mêlés de faiblesse et de force, d'intention pure et de moyens coupables, d'erreur et de vérité, de meurtre et de martyre, qu'on ne peut les qualifier d'un seul mot, et qu'on ne sait s'il faut les appeler crime ou vertu. Le dévouement coupable de Charlotte Corday est du nombre de ces actes que l'admiration et l'horreur laisseraient éternellement dans le doute, si la morale ne les réprouvait pas. Quant à nous, si nous avions à trouver pour cette sublime libératrice de son pays et pour cette généreuse meurtrière de la tyrannie un nom qui renfermât à la fois l'enthousiasme de notre émotion pour elle et la sévérité de notre jugement sur son acte, nous créerions un mot qui réunît les deux extrêmes de l'admiration et de l'horreur dans la langue des hommes, et nous l'appellerions l'ange de l'assassinat. »

CXXIII

Si on m'a accusé, avec une sorte de justice, d'avoir jugé historiquement la reine avec une sévérité regrettable mais consciencieuse au commencement de son règne, qu'on lise comment je la réhabilite sur son échafaud. Là elle n'est plus rien ; elle est veuve, elle est mère, elle est martyre, elle est sainte par le supplice si héroïquement et si pieusement accepté. Peut-être encore aurais-je dû insister davantage sur cette sanctification par l'échafaud? Je regrette de ne l'avoir pas fait assez. Je me souvins trop de ses influences féminines sur son mari, au moment où il ne fallait se souvenir que de ses larmes et de son sang. Cependant, qu'on lise et qu'on juge, en me tenant compte de mes regrets :

CXXIV

« La reine, après avoir écrit et prié, dormit d'un sommeil calme quelques heures. A son réveil, la fille de madame Bault l'habilla et la coiffa avec plus de décence et plus de respect pour son extérieur que les autres jours. Marie-Antoinette dépouilla la robe noire qu'elle avait portée depuis la mort de son mari, elle revêtit une robe blanche en signe d'innocence pour la terre et de joie pour le ciel. Un fichu blanc recouvrait ses épaules, un bonnet blanc ses cheveux. Seulement un ruban noir qui pressait ce bonnet sur les tempes rappelait au monde son deuil, à elle-même son veuvage, au peuple son immolation.

» Les fenêtres et les parapets, les toits et les arbres étaient surchargés de spectateurs. Une nuée de femmes, ameutées contre l'*Autrichienne*, se pressait autour des grilles et jusque dans les cours. Un brouillard d'automne blafard et froid flottait sur la Seine, et laissait çà et là glisser quelques rayons de soleil sur les toits du Louvre et sur la tour du palais. A onze heures les gendarmes et les exécuteurs entrèrent dans la salle des condamnés. La reine embrassa la fille du concierge, se coupa elle-même les cheveux, se laissa lier les mains sans murmure, et sortit d'un pas ferme de la Conciergerie. Aucune faiblesse féminine, aucune défaillance de cœur, aucun frisson du corps, aucune pâleur des traits. La nature obéissait à la volonté et lui prêtait toute sa vie pour mourir en reine.

» En débouchant de l'escalier sur la cour, elle aperçut la charrette des condamnés, vers laquelle les gendarmes dirigeaient sa marche. Elle s'arrêta comme pour rebrousser chemin, et fit un geste d'étonnement et d'horreur. Elle avait cru que le peuple donnerait au moins de la décence à sa haine, et qu'elle serait conduite à l'échafaud, comme le roi, dans une voiture fermée. Ce mouvement comprimé, elle baissa la tête en signe d'acceptation et monta sur la charrette. L'abbé Lothringer s'y plaça derrière elle, malgré son refus.

» Le cortége sortit de la Conciergerie au milieu des cris de : « Vive la république ! Place à l'Autrichienne ! Place à » la veuve Capet ! A bas la tyrannie ! » Le comédien Grammont, aide de camp de Ronsin, donnait l'exemple et le signal de ces cris au peuple, en brandissant son sabre nu, et en fendant la foule du poitrail de son cheval. Les mains liées de la reine la privaient d'appui contre les cahots des pavés. Elle cherchait péniblement à reprendre l'équilibre et à garder la dignité de son attitude. « Ce ne sont pas là tes » coussins de Trianon ! » lui criaient d'infâmes créatures. Les voix, les yeux, les rires, les gestes du peuple, la submergèrent d'humiliation. Ses joues passaient continuellement du pourpre à la pâleur, et révélaient les bouillonnements et le reflux de son sang. Malgré le soin qu'elle avait pris de sa toilette, le délabrement de sa robe, le linge grossier, l'étoffe commune, les plis froissés, déshonoraient son rang. Les boucles de ses cheveux s'échappaient de son bonnet et fouettaient ses tempes au souffle du vent. Ses yeux, rouges et gonflés, quoique secs, révélaient les longues inondations d'une douleur épuisée de larmes. Elle se mordait par moments la lèvre inférieure avec les dents, comme quelqu'un qui comprime le cri d'une souffrance aiguë.

CXXV

» Quand elle eut traversé le pont au Change et les quartiers tumultueux de Paris, le silence et la contenance sérieuse de la foule indiquèrent une autre région du peuple. Si ce n'était pas la pitié, c'était au moins la consternation. Son visage reprit le calme et l'uniformité d'expression que les outrages de la multitude avaient troublés au premier moment. Elle parcourut ainsi lentement toute la longueur de la rue Saint-Honoré. Le prêtre placé à côté d'elle sur la banquette s'efforçait d'appeler son attention par des paroles qu'elle semblait repousser de son oreille. Ses regards se promenaient, avec toute leur intelligence, sur les façades des maisons, sur les inscriptions républicaines, sur les costumes et sur la physionomie de cette capitale, si transformée pour elle depuis quinze mois de captivité. Elle regardait surtout les fenêtres des étages supérieurs où flottaient des banderoles aux trois couleurs, enseignes de patriotisme.

» Le peuple croyait et des témoins ont écrit que son attention légère et puérile était attachée à cette décoration extérieure de républicanisme. Sa pensée était ailleurs. Ses yeux cherchaient un signe de salut parmi ces signes de sa perte. Elle approchait de la maison qui lui avait été désignée dans son cachot. Elle interrogeait du regard la fenêtre d'où devait descendre sur sa tête l'absolution d'un prêtre déguisé. Un geste inexplicable à la multitude le lui fit reconnaître. Elle ferma les yeux, baissa le front, se recueillit sous la main invisible qui la bénissait, et, ne pouvant pas se servir de ses mains liées, elle fit le signe de la croix sur sa poitrine par trois mouvements de sa tête. Les spectateurs crurent qu'elle priait seule et respectèrent son recueillement. Une joie intérieure et une consolation secrète brillèrent depuis ce moment sur son visage.

CXXVI

» En débouchant sur la place de la Révolution, les chefs du cortége firent approcher la charrette le plus près possible du pont tournant et la firent arrêter un moment devant l'entrée du jardin des Tuileries. Marie-Antoinette tourna la tête du côté de son ancien palais, et regarda quelques instants ce théâtre odieux et cher de sa grandeur et de sa chute. Quelques larmes tombèrent sur ses genoux. Tout son passé lui apparaissait à l'heure de la mort. En quelques tours de roues, elle fut au pied de la guillotine. Le prêtre et l'exécuteur l'aidèrent à descendre en la soutenant par les coudes. Elle monta avec majesté les degrés de l'estrade. En arrivant sur l'échafaud, elle marcha par inadvertance sur le pied de l'exécuteur. « Pardonnez-moi, » dit-elle au bourreau du son de voix dont elle eût parlé à un de ses courtisans. Elle s'agenouilla un instant et fit une prière à demi-voix, puis, se relevant : « Adieu encore une fois, » mes enfants, dit-elle en regardant les tours du Temple, » je vais rejoindre votre père. » Elle n'essaya pas, comme Louis XVI, de se justifier devant le peuple ni de l'attendrir sur sa mémoire. Ses traits ne portaient pas, comme ceux de son mari, l'empreinte de la béatitude anticipée du juste et du martyr, mais celle du dédain des hommes et de la juste impatience de sortir de la vie. Elle ne s'élançait pas au ciel, elle fuyait du pied la terre, et elle lui laissait en partant son indignation et le remords.

» Le bourreau, plus tremblant qu'elle, fut saisi d'un frisson qui fit hésiter sa main en détachant la hache. La tête de la reine tomba. Le valet du supplice la prit par les cheveux et fit le tour de l'échafaud en l'élevant dans sa main droite et en la montrant au peuple. Un long cri de : « Vive la république ! » salua ce visage décoloré et déjà endormi.

» La Révolution se crut vengée, elle n'était que flétrie.

Ce sang de femme retombait sur sa gloire sans cimenter sa liberté. Paris eut cependant moins d'émotion de ce meurtre que du meurtre du roi. L'opinion affecta l'indifférence sur une des plus odieuses exécutions qui consternèrent la république. Ce supplice d'une reine et d'une étrangère au milieu du peuple qui l'avait adoptée n'eut pas même la compensation des fins tragiques : le remords et l'attendrissement d'une nation.

CXXVII

» Ainsi mourut cette reine, légère peut-être dans la prospérité, mais sublime dans l'infortune, intrépide sur l'échafaud ; idole de cour mutilée par le peuple, longtemps l'amour, puis l'imprudent conseil de la royauté, puis l'adversaire de la Révolution. Cette Révolution, elle ne put ni la prévoir, ni la comprendre, ni l'accepter ; elle ne sut que l'irriter. Elle se réfugia dans une cour au lieu de se précipiter dans le sein du peuple. Le peuple lui voua injustement toute la haine dont il poursuivait l'ancien régime. Il appela de son nom tous les scandales et toutes les trahisons des cours. Toute-puissante par sa beauté et par son esprit sur son mari, elle l'enveloppa de son impopularité et l'entraîna par son amour à sa perte. Sa politique vacillante, suivant les impressions du moment, tour à tour timide comme la défaite, téméraire comme le succès, ne sut ni reculer ni avancer à propos. Favorite charmante et dangereuse d'une monarchie vieillie, plutôt que reine d'une monarchie nouvelle, elle n'eut ni le prestige de l'ancienne royauté : le respect ; ni le prestige du nouveau règne : la popularité. Elle ne sut que charmer, égarer et mourir. Le peu de solidité de son esprit l'excuse, l'enivrement de sa beauté et de sa jeunesse l'innocente, la grandeur de son courage l'ennoblit. On ne peut la juger sur un échafaud, ou plutôt la plaindre, c'est la juger. Elle est du nombre de ces mémoires qui désarment la postérité, qu'on évoque avec pitié, et qu'on ne juge, comme on doit juger les femmes, qu'avec des larmes. L'histoire, à quelque opinion qu'elle appartienne, en versera d'éternelles sur cet échafaud. Seule contre tous, innocente par son sexe, sacrée par son titre de mère, une reine inoffensive désormais est immolée sur une terre étrangère par un peuple qui ne sait pardonner ni à la jeunesse, ni à la beauté, ni au vertige de l'adoration ! Appelée par ce peuple pour occuper un trône, ce peuple ne lui donne pas même un tombeau. Car nous lisons sur le registre des inhumations banales de la Madeleine : *Pour la bière de la veuve Capet, sept francs.*

» Voilà le total d'une vie de reine et de ces richesses consacrées pendant tout un règne à la splendeur, aux plaisirs et aux générosités d'une femme qui avait possédé Versailles, Saint-Cloud et Trianon. Quand la Providence veut parler aux hommes avec la rude éloquence des vicissitudes royales, elle dit en un signe plus que Sénèque ou Bossuet dans d'éloquents discours, et elle écrit un vil chiffre sur le registre d'un fossoyeur. »

CXXVIII

Je dois beaucoup de ce récit à cet abbé Lambert, ami des Girondins, et introduit librement par eux dans la prison de la Conciergerie. M. de Cassagnac m'a attribué à tort l'invention de ces circonstances funèbres. On a vu au commencement de ce commentaire combien le critique a été trompé, et combien sont réelles et attestées mes enquêtes personnelles auprès du curé de Bessancourt. C'est lui qui suivit ces victimes du tribunal au cachot, du cachot à la mort. Cet abbé *Lothringer* que la reine refusa obstinément d'entendre parce qu'il était à ses yeux schismatique ne fut, selon l'abbé Lambert et selon d'autres documents de l'époque, qu'un intrigant sacré et intéressé, cherchant des prétextes de célébrité dans son obsession autour des victimes, et exploitant, sous la Restauration, les rapports mensongers qu'il prétendait avoir eus avec la reine. Le curé de Bessancourt n'en parlait qu'avec dédain. Ce vieillard pieux n'aurait pas menti pour déshonorer la mémoire d'un confrère dont il avait partagé la faute contre l'Église, mais dont les dispositions posthumes et intéressées ne lui inspiraient ni foi ni estime. Les écrivains royalistes du temps de la Restauration ont tort de s'attacher au témoignage de ce prêtre aventurier, mouche du coche des prisons et du char de la guillotine, bourdonnant ses services aux oreilles des rois rentrés aux Tuileries.

La mort du duc d'Orléans ne le justifie pas, mais l'explique.

CXXIX

« L'abbé Lambert, homme délicat et sensible, souffrait intérieurement de la maladresse de son confrère, de la grossièreté des soldats, de l'humiliation du condamné. Il aborda le prince avec une contenance respectueuse et attendrie. « Égalité, lui dit-il, je viens ici t'offrir les sacre-
» ments, ou du moins les consolations d'un ministre du ciel.
» Veux-tu les recevoir d'un homme qui te rend justice et
» qui te porte une sincère commisération? — Qui es-tu,
» toi? lui répondit en adoucissant sa physionomie le duc
» d'Orléans. — Je suis, reprit le prêtre, le vicaire général
» de l'évêque de Paris. Si tu ne désires pas mon ministère
» comme prêtre, puis-je te rendre comme homme quelques
» services auprès de ta femme et de ta famille? — Non, ré-
» pliqua le duc d'Orléans, je te remercie : mais je ne veux
» d'autre œil que le mien dans ma conscience, et je n'ai be-
» soin que de moi seul pour mourir en bon citoyen. » Il se fit servir à déjeuner, mangea et but avec appétit, mais non jusqu'à l'ivresse. Un membre du tribunal étant venu lui demander s'il avait des révélations à faire dans l'intérêt de la république : « Si j'avais su quelque chose contre la sûreté
» de la patrie, répondit-il, je n'aurais pas attendu jusqu'à
» cette heure pour le dire. Au surplus, je n'emporte aucun
» ressentiment contre le tribunal, pas même contre la Con-
» vention et les patriotes : ce ne sont pas eux qui veulent
» ma mort; elle vient de plus haut... » Et il se tut.

CXXX

» A trois heures on vint le prendre pour l'échafaud. Les détenus de la Conciergerie, presque tous ennemis du rôle et du nom du duc d'Orléans dans la Révolution, se pressaient en foule dans les préaux, dans les corridors, dans les guichets, pour le voir passer. Il était escorté de six gendarmes le sabre nu. A sa démarche, à son attitude, au port de son front, à l'énergie de son pas sur les dalles, on l'eût pris pour un soldat marchant au feu plutôt que pour un condamné qu'on mène au supplice. L'abbé Lothringer monta avec lui et trois autres condamnés sur la charrette. Des escadrons de gendarmerie à cheval formaient le cortége. Le char roulait lentement. Tous les regards cherchaient le prince, les uns comme une vengeance, les autres comme une expiation. Il n'eut jamais autant que ce jour suprême la noblesse et la dignité de son rang. Il était redevenu prince par le sentiment de mourir en citoyen. Il portait fièrement la tête; il promenait, avec toute sa liberté d'esprit, des regards indifférents sur la multitude. Il détournait l'oreille des exhortations du prêtre, qui ne cessait de l'obséder. Un embarras de rue ou un raffinement de cruauté fit arrêter un moment la charrette sur la place du Palais-Royal, devant la cour de sa demeure. « Pourquoi donc s'arrête-t-on là ? demanda-t-il. —
» C'est pour te faire contempler ton palais, lui répondit
» l'ecclésiastique. Tu le vois, la route s'abrége, le but ap-
» proche, songe à ta conscience et confesse-toi. » Le prince,

sans répondre, regarda longtemps les fenêtres de cette demeure où il avait fomenté tous les germes de la Révolution, savouré tous les désordres de sa jeunesse et cultivé tous les attachements de la famille. L'inscription de *Propriété nationale,* gravée sur la porte du Palais-Royal à la place de ses armoiries, lui fit comprendre que la république avait partagé ses dépouilles avant sa mort, et que ce toit et ces jardins n'abriteraient plus même ses enfants. Cette image de l'indigence et de la proscription de sa race le frappa plus que la hache du bourreau. Sa tête se pencha sur sa poitrine comme si elle eût été déjà détachée du tronc, et il regarda d'un autre côté.

» Il continua ainsi, abattu et muet, jusqu'à l'entrée de la place de la Révolution par la rue Royale. L'aspect de la foule qui couvrait la place et le roulement des tambours à son approche lui firent relever la tête, de peur qu'on ne prît sa tristesse pour de la faiblesse. Le prêtre continuait à le presser plus vivement d'accepter les secours de son ministère. « Incline-toi devant Dieu et accuse tes fautes. —
» Eh! le puis-je au milieu de cette foule et de ce bruit?
» Est-ce là le lieu du repentir ou du courage? répondit le
» prince. — Eh bien, répliqua le prêtre, confesse-moi celle
» de tes fautes qui pèse le plus sur ta vie : Dieu te tiendra
» compte de l'intention et de l'impossibilité, et je te par-
» donnerai en son nom. »

CXXX

» Soit obsession et lassitude, soit inspiration tardive de l'échafaud, dont chaque tour de roue le rapprochait, le prince s'inclina devant le ministre de Dieu, et murmura quelques mots qui se perdirent dans le bruit de la foule et dans le mystère du sacrement. Il reçut, dans l'attitude du respect et du recueillement, le pardon du ciel, à quelques pas de l'échafaud d'où Louis XVI avait envoyé le sien à ses ennemis. Le prince était vêtu avec élégance et avec cette imitation du costume étranger qu'il avait affectée dès sa jeunesse. Descendu de la charrette et monté sur le plancher de la guillotine, les valets du bourreau voulurent tirer ses bottes étroites et collées à ses jambes. « Non, non, leur » dit-il avec sang-froid, vous les tirerez plus aisément » après; dépêchons-nous, dépêchons-nous! » Il regarda sans pâlir le tranchant du fer. Il mourut avec une sécurité qui ressemblait à une révélation de l'avenir. Était-ce le stoïcisme du caractère? ou la conviction du républicain? ou l'arrière-pensée du père ambitieux pour ses fils, qui prévoit qu'une nation inconstante lui rendra un trône pour quelques gouttes de sang? Tout est resté inexplicable de ce prince. Sa mémoire elle-même est un problème qui fait craindre à l'historien de manquer de justice ou de réprobation en la jugeant. L'époque où nous écrivons nous-même n'est pas propice à ce jugement. Son fils règne sur la France. L'indulgence pour la mémoire du père pourrait ressembler à une flatterie du succès, la sévérité à un ressentiment d'une théorie. Ainsi, la crainte de paraître servile ou la crainte de paraître hostile risquent également de rendre injuste l'écrivain qui penserait uniquement à ce jour. Mais la justice que l'on doit à la mort et la vérité qu'on doit à l'histoire passent avant ces retours que l'écrivain peut faire sur son propre temps. Il doit braver, pour rester équitable, le soupçon d'inimitié comme le soupçon d'adulation. La mémoire des morts n'est pas une monnaie de trafic entre les mains des vivants.

» Comme républicain, ce prince a été, selon nous, calomnié. Tous les partis se sont, pour ainsi dire, accordé mutuellement son nom pour en faire l'objet d'une injure et d'une exécration communes : les royalistes, parce qu'il fut un des plus grands moteurs de la Révolution; les républicains, parce que sa mort fut une des plus odieuses ingratitudes de la république; le peuple, parce qu'il était prince; les aristocrates, parce qu'il s'était fait peuple; les factieux, parce qu'il refusa de prêter son nom à leurs conspirations alternatives contre la patrie; tous, parce qu'il voulut imiter cette gloire suspecte qu'on appelle l'héroïsme de Brutus. Aux yeux des hommes impartiaux, s'il vota la mort du roi par conviction et par républicanisme, cette conviction répugnait au sentiment et ressemblait à un attentat contre la nature. Mais la haine avait assez de vérités cruelles à verser sur son nom pour s'épargner les calomnies et les rumeurs. A mesure que la Révolution se dépouille de ses obscurités et que chaque parti lègue en mourant ses confidences à l'histoire, la mémoire du duc d'Orléans se dépouille des trames, des complicités, des trahisons, des crimes et de l'importance qu'on lui a prêtés. La Révolution ne lui doit à ni tant de reconnaissance ni tant de haine. Il fut un instrument tour à tour employé et brisé par elle. Il n'en fut ni l'auteur, ni le maître, ni le Judas, ni le Cromwell.

CXXXII

» La Révolution n'était pas une conjuration, elle était une doctrine; elle ne se vendit pas à un homme, elle se dévoua à une idée. La voir tout entière dans le duc d'Orléans, c'est trop grandir l'homme ou c'est trop rabaisser l'événement. A l'exception des premières agitations populaires de Paris, on n'aperçoit clairement ni son nom, ni sa main, ni son or dans aucune des journées décisives. Il rêva peut-être un moment une couronne votée d'acclamation par la faveur publique. Il jouit peut-être avec une satisfaction coupable de l'abaissement et des terreurs d'une reine et d'une cour qui l'avaient humilié. Il ne tarda pas à comprendre que la Révolution ne couronnerait personne, et qu'elle entraînerait avec le trône tous ses prétendants et tous les survivants de la royauté. Il se repentit alors; les infortunes de Louis XVI l'attendrirent. Il voulut de bonne foi se réconcilier avec le roi et soutenir la constitution. Les insultes des courtisans et les antipathies de la cour le repoussèrent. Il prit les opinions extrêmes pour un asile. Il s'y jeta par désespoir. Il n'y trouva que les ombrages et les injures des chefs populaires, qui ne lui pardonnaient pas son nom. Danton l'abandonna; Robespierre affecta de le craindre; Marat le dénonça; Camille Desmoulins le montra du doigt aux terroristes. Les Girondins l'accusèrent, les Montagnards le livrèrent à l'échafaud.

» Il subit toutes ces phases de sa fortune avec le stoïcisme d'un prince qui ne demande à sa patrie que le titre de citoyen, et à la république que l'honneur de mourir pour elle. Il mourut sans adresser un reproche à cette cause, et comme si l'ingratitude des républiques était la couronne civique de leurs fondateurs. Il s'était dès lors désintéressé de son rang et donné tout entier au peuple ou comme serviteur, ou comme victime. Malheureusement pour sa mémoire, il se donna aussi comme juge dans un procès où la nature le récusait. Le peuple, en le frappant, l'en punit moins sévèrement que la postérité.

» Si quelqu'un suivit en aveugle, mais avec invariabilité et constance, la marche de la Révolution, jusqu'au terme et sans demander où elle conduisait, ce fut le duc d'Orléans. Il fut l'OEdipe de la famille des Bourbons. Homme faible, parent coupable, irréprochable patriote, suicide de sa renommée, il réalisa en lui ce mot de Danton : « Périsse » notre mémoire, et que la république soit sauvée ! » Lâche s'il fit ce sacrifice à sa popularité, cruel s'il le fit à son opinion, odieux s'il le fit à son ambition, il a emporté le secret de sa conduite politique devant Dieu. Dans le doute de ses motifs, l'histoire elle-même peut douter.

» Il y a dans les mouvements d'une révolution une grandeur qui se communique aux caractères, et qui grandit quelquefois les âmes les plus vulgaires à la proportion des événements auxquels elles participent. Les hommes légers au commencement de l'action deviennent peu à peu sérieux, dévoués, tragiques comme la pensée qui les enveloppe et les élève dans son tourbillon. Le duc d'Orléans fut peut-être un de ces hommes. Sa vie, désordonnée au commencement, tragique à la fin, commença comme un scandale, se poursuivit comme une trame, et finit comme un acte de résignation. Ainsi que Brutus, son modèle et son erreur, il restera éternellement problématique aux yeux de la postérité. Mais elle en tirera cette grande leçon : c'est que, quand l'opinion et la nature se combattent dans le cœur d'un citoyen, c'est la nature qu'il faut écouter ; car l'opinion se trompe souvent, et la nature est infaillible. D'ailleurs, les fautes que l'on commet contre l'opinion, le cœur humain les pardonne et quelquefois les admire. Mais les fautes que l'on commet contre la nature, Dieu les réprouve, et les hommes ne les pardonnent jamais. »

CXXXIII

Ce qu'il y a de remarquable dans ce jugement sur le duc d'Orléans, c'est que son fils, alors roi, Louis-Philippe, ne protesta pas contre mon arrêt historique. Quelques jours après l'apparition des *Girondins*, ce prince, que je ne voyais pas, mais avec qui j'avais quelques rapports indirects, me fit dire par M. *Vatout*, son confident et son bibliothécaire, qu'il avait lu les *Girondins*, et qu'il me remerciait de la justice rendue à son père. Louis-Philippe prouva dans une autre occasion plus solennelle qu'il n'acceptait rien des opinions et des actes de son père ; qu'il croyait à des vertus domestiques et même publiques en lui, particulièrement à la chaleur de ses sentiments paternels et à son dévouement stoïque à la république, mais qu'il n'acceptait ni la responsabilité de ses faiblesses devant la terreur, ni l'hérédité de son vote lâche et dénaturé contre son roi et son parent.

Le ciel m'est témoin que dans mon jugement d'historien sur le duc d'Orléans (Égalité), jugement que quelques âmes inflexibles ont trouvé trop doux, je ne fus influencé en rien par le désir de complaire au roi Louis-Philippe, qui régnait alors sur la France, et dont j'aurais pu ou briguer la faveur ou redouter la vengeance. Non, ces basseses n'approchent même pas de mes pensées; mais je fus et je suis resté influencé en effet et incliné vers l'indulgence par cet esprit de famille qu'on respire dans son enfance, et par ces traditions domestiques qui forment le premier pli de la mémoire dans les enfants attentifs aux récits de leur mère. Ma mère, élevée dans le palais même de Saint-Cloud et dans la familiarité des enfants du prince, du même âge qu'elle, avait des occasions quotidiennes de voir le duc d'Orléans (avant que la Révolution l'eût encore entraîné et souillé dans ses excès), et de le voir entre la princesse sa femme et ses enfants, dans ces intimités caressantes qui donnent la grâce de la nature aux heureux pères d'une nombreuse famille, dans les palais comme dans les chaumières. Elle avait conservé, indépendamment de la reconnaissance, un vif sentiment de l'amabilité, de l'élégance et de la bonté familière de ce malheureux prince; et, tout en déplorant, comme royaliste, les entraînements et les complicités presque parricides de Philippe-Égalité, elle ne pouvait s'empêcher de nous le peindre sous les traits d'un jeune père de famille accompli dans son intérieur, et d'attribuer à sa faiblesse, plus qu'à sa nature, les égarements et les crimes qui flétrirent plus tard son nom. Ces impressions, recueillies par un enfant de la bouche d'une mère, revivaient à mon insu dans l'homme fait et dans l'historien ; elles mirent quelque pitié et peut-être quelque justice sous ma plume. L'indulgence, en parlant des hommes faibles, est aussi une justice. Voilà ce que Louis-Philippe reconnut en moi dans le portrait de son père et dans mon jugement sur lui, voilà le sentiment dont il me fit remercier par son confident.

Sa fin fut tour à tour hideuse et stoïque. Voilà comment me la dépeignait un des rares témoins de ses derniers moments :

CXXXIV

« Deux prêtres, l'abbé Lambert et l'abbé Lothringer, les mêmes qui avaient entretenu les Girondins pendant la dernière nuit, attendaient au coin du feu, dans le grand cachot, en causant avec les porte-clefs et les gendarmes, l'heure où les accusés redescendraient du tribunal. Ils virent entrer le duc d'Orléans, non plus avec cette impassibilité extérieure que tout homme de courage commande à sa contenance devant le regard de ses ennemis, mais dans le désordre d'un homme indigné de l'injustice des hommes, et qui s'épanche, à l'abri des cachots, devant lui-même et devant Dieu. Sa démarche était rapide, ses gestes saccadés et brefs, son visage enflammé par la colère. D'involontaires exclamations sortaient inachevées de ses lèvres; il levait les yeux au ciel et se promenait à grands pas autour du cachot. « Les scélérats ! s'écriait-il en s'arrêtant quelque-

» fois comme devant une pensée soudaine et comme devant
» une apparition, les scélérats! je leur ai tout donné, rang,
» fortune, ambition, honneur, renommée de ma maison
» dans l'avenir, répugnance même de la nature et de la con-
» science à condamner leurs ennemis!... et voilà la récom-
» pense qu'ils me gardaient!... Ah! si j'avais agi, comme
» ils le disent, par ambition, que je serais malheureux
» maintenant! mais c'était par une ambition plus haute
» qu'un trône, par l'ambition de la liberté de mon pays et
» de la félicité de mes semblables! Eh bien, vive la répu-
» blique!... ce cri sortira de mon cachot comme il est sorti
» de mon palais. » Puis il s'attendrissait sur ses enfants em-
prisonnés ou proscrits. Il les appelait comme s'il eût été
seul. Il parlait tout haut et frappait du pied les dalles, des
mains les murs de son cachot. »

CXXXV

Le personnage vraiment historique, mais froid et déclamatoire, de madame Roland m'apparaît sous un aspect plus
juste à l'heure de sa mort. Je ne lui pardonne plus la lâche
poursuite de la reine jusqu'à l'échafaud; le dernier trait de
ce jugement venge d'un mot Marie-Antoinette et dénude le
cœur haineux de l'héroïne des *Girondins*.

« Le supplice des Girondins jeta un linceul sur la vie aux
yeux de madame Roland. Vergniaud, Brissot, n'étaient
plus. Qui savait le sort de Buzot, de Barbaroux, de Louvet?
Peut-être avaient-ils déjà quitté la terre.

» On la transporta à la Conciergerie. Elle y languit peu.

Elle y grandit en se rapprochant de la mort. Son âme, son langage, ses traits, y prirent la solennité des grands destins. Pendant le peu de jours qu'elle y passa, elle répandit par sa présence parmi les nombreux prisonniers de cette maison un enthousiasme et un défi de la mort qui divinisèrent les âmes les plus abattues. L'ombre voisine de l'échafaud semblait relever sa beauté. Les longues douleurs de sa captivité, le sentiment désespéré mais calme de sa situation, les larmes contenues mais murmurantes au fond des paroles, donnaient à sa voix un accent où l'on entendait ce bouillonnement des sentiments qui monte d'un cœur profond.

» Elle s'entretenait, à la grille, avec les hommes principaux de son parti qui peuplaient la Conciergerie. Debout sur un banc de pierre qui l'élevait un peu au-dessus du sol de la cour, les doigts entrelacés aux barreaux de fer qui formaient la claire-voie entre le cloître et le préau, elle avait trouvé sa tribune dans sa prison, et son auditoire dans ses compagnons de mort. Elle parlait avec l'abondance et l'éclat de Vergniaud, mais avec cette amertume de colère et cette âpreté de mépris que la passion d'une femme ajoute toujours à l'éloquence du raisonnement. Sa mémoire vengeresse plongeait dans l'histoire de l'antiquité pour y trouver des images, des analogies et des noms capables d'égaler ceux des tyrans du jour. Pendant que ses ennemis préparaient son acte d'accusation à quelques pieds au-dessus de sa tête, sa voix, comme celle de la postérité, grondait dans ces souterrains de la Conciergerie. Elle se vengeait avant sa mort et léguait sa haine. Elle arrachait non des larmes, elle n'en voulait pas pour elle-même, mais des cris d'admiration aux prisonniers. On l'écoutait des heures

entières. On se séparait aux cris de : « Vive la république ! »
On ne calomniait pas la liberté, on l'adorait jusque dans les
cachots creusés en son nom.

CXXXVI

» Mais cette femme, si magnanime et si supérieure à son
sort en public, fléchissait, comme toute nature humaine,
dans la solitude et dans le silence du cachot. Son âme héroïque semblait se taire alors et laisser son cœur de femme
s'affaisser et se briser en tombant de l'enthousiasme sur la
réalité. Plus elle s'était élevée haut, plus dure était la
chute. Elle passait quelquefois de longues matinées, accoudée sur la fenêtre, le front contre le grillage de fer, à
regarder un coin du ciel libre, et à pleurer comme un ruisseau sur les pots de fleurs dont le concierge avait garni
l'entablement. A quoi pensait-elle? Des mots entrecoupés
de ses dernières pages le révèlent : à son enfant, à son
mari, vieillard accoutumé à cet appui et incapable de faire
un pas de plus dans la vie sans elle; à sa jeunesse vainement altérée d'amour, consumée dans le feu des ambitions
politiques; à ces amis dont l'image la poursuivait et lui
faisait seule regretter la vie s'ils vivaient encore, aspirer à
la mort s'ils l'avaient devancée dans l'éternité. Elle l'ignorait : c'était son supplice.

» Elle ne sentait pas les autres misères de sa captivité.
Son cachot, humide, infect, ténébreux, était voisin de celui qu'avait occupé la reine : rapprochement trop semblable
à un remords. Toutes deux étaient arrivées en quelques

mois, par des routes différentes, au même souterrain, pour marcher de là au même échafaud : l'une, tombée du trône sous l'effort de l'autre ; l'autre, montée aux premiers honneurs de la république, et précipitée, à son tour, à côté de sa propre victime. Ces vengeances du sort rassemblent à des hasards. *Ce sont des justices souvent.* »

CXXXVII

Quant à *Danton*, pour qui j'ai été trop sévère, car plus j'étudie, moins je vois en lui l'organisateur des massacres de septembre, lisez sa fin, et voyez si je flatte la démagogie dans ce singe malicieux, féroce et lâche de la multitude, Camille Desmoulins.

« A quatre heures, les valets du bourreau vinrent lier les mains des condamnés et couper leurs cheveux. Ils s'y prêtèrent sans résistance et en assaisonnant de sarcasmes la toilette funèbre. « C'est bien bon pour ces imbéciles qui » vont nous regarder dans la rue, dit Danton. Nous paraî» trons autrement devant la postérité. » Il ne montra d'autre culte que celui de sa renommée, et ne parut désirer de survivre que dans sa mémoire. Son immortalité, c'était le bruit de son nom.

» Camille Desmoulins ne pouvait croire que Robespierre laissât exécuter un homme comme lui. Il espéra jusqu'au dernier moment dans un retour de l'amitié. Il n'avait parlé de lui qu'avec ménagement et respect depuis son emprisonnement. Il ne lui avait adressé que des plaintes, aucune de ces injures sur lesquelles l'orgueil ne revient pas. Quand les exécuteurs voulurent saisir Camille pour le lier comme les autres, il lutta en désespéré contre ces préparatifs qui ne lui laissaient plus de doute sur la mort. Ses imprécations et ses fureurs firent ressembler un moment le cachot à une boucherie. Il fallut l'abattre pour l'enchaîner et pour lui couper les cheveux. Dompté et lié, il supplia Danton de lui mettre dans la main une boucle de la chevelure de Lucile, qu'il portait sous ses habits, afin de presser quelque chose d'elle en mourant. Danton lui rendit ce pieux office, et se laissa lier sans résistance.

» Une seule charrette contenait les quatorze condamnés. Le peuple se montrait Danton; il se respectait lui-même dans sa victime. Quelque chose faisait ressembler ce supplice à un suicide du peuple. Un petit nombre d'hommes en haillons et de femmes salariées suivaient les roues en couvrant les condamnés d'imprécations et de huées. Camille Desmoulins ne cessait de vociférer et de parler à cette multitude. « Généreux peuple, malheureux peuple, criait-il, on
» te trompe, on te perd, on immole tes meilleurs amis!
» Reconnaissez-moi, sauvez-moi! Je suis Camille Desmou-
» lins! C'est moi qui vous ai appelés aux armes le 14 juil-
» let! C'est moi qui vous ai donné cette cocarde nationale!»
En parlant ainsi et en s'efforçant de gesticuler des épaules et de rompre ses liens, il avait tellement déchiré son habit et sa chemise que son buste grêle et osseux apparaissait presque nu au-dessus de la charrette. Depuis le convoi de madame du Barry, on n'avait pas entendu de tels cris ni contemplé de telles convulsions dans l'agonie. La foule y répondait par des insultes. Danton, assis à côté de Camille Desmoulins, faisait rasseoir son jeune compagnon, et lui reprochait ce vain étalage de supplications et de désespoir.

« Reste donc tranquille, lui disait-il sévèrement, et laisse là
» cette vile canaille ! » Quant à lui, il écrasait la multitude,
non de paroles, mais d'indifférence et de mépris. En passant sous les fenêtres de la maison qu'habitait Robespierre, la foule redoubla ses invectives, comme pour faire hommage à son idole du supplice de son rival. Les volets de la maison de Duplay se fermaient à l'heure où les charrettes passaient habituellement dans la rue. Ces cris firent pâlir Robespierre. Il s'éloigna des appartements d'où l'on pouvait les entendre. Confus de tant d'implacabilité, humilié de tant de sang, qui rejaillissait si souvent et si justement sur lui, il sentit le regret ou la honte. « Ce pauvre Camille,
» dit-il, que n'ai-je pu le sauver ! Mais il a voulu se perdre !
» Quant à Danton, ajouta-t-il, je sais bien qu'il me fraye
» la route ; mais il faut qu'innocents ou coupables nous
» donnions tous nos têtes à la république. La Révolution
» reconnaîtra les siens de l'autre côté de l'échafaud. » Il feignit de gémir sur ce qu'il appelait les cruelles exigences de la patrie.

CXXXVIII

» Hérault de Séchelles descendit le premier de la charrette. Avec l'élan et le sang-froid d'une amitié qui pousse le cœur vers le cœur, il approcha son visage de celui de Danton pour l'embrasser. Le bourreau les sépara. « Barbare !
» dit Danton à l'exécuteur, tu n'empêcheras pas du moins
» nos têtes de se baiser tout à l'heure dans le panier. »

» Camille Desmoulins monta ensuite. Il avait repris son

calme au dernier moment. Il roulait entre ses doigts les cheveux de sa femme, comme si sa main eût voulu se dégager pour porter cette relique à ses lèvres. Il s'approcha de l'instrument de mort, regarda froidement le couteau ruisselant du sang de son ami ; puis se tournant vers le peuple et levant les yeux au ciel : « Voilà donc, s'écria-t-il,
» la fin du premier apôtre de la liberté ! Les monstres qui
» m'assassinent ne me survivront pas longtemps. Fais re-
» mettre ces cheveux à ma belle-mère, » dit-il ensuite à l'exécuteur. Ce furent ses derniers mots. Sa tête roula.

» Danton monta après tous les autres. Jamais il n'était monté plus superbe et plus imposant à la tribune. Il se carrait sur l'échafaud et semblait y prendre la mesure de son piédestal. Il regardait à droite et à gauche le peuple d'un regard de pitié. Il semblait lui dire par son attitude : « Regarde-moi bien, tu n'en verras pas qui me ressem-
» blent. » La nature cependant fondit un instant cet orgueil. Un cri d'homme arraché par le souvenir de sa jeune femme échappa au mourant. « O ma bien-aimée, s'écria-t-il les
» yeux humides, je ne te verrai donc plus ! » Puis, comme se reprochant ce retour vers l'existence : « Allons, Danton,
» se dit-il à haute voix, point de faiblesse ! » Et se tournant vers le bourreau : « Tu montreras ma tête au peuple, lui
» dit-il avec autorité, elle en vaut bien la peine. » Sa tête tomba. L'exécuteur, obéissant à sa dernière pensée, la ramassa dans le panier et la promena autour de l'échafaud. La foule battit des mains. Ainsi finissent ses favoris.

CXXXIX

» Ainsi mourut en scène devant le peuple cet homme pour qui l'échafaud était encore un théâtre, et qui avait voulu mourir applaudi à la fin du dräme tragique de sa vie, comme il l'avait été au commencement et au milieu. Il ne lui manqua rien d'un grand homme, excepté la vertu. Il en eut la nature, le génie, l'extérieur, la destinée, la mort; il n'en eut pas la conscience. Il joua le grand homme, il ne le fut pas. Il n'y a pas de grandeur dans un rôle; il n'y a de grandeur que dans la foi. Danton eut le sentiment, souvent la passion de la liberté, il n'en eut pas la foi, car il ne professait intérieurement d'autre culte que celui de la renommée.

» La Révolution était un instinct chez lui, non une religion. Il la servit comme le vent sert la tempête, en soulevant l'écume et en jouant avec les flots. Il ne comprit d'elle que son mouvement, non sa direction. Il en eut l'ivresse plus que l'amour. Il représente les masses et non les supériorités de l'époque. Il montra en lui l'agitation, la force, la férocité, la générosité tour à tour de ces masses. Homme de tempérament plus que de pensée, élément plus qu'intelligence, il fut homme d'État, cependant, plus qu'aucun de ceux qui essayèrent de manier les choses et les hommes dans ce temps d'utopies; plus que Mirabeau lui-même, si l'on entend par homme d'État un homme qui comprend le mécanisme du gouvernement. Indépendamment de son idéal, il avait l'instinct politique. Il avait puisé dans Machiavel ces maximes qui enseignent tout ce qu'on peut faire supporter de pouvoir ou de tyrannie aux États. Il connaissait les faiblesses et les vices des peuples, il ne connaissait pas leurs vertus. Il ne soupçonnait pas ce qui fait la sainteté des gouvernements ; car il ne voyait pas Dieu dans les hommes, mais le hasard. C'était un de ces admirateurs de la *fortune antique*, qui n'adoraient en elle que la divinité du succès. Il sentait sa valeur comme homme d'État avec d'autant plus de complaisance que la démocratie était plus au-dessous de lui. Il s'admirait comme un géant au milieu de ces nains du peuple. Il étalait sa supériorité comme un parvenu du génie. Il s'étonnait de lui-même. Il écrasait les autres. Il se proclamait la seule tête de la république. Après avoir caressé la popularité, il la bravait comme une bête féroce qu'il défiait de le dévorer. Il avait le vice audacieux comme le front. Il avait poussé le défi politique jusqu'au crime aux journées de septembre. Il avait défié le remords ; mais il avait été vaincu. Il en était obsédé. Ce sang le suivait à la trace. Une secrète horreur se mêlait à l'admiration qu'il inspirait. Il ressentait lui-même cette horreur, et il aurait voulu se séparer de son passé. Nature inculte, il avait eu des accès d'humanité comme il en avait eu de fureur. Il avait les vices bas, mais les passions généreuses ; en un mot, il avait un cœur. Ce cœur, vers la fin, revenait au bien par la sensibilité, par la pitié et par l'amour. Il méritait à la fois d'être maudit et d'être plaint. C'était le colosse de la Révolution, la tête d'or, la poitrine de chair, le torse d'airain, les pieds de boue. Lui abattu, la cime de la Convention parut moins haute. Il en était le nuage, l'éclair et la foudre. En le perdant la Montagne perdait son sommet. »

CXL

S'il y a excès ici, c'est excès de sévérité sous ma plume. J'accuse Danton sans preuves, par ce besoin honnête de trouver un criminel pour personnifier en lui l'horreur du crime. Ma conscience aujourd'hui m'oblige à avouer que j'ai chargé sa mémoire d'une horreur qu'il ne mérite peut-être pas.

Quant à Camille Desmoulins, je ne rétracte rien de mon mépris. Il ne fut que le *Séjan* de la foule; il ne montra de pitié que pour lui-même, et il ne plaida pour les victimes que quand la multitude rassasiée de supplices commença à se retourner contre les bourreaux. Sarcastique et hideuse figure qu'on retrouve toujours dans toutes les révolutions, flaireurs du vent, baladins de la foule qui montent indifféremment sur les tréteaux ou sur l'échafaud pour y provoquer le rire atroce des égorgeurs ou pour y mourir eux-mêmes sans conviction, sans dignité et sans courage.

CXLI

Le meurtre de Madame Élisabeth, jeune sœur du roi, n'a dans aucune langue, excepté dans la langue des anthropophages, de mot pour le caractériser. On m'a accusé de glacer la pitié dans les âmes sur les attentats de la démagogie. Je n'accepte rien de cette calomnie du livre le plus plein de sang, mais le plus plein de larmes que je connaisse.

Qu'on en juge par le récit de cette mort :

« L'ordre de juger Madame Élisabeth fut un défi de cruauté entre les hommes dominants à qui serait le plus implacable contre le sang de Bourbon.

» Le 9 mai, au moment où les princesses, à demi déshabillées, priaient au pied de leur lit avant le sommeil, elles entendirent frapper à la porte de leurs chambres des coups si violents et si répétés, que la porte trembla sur ses gonds. Madame Élisabeth se hâta de se vêtir et d'ouvrir.

« Descends à l'instant, citoyenne ! lui dirent les porte-clefs.

» — Et ma nièce ? leur répondit la princesse. — On s'en occupera plus tard. » La princesse, entrevoyant son sort, se précipita vers sa nièce, et l'enveloppa dans ses bras comme pour la disputer à cette séparation. Madame Royale pleurait et tremblait. « Tranquillise-toi, mon enfant, lui dit sa » tante, je vais remonter sans doute dans un instant. — Non, » citoyenne, reprirent rudement les geôliers, tu ne remonteras pas ; prends ton bonnet et descends. » Comme elle retardait par ses protestations et par ses embrassements l'exécution de leur ordre, ces hommes l'accablèrent d'invectives et d'apostrophes injurieuses. Elle fit en peu de mots ses derniers adieux et ses pieuses recommandations à sa nièce. Elle invoqua, pour donner plus d'autorité à ses paroles, la mémoire du roi et de la reine. Elle inonda de larmes le visage de la jeune fille, et sortit en se retournant pour la bénir une dernière fois. Descendue aux guichets, elle y trouva les commissaires. Ils la fouillèrent de nouveau. On la fit monter dans une voiture, qui la conduisit à la Conciergerie.

CXLII

» Il était minuit. On eût dit que le jour n'avait pas assez d'heures pour l'impatience du tribunal. Le vice-président attendait Madame Élisabeth, et l'interrogea sans témoins. On lui laissa prendre ensuite quelques heures de sommeil sur la même couche où Marie-Antoinette avait endormi son agonie. Le lendemain on la conduisit au tribunal, accompagnée de vingt-quatre accusés de tout âge et de tout sexe, choisis pour inspirer au peuple le souvenir et le ressentiment de la cour. De ce nombre étaient mesdames de Sénozan, de Montmorency, de Canisy, de Montmorin, le fils de madame de Montmorin, agé de dix-huit ans, M. de Loménie, ancien ministre de la guerre, et un vieux courtisan de Versailles, le comte de Sourdeval. « De quoi » se plaindrait-elle? dit l'accusateur public en voyant ce » cortége de femmes des noms les plus illustres groupé autour de la sœur de Louis XVI. En se voyant au pied de » la guillotine entourée de cette fidèle noblesse, elle pourra » se croire encore à Versailles. »

» Les accusations furent dérisoires, les réponses dédaigneuses. « Vous appelez mon frère un tyran, dit la sœur » de Louis XVI à l'accusateur et aux juges; s'il eût été ce » que vous dites, vous ne seriez pas où vous êtes ni moi » devant vous! » Elle entendit son arrêt sans étonnement et sans douleur. Elle demanda pour toute grâce un prêtre fidèle à sa foi pour sceller sa mort du pardon divin. Cette consolation lui fut refusée. Elle y suppléa par la prière et par le sacrifice de sa vie. Longtemps avant l'heure du supplice, elle entra dans le cachot commun pour encourager ses compagnes. Elle présida avec une sollicitude touchante à la toilette funèbre des femmes qui allaient mourir avec elle. Sa dernière pensée fut un scrupule de pudeur. Elle donna la moitié de son fichu à une jeune condamnée, et le noua de ses propres mains pour que la chasteté ne fût pas profanée même dans la mort.

CXLIII

» On coupa ensuite ses longs cheveux blonds, qui tombèrent à ses pieds comme la couronne de sa jeunesse. Les femmes de sa suite funèbre et les exécuteurs eux-mêmes se les partagèrent. On lui lia les mains. On la fit monter après toutes sur le dernier banc de la charrette qui fermait le cortége. On voulut que son supplice fût multiplié par les vingt-deux coups qui tomberaient sur ces têtes d'aristocrates. Le peuple rassemblé pour insulter resta muet sur son passage. La beauté de la princesse transfigurée par la paix intérieure, son innocence de tout ce qui avait dépopularisé la cour, sa jeunesse sacrifiée à l'amitié qu'elle portait à son frère, son dévouement volontaire au cachot et à l'échafaud de sa famille, en faisaient la plus pure victime de la royauté. Il était glorieux à la famille royale d'offrir cette victime sans tache, impie au peuple de la demander. Un remords secret mordait tous les cœurs. Le bourreau allait donner en elle des reliques au trône et une sainte à la royauté. Ses compagnes la vénéraient déjà avant le ciel. Fières de mourir avec l'innocence, elles s'approchèrent toutes humblement de la princesse avant de monter, une à une, sur l'échafaud, et lui demandèrent la consolation de l'embrasser. Les exécuteurs n'osèrent refuser à des femmes ce qu'ils avaient refusé à Hérault de Séchelles et à Danton. La princesse embrassa toutes les condamnées à mesure qu'elles montaient à l'échelle. Après ce baise-main funèbre, elle livra sa tête au couteau. Chaste au milieu des séductions de la beauté et de la jeunesse, pieuse et pure dans une cour légère, humble dans les grandeurs, patiente dans les cachots, fière devant le supplice, Madame Élisabeth laissa par sa vie et par sa mort un modèle d'innocence sur les marches du trône, un exemple à l'amitié, une admiration au monde, un opprobre éternel à la république. »

Amnistier de tels crimes sous prétexte des nécessités révolutionnaires, ce serait déshonorer à jamais toutes les révolutions, car aucune révolution ne vaut le sang d'un juste; et quand le juste est une femme, sans autre crime que son nom, sa beauté, son innocence, sa jeunesse, dont on a immolé toute la famille, l'histoire qui atténuerait l'horreur contre ce forfait serait pire que les bourreaux qui le commirent.

Non, je n'ai pas eu de telles faiblesses envers le comité de salut public qui contre-signa de telles concessions de têtes à la cruauté du peuple! Que cette lâcheté retombe à jamais sur sa mémoire! Le peuple n'en veut accepter ni l'hommage ni l'expiation. La justice divine n'a pas d'amnistie contre les lâches!

CXLIV

Peut-on accuser légitimement d'affaiblir l'horreur contre les cruautés populaires un livre qui a ainsi des gouttes de armes à chaque goutte de sang innocent répandu par la perversité des tribuns ou par le vertige des démagogues? Ai-je laissé une seule tache de sang sur la statue de la liberté? Et n'est-ce pas en grande partie à l'effet moral de ce livre dans le peuple de Paris que nous devons d'avoir trouvé, deux ans après, le peuple de Paris si bien préparé à recevoir les conseils de la modération et de la justice et à le détourner si facilement des voies de sang où la Convention l'avait précipité pour le perdre? Je n'en doute pas, car ce livre, multiplié déjà à cent milliers d'exemplaires, était partout dans les mains du peuple pensant. Purifier une doctrine populaire, c'est bien mieux que la combattre; car ce qui manque au peuple, ce n'est jamais la force, c'est la vertu. Faire de la liberté une vertu, voilà la vraie révolution. L'*Histoire des Girondins* fut le miroir du peuple, en lui montrant sa propre image dans sa laideur et dans sa beauté; c'était le forcer à choisir entre l'horreur qu'il inspire sous les démagogues et l'estime de lui-même qui le dignifie sous les hommes d'État de l'honnêteté et de la magnanimité. Il n'a jamais besoin de tribuns que dans sa servitude. Dans sa victoire il ne lui faut que des modérateurs courageux. Sur la pente des abîmes la vraie force est de s'arrêter. Il eut cette force à la seconde république. A quoi la dut-il? Au tableau vrai de sa première république.

Croyez-moi, calomniateurs de cette histoire ! laissez-lui ce livre au lieu de le redouter, c'est l'école des peuples. Il est plein d'imperfections, sans doute, parce que c'est un homme d'un talent borné qui l'a écrit ; mais il est plein de leçons, parce que c'est Dieu qui les donne. Vous avez assez d'histoires de la Révolution écrites par des apologistes de la terreur, laissez-lui-en une écrite par un apologiste de l'humanité !

CXLV

Nous touchons au dénoûment de ce drame, le plus grand qui se soit joué sur la terre entre les idées justes et les idées fausses, la vertu mêlée de préjugés, le crime mêlé de vertus, la liberté entachée d'oppression, l'émancipation accomplie par la tyrannie, les martyrs déshonorés par les bourreaux, la raison déshonorée par les supplices. Robespierre, qui a personnifié en lui cette mêlée d'abord sublime, puis hideuse, des pensées et des passions, des philosophies et des fureurs, des principes et des sophismes, des moralités privées et des atrocités publiques, va périr sous la main non de ses ennemis, mais de ses complices. On m'a reproché avec justice, je l'ai dit, d'avoir trop flatté cette figure du sphinx de la Révolution. Il fallait dire trop *étudiée*. Cette étude même paraissait une faveur, car on a l'air d'aimer ce qu'on regarde trop avec une curiosité complaisante. Ce n'était que de l'étude, on a cru y voir de l'admiration. Les dernières lignes de ce portrait cependant me semblent bien définir ce monstre de sophisme. Les autres à côté de lui n'étaient que des démagogues; ils n'avaient ni pensées justes ni pensées fausses, ils n'avaient que des fureurs brutales. Ses crimes à lui avaient au moins une certaine intellectualité qui les rendait non pas moins odieux, mais plus intelligibles; ils avaient pour but une idée implacable, une idée fausse, ce qu'on appelle une utopie, mais enfin une idée impersonnelle, l'idée de tous les fanatiques devenus bourreaux à toutes les époques de l'histoire des rénovations accomplies ou tentées sur la terre. Cette distinction entre lui et ses émules de proscriptions ne le justifie pas, mais elle le caractérise; elle ne le rend que plus odieux, parce qu'elle le rend plus responsable. C'était la pensée égalitaire devenue homme, l'incarnation d'une impossibilité à laquelle tend l'idéal, mais à laquelle la nature résiste, et qui n'est par conséquent pas le plan divin des sociétés. Il prit le niveau pour symbole, mais le seul niveau possible était la guillotine. A mesure qu'il abattait une tête, une autre s'élevait, il fallait la niveler encore ; la sienne enfin dominait seule, il fallut la livrer.

Qu'on lise ces lignes qui sont mon arrêt sur lui tant reproché dans les *Girondins*. On verra si je ne rendais pas justice à ses crimes, tout en ne désavouant rien de ses stoïcismes privés. On doit justice aux Nérons du peuple. L'histoire, qui doit l'exécration, ne doit pas la calomnie.

Voici ce que j'en disais dans les *Girondins* :

CXLVI

« Il y avait trop de sang versé entre le bonheur et lui. Une dictature terrible ou un échafaud solennel étaient les seules images sur lesquelles il pût désormais s'arrêter. Il cherchait à y échapper, pendant les premiers jours de thermidor, par de longues excursions aux environs de Paris. Accompagné de quelque confident ou seul, il errait des journées entières sous les arbres de Meudon, de Saint-Cloud ou de Viroflay. On eût dit qu'en s'éloignant de Paris, où roulaient les charretées de victimes, il voulait mettre de l'espace entre le remords et lui. Il portait ordinairement un livre sous son habit. C'était habituellement un philosophe, tel que Rousseau, Raynal, Bernardin de Saint-Pierre, ou des poëtes de sentiment, tels que Gessner et Young : contraste étrange entre la douceur des images, la sérénité de la nature et l'âpreté de l'âme. Il avait les rêveries et les contemplations d'un philosophe au milieu des scènes de mort et des proscriptions d'un Marius.

» On raconte que le 7 thermidor, la veille du jour où Robespierre attendait l'arrivée de Saint-Just, et où il avait résolu de jouer sa vie contre la restauration de la république, il alla une dernière fois passer la journée entière à l'Ermitage de Jean-Jacques Rousseau, au bord de la forêt de Montmorency. Venait-il chercher des inspirations politiques sous les arbres à l'ombre desquels son maître avait écrit le *Contrat social?* Venait-il faire hommage au philosophe d'une vie qu'il allait donner à la cause de la démocratie? Nul ne le sait. Il passa, dit-on, des heures entières le front dans ses deux mains, accoudé contre la cloison rustique qui enclôt le petit jardin. Son visage avait la contemplation du supplice et la lividité de la mort. Ce fut l'agonie du remords, de l'ambition et du découragement. Robespierre eut le temps de rassembler dans un seul et dernier regard son passé, son présent, son lendemain, le sort de la république, l'avenir du peuple et le sien. S'il mourut d'angoisse, de repentir et d'anxiété, ce fut dans cette muette méditation.

CXLVII

» Une intention droite au commencement; un dévouement volontaire au peuple représentant à ses yeux la portion opprimée de l'humanité; un attrait passionné pour une révolution qui devait rendre la liberté aux opprimés, l'égalité aux humiliés, la fraternité à la famille humaine; des travaux infatigables consacrés à se rendre digne d'être un des premiers ouvriers de cette régénération; des humiliations cruelles patiemment subies dans son nom, dans son talent, dans ses idées, dans sa renommée, pour sortir de l'obscurité où le confinaient les noms, les talents, les supériorités des Mirabeau, des Barnave, des La Fayette; sa popularité conquise pièce à pièce et toujours déchirée par la calomnie; sa retraite volontaire dans les rangs les plus obscurs du peuple; sa vie usée dans toutes les privations; son indigence, qui ne lui laissait partager avec sa famille, plus indigente encore, que le morceau de pain que la nation donnait à ses représentants ; son désintéressement appelé hypocrisie par ceux qui étaient incapables de le comprendre ; son triomphe enfin ; un trône écroulé ; le peuple affranchi ; son nom associé à la victoire et aux enthousiasmes de la multitude ; mais l'anarchie déchirant à l'instant le règne du peuple ; d'indignes rivaux, tels que les Hébert et les Marat, lui disputant la direction de la Révolution et la poussant à sa ruine ; une lutte criminelle de vengeances et de cruautés s'établissant entre ces rivaux et lui pour se disputer l'empire de l'opinion ; des sacrifices coupables, faits, pendant trois ans, à cette popularité qui avait voulu être nourrie de sang ; la tête du roi demandée et obtenue ; celle de la reine ; celle de la princesse Élisabeth ; celles de milliers de vaincus immolés après le combat ; les Girondins sacrifiés malgré l'estime qu'il portait à leurs principaux orateurs ; Danton lui-même, son plus fier émule, Camille Desmoulins, son jeune disciple, jetés au peuple sur un soupçon, pour qu'il n'y eût plus d'autre nom que le sien dans la bouche des patriotes ; la toute-puissance enfin obtenue dans l'opinion, mais à la condition de la maintenir sans cesse par de nouveaux crimes ; le peuple ne voulant plus dans son législateur suprême qu'un accusateur ; des aspirations à la clémence refoulées par la prétendue nécessité d'immoler encore ; une tête demandée ou livrée au besoin de chaque jour ; la victoire espérée pour le lendemain, mais rien d'arrêté dans l'esprit pour consolider et utiliser cette victoire ; des idées confuses, contradictoires ; l'horreur de la tyrannie, et la nécessité de la dictature ; des plans imaginaires pleins de l'âme de la Révolution, mais sans organisation pour les contenir, sans appui, sans force pour les faire durer ; des mots pour institutions; la vertu sur les lèvres et l'arrêt de mort dans la main; un peuple fiévreux; une Convention servile; des comités corrompus; la république reposant sur une seule tête; une vie odieuse; une mort sans fruit; une mémoire souillée; un nom néfaste; le cri du sang qu'on n'apaise plus, s'élevant dans la postérité contre lui : toutes ces pensées assaillirent sans doute l'âme de Robespierre pendant cet examen de son ambition. Il ne lui restait qu'une ressource : c'était de s'offrir en exemple à la république, de dénoncer au monde les hommes qui corrompaient la liberté, de mourir en les combattant, et de léguer au peuple, sinon un gouvernement, au moins une doctrine et un martyr. Il eut évidemment ce dernier rêve : mais c'était un rêve. L'intention était haute, le courage grand, mais la victime n'était pas assez pure même pour se sacrifier ! C'est l'éternel malheur des hommes qui ont taché leur nom du sang de leurs semblables de ne pouvoir plus se laver même dans leur propre sang. »

. . . .
. . . .
. . . .
. . . .
. . . .

CXLVIII

Et ailleurs :
« Il caresse le peuple par ses parties ignobles. Il exagère le soupçon. Il suscite l'envie. Il agace la colère. Il enve-

nime la vengeance. Il ouvre les veines du corps social pour guérir le mal ; mais il en laisse couler la vie, pure ou impure, avec indifférence, sans se jeter entre les victimes et les bourreaux. Il livre à ce qu'il croit le besoin de sa situation les têtes du roi, de la reine, de leur innocente sœur. Il cède à la prétendue nécessité la tête de Vergniaud ; la tête de Danton à la peur ; des milliers de victimes, à la domination. Il permet que son nom serve pendant dix-huit mois d'enseigne à l'échafaud et de justification à la mort. Il espère racheter plus tard ce qui ne se rachète jamais : le crime présent par les institutions futures. Il s'enivre d'une perspective de félicité publique pendant que la France palpite sur l'échafaud. Il veut extirper avec le fer toutes les racines malfaisantes du sol social. Il se croit les droits de la Providence parce qu'il a un sentiment et un plan dans son imagination. Il prétend se mettre à la place de Dieu. Il veut être le génie exterminateur et créateur de la Révolution. Il oublie que si chaque homme se divinisait ainsi lui-même, il ne resterait à la fin qu'un seul homme sur le globe, et que ce dernier des hommes serait l'assassin de tous les autres ! Il tache de sang les plus pures doctrines. Il inspire à l'avenir l'effroi du règne du peuple, la répugnance à l'institution de la république, le doute sur la liberté. Il tombe enfin dans sa première lutte contre la terreur, parce qu'il n'a pas conquis, en lui résistant dès le commencement, le droit et la force de la dompter. Ses principes sont stériles et condamnés comme ses proscriptions, et il meurt en s'écriant avec le découragement de Brutus : « La république périt avec moi ! » Il était en effet, en ce moment, l'âme de la république. Elle s'évanouit dans son dernier soupir. Si Robespierre s'était conservé pur et sans concession aux égarements des démagogues jusqu'à cette crise de lassitude et de remords, la république aurait survécu, rajeuni et triomphé en lui. Elle cherchait un régulateur, il ne lui présentait qu'un complice. Il lui préparait un Cromwell.

» Le suprême malheur de Robespierre en périssant ne fut pas tant de périr et d'entraîner la république avec lui, que de ne pas léguer à la démocratie, dans la mémoire d'un homme qui avait voulu la personnifier avec le plus de foi, une de ces figures pures, éclatantes, immortelles, qui vengent une cause de l'abandon du sort, et qui protestent contre la ruine par l'admiration sans répugnance et sans réserve qu'elles inspirent à la postérité. Il fallait à la république un *Caton d'Utique* dans le martyrologe de ses fondateurs : Robespierre ne lui laissait qu'un *Marius* moins l'épée. La démocratie avait besoin d'une gloire qui rayonnât à jamais d'un nom d'homme sur son berceau : Robespierre ne lui rappelait qu'une grande constance et un grand remords. Ce fut la punition de l'homme, la punition du peuple, celle du temps et celle aussi de l'avenir. Une cause n'est souvent qu'un nom d'homme. La cause de la démocratie ne devait pas être condamnée à voiler ou à justifier le sien. Le type de la démocratie doit être magnanime, généreux, clément et incontestable comme la vérité. »

C'est là mon dernier mot dans les *Girondins* sur Robespierre. Je le dirais plus sévèrement peut-être aujourd'hui, parce que j'ai vu son ombre dans la rue en 1848 ; mais je ne le dirais pas plus juste.

CXLIX

Mon jugement final sur la Révolution à la dernière page des *Girondins*, bien que vrai dans son ensemble, ne mérite ni de moi ni des autres une telle indulgence ou une telle justification. Le voici :

« Avec Robespierre et Saint-Just finit la grande période de la république. La seconde race des révolutionnaires commence. La république tombe de la tragédie dans l'intrigue, du fanatisme dans la cupidité. Au moment où tout se rapetisse, arrêtons-nous pour contempler ce qui fut si grand.

» La Révolution n'avait duré que cinq ans. Ces cinq années sont cinq siècles pour la France. Jamais peut-être sur cette terre, à aucune époque, sauf l'ère de l'incarnation de l'idée chrétienne, un pays ne produisit, en un si court espace de temps, une pareille éruption d'idées, d'hommes, de natures, de caractères, de talents, de crimes, de vertus. Ni le siècle de Périclès à Athènes, ni le siècle de César et d'Octave à Rome, ni le siècle de Charlemagne dans les Gaules et dans la Germanie, ni le siècle de Léon X en Italie, ni le siècle de Louis XIV en France, ni le siècle de Cromwell en Angleterre ! On dirait que la terre, en travail pour enfanter l'ordre progressif des sociétés, fait un effort de fécondité comparable à l'œuvre énergique de régénération que la Providence veut accomplir. Sans parler des précurseurs, de Voltaire, de Jean-Jacques Rousseau, les hommes naissent comme des personnifications instantanées des choses qui doivent se penser, se dire ou se faire. Mirabeau, la foudre; Condorcet, le calcul; Vergniaud, l'élan; Danton, l'audace; Marat, la fureur; madame Roland, l'enthousiasme; Charlotte Corday, la vengeance; Robespierre, l'utopie; Saint-Just, le fanatisme de la Révolution. Et derrière eux les hommes secondaires de chacun de ces groupes forment un faisceau que la Révolution détache après l'avoir réuni, et dont elle brise une à une toutes les tiges comme des outils ébréchés. La lumière brille à tous les points de l'horizon à la fois. Les ténèbres se replient. Les préjugés reculent. Les tyrannies tremblent. Les peuples se lèvent. Les trônes croulent. L'Europe intimidée essaye de frapper, et, frappée elle-même, recule pour regarder de loin ce terrible spectacle. »

Ce combat est mille fois plus glorieux que les combats des armées qui lui succèdent. 1789 a conquis au monde des vérités, au lieu de conquérir à une nation de précaires accroissements de provinces. Il a élargi le domaine de l'homme, au lieu d'élargir les limites d'un territoire. On est fier d'être d'une race d'hommes à qui la Providence a permis de concevoir de telles pensées, et d'être enfant d'un siècle qui a imprimé l'impulsion à de tels mouvements de l'esprit humain. On glorifie la France dans son intelligence, dans son rôle, dans son âme, dans son sang! Les têtes tombent une à une, les unes justement, les autres injustement; mais elles tombent toutes à l'œuvre. On accuse ou l'on absout. On pleure ou on maudit. Les individus sont innocents ou coupables, touchants ou odieux, victimes ou bourreaux. L'action est grande, et l'idée plane au-dessus de ses instruments comme une cause juste sur les horreurs du champ de bataille. Après cinq ans, la Révolution n'est plus qu'un vaste cimetière. Sur la tombe de chacune de ces victimes, il est écrit un mot qui la caractérise. Sur l'une, *philosophie*. Sur l'autre, *éloquence*. Sur celle-ci, *génie*. Sur celle-là, *courage*. Ici, *crime*. Là, *vertu*. Mais sur toutes il est écrit : Mort pour l'avenir et Ouvrier de l'humanité.

CL

» Une nation doit pleurer ses morts, sans doute, et ne pas se consoler d'une seule tête injustement et odieusement sacrifiée; mais elle ne doit pas regretter son sang quand il a coulé pour faire éclore des vérités éternelles. Dieu a mis ce prix à la germination et à l'éclosion de ses desseins sur l'homme. Les idées végètent de sang humain. Les révélations descendent des échafauds. Pardonnons-nous donc, fils des combattants, des bourreaux ou des victimes! Réconcilions-nous sur leurs tombeaux pour reprendre leur œuvre interrompue! Le crime a tout perdu en se mêlant dans les rangs de la république. Combattre, ce n'est pas immoler. Otons le crime de la cause du peuple comme une arme qui lui a percé la main et qui a changé la liberté en despotisme; ne cherchons pas à justifier l'échafaud par la patrie, et les proscriptions par la liberté; n'endurcissons pas l'âme du siècle par le sophisme de l'énergie révolutionnaire; laissons son cœur à l'humanité, c'est le plus sûr et le plus infaillible de ses principes, et résignons-nous à la condition des choses humaines. L'histoire de la Révolution est glorieuse et triste comme le lendemain d'une victoire, et comme la veille d'un autre combat. Mais si cette histoire est pleine de deuil, elle est pleine surtout de foi. Elle ressemble au drame antique, où, pendant que le narrateur fait le récit, le chœur du peuple chante la gloire, pleure les victimes et élève un hymne de consolation et d'espérance à Dieu ! »

CLI

Ce jugement est une ode plus qu'un arrêt. Il semble planer avec une glorieuse amnistie sur toute la scène et justifier ainsi dans une commune auréole tous les actes et tous les acteurs. Ni les victimes ni les bourreaux n'ont ainsi leur part de justice, de pitié ou de réprobation qui est le devoir et la vérité de l'histoire. Peut-on jeter dans la même gémonie ou dans le même mausolée arrosé de larmes la tête de Louis XVI et celle de Robespierre? la tête de Bailly et celle de Marat ? la tête de la reine et celle de madame Roland? la tête de Vergniaud ou de Condorcet et celle de Camille Desmoulins? Et peut-on se désintéresser ainsi du culte pour les pures victimes et de l'horreur pour les exécrables bourreaux par une épitaphe de gloire sans choix et sans respect qui ne fait justice ni aux uns ni aux autres, en chantant l'*hosanna* à la Révolution et à la nation? Non; une telle épitaphe *pêle-mêle* est un linceul jeté sur la fosse commune où l'on profane les cadavres en les confondant! Il ne doit point y avoir de jugement d'ensemble sur un champ de bataille couvert de morts, combattants, victimes ou assassins, dont chacun a sa cause, son drapeau, sa foi, sa vertu, son excuse, son crime à part et différents. Sur ce champ de bataille il y a eu des vertus et des mensonges, des héroïsmes et des bassesses, des égorgés et des égorgeurs, des abattoirs d'hommes et des champs de bataille patriotiques, des héros et des scélérats. Illustrez, plaignez, vengez, vénérez ce qui fut digne à jamais de la pitié, de l'admiration, de l'immortalité dans l'avenir; réprouvez, flétrissez, stigmatisez ce qui ne fut digne que du mépris ou de l'exécration de la mémoire. La justice qui n'est pas individuelle n'est pas justice. Ces condamnations ou ces absolutions en masse ne sont que de splendides dénis de gloire aux victimes et des dénis de justice aux coupables. Un historien n'a pas le droit de jeter ainsi son manteau sur les nudités hideuses de son siècle et de dire: « Tout est bien, » quand le bien et le mal sont là sous ses yeux demandant chacun qu'on lui fasse sur la terre la part que Dieu lui-même lui doit dans sa rétribution divine. Vous faites croire ainsi au peuple qui vous lit que la légitimité de la cause et que la grandeur du drame auxquels il participe justifient et glorifient tous les acteurs de ce drame humain, qui laissent leur tête et leur nom dans la lutte sur ce champ de honte ou de renommée qu'on appelle les révolutions. C'est une adulation à ce peuple propre à le corrompre et non à le moraliser; c'est un mensonge à la postérité, qui a droit à aimer ou à abhorrer selon les œuvres; c'est une offense à Dieu, dont vous faites mentir la justice dans votre bouche; c'est un crime contre la conscience, dont vous étouffez la voix par un chant de triomphe, au lieu de lui livrer les justes à récompenser, les criminels à punir.

CLII

J'ai été indigné contre moi-même en relisant ce matin cette dernière page lyrique des *Girondins*, et je conjure les lecteurs de la déchirer eux-mêmes comme je la déchire devant la postérité et devant Dieu.

Cette page, écrite dans un de ces moments d'enthousiasme plus poétique qu'historique où l'on s'élève si haut dans l'espace qu'on cesse de voir les sinistres détails d'un événement pour n'en considérer que l'ensemble (et l'homme à faible vue n'a pas le droit de s'élever ainsi jusqu'à ce point où l'on ne distingue plus que les résultats dans un désintéressement soi-disant sublime, mais en réalité coupable, du crime ou de la vertu), cette page, dis-je, est une des deux grandes fautes involontaires que j'aie à me reprocher dans ma carrière d'écrivain. J'en ai commis une autre également coupable, et que j'aurai le courage d'avouer bientôt aussi, dans ma carrière d'orateur politique, peu de temps avant le jour où la monarchie de 1830, ébranlée par d'autres coups que les miens, s'écroula, comme le rempart d'une ville sapée par ses propres défenseurs, sur leur tête et sur la mienne, et où il nous fallut supporter seul le poids de ce formidable écroulement. Cette faute, je le dis hardiment, ce ne fut pas la république. La république fut le salut de ce peuple qui eut la vertu de l'acclamer, et la vertu plus grande de la modérer. Elle eût été sa gloire s'il avait su la conserver avec la même magnanimité qu'il avait su la contenir. Non, ce n'est pas là cette faute que ma conscience me reproche, ce fût plutôt le dévouement par lequel je la rachetai, si l'on peut jamais racheter l'innocence.

CLIII

Cette faute politique, je ne me la suis jamais pardonnée, pour mériter que le Juge suprême (qui n'est pas l'homme) me la pardonne. Les blessures de la conscience ne se cicatrisent que sous les larmes du repentir. J'en aurai mérité le châtiment ici-bas, je n'aurai pas protesté contre la peine, et j'ai toujours considéré les angoisses et les humiliations qui assiègent depuis dix ans le soir de mon existence comme une juste et trop douce expiation d'une de ces témérités d'esprit par lesquelles l'homme le mieux intentionné ne doit jamais, selon l'expression des moralistes religieux, tenter la Providence quand il s'agit du sort et du sang d'un peuple.

Mais, en ce qui concerne l'*Histoire des Girondins*, je ne me reproche en conscience que les cinq ou six pages que j'ai signalées ici moi-même à la vindicte des belles âmes, et je désire que ce commentaire expiatoire reste à jamais attaché au texte et fasse corps à cette édition du livre, pour prémunir les lecteurs, et surtout la jeunesse et le peuple, contre le danger de quelques sophismes et contre quelques complaisances de popularité qui pourraient fausser une idée dans leur esprit, ou atténuer dans leur cœur la sainte horreur de la vérité même, contre l'immoralité des moyens.

Les révolutions ne sont pas, comme on l'a dit, l'interrègne de la conscience, elles en sont l'épreuve, et elles ne succombent que pour avoir mêlé dans leur œuvre le crime et la vertu.

LAMARTINE.

PIÈCES JUSTIFICATIVES

PIÈCES JUSTIFICATIVES

—

Au moment où nous terminons ces considérations délicates, où la conscience a eu souvent à lutter contre l'amour-propre et où la conscience a toujours vaincu, un livre remarquable sur les Girondins vient de paraître. C'est un livre de famille, peut-on dire, un livre plein de ces détails personnels et domestiques qui donnent tant de sûreté et tant de vérités intimes à l'histoire. Ce livre est écrit par M. Guadet, propre neveu d'un des hommes les plus historiques et les plus romains de la Gironde. J'y suis assez maltraité, un peu injustement; mais cette injustice n'est que de l'humeur. Je l'excuse dans un parent des Girondins, bien qu'elle ne soit pas fondée, selon moi. A l'époque où je cherchais avec sollicitude tous les renseignements historiques relatifs à ces héros de la liberté qu'on a appelés les Girondins, j'appris que le neveu de Guadet existait à Paris.

Je parvins à avoir l'accès de sa maison. Je fus reçu de lui avec grâce et confiance. Il voulut bien feuilleter pour moi ses souvenirs et ses notes, et particulièrement tout ce qui concernait la fin tragique de ces hommes, victimes de leur courage et de leur modération, pendant leur fuite et leur séjour à Saint-Émilion. Je dois à M. Guadet ce que j'ai raconté de plus dramatique sur cet épisode de la terreur. J'ai conservé de mes entretiens avec lui une estime et une reconnaissance que je ne désavoue pas. Mais parce que j'ai donné à mon histoire de la Révolution le titre d'*Histoire des Girondins*, M. Guadet a cru que je voulais me borner à l'histoire de ce groupe des Laocoons de la Gironde, enlacés dans les nœuds des reptiles de la terreur. Il n'en était rien. Je n'en faisais ni des types de la Révolution, ni des exemples de haute politique. Ils étaient pour moi le centre dramatique et artistique de toute la Révolution, ceux qui la lancent, ceux qui veulent l'arrêter, ceux qui l'expient par leur mort; voilà tout. M. Guadet, trompé dans ce qu'il attendait de mon livre, le critique avec moins d'indulgence que je ne m'y serais attendu. Je m'en afflige, mais je ne m'en irrite pas. Ce mouvement immérité d'humeur ne me rend pas injuste envers le très-beau document qu'il vient de donner, avec un si remarquable talent d'écrivain, à la grande histoire : il lui sera aussi utile comme historien que son oncle a été célèbre par son talent d'orateur.

J'ai été vivement ému de cette lecture. Je me suis oublié moi-même pour applaudir de l'esprit et du cœur à cet historien de famille, dont l'âme paraît trempée comme la plume dans le stoïcisme de Guadet et de Vergniaud. Je lui demande la permission, non de le réfuter en ce qui me concerne, cela serait misérable et personnel, mais de le citer longuement dans les parties de son récit où il apporte des lumières et des émotions qu'aucun autre ne pouvait fournir sur ces grands parents de la tribune et de l'échafaud. La fuite des Girondins surtout, leurs suicides, leurs échafauds, sont des drames de Tacite. Héros et bourreaux, tout rappelle Rome; tout se rapetisse après eux. Nos neveux reverront peut-être ces proscriptions romaines : il est bon de les prémunir contre le découragement et la bassesse en leur apprenant à bien mourir.

Mais nous allons donner ici d'abord quelques renseignements jusqu'ici inédits sur la longue crise parlementaire et populaire qui livra les modérateurs de la première république à la hache des démagogues. Plus heureux que les Girondins et non moins fermes, les modérateurs de la seconde république, aidés d'un peuple plus civique que le peuple de 1793, ne sont pas morts en résistant, mais ils ont vécu pour revoir triompher la France souveraine.

DISCOURS DE VERGNIAUD. — LA PATRIE DÉCLARÉE EN DANGER.

« Dans ces tristes circonstances, Vergniaud prononça, le 3 juillet, un de ces discours qui deviennent des monuments historiques, un discours qui a fait dire : « Si Vergniaud » n'est pas pour tout le monde le premier orateur de la » Révolution, il a prononcé à coup sûr le plus beau dis- » cours qu'elle ait à soumettre à l'admiration des âges fu- » turs. » Dans un magnifique exorde, souvent interrompu par les applaudissements, Vergniaud peint à grands traits

l'état présent de la France; puis, entrant dans le sujet, il rappelle les décrets par lesquels l'Assemblée a tenté de conjurer ces dangers : décret contre les prêtres perturbateurs, décret pour un camp de vingt mille hommes; il rappelle le refus de sanction de ces deux décrets par le pouvoir exécutif, et, développant la théorie de la responsabilité ministérielle, il dégage le roi de cette responsabilité, et la fait tomber tout entière sur les ministres, qu'il accuse de trahison. Puis, quittant le terrain de la responsabilité ministérielle, il poursuit : « Mais il ne suffit pas d'avoir prouvé
» qu'il faudra jeter les ministres eux-mêmes dans l'abîme
» que leur incurie ou leur malveillance pourrait avoir
» creusé devant la liberté. Et qu'importerait à la patrie op-
» primée une vengeance tardive? Le sang de quelques mi-
» nistres coupables expierait-il la mort des citoyens géné-
» reux tombés en la défendant sous les coups de ses
» ennemis? Serait-ce par des échafauds et des supplices
» qu'elle pourrait se consoler de la perte de ses enfants les
» plus chers? Il est des vérités simples, mais fortes et
» d'une haute importance, dont la seule énonciation peut,
» je crois, produire des effets plus grands, plus salutaires
» que la responsabilité des ministres, et nous épargner des
» malheurs que celle-ci ne serait pas un moyen de réparer.
» Je parlerai sans autre passion que l'amour de la patrie et
» le sentiment profond des maux qui la désolent. Je prie
» qu'on m'écoute avec calme, qu'on ne se hâte pas de me
» deviner pour approuver ou condamner d'avance ce que je
» n'ai pas l'intention de dire. Fidèle à mon serment de
» maintenir la constitution, de respecter les pouvoirs con-
» stitués, c'est la constitution seule que je vais invoquer. De
» plus j'aurai parlé dans les intérêts bien entendus du roi,

» si, à l'aide de quelques réflexions d'une évidence frap-
» pante, je déchire le bandeau que l'intrigue et l'adulation
» ont mis sur ses yeux, et si je lui montre le terme où ses
» perfides amis s'efforcent de le conduire.

» C'est *au nom du roi,* continue Vergniaud, que les
» princes français ont tenté de soulever contre la nation
» toutes les cours de l'Europe; c'est pour *venger la dignité*
» *du roi* que s'est conclu le traité de Pilnitz et formée l'al-
» liance monstrueuse entre les cours de Vienne et de Ber-
» lin ; c'est pour *défendre le roi* qu'on a vu accourir en Alle-
» magne, sous les drapeaux de la rébellion, les anciennes
» compagnies des gardes du corps ; c'est pour *venir au se-*
» *cours du roi* que les émigrés sollicitent et obtiennent de
» l'emploi dans les armées autrichiennes et s'apprêtent à
» déchirer le sein de leur patrie ; c'est pour joindre ces
» preux chevaliers de la prérogative royale que d'autres
» preux, pleins d'honneur et de délicatesse, abandonnent
» leur poste en présence de l'ennemi, trahissent leurs ser-
» ments, volent les caisses, travaillent à corrompre leurs
» soldats, et placent ainsi leur gloire dans la lâcheté, le
» parjure, la subornation, le vol et les assassinats ; c'est
» contre la nation ou l'Assemblée nationale seule, et *pour le*
» *maintien de la splendeur du trône,* que le roi de Bohême
» et de Hongrie nous fait la guerre et que le roi de Prusse
» marche vers nos frontières... Enfin tous les maux qu'on
» s'efforce d'accumuler sur nos têtes, tous ceux que nous
» avons à redouter, c'est le nom seul du roi qui en est le
» prétexte ou la cause. Or, je lis dans la constitution :
» *Si le roi se met à la tête d'une armée et en dirige les forces*
» *contre la nation, ou s'il ne s'oppose pas, par un acte for-*
» *mel, à une telle entreprise, qui s'exécuterait en son nom,*

» *il sera censé avoir abdiqué la royauté.* Maintenant je vous
» demande ce qu'il faut entendre par un acte formel d'op-
» position. La raison me dit que c'est l'acte d'une résis-
» tance proportionnée autant qu'il est possible au danger,
» et faite dans un temps utile pour pouvoir l'éviter. Par
» exemple, si, dans la guerre actuelle, cent mille Autri-
» chiens dirigeaient leur marche vers la Flandre, ou cent
» mille Prussiens vers l'Alsace, et si le roi, qui est le chef
» suprême de la force publique, n'opposait à chacune de
» ces deux redoutables armées qu'un détachement de dix
» ou vingt mille hommes, pourrait-on dire qu'il a employé
» des moyens de résistance convenables, qu'il a rempli le
» vœu de la constitution et fait l'acte formel qu'elle exige de
» lui? » Ici se déroule une longue série de suppositions qui
toutes sont des allusions claires aux faits accomplis; et toujours cette même conclusion : « Pourrait-on dire que le roi
» a rempli, pour la défense de l'État, le vœu de la constitu-
» tion, qu'il a fait l'acte formel qu'elle exige de lui? »

« Souffrez, continue Vergniaud, que je raisonne encore
» dans cette supposition douloureuse. J'ai exagéré plusieurs
» faits, j'en énoncerai même tout à l'heure qui, je l'espère,
» n'existeront jamais, pour ôter tout prétexte à des appli-
» cations qui sont purement hypothétiques; mais j'ai besoin
» d'un développement complet pour montrer la vérité sans
» nuages. Si tel était le résultat de la conduite dont je
» viens de tracer le tableau, que la France nageât dans le
» sang, que l'étranger y dominât, que la constitution fût
» ébranlée, que la contre-révolution fût là, et que le roi
» vous dît pour sa justification : « Il est vrai que les ennemis
» qui déchirent la France prétendent n'agir que pour rele-
» ver ma puissance qu'ils supposent anéantie, venger ma

» dignité qu'ils supposent flétrie, me rendre mes droits
» royaux qu'ils supposent compromis ou perdus ; mais j'ai
» prouvé que je n'étais pas leur complice, et j'ai obéi à la
» constitution qui m'ordonne de m'opposer par un acte for-
» mel à leurs entreprises, puisque j'ai mis des armées en
» campagne ; il est vrai que ces armées étaient trop faibles,
» mais la constitution ne désigne pas le degré de force que
» je devais leur donner ; il est vrai que je les ai rassemblées
» trop tard, mais la constitution ne désigne pas le temps où
» je devais les rassembler ; il est vrai que des camps de ré-
» serve auraient pu les soutenir, mais la constitution ne
» m'oblige pas à former des camps de réserve ; il est vrai
» que lorsque nos généraux s'avançaient en vainqueurs sur
» le territoire ennemi, je leur ai ordonné de s'arrêter, mais
» la constitution ne me prescrit pas de remporter des vic-
» toires, elle me défend même les conquêtes ; il est vrai
» qu'on a tenté de désorganiser les armées par des démis-
» sions combinées d'officiers, et que je n'ai fait aucun effort
» pour arrêter le cours de ces démissions, mais la constitu-
» tion n'a pas prévu ce que j'aurais à faire en pareil délit ;
» il est vrai que mes ministres ont continuellement trompé
» l'Assemblée nationale sur le nombre, la disposition des
» troupes et leurs approvisionnements, que j'ai gardé le
» plus longtemps que j'ai pu ceux qui entravaient la marche
» du gouvernement constitutionnel, le moins possible ceux
» qui s'efforçaient de lui donner du ressort, mais la consti-
» tution ne fait dépendre leur nomination que de ma
» volonté, et nulle part elle n'ordonne que je donne ma
» confiance aux patriotes et que je chasse les contre-révolu-
» tionnaires ; il est vrai que l'Assemblée nationale a rendu
» des décrets utiles ou même nécessaires, et que j'ai refusé

» de les sanctionner, mais j'en avais le droit, il est sacré,
» car je le tiens de la constitution; il est vrai enfin que la
» contre-révolution se fait, que le despotisme va remettre
» entre mes mains son sceptre de fer, que je vous en écra-
» serai, que vous allez ramper, que je vous punirai d'avoir
» eu l'insolence de vouloir être libres, mais j'ai fait tout ce
» que la constitution me prescrit, il n'est émané de moi au-
» cun acte que la constitution condamne; il n'est donc pas
» permis de douter de ma fidélité pour elle, de mon zèle
» pour sa défense. » (On applaudit à plusieurs reprises.) —
» Si, dis-je, il était possible que dans les calamités d'une
» guerre funeste, dans un bouleversement contre-révolu-
» tionnaire, le roi des Français leur tînt ce langage déri-
» soire, s'il était possible qu'il leur parlât jamais de son
» amour pour la constitution avec une ironie aussi insul-
» tante, ne seraient-ils pas en droit de lui répondre : « O
» roi! qui sans doute avez cru avec le tyran Lysandre que
» la vérité ne vaut pas mieux que le mensonge, et qu'il faut
» amuser les hommes par des serments ainsi qu'on amuse
» les enfants avec des osselets, qui n'avez feint d'aimer les
» lois que pour parvenir à la puissance qui vous servirait à
» les braver, la constitution que pour qu'elle ne vous préci-
» pitât pas du trône où vous aviez besoin de rester pour la
» détruire, la nation que pour assurer le succès de vos per-
» fidies en lui inspirant de la confiance, pensez-vous nous
» abuser aujourd'hui avec d'hypocrites protestations, nous
» donner le change sur la cause de nos malheurs par l'arti-
» fice de vos excuses et l'audace de vos sophismes? Était-ce
» nous défendre que d'opposer aux soldats étrangers des
» forces dont l'infériorité ne laissait pas même d'incertitude
» sur leur défaite? Était-ce nous défendre que d'écarter les

» projets tendant à fortifier l'intérieur du royaume, ou de
» faire des préparatifs de résistance pour l'époque où nous
» serions déjà devenus la proie des tyrans? Était-ce nous
» défendre que de choisir des généraux qui attaquaient eux-
» mêmes la constitution, ou d'enchaîner le courage de ceux
» qui la servaient? Était-ce nous défendre que de paralyser
» sans cesse le gouvernement par la désorganisation conti-
» nuelle du ministère? La constitution vous laissa-t-elle le
» choix des ministres pour notre bonheur ou notre ruine?
» Vous fit-elle chef de l'armée pour notre gloire ou pour
» notre honte? Vous donna-t-elle enfin le droit de sanction,
» une liste civile et tant de grandes prérogatives pour
» perdre constitutionnellement la constitution et l'empire?
» — Non, non, homme que la générosité des Français n'a
» pu émouvoir, homme que le seul amour du despotisme a
» pu rendre sensible, vous n'avez pas rempli le vœu de la
» constitution. Elle est peut-être renversée; mais vous ne
» recueillerez point le fruit de votre parjure. Vous ne vous
» êtes point opposé par un acte formel aux victoires qui se
» remportaient en votre nom sur la liberté, mais vous ne
» recueillerez point le fruit de ces indignes triomphes. Vous
» n'êtes plus rien pour cette constitution que vous avez si
» indignement violée, pour ce peuple que vous avez si
» lâchement trahi. » (Les applaudissements recommencent
avec plus de force dans la très-grande majorité de l'Assemblée.)

» Enfin Vergniaud conclut : « Venant aux circonstances
» actuelles, je ne pense point que si nos armées ne sont
» pas entièrement portées au complet, ce soit par la mal-
» veillance du roi. J'espère qu'il augmentera bientôt nos
» moyens de résistance par un emploi utile des bataillons si

» inutilement disséminés dans l'intérieur du royaume. En-
» fin j'espère aussi que la marche des Prussiens à travers
» nos gardes nationales ne sera pas aussi triomphale qu'ils
» ont l'orgueilleuse démence de l'imaginer. Je ne suis point
» tourmenté par la crainte de voir se réaliser les horribles
» suppositions que j'ai faites. Cependant, comme les dan-
» gers dont nous sommes investis nous imposent l'obligation
» de tout prévoir ; comme les faits que j'ai supposés ne sont
» pas dénués de rapports frappants avec plusieurs actes et
» plusieurs discours du roi ; comme il est certain que les
» faux amis qui l'environnent sont vendus aux conjurés de
» Coblentz, et qu'ils brûlent de le perdre pour faire recueil-
» lir le fruit de la conjuration à quelqu'un de leurs chefs ;
» comme il importe à sa sûreté personnelle autant qu'à la
» tranquillité du royaume que sa conduite ne soit pas envi-
» ronnée de soupçons ; comme il n'y a qu'une grande fran-
» chise dans ses démarches et dans ses explications qui
» puisse prévenir des moyens extrêmes et les querelles san-
» glantes que ceux-ci feraient naître, je proposerais un mes-
» sage où, après les interpellations que les circonstances
» détermineront à lui adresser, on lui ferait pressentir les
» vérités que j'ai développées, on lui démontrerait que le
» système de neutralité qu'on semble vouloir lui faire adop-
» ter entre Coblentz et la France serait une trahison insigne
» dans le roi des Français, qu'il ne lui rapporterait d'autre
» gloire qu'une profonde horreur de la part de la nation et
» qu'un mépris éclatant de la part des conspirateurs ;
» qu'ayant déjà opté pour la France il doit hautement pro-
» clamer l'inébranlable résolution de triompher ou de périr
» avec elle et la constitution. — Mais en même temps, con-
» vaincu que l'harmonie entre les deux pouvoirs suffit pour

» éteindre les haines, rapprocher les citoyens divisés, ban-
» nir la discorde de l'empire, doubler nos forces contre les
» ennemis extérieurs, raffermir la liberté et arrêter la mo-
» narchie chancelante sur le penchant de l'abîme, je vou-
» drais que le message eût pour objet de la maintenir ou de
» la produire, et non de la rendre impossible; je voudrais
» qu'on y déployât toute la fermeté, toute la grandeur qui
» conviennent à l'Assemblée nationale et à la majesté des
» deux pouvoirs; j'y voudrais la dignité qui impose et non
» l'orgueil qui irrite, l'énergie qui émeut et non l'amertume
» qui offense. En un mot, je voudrais que ce message, au-
» quel j'attache la plus haute importance, fût un signal de
» réunion, non un manifeste de guerre. C'est après avoir
» montré ce calme qui, dans les dangers, est le vrai carac-
» tère du courage, que si nous sommes menacés de quel-
» ques catastrophes, leurs provocateurs seront hautement
» désignés par leur conduite, et que l'opinion des quatre-
» vingt-trois départements sanctionnera d'avance les pré-
» cautions du Corps législatif pour assurer l'impuissance de
» leurs efforts. » Vergniaud demande en outre qu'on déclare
la patrie en danger. Il descend de la tribune au bruit des
applaudissements réitérés de l'immense majorité de l'Assemblée.

» Le décret proposé fut rendu plus tard, mais il n'y eut
pas de message au roi.

» Cependant Louis XVI, effrayé peut-être de la marche
des événements, notifia aux représentants les dispositions
hostiles de la Prusse, ajoutant que *tout lui prouve un concert entre le cabinet de Vienne et celui de Berlin.* « Ce sont
» là, messieurs, des hostilités imminentes, dit-il. Aux
» termes de la constitution, *j'en donne avis au Corps légis-*

» *latif*, et je compte sur l'union et le courage de tous les
» Français pour combattre et repousser les ennemis de la
» patrie et de la liberté. » L'Assemblée prit assez mal ce
message dérisoire.

» L'état des choses empirant chaque jour, le 6 juillet,
Condorcet reprit la thèse de Vergniaud sur les mesures générales propres à sauver la patrie; le 9, Brissot présenta
des vues étendues sur les mesures de sûreté générale et formula plus nettement contre la cour les reproches qu'on lui
adressait; enfin, le 11 juillet, l'Assemblée proclama la formule solennelle : *Citoyens, la patrie est en danger!* Elle
déclara ses séances permanentes; les conseils de départements et de districts, ceux des communes seront également
en permanence; aucun fonctionnaire public ne pourra
s'éloigner de son poste; tous les citoyens en état de porter
les armes et ayant déjà fait le service de la garde nationale sont mis en activité; chacun sera tenu de déclarer les
armes et les munitions dont il est pourvu; on donne des
piques à ceux qu'on ne peut armer de fusils; on enrôle des
bataillons de volontaires sur les places publiques autour
de bannières portant l'inscription : *Citoyens, la patrie
est en danger!* Le nombre des enrôlements fut prodigieux.

» Tout cela porta au plus haut degré l'exaltation populaire. Le 14 juillet, jour de la Fédération, le peuple et les
envoyés des départements, réunis au Champ de Mars, se
livrèrent aux manifestations les plus énergiques. Pétion
avait été suspendu de ses fonctions, à la suite du 20 juin,
par le conseil général du département; Louis XVI avait
approuvé cette suspension; un décret de l'Assemblée, au
contraire, l'avait improuvée et avait rétabli le maire à son

poste. Pétion reçut du peuple d'étourdissantes ovations, tous les honneurs de la fête furent pour lui : le seul cri proféré fut : *Pétion ou la mort!*

TENTATIVE DES GIRONDINS POUR RATTACHER LOUIS XVI A LA CONSTITUTION.

» Les choses en étaient donc venues au point qu'une catastrophe était imminente. Des hommes en relation avec la cour, justement effrayés des maux dont la France était menacée, firent, dans la seconde moitié de juillet, des ouvertures aux principaux Girondins, et leur demandèrent d'exposer leurs vues et leurs désirs. Les Girondins étaient patriotes avant tout, mais ils redoutaient les excès populaires; la monarchie constitutionnelle, franchement constitutionnelle, les aurait satisfaits; ils répondirent : « Vous
» nous demandez, monsieur, quelle est notre opinion sur la
» situation actuelle de la France, et le choix des mesures
» qui pourraient garantir la chose publique des dangers
» pressants dont elle est menacée... Lorsque vous nous in-
» terrogez sur d'aussi grands intérêts, nous ne balancerons
» pas à nous expliquer avec franchise.

» On ne peut pas le dissimuler, la conduite du pouvoir
» exécutif est la cause immédiate de tous les maux qui affli-
» gent la France et des dangers qui environnent le trône.
» On trompe le roi, si l'on cherche à lui persuader que des
» opinions exagérées, l'effervescence des clubs, les manœu-
» vres de quelques agitateurs et des factions puissantes ont

» fait naître et entretiennent ces mouvements désordonnés
» dont chaque jour peut accroître la violence, et dont peut-
» être on ne pourra pas calmer les suites; c'est placer la
» cause du mal dans ses symptômes.

» Si le peuple était tranquille sur le succès d'une révolu-
» tion si chèrement achetée, si la liberté publique n'était
» plus en danger, si la conduite du roi n'excitait aucune
» méfiance, le niveau des opinions s'établirait de lui-même;
» la grande masse des citoyens ne songerait qu'à jouir des
» bienfaits que la constitution lui assure; et si, dans cet état
» de choses, il existait encore des factions, elles cesse-
» raient d'être dangereuses, elles n'auraient plus ni pré-
» texte ni objet.

» Mais, tant que la liberté publique sera en péril, tant
» que les alarmes des citoyens seront entretenues par la
» conduite du pouvoir exécutif, et que les conspirations qui
» se trament dans l'intérieur et à l'extérieur du royaume
» paraîtront plus ou moins ouvertement favorisées par le
» roi, cet état de choses appelle nécessairement les trou-
» bles, le désordre et les factions...

» Il n'est donc que trop évident que l'état actuel des
» choses doit amener une crise dont presque toutes les
» chances seront contre la royauté. En effet, on sépare les
» intérêts du roi de ceux de la nation, on fait du pre-
» mier fonctionnaire public d'une nation libre un chef de
» parti, et par cette affreuse politique on fait rejaillir sur
» lui l'odieux de tous les maux dont la France est affli-
» gée...

» Aussi sincèrement qu'invariablement attachés aux in-
» térêts de la nation, dont nous ne séparerons jamais ceux
» du roi qu'autant qu'il les séparera lui-même, nous pen-

» sons que le seul moyen de prévenir les maux dont l'em-
» pire est menacé, et de rétablir le calme, serait que le
» roi, par sa conduite, fît cesser tous les sujets de mé-
» fiance, se prononçât par le fait de la manière la plus
» franche et la moins équivoque, et s'entourât enfin de la
» confiance du peuple, qui seule fait sa force et peut faire
» son bonheur.

» Ce n'est pas aujourd'hui par des protestations nou-
» velles qu'il peut y parvenir; elles seraient dérisoires, et,
» dans les circonstances actuelles, elles prendraient un ca-
» ractère d'ironie qui, bien loin de dissiper les alarmes, ne
» ferait qu'en accroître le danger...

» Mais ce qui suffirait peut-être pour rétablir la con-
» fiance, ce serait que le roi parvînt à faire reconnaître aux
» puissances coalisées l'indépendance de la nation fran-
» çaise, à faire cesser toutes hostilités, et rentrer les cor-
» dons de troupes qui menacent nos frontières. Il est impos-
» sible qu'une très-grande partie de la nation ne soit
» convaincue que le roi est le maître de faire cesser cette
» coalition, et tant qu'elle mettra la liberté publique en
» péril, on ne doit pas se flatter que la confiance renaisse.

» Si les efforts du roi pour cet objet étaient impuissants,
» au moins devrait-il aider la nation, par tous les moyens
» qui sont en son pouvoir, à repousser l'attaque extérieure,
» et ne rien négliger pour éloigner de lui le soupçon de la
» favoriser.

» Dans cette supposition, il est aisé de concevoir que les
» soupçons et la méfiance tiennent à des circonstances mal-
» heureuses qu'il est impossible de changer. En faire un
» crime lorsque le danger est réel et ne peut être méconnu,
» c'est le plus sûr moyen d'augmenter les soupçons; se

» plaindre de l'exagération, attaquer les clubs, supposer
» des agitateurs lorsque l'effervescence et l'agitation sont
» l'effet naturel des circonstances, c'est leur donner une
» force nouvelle, c'est accroître le mouvement du peuple
» par les moyens mêmes qu'on emploie pour le calmer.
» Tant qu'il y aura contre la liberté une action subsistante
» et connue, la réaction est inévitable, et le développement
» de l'une et de l'autre aura les mêmes progrès. »

» Enfin, entre autres mesures, les députés conseillent au roi de choisir ses ministres parmi les hommes les plus prononcés pour la Révolution, au lieu de s'entourer d'hommes nconnus ou suspects ; de solliciter lui-même une loi qui assujettisse la liste civile à une forme de comptabilité qui puisse garantir au peuple qu'elle n'est pas détournée de son légitime emploi et divertie à d'autres usages ; de provoquer la loi sur l'éducation du prince royal, et d'accélérer ainsi l'instant où la garde de ce jeune prince sera remise à un gouverneur revêtu de la confiance de la nation. Suivent quelques autres conseils, et le mémoire finit comme suit : « Nous terminerons ce simple aperçu par une obser-
» vation générale, c'est que tout ce qui peut éloigner les
» soupçons et ranimer la confiance ne peut ni ne doit être
» négligé. La constitution est sauvée si le roi prend cette
» résolution avec courage et s'il y persiste avec fermeté. »

» Le roi fit répondre : 1° qu'il n'avait garde de négliger le soin des ministres ; 2° qu'on ne devait la déclaration de guerre qu'aux ministres soi-disant patriotes ; 3° qu'il avait mis tout en œuvre pour engager les armées ennemies à se retirer ; qu'il ne restait actuellement à employer que les moyens généraux ; 4° qu'enfin, depuis son acceptation, il avait soigneusement maintenu les lois de la constitution, mais que beaucoup d'autres gens avaient soin de travailler aujourd'hui en sens contraire. Réponse fausse et évasive, mais qui ne détruisait pas tout espoir de rapprochement.

» Voilà ce que nous apprennent les pièces officielles ; les confidences intimes vont plus loin. Un compagnon de captivité des Girondins proscrits, le représentant Bailleul, raconte que Vergniaud et Gensonné ont répété nombre de fois devant lui et devant tous les prisonniers qui se trouvaient avec eux à la Conciergerie, les détails que voici. Une première entrevue eut lieu entre Thierry, valet de chambre du roi, et Vergniaud, Guadet et Gensonné. Ceux-ci exposèrent à Thierry les dangers de la patrie et aussi les dangers personnels du roi ; ils lui en indiquèrent les causes, et tracèrent des plans de conduite au moyen desquels auraient lieu des rapprochements devenus indispensables si l'on voulait arracher l'État aux plus horribles convulsions. Thierry, qui, ainsi que tout ce qui approchait le roi, n'avait entendu jusque-là parler de ces trois hommes que comme de vampires, fut ébahi de tant de franchise, de raison et de prévoyance ; il faut dire plus, il en fut touché ; il leur exprima à quel point il était heureux de les avoir entendus, il ne leur dissimula pas combien cette entrevue lui donnait de consolations et d'espérances, et il les pria de mettre par écrit tout ce qu'il venait d'entendre, s'ils l'autorisaient à en faire part au roi. La proposition fut acceptée avec empressement. On se sépara en convenant du jour où l'on se réunirait. Au jour dit, un mémoire contenant le fond de ce qui avait été exposé à Thierry lui fut remis. Il promit de le communiquer aussitôt au roi et de faire connaître la réponse ; ce qui donna lieu à une troisième réunion, dans laquelle Thierry, fondant en larmes, déclara que l'on ne voulait entendre à aucun rapprochement. Vergniaud lui répondit : « Dites bien à votre maître que nous ne nous dis- » simulons pas nos propres dangers, mais qu'à partir de » ce moment il n'est plus en notre pouvoir de le sauver. — » Voilà, dit Bailleul, ce que j'ai entendu dire, répéter et » répéter encore par Vergniaud et par Gensonné. »

» Nous aussi, nous avons le droit de dire que les choses n'en restèrent pas là. Si l'on pouvait tenir pour authentiques deux lettres imprimées dans plusieurs recueils comme sorties de la plume de Louis XVI, Vergniaud, dès le mois de janvier 1792, aurait fait remettre au prince un mémoire dont celui-ci aurait dit : « Votre plan est sublime, » monsieur, mais il n'est plus temps de feindre, vous pro- » posez et je ne puis rien. » Puis il aurait eu, vers la fin de juillet, une entrevue avec le roi, qui serait resté sous le charme de la parole tombée des lèvres du Girondin. « Ver- » gniaud, aurait dit le roi, est venu me présenter une dé- » claration qu'il dit être franche et loyale... Je vous avoue » que ses raisons m'ont frappé ; il a du talent, l'éloquence » de l'âme, de la facilité, beaucoup d'énergie ; il m'a sé- » duit. » Dans le même temps, des ouvertures auraient été faites aussi à la cour par des hommes attachés au parti jacobin, lesquels auraient fait ouvertement leurs conditions, mais sans succès, car le roi aurait dit encore : « La » Gironde me plairait, mais le parti qui lui est contraire » me fait horreur. Je voudrais bien réunir le côté droit au » côté gauche, la Gironde aux Feuillants ; mais ces deux » partis ne songent qu'à eux ; ils oublient les Français, leur » patrie, les exilés ; leurs propositions ne seront point ac- » cueillies. » Quelques critiques ont eu foi dans ces documents, le plus grand nombre n'en a tenu compte, et leur

authenticité ou tout au moins leur sincérité peut certainement être contestée. Mais ce que nous pouvons donner comme certain, c'est que Louis XVI voulut voir Guadet. Celui-ci se rendit le soir au château; il fut introduit dans un appartement où il se trouva seul avec le roi et la reine, qui le reçurent avec une grande affabilité. Le roi dit à Guadet qu'il avait confiance en lui et qu'il voulait lui demander des conseils. Les conseils furent donnés et en apparence approuvés. Quand Guadet voulut prendre congé, la reine lui demanda s'il ne désirait pas voir le Dauphin; et, prenant elle-même un bougeoir, elle conduisit le député dans un appartement où le jeune prince dormait. Guadet avait une grande sympathie pour les enfants, il embrassa le prince royal et dit à sa mère : « C'est un bel enfant, ma-
» dame, il faut le bien élever. — C'est ce que nous voulons
» faire, répondit la reine. »

» Dans le même temps, les Girondins, Vergniaud surtout, travaillaient dans l'Assemblée nationale à porter toute l'ardeur révolutionnaire vers les frontières et à retenir à l'intérieur les élans trop précipités vers des mesures extrêmes. Le 23 juillet, une pétition ayant demandé la suspension du roi, Vergniaud dit : « C'est, je crois, dans les
» moments de danger que l'Assemblée, si elle veut paraître
» vraiment grande, doit montrer beaucoup de calme; elle
» doit se préserver également et du langage hypocrite des
» faux amis de la constitution, et des excès d'un patrio-
» tisme qui serait égaré par trop d'exaltation. Nous avons
» besoin, dans notre zèle, du feu qui vivifie et conserve,
» nous devons éviter le feu qui dévore. » (On applaudit.)
Le 24, le même Vergniaud, apportant un projet de décret qui mobilisait et mettait à la disposition des généraux une

grande partie des gardes nationales, Vergniaud disait :
« Telle est notre confiance dans les heureux effets que doit
» produire ce décret, que nous ne balançons pas à vous le
» présenter comme suffisant pour vous faire triompher des
» ennemis extérieurs et même des trahisons que vous pour-
» riez avoir à craindre dans l'intérieur. Votre commission
» s'occupera néanmoins d'une manière spéciale de satis-
» faire au décret que vous avez rendu hier ; mais, comme
» elle ne peut remplir que successivement les obligations
» que vous lui imposez, elle vous prie de calmer à cet égard
» une impatience qui serait le signe de craintes indignes de
» vous, indignes de la nation, indignes des grandes res-
» sources qui lui assurent la conquête de sa liberté et le
» maintien de sa constitution, malgré tous les efforts des
» tyrans. »

» Cependant, il arrivait de toutes parts des adresses demandant la déchéance. Le représentant Duhem provoqua
donc une discussion à ce sujet, et insista fortement pour
qu'elle s'ouvrît le plus tôt possible. On demanda qu'un
rapport fût fait le lendemain. Vergniaud répondit : « Vous
» attendez de votre commission extraordinaire un rapport
» sur les causes des dangers de la patrie et sur les moyens
» de les faire cesser ; une de ces causes est l'infériorité de
» nos forces contre les ennemis qui veulent renverser la
» constitution. Le projet de décret que vous venez d'adop-
» ter nous assure une supériorité imposante, et le plus
» grand de nos dangers s'évanouit. Votre commission vous
» fera un rapport successif sur les divers objets qui excitent
» votre sollicitude. Quant aux dangers que vient de vous
» retracer M. Duhem, et dont peut-être il serait prudent de
» ne pas autant parler, vous devez pressentir que votre

» commission ne doit point se laisser entraîner par des
» mouvements désordonnés, ni subjuguer par de vaines
» terreurs. Vous devez pressentir qu'elle serait indigne de
» la confiance que vous lui avez accordée, si elle vous
» offrait sans réflexion des idées qui ne tendent qu'à por-
» ter le découragements dans tous les cœurs, à propager
» des ferments de discorde, à allumer les torches de la
» guerre civile. Vous devez pressentir qu'elle ne hasardera
» point de vous livrer à l'agitation des factions intérieures,
» quand nous avons besoin de nous réunir tous pour com-
» battre avec avantage les ennemis du dehors... On pro-
» pose que le rapport demandé par M. Duhem soit fait
» demain. Demain, votre commission vous présentera le
» rapport qu'elle aura cru le plus important pour le salut
» public, elle différera celui qu'elle croira le moins urgent.
» Si, dans la succession de ses travaux, vous vous aperce-
» vez qu'elle ne remplit pas vos vœux, alors vous lui rap-
» pellerez les obligations que vous lui avez imposées; mais
» ne hâtez pas par trop de précipitation des travaux qui,
» pour n'avoir pas été assez réfléchis, pourraient tromper
» vos espérances et préparer, non le salut, mais la perte de
» la patrie. Je demande qu'on passe à l'ordre du jour. » La
grande majorité de l'Assemblée applaudit et passa à l'ordre
du jour.

» Les partis ont l'œil fin; dans le *Journal de Paris*, journal feuillant, André Chénier écrivit : « On prétend,
» mais ce n'est pas possible, que le ministère va de nou-
» veau être abandonné à Roland, Clavière et Servan. Ah!
» Sire, voudriez-vous gâter le 20 juin? » Non, le 20 juin ne sera pas gâté ; les ministères resteront aux mains débiles qui les dirigent, et les trahisons suivront leur cours.

» Que les destinées s'accomplissent donc. Les députés de la Gironde ont fait tout ce qu'il était raisonnablement et humainement possible de faire, tout ce que leur permettait leur serment de ne rien proposer ni consentir qui pût porter atteinte à la constitution, tout ce que leur imposaient les plus chers intérêts de la France. Que les destinées s'accomplissent !

RÉVOLUTION DU 10 AOUT. — SUSPENSION PROVISOIRE DU CHEF DU POUVOIR EXÉCUTIF.

» Dans la séance du 26 juillet, Guadet, au nom de la commission extraordinaire, présenta à l'Assemblée législative un projet d'adresse au roi sur les moyens qui lui restent de reconquérir la confiance des citoyens. Ce fut pour ainsi dire l'*ultimatum* national, mais un *ultimatum*, il faut bien le reconnaître, qui n'était guère qu'un acquit de conscience, et dont l'inefficacité n'était douteuse pour personne. L'adresse se terminait par ces mots : « La nation
» seule saura sans doute défendre et conserver sa liberté ;
» mais elle vous demande, Sire, une dernière fois, de vous
» unir à elle pour défendre la constitution et le trône. »
Brissot appuya la proposition comme préparatoire aux mesures décisives que l'Assemblée sera peut-être forcée de prendre ; il demanda que la commission extraordinaire fût chargée d'examiner : 1° quels sont les actes qui peuvent entraîner la déchéance ; 2° si le roi s'en est rendu coupable ; 3° s'il ne convient pas de faire une adresse au peuple fran-

çais pour le prémunir contre les mesures inconstitutionnelles et impolitiques qu'on pourrait lui proposer. L'adresse et les propositions furent adoptées.

» Les choses en étaient là lorsqu'on eut connaissance à Paris du fameux manifeste lancé de Coblentz, le 25 juillet, par le duc de Brunswick, parlant au nom de l'empereur et du roi de Prusse. Voici un extrait de cette pièce, dont le fond avait, comme on l'a vu, été préparé à Paris : « Les
» gardes nationaux qui auront combattu contre les troupes
» des deux cours alliées, et qui seront pris les armes à la
» main, seront punis comme rebelles ; les habitants *qui*
» *oseront se défendre* seront punis sur-le-champ *selon la*
» *rigueur du droit de la guerre*. La ville de Paris sera tenue
» de se soumettre sans délai au roi. Leurs Majestés Impé-
» riale et Royale déclarent en outre, sur leur foi et parole
» d'empereur et de roi, que, si le château des Tuileries est
» forcé ou insulté ; que s'il est fait la moindre violence, le
» moindre outrage à Leurs Majestés le roi et la reine et à la
» famille royale, s'il n'est pas pourvu immédiatement à
» leur sûreté, à leur conservation et à leur liberté, elles en
» tireront une vengeance exemplaire et à jamais mémo-
» rable, en livrant la ville de Paris à *une exécution mi-*
» *litaire et à une subversion totale, et les révoltés au*
» *supplice*.. Leurs Majestés promettent au contraire aux
» Français d'employer leurs bons offices auprès de Sa Ma-
» jesté Très-Chrétienne pour obtenir le *pardon de leurs torts*
» et de leurs erreurs. »

» Ces sauvages et ridicules menaces remplirent tous les cœurs d'indignation, et il n'y eut plus qu'un cri pour demander la *déchéance du roi*, qu'on rendait avec raison solidaire de l'ennemi. De toutes parts vinrent à l'Assemblée nationale les pétitions les plus pressantes. Une surtout fut d'un effet immense : ce fut celle des quarante-huit sections de Paris, apportée le 3 août à la barre par le maire Pétion. Il n'y avait plus à reculer, il fallait prendre un parti.

» Les Girondins voulaient, d'un côté, procéder légalement, et, de l'autre, s'en tenir aux mesures absolument nécessaires pour empêcher le roi de nuire. Mais à l'effervescence populaire il fallait l'abolition de la royauté, il fallait y arriver sans délai.

» Depuis le commencement de juillet il s'était formé et il se tenait, dans une salle des Jacobins, un club central des fédérés présents à Paris; quarante-trois membres s'y rassemblaient chaque jour. De cette réunion trop nombreuse on tira cinq citoyens pour en former un *Directoire secret d'insurrection.* Ces citoyens, appartenant tous aux départements, étaient peu connus; on leur adjoignit d'abord le journaliste Carra, et, quelques jours après, Fournier dit l'Américain; Westermann, homme d'action; Santerre, commandant de la garde nationale du faubourg Saint-Antoine; Alexandre, de celle du faubourg Saint-Marceau; le Polonais Lajouski, capitaine des canonniers de ce même faubourg; Antoine de Metz, ex-constituant, et trois autres. Dans ce directoire insurrectionnel fut concerté un mouvement populaire pour la nuit du 25 au 26 juillet; les fédérés et les faubourgs Saint-Antoine et Saint-Marceau durent se réunir sur le terrain de la Bastille, afin d'en partir à minuit sur trois colonnes pour se rendre au château, s'emparer du roi et le constituer prisonnier à Vincennes. Pétion fit manquer ce mouvement; il arrêta la marche des colonnes, et donna ordre au commandant général de faire mettre sur pied une force imposante. Ce fut partie remise.

» D'autre part, Marseille avait été invitée d'envoyer à Paris six cents hommes qui sussent mourir. Des gardes nationaux de cette ville, de Toulon, de Nîmes, de Montpellier, d'Avignon, etc., sans doute aussi avec eux quelques citoyens moins recommandables, partirent pour Paris, au nombre d'environ quinze cents. Ils arrivèrent à Charenton, où vinrent au-devant d'eux Barbaroux, Rebecqui, Pierre Baille, le premier représentant à Paris la ville de Marseille, le dernier le département des Bouches-du-Rhône, ainsi que quelques patriotes parisiens et entre autres Fournier l'Américain. Après dîner on se réunit pour arrêter un plan de conduite. Les Parisiens assurèrent que le lendemain les faubourgs Saint-Antoine et Saint-Marceau se porteraient armés à la rencontre des Marseillais; Santerre fit dire qu'on pouvait compter sur quarante mille hommes; on défilerait des faubourgs sur les quais; un train considérable d'artillerie serait disposé de manière qu'en passant la troupe pût l'enlever. Arrivé à l'hôtel de ville, on devait y laisser mille hommes et attendre les commissaires des sections, qui formeraient un nouveau conseil municipal; quatre cents hommes occuperaient la mairie pour y retenir Pétion, quatre cents autres arrêteraient le directoire du département. On devait occuper aussi les postes de l'Arsenal, de la Halle aux blés, des Invalides, les hôtels des ministres et tous les ponts. Les insurgés devaient se porter aux Tuileries sur trois colonnes, barricader les avenues du Carrousel, du pont tournant et des quais, et y établir des batteries. Après avoir pénétré dans le jardin, on devait y camper et n'en sortir qu'après réparation de tous les griefs.

On ne devait pas entrer dans les appartements du château, mais les bloquer. Santerre ne tint pas ses promesses et fit manquer cette expédition ; il ne se présenta que deux cents hommes, encore étaient-ce pour la plupart des fédérés des départements, avec deux douzaines de Parisiens armés de piques et de coutelas.

» Cependant l'esprit d'insurrection était partout. Le 3 août, le jour même où le maire Pétion demandait au Corps législatif de faire de la déchéance du roi l'objet d'un décret, la section du faubourg Saint-Antoine arrêtait : 1° que le dimanche 5, les deux faubourgs se rassembleraient en armes, à neuf heures, sur la place de la Bastille ; 2° que la générale serait battue dès le matin ; 3° que des commissaires en instruiraient le faubourg Saint-Marceau pour l'inviter à se réunir à eux, afin de marcher ensemble ; 4° qu'il serait envoyé quatre députés pour en instruire les Marseillais et les inviter à se joindre aux sections armées. Mais le lendemain Pétion ayant engagé les citoyens à attendre la réponse de l'Assemblée nationale à la pétition de la commune, le faubourg Saint-Antoine renonça, quant au dimanche 5, à exécuter son arrêté, et décida qu'il attendrait patiemment et *en paix et surveillance* jusqu'au jeudi prochain, 9 août, la réponse du Corps législatif ; mais que si ce jour, à onze heures du soir, justice et droit n'étaient pas faits au peuple, à minuit le tocsin sonnerait, la générale battrait, et tout se lèverait à la fois. Il informa de sa décision le faubourg Saint-Marceau et les Marseillais.

» De son côté, le 4 août, le directoire insurrectionnel faisait son plan pour l'attaque du château ; il envoya, vers minuit, ce plan à Santerre et à Alexandre. Mais cette fois encore le projet manqua, parce qu'Alexandre et Santerre n'étaient pas suffisamment en mesure, et parce que plusieurs voulaient attendre la discussion qui devait s'ouvrir à l'Assemblée nationale.

» Les jours suivants ne furent pas exempts, toutefois, de vives agitations. Le 6, la section du faubourg Saint-Marceau décida que, pour empêcher la fuite du roi, qu'on annonçait comme prochaine, ses bataillons se rendraient sur-le-champ aux Cordeliers pour y prendre les Marseillais et attendre les citoyens des autres sections ; qu'arrivés au Carrousel ils feraient halte et députeraient quatre commissaires sans armes *à l'effet de faire évacuer les Suisses qui remplissaient le château.* La section Saint-Antoine, informée de ce qui se passait, fit prévenir le maire qu'elle allait marcher aussi sur les Tuileries pour y camper, *à l'effet de faire évacuer les Suisses* qui y étaient rassemblés en nombre considérable. Toutefois, par suite d'explications données par la commune sur le prétendu projet d'enlèvement du roi, et aussi sur l'avis que des hommes de tous les bataillons indistinctement seraient pris chaque jour pour composer une garde, les mesures arrêtées n'eurent aucune suite.

» Mais, au jour fixé par les sections, la discussion sur la déchéance n'ayant pas eu lieu à l'Assemblée, le directoire insurrectionnel se porta, dans la nuit du 9 au 10 août, sur trois endroits à la fois, savoir : Fournier, avec quelques autres, au faubourg Saint-Marceau ; Westermann, Santerre, au faubourg Saint-Antoine ; Carin, de Strasbourg, et Carra, aux Cordeliers, dans la caserne des Marseillais. D'autre part, les sections décidèrent qu'il serait nommé trois commissaires par chacune d'elles, lesquels se réuniraient à la municipalité pour aviser aux moyens prompts de sauver la chose publique, et elles convinrent de ne reconnaître désormais que les ordres émanés de ces commissaires. A minuit le tocsin sonna dans toute la ville; partout le cri : *Aux armes!* se fit entendre ; tout Paris fut sur pied.

» Cependant le château avait pris ses mesures : il était défendu par huit à neuf cents Suisses, par trois à quatre cents gentilshommes qui, informés des dangers qu'allait courir le roi, étaient venus se ranger près de lui ; ce qu'il y avait de plus dévoué au prince dans la garde nationale, c'est-à-dire les grenadiers de la section des Filles-Saint-Thomas, et quelques-uns de celle des Petits-Pères, étaient accourus aussi pour le défendre. A cette époque, les chefs de légion de la garde nationale en avaient à tour de rôle le commandement général. C'était le tour de Mandat, ancien capitaine aux gardes-françaises, qui avait embrassé le parti de la Révolution, homme droit et ferme, incapable de transiger avec son devoir. Mandat prit les dispositions que les circonstances demandaient : les gentilshommes et les gardes nationaux occupèrent l'intérieur du palais; les cours et les postes principaux furent gardés par les Suisses. Mandat plaça en outre, à la colonnade du Louvre et à l'hôtel de ville, des postes de gendarmes; mais cette gendarmerie, composée d'anciens soldats des gardes-françaises, n'apportait à la cause royale qu'un dévouement fort douteux.

» Les ministres étaient rassemblés près du roi, et de quart d'heure en quart d'heure ils étaient informés de ce qui se passait; le maire Pétion arriva à minuit; le procureur général du département, Rœderer, ainsi que plusieurs membres de ce département et de la municipalité, vinrent aussi. On obtint du maire, soit de gré, soit autrement, l'ordre de repousser les attroupements par la force. Alors Mandat fit battre la générale par toute la ville, appelant ainsi la garde nationale au secours du roi. Du reste Pétion fut à peu près gardé à vue; sa position devenait critique; sur le matin, l'Assemblée nationale, qui s'était réunie au bruit du tocsin, en fut instruite; elle manda le maire à sa barre. Les gardes nationaux, les gentilshommes, les officiers suisses, voulaient retenir Pétion, mais le roi le fit mettre en liberté.

» Du reste, les défenseurs du château étaient peu d'accord entre eux. Les gardes nationaux ne voyaient pas sans déplaisir les gentilshommes et la faveur qu'ils rencontraient; ils répétaient une phrase plus qu'imprudente du vieux maréchal de Mailly, que ces gentilshommes avaient mis à leur tête : « Sire, avait dit le maréchal, posant un » genou en terre et tirant son épée, votre fidèle *noblesse* est » accourue pour *rétablir* Votre Majesté sur le *trône de ses* » *ancêtres*. Seconderez-vous nos efforts? » Mouvement héroïque sans doute, sublimité de dévouement, mais quel anachronisme! D'autre part, Mandat avait été appelé à la commune, et il n'en devait pas revenir.

» Le matin vers six heures, le roi fut sollicité d'aller visiter et encourager les postes et quelques bataillons de la garde nationale arrivés dans les cours. Il avait veillé toute la nuit, sa tenue était en désordre, et c'est dans cet état qu'il se présenta aux troupes, suivi de la reine, de ses enfants et de la princesse de Lamballe. En face de ces troupes, il ne put rien trouver de propre à faire quelque effet : « Eh bien, on dit qu'ils viennent; je ne sais pas ce qu'ils » veulent : je ne me séparerai pas des bons citoyens, ma » cause est la leur... Pour cette fois, je consens que mes

» amis me défendent; nous périrons ou nous nous sauve-
» rons ensemble. » Il y eut quelques cris de : *Vive le roi!*
mais les canonniers et le bataillon de la Croix-Rouge crièrent constamment : *Vive la nation!* Pendant la revue arrivèrent deux bataillons qui, en défilant devant Louis XVI,
ne cessèrent de crier : *Vive Pétion! vive la nation!* On les
fit passer sur la terrasse du bord de l'eau. On demanda au
roi d'aller visiter la réserve placée au pont tournant, dont
les dispositions lui étaient favorables; mais, pendant le
trajet, il fut constamment poursuivi par les bataillons de
la terrasse des cris : *A bas le veto! à bas le traître!* Bientôt
ces bataillons sortirent par la porte du Pont-Royal, et allèrent, avec leurs canons, se mettre en bataille le long de la
grille, attendant les assaillants pour se joindre à eux.
Deux autres bataillons, massés dans la cour Royale, se dé-
bandèrent, et un fort détachement avec deux canons alla
se placer au Carrousel, c'est-à-dire en dehors des cours du
château.

» En présence de ces défections, quelqu'un ouvrit l'avis
que le roi devrait se retirer vers l'Assemblée nationale;
mais la reine repoussa énergiquement cette idée : « J'aime-
» rais mieux me faire clouer aux murs du château, dit-elle,
» que choisir cet indigne refuge. » Cependant on n'avait
plus aucune nouvelle de ce qui se passait dans les sections,
on apprit seulement que la municipalité avait été désorga-
nisée; puis on vit un grand rassemblement se former sur
la place du Carrousel, des canons y étaient postés et tour-
nés contre le palais. Enfin vers huit heures, un officier municipal entra apportant la nouvelle que des colonnes insur-
gées se dirigeaient de tous les points de Paris sur les
Tuileries. « Eh bien! que veulent-ils? dit le ministre de la

» justice. — La déchéance, dit le magistrat. — Que l'As-
» semblée la prononce donc, dit le ministre. — Mais que
» deviendra le roi ? reprit Marie-Antoinette. » L'officier
municipal s'inclina sans répondre.

» Cependant les Marseillais, qui dès l'entrée de la nuit
s'étaient rangés en bataille à la porte de leur caserne, et
dont la troupe s'était grossie de moment en moment,
étaient venus dans la nuit même prendre position sur le
Carrousel. De leur côté, les faubourgs, à six heures du
matin, avaient commencé à s'ébranler : quinze mille hommes, commandés par Santerre, étaient partis du faubourg
Saint-Antoine ; cinq mille, du faubourg Saint-Marceau,
sous les ordres d'Alexandre ; des masses de curieux obstruaient les rues et les quais.

» Des membres du département présents aux Tuileries,
deux officiers municipaux, le procureur général Rœderer,
crurent de leur devoir de chercher à apaiser le peuple et
d'encourager les troupes. Ils sortirent et se présentèrent à
la multitude ; mais leurs efforts restèrent sans effet. Ils rentrèrent dans les cours ; une partie de la garde nationale,
peu nombreuse du reste, écouta tranquillement le procureur général ; mais les canonniers, qu'il engageait à faire
bonne contenance, pour toute réponse déchargèrent leurs
pièces. Tous alors remontèrent au château pour exposer au
roi le péril de sa situation. « Le roi, sa famille et ceux qui
» l'entourent seront probablement égorgés, lui dit Rœderer,
» si Votre Majesté ne se retire sur-le-champ à l'Assemblée
» nationale ; venez, dit-il, encore un quart d'heure, et la
» retraite ne dépendra peut-être plus de nous. » Le roi hé-
sitait ; la reine protesta de nouveau ; on a même écrit que,
prenant un pistolet à la ceinture d'un gentilhomme, elle dit

au roi : « Allons, monsieur, voilà le moment de vous mon-
» trer. » Le roi restait muet. « Sommes-nous donc aban-
» donnés? dit la reine. N'y a-t-il plus aucun moyen de
» défense? — Aucun, » répondit Rœderer. Le ministre de
la justice prit alors la parole : « Marchons, dit-il, et ne
» délibérons pas; c'est l'honneur qui commande, c'est le
» bien de l'État qui l'exige; allons à l'Assemblée, il y a
» longtemps que cette démarche devrait être faite. —
» Allons, dit le roi en se tournant vers Marie-Antoinette;
» donnons encore, puisqu'il le faut, cette dernière marque
» de dévouement. » La reine fut entraînée. « Monsieur Rœ-
» derer, messieurs, dit-elle, vous répondez de la personne
» du roi, vous répondez de celle de mon fils. — Madame,
» dit Rœderer, nous répondons de mourir à vos côtés; voilà
» tout ce que nous pouvons garantir. »

» Les membres du département formèrent un cercle au milieu duquel se placèrent le roi, la reine, la famille royale, la princesse de Lamballe, madame de Tourzel, gouvernante des enfants de France, et tous les ministres. La famille royale s'avança ainsi, escortée par trois cents Suisses et deux cents gardes nationaux; elle traversa les Tuileries. Dans le jardin on rencontra une députation de douze représentants que l'Assemblée envoyait au-devant du roi. Les députés prirent la place des membres du département, qui ne pouvaient entrer dans la salle, et protégèrent la marche de la famille royale jusqu'au pied de la terrasse des Feuillants.

» Cette terrasse était couverte d'une multitude exaltée, qui barra le chemin pendant plus d'un quart d'heure, proférant de violentes menaces : « *Vive la nation!* criait-elle,
» *point de veto!* » La reine surtout fut en butte à ses insul-

tes : « Point de femmes, le roi seul, point d'asile pour
» Marie-Antoinette ! » Le procureur général fit monter sur
la terrasse une partie de la garde. Lorsqu'il fut maître des
hauteurs, il parla au peuple : « L'Assemblée, lui dit-il, a
» décrété qu'elle recevrait le roi et sa suite. » Et il requit
l'exécution du décret. Le peuple obéit. Le roi, la famille
royale et sa suite pénétrèrent sur la terrasse. L'entrée de
la salle fut plus difficile, elle devint même en quelque sorte
périlleuse. Le couloir était engorgé, la garde nationale ne
pouvait pénétrer; elle ne pouvait non plus reculer; la
marche était interrompue; des cris se faisaient entendre de
toutes parts. Cependant les obstacles furent levés, le roi
fut introduit. La reine, la famille royale, les ministres,
le suivirent, et le tumulte cessa en même temps que le
danger.

» Dès sept heures du matin, Vergniaud s'était assis au
fauteuil de la présidence. Lorsque l'arrivée du roi fut an-
noncée, conformément à la constitution, une députation de
vingt-quatre membres alla le recevoir. Plusieurs hommes
de sa garde se précipitaient pour le suivre, ils voulaient
forcer le passage; des membres de l'Assemblée les arrêtè-
rent et leur ordonnèrent avec la plus vive énergie de respecter le temple de la liberté. La troupe armée se retira. Le
roi dit : « Je suis venu ici pour prévenir un grand crime;
» et je pense que je ne saurais être plus en sûreté qu'au mi-
» lieu de vous, messieurs. — Sire, lui répondit Vergniaud,
» vous pouvez compter sur la fermeté de l'Assemblée natio-
» nale, ses membres ont juré de mourir en soutenant les
» droits du peuple et les autorités constituées. » Le roi, sa
famille et leur suite furent placés, comme on sait, dans la
loge du logographe.

» Le commandant chargé de la garde du château, auquel n'avait été laissé aucun ordre, vint demander quelle conduite il devait tenir; l'Assemblée envoya une députation sur les lieux. Mais presque au même instant on entend une décharge de canons. L'agitation, le trouble, la consternation, s'emparent de l'Assemblée et des spectateurs. Le président, c'était Guadet, qui venait de remplacer Vergniaud, le président ramène le calme en faisant observer aux députés qu'ils sont à leur poste. De son côté, le roi envoya l'ordre aux Suisses de poser les armes. Cependant les coups de canon redoublent, ils sont accompagnés du bruit de la mousqueterie; et les commissaires de l'Assemblée rentrent en annonçant qu'ils ont été dispersés par la foule. Pour comble de confusion, des citoyens armés veulent s'introduire dans la salle; plusieurs députés se jettent au-devant d'eux. Le président se couvre, le calme se rétablit; tous les députés se lèvent à la fois en criant : *Vive la nation!* Les citoyens armés se retirent.

» Guadet a raconté, dans une lettre intime, les émotions de cette séance : « Notre courage avait quelque mérite,
» a-t-il dit, car nous ignorions contre qui se dirigeait l'at-
» taque. On nous disait bien que c'était sur le château
» qu'on tirait; mais le château pouvait être défendu avec
» avantage, le peuple pouvait être repoussé, et alors l'As-
» semblée nationale était infailliblement immolée. Cette
» attitude de l'Assemblée dura environ une heure, et, pen-
» dant ce temps-là, le trouble des tribunes, les mouve-
» ments violents du peuple aux environs de la salle, les cris
» de rage contre le roi, et surtout contre la reine, dont on
» demandait la tête, donnaient à notre contenance un air
» de fierté très-imposant. Enfin, au bout d'une heure, le

» calme parut se rétablir au dehors, et la barre de l'As-
» semblée devint abordable; plusieurs citoyens s'y présen-
» tèrent, les uns pour rendre compte de ce qu'ils avaient
» vu, les autres pour déposer des bijoux, de l'argent, de
» l'argenterie, trouvés dans les appartements du château,
» les autres enfin pour mettre sous la sauvegarde de l'As-
» semblée quelques soldats suisses vaincus et désarmés.
» Cette protection pouvait nous faire courir de grands dan-
» gers, car le peuple était très-animé contre ce qui restait
» de Suisses après le combat; mais nous ne balançâmes
» pas à les recevoir. Ils furent introduits dans la salle et
» placés sur nos bancs. » L'Assemblée décréta, en effet,
que les Suisses et autres étrangers étaient sous la sauvegarde de la loi et des vertus hospitalières du peuple.

» Parmi les députations qui se présentèrent à l'Assemblée, notons celle des combattants, qui vint dire : « Le
» peuple depuis longtemps vous demande la *déchéance du*
» *roi*, et vous n'avez pas même encore prononcé *sa suspen-*
» *sion*. Apprenez que le feu est aux Tuileries, et que nous
» ne l'arrêterons qu'après que la vengeance du peuple sera
» satisfaite. Je suis chargé encore une fois, au nom de ce
» peuple, de vous demander *la déchéance* du chef du pou-
» voir exécutif. C'est une justice que nous réclamons; nous
» l'attendons de vous. » Le président répondit : « L'As-
» semblée nationale veille au salut de l'empire, et vous pou-
» vez assurer au peuple qu'elle va prendre à l'instant les
» grandes mesures qu'exige ce salut. »

» En effet, la commission extraordinaire était assemblée,
et « elle vit bien, dit encore Guadet, qu'elle n'avait à
» choisir qu'entre ces deux partis : ou sacrifier le roi et
» avec lui l'Assemblée nationale et la liberté, ou prononcer

» la suspension en appelant une convention nationale.
» Telles, en effet, étaient les circonstances, que ne pas
» suspendre le roi, c'était prononcer son arrêt de mort;
» car le moyen de le préserver, lorsqu'il n'y avait plus ni
» force publique ni autorité respectée, ou que du moins la
» seule qu'on respectât encore ne conservait quelque ascen-
» dant que parce qu'on attendait d'elle la déchéance et la
» suspension. »

» Après une délibération de deux heures environ, la commission se décida pour la suspension et l'appel au peuple représenté par une convention nationale. Vergniaud fut chargé d'en faire la proposition à l'Assemblée. Il rentra donc, un projet de décret à la main. Gensonné venait de remplacer Guadet à la présidence. Vergniaud prononça, d'une voix émue, ces paroles solennelles :

« Je viens, au nom de la commission extraordinaire,
» vous présenter une mesure bien rigoureuse; mais je m'en
» rapporte à la douleur dont vous êtes pénétrés pour juger
» combien il importe au salut de la patrie que vous l'adop-
» tiez sur-le-champ. » Puis il lut ce qui suit :

« L'Assemblée nationale, considérant que les dangers de
» la patrie sont parvenus à leur comble; que c'est pour le
» Corps législatif le plus saint des devoirs d'employer tous
» les moyens de la sauver; qu'il est impossible d'en trouver
» d'efficaces tant qu'on ne s'occupera pas de tarir la source
» de ses maux; — considérant que ses maux dérivent prin-
» cipalement des défiances qu'a inspirées la conduite du
» chef du pouvoir exécutif dans une guerre entreprise en
» son nom contre la constitution et l'indépendance natio-
» nale; que ces défiances ont provoqué de diverses parties
» de l'empire un vœu tendant à la révocation de l'autorité

» déléguée à Louis XVI ; — considérant néanmoins que le
» Corps législatif ne doit et ne veut agrandir la sienne par
» aucune usurpation ; que, dans les circonstances extraor-
» dinaires où l'ont placé des événements imprévus par
» toutes les lois, il ne peut concilier ce qu'il doit à sa
» fidélité inébranlable à la constitution avec sa ferme ré-
» solution de s'ensevelir sous les ruines du temple de la
» liberté plutôt que de la laisser périr, qu'en recourant à
» la souveraineté du peuple, et prenant en même temps les
» précautions indispensables pour que ce recours ne soit
» pas rendu illusoire par des trahisons ; décrète ce qui
» suit :

» Art. 1ᵉʳ. Le peuple français est invité à former une
» Convention nationale. La commission extraordinaire pré-
» sentera demain un projet pour indiquer le mode et
» l'époque de cette Convention.

» Art. 2. Le chef du pouvoir exécutif est *provisoirement*
» *suspendu de ses fonctions* jusqu'à ce que la Convention
» nationale ait prononcé sur les mesures qu'elle croira de-
» voir adopter pour assurer la souveraineté du peuple et le
» règne de la liberté et de l'égalité.

» Art. 3. La commission extraordinaire présentera dans
» le jour un mode d'organiser un nouveau ministère.

» Art. 4. Les ministres actuellement en activité conti-
» nueront provisoirement l'exercice de leurs fonctions.

» Art. 5. La commission extraordinaire présentera éga-
» lement dans le jour un projet de décret sur la nomination
» du gouverneur du prince royal. »

» Les autres articles suspendaient le payement de la liste
civile et allouaient un traitement au roi pendant la suspension ; ils lui donnaient un logement au Luxembourg pour

lui et sa famille; ils réglaient plusieurs autres points de gouvernement ou d'administration.

» Mais pour les insurgés du 10 août ce n'était pas assez; plusieurs députations vinrent réclamer *la déchéance;* et Vergniaud en prit occasion d'expliquer d'après quels principes avait été rédigé le décret. « Je suis bien
» aise, dit-il, de pouvoir m'expliquer devant les citoyens
» qui sont à la barre. Comme je ne doute pas de la pureté
» de leurs sentiments et de leur respect pour les lois, je suis
» sûr qu'ils seront faciles à détromper. Les représentants
» du peuple ont fait tout ce que leur permettaient de faire
» les pouvoirs qui leur ont été délégués, quand ils ont arrêté
» qu'il serait nommé une Convention nationale pour pro-
» noncer sur la question de déchéance. En attendant, l'As-
» semblée vient de prononcer la suspension, et cette me-
» sure doit suffire au peuple pour le rassurer contre les
» trahisons du chef du pouvoir exécutif... La suspension ne
» le réduit-elle pas à l'impossibilité de nuire de quelque
» manière que ce soit? »

» Il est facile de juger maintenant quelle fut la part de l'Assemblée nationale, et en particulier des Girondins, dans cette grande journée du 10 août. Pressés par la force des choses, les Girondins ont, par leurs discours à la tribune, par leurs discours dans les commissions, préparé, pour ainsi dire à regret, la suspension du pouvoir exécutif, et ils la firent prononcer par l'Assemblée; mais ils furent totalement étrangers aux mouvements tumultueux de la masse populaire, qui se produisirent contre leurs vœux. Cela ressort de tout ce qui précède et recevra sa démonstration de ce qui suit.

» Lorsque dans la nuit du 9 au 10 août le tocsin se fit

entendre, les Girondins savaient bien qu'un mouvement populaire s'organisait, mais voilà tout ce qu'ils savaient : Guadet et Vergniaud nous l'ont dit après l'événement, alors qu'il leur eût été utile de faire accueillir une opinion contraire. Quatre jours après le 10 août, Guadet écrivait : « Il
» était difficile, au moins à ceux qui n'étaient pas dans le
» secret (et j'étais du nombre), de voir autre chose dans ce
» mouvement qu'une insurrection populaire qui devait finir
» avec la suspension du roi, ou qui, si elle continuait en-
» core, pouvait devenir extrêmement funeste, puisque les
» membres du côté droit de l'Assemblée nationale pou-
» vaient en être victimes. Mais bientôt nous apprîmes que
» l'attaque du château avait été l'exécution d'un plan bien
» lié et bien concerté entre les quarante-huit sections de
» Paris. » Vergniaud disait dans un moment solennel, en face des juges rassemblés pour le condamner : « Je ne veux
» ravir à personne la portion de gloire qu'il a pu recueillir
» dans cette mémorable journée du 10 août, mais je ne
» crois pas avoir à recueillir de la honte. Le tocsin a sonné
» à minuit ; je n'étais pas dans le secret de l'insurrection ;
» je savais seulement qu'il devait se livrer un combat entre
» le peuple et la tyrannie ; c'en était assez pour me déter-
» miner à me rendre à mon poste. »

» Mais, n'aurions-nous pas le témoignage de Guadet et de Vergniaud, tout nous dirait encore que les Girondins ne devaient pas être dans le secret de l'insurrection. Il suffirait de réfléchir qu'il y avait opposition de vues entre la commune, les sections et les clubs d'un côté, et les Girondins de l'autre, et que ce ne sont pas des dissidents qu'on met dans ses secrets pour se former une conviction complète.

» La lettre de Guadet va plus loin : « Pétion, y lit-on, » n'avait pas le secret des insurgés ; » et cela se conçoit encore : Pétion avait, le 26 juillet, fait échouer une insurrection ; on savait qu'il aimait mieux une déchéance prononcée par l'Assemblée nationale dans les formes légales qu'enlevée à la baïonnette par les faubourgs ; il y en avait bien assez pour empêcher qu'on ne s'ouvrît à lui.

» Mais il y a plus : il y a ici un fait capital dans l'histoire des Girondins, et qui les pose dans leur véritable jour. Observateurs fidèles et défenseurs intrépides de la constitution qu'ils avaient jurée, en présence et sous la pression de l'insurrection populaire victorieuse, ils repoussent par leur décret la *déchéance* impérieusement réclamée, et prononcent seulement une *suspension provisoire* devenue indispensable ; ils ôtent l'exercice du pouvoir exécutif des mains de Louis XVI, mais en réservant intacts les droits du prince royal, c'est-à-dire qu'ils sauvegardaient le principe monarchique posé par la constitution. Guadet l'a dit, du reste, en avril 1793, alors qu'il y avait plus que du courage, qu'il y avait de la témérité à le dire : « Oui, je voulais maintenir » la constitution, je l'avais juré. Fidèle à mes devoirs de » représentant du peuple, non-seulement je n'aurais pas » aidé à la renverser, mais je l'aurais soutenue de toutes » mes forces, même au bruit du canon du 10 août et en » présence des baïonnettes. Que mes ennemis tirent de cet » aveu le parti qu'ils voudront, je le leur livre. »

» Mais sous quelles couleurs s'offrait aux Girondins l'avenir de la patrie? Croyaient-ils la liberté assurée après le 10 août? Guadet nous a fait ses confidences à cet égard : « La liberté était perdue sans la journée du 10 août ; après » cette journée, elle est encore en question. La sauverons-

» nous mieux aujourd'hui? Les départements se rallieront-
» ils à nous? Nos armées tiendront-elles? La désertion iné-
» vitable des officiers supérieurs n'y jettera-t-elle point le
» désordre? Voilà des questions que je me fais souvent, et
» qui pèsent bien sur mon cœur. »

NOUVEAU RÔLE DES GIRONDINS EN FACE DE LA COMMUNE.

« Le rôle des Girondins va changer : représentants des sentiments et des intérêts nationaux, ils ont eu à lutter contre les amis de l'ancien régime ; ils représenteront encore les mêmes sentiments, les mêmes intérêts, mais ce sera désormais contre une démocratie effrénée et une intolérable anarchie qu'ils vont avoir à les défendre ; leur camp, leurs drapeaux sont les mêmes, les adversaires seuls ont changé.

» Mais, hélas! ce n'est pas en vain que les constitutions proclament des principes téméraires. Ces principes appellent leurs conséquences jusqu'à ce qu'elles soient toutes réalisées. La constitution a créé un peuple souverain, elle lui a donné une force sans contre-poids ; le peuple voudra régner, voudra tout disposer selon ses passions ou son caprice, et mettra la force brutale à la place de la raison.

» On s'étonne que les Girondins, qui avaient pour eux le talent, le bon droit, la majorité dans l'Assemblée, n'aient pas su maîtriser les événements. On n'oublie qu'une chose, c'est qu'ils avaient contre eux l'impulsion donnée en 1789 et qui agissait encore, c'est qu'ils avaient contre eux le courant populaire, tandis que leurs adversaires étaient poussés en avant par cette même impulsion, par ce même courant ; les Girondins étaient condamnés à marcher contre marée, leurs adversaires étaient portés par la vague. La constitution de 1791 est une fatalité placée à l'origine de la Révolution, et qui plane sur tout son avenir.

» Le roi, chef du pouvoir exécutif, est tombé ; ses attributions ont passé naturellement à l'Assemblée législative. D'après les principes admis en ces matières, on devrait craindre que cette Assemblée ne réunît en elle un excès de force dangereux aux libertés publiques ; mais rassurons-nous : un pouvoir exécutif, illusoire entre les mains d'un roi, ne peut être qu'un inutile fardeau dans celles d'une assemblée. La monarchie n'existant plus, la république n'existant pas encore, les masses devaient être plus agitées, plus entreprenantes, le pouvoir exécutif plus timide, plus incertain que jamais ; d'un côté, redoublement de fièvre révolutionnaire ; de l'autre, atténuement des moyens propres à la combattre : telle était la situation présente, situation essentiellement périlleuse.

» Le premier soin de l'Assemblée nationale fut d'organiser un ministère. Elle décida unanimement que Roland, Clavière et Servan reprendraient leurs fonctions. On procéda ensuite à l'appel nominal pour le choix de trois autres ministres ; Danton fut nommé à la justice, Monge à la marine, Lebrun aux affaires étrangères ; et ainsi se trouva constitué le nouveau gouvernement, ou plutôt le simulacre de gouvernement auquel furent remises les affaires publiques.

» L'état des choses explique-t-il la nomination de Danton

au ministère de la justice? Cet état de choses la justifie-t-il ? Évidemment ce choix ne fut pas l'effet d'un entraînement sympathique ; donc, en faisant entrer Danton dans le ministère, l'Assemblée crut, d'un côté, donner des gages au parti populaire, et, de l'autre, donner de la force au pouvoir ; elle crut satisfaire et endormir le peuple, et s'assurer l'homme le plus capable de le dominer. Mais tout calcul appliqué à une position fausse porte à faux. Qu'arriva-t-il, en effet? Que, d'une part, on dit à l'Assemblée : « Vous » aviez besoin de Danton, voilà pourquoi vous l'avez » nommé ; » et Danton lui-même proclama qu'il avait été porté au ministère par un boulet de canon ; et d'autre part, sous le masque du ministre se cacha toujours l'ancien agent de la commune, et le ministre se regarda beaucoup plus comme l'homme du peuple que comme l'homme du pouvoir. On croyait tirer parti de Danton, on lui mit dans les mains tous les moyens d'exercer de l'influence, et il en profita contre ceux mêmes qui les lui avaient donnés inconsidérément.

» Une seule institution était fortement organisée, nous l'avons dit, par la constitution de 1791, c'est la commune. Là seulement se trouvait, à côté de la pensée qui conçoit, la force qui exécute. La commune de Paris, entre toutes, possédait ce double attribut ; appuyée sur ses quarante-huit sections, c'est-à-dire sur tout le peuple de Paris, elle disposait d'une force irrésistible. Depuis le 10 août, son administration, à la tête de laquelle sont restés le maire Pétion et le procureur-syndic Manuel, se compose, comme nous l'avons dit encore, de trois commissaires envoyés par chaque section, c'est-à-dire de près de cent cinquante membres, parmi lesquels on trouve les hommes les plus ardents, les plus extrêmes : Marát, Robespierre, Tallien, Collot-d'Herbois, Sergent, Panis, etc. ; organisée par la révolte, la révolte est son élément.

» Ainsi constituée, ainsi composée, la commune de Paris, placée au centre de l'empire, au point où tout venait aboutir, enhardie du reste par le succès, la commune de Paris dut se regarder comme la tête de la France démocratique, et chercher à se poser comme telle. Dès le 10 août, en effet, la commune insurrectionnelle vint dire à l'Assemblée nationale : « Le peuple qui nous envoie vers vous nous
» a chargés de vous déclarer qu'il vous croit toujours dignes
» de sa confiance, mais qu'il ne reconnaît d'autres juges des
» mesures extraordinaires auxquelles la nécessité l'a con-
» traint de recourir, que le peuple français, notre souverain
» et le vôtre, réuni dans les assemblées primaires. » C'était dire nettement : « Nous n'entendons vous rendre aucun
» compte; » c'était se poser hardiment en autorité indépendante et rivale.

» L'Assemblée, effrayée peut-être par tant d'audace, et sans doute pour ramener la commune de Paris à son action naturelle, décréta la réélection du directoire du département, dissous dans la journée du 10 août. Mais la commune ordonna aux sections de surseoir à l'élection, et envoya son procureur-syndic dire à l'Assemblée : « Le peuple, forcé de
» veiller lui-même à son propre salut, a pourvu à sa sûreté
» par des délégués. Obligé de déployer les mesures les plus
» vigoureuses pour sauver l'État, il faut que ceux qu'il a
» choisis lui-même pour ses magistrats aient toute la pléni-
» tude de pouvoir qui convient au souverain. Si vous créez
» un autre pouvoir qui domine ou balance l'autorité des
» délégués immédiats du peuple, alors la force populaire ne

» sera plus une, et il existera dans la machine de notre
» gouvernement un germe éternel de divisions qui feront
» encore concevoir aux ennemis de la liberté de coupables
» espérances. Il faudra que le peuple, *pour se délivrer de*
» *cette puissance destructive de sa souveraineté, s'arme en-*
» *core une fois de sa vengeance.* » Cet argument portait
absolument à faux, car il ne s'agissait que d'un acte régulier du peuple, destiné à régulariser, d'une manière conforme à la loi, l'administration du département de Paris;
cependant l'Assemblée nationale modifia son décret dans ce
sens, que le directoire du département « n'exercerait sa sur-
» veillance sur les actes de la municipalité qu'en ce qui
» concernait les contributions publiques. » C'était fausser le
système général créé par la constitution et établi dans
toute la France.

» La commune obtint un autre avantage. Le 11 août, une
commission militaire avait été instituée *pour juger les*
Suisses défenseurs du château. Regardant cette commission
comme insuffisante, la commune demanda la punition de
tous les conspirateurs du 10 août; de plus elle déclara le
tribunal criminel de la Seine, qui seul devait juger *les non-*
militaires, trop lent et, en outre, suspect; elle réclama
donc la création d'un *tribunal spécial* ou *cour martiale*, qui
pût atteindre tous les traîtres. Sa pétition fut renvoyée à la
commission extraordinaire, chargée dès longtemps de proposer les moyens de salut. Mais bientôt une députation vint
dire aux représentants : « Le conseil général de la commune
» nous députe vers vous pour demander le décret sur la
» cour martiale. S'il n'est pas rendu, notre mission est de
» l'attendre. » Ce langage parut audacieux : « Les commis-
» saires de la nouvelle commune, dit un membre, devraient

» mieux mesurer leurs termes et se souvenir qu'ils parlent
» aux représentants d'une grande nation. » Hérault de Séchelles annonça d'ailleurs que la commission extraordinaire avait prié les commissaires de la commune de venir se concerter avec elle, et qu'ils n'y étaient pas venus. L'Assemblée se borna donc à attribuer aux tribunaux ordinaires la connaissance des crimes du 10 août, et autorisa les sections à nommer chacune deux jurés d'accusation et deux jurés de jugement.

» A cette nouvelle, la commune menaça de sonner le tocsin; elle envoya une seconde députation avec Robespierre pour orateur. Robespierre, qui s'était lâchement caché sous terre au jour du danger, vint insolemment dire à l'Assemblée : « Depuis le 10 août la juste vengeance du peuple n'a
» pas encore été satisfaite. Je ne sais quels obstacles invin-
» cibles semblent s'y opposer. Le décret que vous avez
» rendu nous semble insuffisant. Il n'y est parlé encore que
» des crimes commis dans la journée du 10 août, et c'est
» trop restreindre la vengeance du peuple, car ces crimes
» remontent bien au delà... Il faut au peuple un gouverne-
» ment digne de lui; il lui faut de nouveaux juges créés
» pour les circonstances... Le peuple vous environne de sa
» confiance ; conservez-la, cette confiance, et ne repoussez
» point la gloire de sauver la liberté pour prolonger, sans
» fruit pour vous-mêmes, aux dépens de l'égalité, au mé-
» pris de la justice, un état d'orgueil et d'iniquité. Le peuple
» se repose, mais il ne dort pas ; il veut la punition des cou-
» pables, il a raison. Vous ne devez pas lui donner des lois
» contraires à son vœu unanime... Nous demandons que les
» coupables soient jugés par des commissaires pris dans
» chaque section, souverainement et en dernier ressort. »

La députation obtint les honneurs de la séance, et l'Assemblée décréta en principe qu'une *cour populaire* jugerait les coupables, renvoyant pour le mode d'organisation à la commission extraordinaire, qui dut faire son rapport séance tenante. Dans la même séance, en effet, Brissot se présenta, au nom de la commission ; mais ce fut pour exposer les inconvénients multipliés qui résulteraient de la création du nouveau tribunal suprême, et il fit adopter une adresse aux citoyens de Paris, dans laquelle on disait : « Une Con-
» vention solennelle va prononcer sur le sort de votre con-
» stitution. Jusqu'à ce moment elle doit servir de guide. Or,
» la constitution porte que nul accusé ne peut être jugé que
» par un double jury d'accusation et de jugement et par des
» juges qui appliquent la peine. S'écarter de cette loi se-
» rait violer tous les principes. »

» Le lendemain 16 août fut paisible; mais le 17 un membre de la commune vint dire : « Comme citoyen,
» comme magistrat du peuple, je viens vous annoncer que
» ce soir, à minuit, le tocsin sonnera, la générale battra;
» le peuple est las de n'être point vengé. Craignez qu'il ne
» fasse justice lui-même. Je demande que, sans désempa-
» rer, vous décrétiez qu'il sera nommé un citoyen par
» chaque section pour former un tribunal criminel. » L'Assemblée trouva quelques paroles d'improbation contre un pareil langage. Mais bientôt parut une députation des citoyens nommés pour former les jurys d'accusation et de jugement : « Je suis député par le jury d'accusation dont je
» suis membre, dit l'orateur, pour venir éclairer votre re-
» ligion ; car vous paraissez être dans les ténèbres sur ce
» qui se passe à Paris. Un très-petit nombre des juges du
» tribunal criminel jouit de la confiance du peuple. Si, dans

». très-peu de temps, le directeur du jury n'est pas nommé,
» si les jurés ne sont pas en état d'agir, de grands malheurs
» se promèneront dans Paris. Nous vous invitons à ne pas
» vous traîner sur les traces de l'ancienne jurisprudence.
» C'est à force de ménagements que vous avez mis le
» peuple dans la nécessité de se lever, car, législateurs,
» c'est par sa seule énergie que le peuple s'est sauvé. Le-
» vez-vous, représentants, soyez grands comme le peuple
» pour mériter sa confiance. » Hérault de Séchelles avait
un rapport tout prêt ; il en donne lecture, et l'Assemblée
décrète, à l'unanimité : 1° qu'il sera procédé à la formation d'un corps électoral pour nommer les membres d'un
tribunal criminel destiné à juger les crimes commis dans
la journée du 10 août, *et autres crimes y relatifs, circonstances et dépendances ;* 2° que ce tribunal sera composé de
huit juges, huit suppléants, etc. Le tribunal dut *prononcer
en dernier ressort*, sans recours au tribunal de cassation.
La commune parut à demi satisfaite.

» Si nous nous transportions pour un moment au conseil
général de cette commune, nous verrions mieux encore
jusqu'où peuvent aller, dans certaines circonstances, les
déportements et l'audace d'une réunion d'hommes tels que
ceux qui siégeaient à l'hôtel de ville. Le 12 août, le
conseil statue que « les empoisonneurs de l'opinion pu-
» blique, tels que les auteurs de divers journaux, seront
» arrêtés, et que leurs presses, caractères et instruments
» seront distribués entre les imprimeurs patriotes. » Vers le
même temps, Marat fit enlever à l'imprimerie royale quatre
presses avec les caractères nécessaires. Le 18, le même
conseil général prit un arrêté conçu en ces termes : « Con-
» sidérant que le meilleur moyen d'arrêter les excès des

» émigrés est de retenir pour otages les seuls objets qui
» puissent leur être chers ; arrête qu'il sera fait dans le
» plus bref délai une pétition à l'Assemblée nationale, pour
» lui demander une loi qui autorise la commune de Paris à
» réunir dans des maisons de sûreté les femmes et les en-
» fants des émigrés, et à employer à cet effet des maisons
» ci-devant religieuses. » Et sans attendre la loi, sans même
se pourvoir auprès de l'Assemblée nationale, la commune
procède aux arrestations et incarcérations. Le même jour,
elle décide la levée d'une armée de vingt mille hommes qui
formeront un camp sous Paris, et elle procède aux enrôlements. D'autres fois, elle parle au nom de la nation entière. Dans le même temps, le conseil général de la commune s'emparait de tout ce qui était à sa convenance dans
les bâtiments de l'État, dans les maisons des émigrés, dans
les églises même : la commune paya le 23 août cent dix-
sept francs pour trois voitures attelées chacune de trois
chevaux, lesquelles vinrent de Chantilly à Paris, *chargées
des dépouilles de M. de Condé;* un autre jour, trente et un
francs pour solde dû au sieur F. M. *comme employé au dé-
ménagement des maisons des émigrés.* Le 30 août, le conseil,
par un arrêté, « autorisa les commissaires des sections à
» enlever dans toutes les paroisses de la capitale tous les
» objets d'argenterie, et même les chandeliers, tant sur les
» autels que dans les sacristies desdites paroisses. » L'enlèvement de l'argenterie d'une de ces paroisses, celle de la
Madeleine la Ville-l'Évêque, demanda une voiture à quatre
chevaux. On peut se demander ce que devinrent toutes
ces richesses. Elles furent d'abord déposées ou plutôt en-
tassées dans les salles de la mairie, et ensuite volées en
grande partie par les administrateurs de la commune eux-

mêmes. Cela résulte positivement d'un rapport officiel fait au conseil général de la commune, le 17 novembre 1792, sur les comptes du comité de surveillance. « Le conseil, » préposé pour l'apurement des comptes, après avoir déli- » béré, considérant les soustractions, dilapidations, mal- » versations que présentent les résultats des comptes contre » les citoyens administrateurs du comité de surveillance du » 10 août et jours suivants; que les scellés apposés sur » partie des effets déposés audit comité ont été pour la plu- » part brisés; que les réponses des administrateurs enten- » dus contradictoirement sont en opposition les unes avec » les autres, et présentent un ensemble de violation de dé- » pôt et d'infidélité; arrête que le tableau de la situation » des comptes du comité de surveillance de l'époque du » 10 août, ensemble copie des pièces justificatives dépo- » sées dans le registre du conseil général, seront renvoyés » au conseil exécutif. » Notez que la date de ce document n'est point celle d'un temps de réaction, mais qu'il appartient à l'an 1792, c'est-à-dire à une époque où ceux qu'il accuse étaient dans la plus grande faveur et n'eussent pas supporté patiemment une calomnie.

» Les choses étaient arrivées à un tel point que l'Assemblée nationale ne pouvait plus rester tranquille spectatrice des événements. Il fallait détruire la municipalité ou subir son joug, il fallait mettre fin à ses déportements ou en partager l'infamie.

» Les séances des 30 et 31 août retentirent d'accusations multipliées contre la commune, et de décrets réparateurs. Le ministre de l'intérieur vint le premier révéler un fait très-grave : « Dans les circonstances critiques où nous » sommes, dit-il, il est important de pourvoir aux subsis-

» tances de la capitale. J'avais pris des arrangements avec
» le comité de subsistances de la ville de Paris; mais ce
» comité, en qui je mettais toute ma confiance, vient d'être
» cassé par les représentants provisoires de la commune.
» Tous les travaux sont suspendus par cette désorganisa-
» tion, et, dans cet état de choses, je ne peux plus répondre
» de l'approvisionnement de Paris. » Deux membres qui
certes n'étaient pas des contre-révolutionnaires, Choudieu
et Cambon, prennent successivement la parole : « Il est
» temps, dit Choudieu, d'appeler l'attention du Corps lé-
» gislatif sur la conduite de la municipalité actuelle de Pa-
» ris... Elle désorganise tout, elle entrave tout; et déjà
» plusieurs sections de Paris ont réclamé contre sa forma-
» tion, qui n'est pas légale, car elle n'est composée que de
» commissaires chargés de se concerter pour quelques opé-
» rations relatives aux événements du 10 août seulement.
» Au contraire, ils se sont érigés en municipalité... ils se
» permettent des actes arbitraires, ils veulent tout boule-
» verser. Je demande que le rapport dont la commission
» extraordinaire est chargée sur cette municipalité pro-
» visoire soit fait aujourd'hui. — Il est important, dit
» Cambon, pour fixer l'Assemblée sur ce rapport, qu'elle
» se fasse représenter les pouvoirs qui ont été donnés à ces
» municipaux provisoires par le peuple; car, s'ils n'en ont
» pas, ce sont des usurpateurs, ils doivent être punis
» comme tels. » Les propositions de Choudieu et de Cambon, tous deux Montagnards, furent adoptées.

» Le ministre de l'intérieur, reprenant la parole, se plaignit de ce que l'un des commissaires de la commune provisoire avait forcé les portes du garde-meuble et enlevé à
main armée plusieurs effets nationaux; Cambon encore re-

présenta combien il importait à la nation que l'Assemblée surveillât avec soin les effets nationaux; qu'il n'est point permis à une commune de s'en emparer. « Bientôt le peuple
» serait ruiné, dit-il, si les administrateurs dilapidaient
» ainsi la fortune publique. » Sur la proposition de Cambon, l'Assemblée décréta que le commissaire serait mandé à sa barre. Un autre membre, Larivière, ajouta que l'un des commissaires municipaux était détenu pour avoir soustrait des effets au château des Tuileries : « Je cite ce fait,
» dit-il, pour que le peuple sache qu'il a été trompé dans
» son choix, et pour qu'on porte l'examen le plus sévère
» sur ces sortes d'êtres ambulants qui ont profité d'une
» crise pour usurper les pouvoirs. » Le lendemain, sur le rapport de Vergniaud, l'Assemblée rendit le décret suivant : « L'Assemblée nationale, considérant que tous les
» effets déposés au garde-meuble national, ceux trouvés
» aux Tuileries, dans les églises, maisons nationales, mai-
» sons dépendantes de la liste civile, sont tous également
» des effets nationaux, décrète : 1° que le ministre de l'in-
» térieur donnera des ordres dans le jour pour faire rétablir
» au garde-meuble national les effets qui pourraient en
» avoir été retirés pour être transportés dans d'autres dé-
» pôts; 2° que le ministre de l'intérieur se fera rendre
» compte dans deux jours par les commissaires des sections
» qui, depuis le 10 de ce mois, ont formé le conseil de la
» commune, de tous les effets qui ont été trouvés aux Tui-
» leries, dans les églises, maisons nationales, maisons dé-
» pendantes de la liste civile, et dont la garde a été confiée
» à la surveillance des commissaires, et de tous les effets
» qui ont été transportés à la maison commune, etc. »

» Dans la même séance encore, l'Assemblée reçut d'un

PIÈCES JUSTIFICATIVES, 315

rédacteur du *Patriote français*, Girey-Dupré, une lettre conçue à peu près en ces termes : « Déjà des plaintes graves
» ont retenti dans le sein de l'Assemblée nationale contre
» la conduite des commissaires provisoires de la commune
» de Paris. On a réclamé contre leur usurpation des pou-
» voirs du peuple qui les a choisis; on a réclamé contre
» leur avidité à se partager les places et à recueillir les
» fruits de leur dictature, contre leur système d'avilisse-
» ment du Corps législatif. Revêtu, comme écrivain pa-
» triote, d'une sorte de magistrature morale, j'ai élevé ma
» voix contre ces commissaires. Ils ont voulu m'effrayer par
» l'appareil de leur puissance; ils m'ont mandé à leur
» barre. Je n'ai pas voulu avilir la qualité de citoyen en
» obéissant à un ordre tyrannique et je n'ai pas paru à leur
» barre... Il est temps que l'Assemblée fasse cesser tous
» ces désordres, qu'elle rende au peuple ses droits, qu'elle
» maintienne la liberté individuelle et la liberté de la presse
» contre les entreprises des usurpateurs. Le moment presse,
» le corps électoral va s'assembler; il importe de le sous-
» traire à l'influence de quelques intrigants. »

Le lendemain encore, Vergniaud proposa, en ces termes, un décret qui fut rendu immédiatement : « L'Assemblée
» nationale, considérant qu'il importe de réprimer les at-
» teintes portées à la liberté individuelle, par quelque au-
» torité constituée qu'elles soient portées, décrète que les
» mandats d'amener à la barre et d'arrêt, décernés par le
» conseil général de la commune de Paris, le 30 août,
» contre le sieur Girey-Dupré, sont attentatoires à la li-
» berté individuelle et à la liberté de la presse, et en
» conséquence les déclare nuls et non avenus; enjoint à
» la municipalité de Paris de se renfermer, à l'égard des

» mandats d'amener et d'arrêt, dans les bornes prescrites
» par la loi sur la police générale et sur la sûreté de l'État. »

» Enfin, Gensonné vint faire une nouvelle révélation :
« Votre commission, dit-il, m'a chargé de vous rendre
» compte d'un fait relatif à la commune provisoire. Des
» hommes armés ont, par son ordre, investi l'hôtel de la
» guerre et empêché que personne en sortît. Nous avons
» écrit au ministre pour lui demander des éclaircissements;
» il nous a répondu que rien n'était plus vrai, et que tout
» cela s'était fait sous le prétexte que l'imprimeur du *Pa-*
» *triote français* était dans l'hôtel. » Grangeneuve dit alors :
« Les circonstances ont fait établir à Paris une municipa-
» lité provisoire. Ces circonstances sont changées. Peut-
» être lui doit-on de la reconnaissance pour le nouvel état
» des choses; mais peut-être aussi conserve-t-elle mainte-
» nant le même esprit qu'elle avait alors, quoique la scène
» soit bien changée. Je demande que l'Assemblée déclare
» que l'ancienne municipalité reprendra ses fonctions. »
Guadet était le rapporteur de la commission chargée d'informer. « L'opinion de M. Grangeneuve, dit-il, me dis-
» pense de tout rapport. Voici le projet de la commis-
» sion : — L'Assemblée nationale, considérant qu'il s'est
» élevé des réclamations sur les pouvoirs des commissaires
» provisoires de la commune de Paris, que quelques sec-
» tions ont déjà révoqué leurs commissaires et demandé un
» nouveau mode d'organisation; considérant qu'il importe,
» pour assurer la tranquillité des citoyens, le service de
» toutes les branches d'administration, et notamment de
» celle des subsistances, de fixer l'organisation du conseil
» général de la commune, en attendant le terme prescrit
» par la loi pour les réélections; décrète qu'il y a urgence.

» L'Assemblée nationale, après avoir décrété l'urgence, décrète ce qui suit :

» Art. 1er. Les sections de Paris nommeront, dans le dé-
» lai de vingt-quatre heures, chacune deux citoyens, lesquels
» réunis formeront provisoirement, et jusqu'à la prochaine
» élection de la municipalité de Paris, le conseil général de
» la commune de Paris.

» Art. 2. D'abord après l'élection ordonnée par le pré-
» cédent article, les commissaires nommés par les quarante-
» huit sections, et qui ont provisoirement remplacé, depuis
» le 10 août, le conseil général de la commune, cesseront
» d'en exercer les fonctions jusqu'à leur remplacement.

» Art. 3. Le maire de Paris, le procureur de la com-
» mune, les membres du bureau municipal et ceux du corps
» municipal continueront d'exercer leurs fonctions jusqu'à
» leur remplacement.

» Art. 4. Le pouvoir exécutif national est chargé de faire
» exécuter sans délai le présent décret, et d'assurer éga-
» lement l'exécution de la loi qui met la force publique de
» Paris à la seule réquisition du maire de Paris. »

» Ainsi frappée coup sur coup, la commune n'osa pas s'insurger ouvertement; mais elle ne pouvait pas non plus quitter le terrain sans combattre. Elle essaya d'abord des moyens pacifiques; et dans la séance du 31 août l'Assemblée nationale vit arriver à sa barre une députation du conseil général, composée du maire Pétion, du procureur-syndic Manuel et du secrétaire Tallien. Pétion et Manuel dirent quelques mots sans importance; le principal orateur de la commune fut son secrétaire, le jeune et fougueux Tallien. Tallien donc, après un long éloge des actes de la commune, réclama en paroles hardies contre sa dissolution.

318   PIÈCES JUSTIFICATIVES.

« Si vous nous frappez, dit-il, frappez donc aussi ce peuple
» qui a fait la Révolution le 14 juillet, qui l'a consolidée le
» 10 août, et qui la maintiendra. » Le président Lacroix
lui répondit : « La formation de la commune provisoire de
» Paris est contraire aux lois existantes. Elle est l'effet
» d'une crise extraordinaire et nécessaire ; mais quand ces
» périlleuses circonstances sont passées, l'autorité provi-
» soire doit cesser avec elles. » Cependant la commune
provisoire se maintint à son poste, et d'autres événements,
événements terribles, allaient faire oublier tous ces débats.

LA COMMUNE DE PARIS FAIT LES MASSACRES DE SEPTEMBRE.

» Les circonstances étaient graves : d'un côté les armées
coalisées s'avançaient en masse, de l'autre les royalistes de
l'intérieur s'agitaient, s'apprêtaient peut-être à leur livrer
la France. Les têtes, encore chaudes du 10 août, s'enflam-
maient facilement à l'idée que non-seulement allait être
perdu tout le fruit de cette journée, mais que la contre-
révolution triomphante allait accabler les Français du poids
de ses vengeances.

» Marat disait qu'il fallait se porter en masse à l'Abbaye,
en arracher les traîtres, particulièrement les officiers suisses
et leurs complices, et les passer au fil de l'épée. « Quelle
» folie, écrivait-il, de vouloir faire leur procès ! Il est tout
» fait. Vous les avez pris les armes à la main contre la pa-

» trie. Vous avez massacré les soldats, pourquoi épargne-
» riez-vous leurs officiers, incomparablement plus coupa-
» bles? La sottise a été d'avoir écouté les endormeurs qui
» ont conseillé d'en faire des prisonniers de guerre. Ce sont
» des traîtres qu'il fallait immoler sur-le-champ, car ils ne
» pouvaient jamais être considérés sous un autre point de
» vue. »

» La commune, bien que plus réservée dans ses discours, était, pour le fond des choses, à la hauteur de Marat, et l'idée d'une exécution sur une grande échelle ger-
mait évidemment dans son esprit. On se rappelle le langage
de ses orateurs au sujet du tribunal du 10 août; un tribunal spécial a été créé, mais ce tribunal ne répond pas encore aux vues de la municipalité. Le 23, une section vint
en députation au conseil de la commune et déclara formellement « que les citoyens, fatigués, indignés des retards
que l'on apportait dans les jugements, forceraient les portes des prisons et immoleraient à leur vengeance les coupables qui y étaient renfermés. » Cette pétition conçue dans
les termes les plus délirants, n'éprouva aucune censure;
elle reçut même des applaudissements.

» Trois jours après, le ministre de la guerre annonça
à l'Assemblée nationale la perte de Longwy; un député
déclara que la reddition de la place ne pouvait être que
l'effet d'une de ces trahisons qu'alors on voyait partout,
parce qu'en effet elles étaient fréquentes. Vergniaud fit
décréter la peine de mort contre tout individu qui, dans
une ville assiégée, parlerait de se rendre. L'Assemblée décréta une levée de trente mille hommes dans le département de la Seine et dans les départements voisins; elle
décréta que toute la gendarmerie serait rassemblée sur

différents points, à portée des frontières et du corps de réserve, et que les bataillons des gardes nationaux volontaires, nouvellement formés, seraient armés par les généraux. On travailla avec une activité nouvelle à un camp sous Paris.

» Tout cela ne pouvait manquer d'accroître l'irritation générale. Le tribunal du 10 août fonctionnait depuis le 25; il avait ce jour-là prononcé trois condamnations à mort : contre Danglemont, secrétaire de l'administration de la garde nationale; contre de Laporte, intendant de la liste civile, et contre Durozoy ou de Rosoi, journaliste; le 27, il en prononça quatre autres, mais aussi deux acquittements eurent lieu, en faveur de Dossonville, coaccusé de Danglemont, et du comte d'Affry, colonel des gardes-suisses. Le 29 donc, la commune, excitée peut-être par la nouvelle de la reddition de Longwy, suspendit le tribunal de sa propre autorité, au milieu d'une procédure. D'autre part, à l'instigation de Danton, elle arrêta : 1° qu'on ferait dans les sections le recensement des indigents, auxquels on donnerait une paye et des armes; 2° qu'on désarmerait et qu'on arrêterait les suspects; qu'il serait fait dans ce but des visites domiciliaires conduites énergiquement; 3° les barrières durent être fermées pendant quarante-huit heures, sans qu'il pût être délivré, sous aucun motif, de permis de sortie; 4° aux deux extrémités de Paris la rivière dût être barrée, et les communes voisines durent arrêter tout individu trouvé dans la campagne ou sur les routes. Le 29 au soir, le tambour annonça les visites domiciliaires; chaque citoyen fut tenu de se trouver dans sa demeure; rencontré chez autrui, il eût été traité comme suspect de rassemblement. Des commissaires de la commune, assistés de la

force armée, procédèrent toute la nuit et les jours suivants aux visites et à l'arrestation des suspects; les prisons furent remplies. Le lendemain 30, le conseil général de la commune arrête que : « Les sections seront chargées d'exami-
» ner et de juger, sous leur responsabilité, les citoyens
» arrêtés la nuit. »

» D'un autre côté, le comité de défense générale de l'Assemblée législative appela, le 30 août, les ministres pour concerter avec eux les moyens de salut public. Le ministre de la guerre ne pensait pas que les armées françaises pussent résister à la coalition; c'était du reste l'opinion générale. Il fut donc proposé de porter toute la population armée sous les murs de Paris, pour y combattre en désespérée, et au besoin, de se replier sur Saumur. Vergniaud et Guadet combattirent l'idée de s'éloigner de Paris. Le ministre Danton vint ensuite. « Paris, dit-il, représente la France;
» abandonner Paris à l'ennemi, c'est abandonner la Révo-
» lution. Il faut donc nous maintenir ici par tous les
» moyens, et nous sauver par l'audace... Il y a un direc-
» toire royal qui siége secrètement à Paris et correspond
» avec l'armée prussienne. Vous dire où il se réunit, qui le
» compose, serait impossible aux ministres; mais pour le
» déconcerter et empêcher sa funeste correspondance avec
» l'étranger, il faut... *il faut faire peur aux royalistes.* » Et il accompagna, dit-on, ces dernières paroles d'un geste qui jeta la stupeur dans le comité.

» Cependant Montmorin fut acquitté par le tribunal du 10 août; la commune en devint furieuse. Il y avait dans cette commune un comité de surveillance ou comité de police, composé de quatre membres. Panis et Sergent en faisaient partie. Quatre membres ne parurent pas suffisants dans les circonstances présentes; on résolut de leur en adjoindre huit autres, et Panis fut chargé de cette organisation. Il composa donc son comité; mais la plupart des membres ne parurent pas à la hauteur de leur mission, et Panis fut autorisé à les remplacer par d'autres. En définitive, le comité se trouva composé des quatre membres anciens : Duplain, Panis, Sergent, Jourdeuil, et de six adjoints, savoir : Marat, l'*ami du peuple*, Deforgues, chef de bureau à la mairie, Lenfant, Guermeur, Leclerc et Duffort.

» Le 1er septembre, on apprit que Verdun était investi; l'exagération proclame qu'il est pris, comme il le fut, en effet, quelques jours plus tard; qu'une trahison l'a livré comme Longwy. Danton, qui avait toujours un pied dans le ministère et un pied dans la commune, fait décréter par cette commune que le lendemain, 2 septembre, on fera battre la générale, sonner le tocsin, tirer le canon d'alarme, et que tous les citoyens disponibles se rendront armés au Champ de Mars, où ils camperont toute la journée, pour le lendemain se rendre sous les murs de Verdun. La commune informe l'Assemblée de la mesure qu'elle a prise. Vergniaud, trompé par les apparences, ne voyant dans tout cela qu'un mouvement sublime de patriotisme, jette des paroles d'enthousiasme sur cet élan magnanime, félicite Paris de ce qu'il a converti le zèle des motions en un zèle plus utile, celui des combats; il se représente déjà l'ennemi harcelé en queue par nos armées, venant se heurter aux bataillons rangés sous les murs de Paris, enveloppé de toutes parts et dévoré par cette terre qu'il a profanée. Des acclamations universelles se font entendre dans les tribunes, et l'Assemblée se lève tout entière, électrisée par les accents patriotiques de Vergniaud. Danton prend la parole : « Le

» tocsin qui va sonner, dit-il, n'est point un signal d'alarme,
» c'est la charge sur les ennemis de la patrie. (On applau-
» dit.) Pour les vaincre, messieurs, il nous faut de l'au-
» dace; encore et toujours de l'audace, et la France est
« sauvée. » (Les applaudissements recommencent.)

» Cependant, les bruits les plus sinistres couraient dans tout Paris ; on sentait que de grandes et terribles choses se préparaient ; tout disait qu'on touchait à quelque affreuse catastrophe. Mille indices portaient l'effroi dans les cœurs les plus résolus. Robespierre, Tallien, Marat, Danton, etc., firent élargir sans jugement quelques hommes qu'ils voulaient sauver, ou que leur avaient recommandés des amis.

Dans la matinée du 2 septembre, le journaliste Prud'homme, effrayé de l'aspect de la ville, alla pour s'éclairer près du ministre de la justice; bientôt après entra le secrétaire général Camille Desmoulins : « Tiens, lui dit
» Danton, Prud'homme vient me demander ce que l'on va
» faire. — Tu ne lui as donc pas dit, reprend Desmoulins,
» qu'on ne confondra pas les innocents avec les coupa-
» bles ? » Prud'homme étonné demande si les députés, si les autorités ne se répandront pas dans la ville pour haranguer, pour calmer le peuple : « Non, non, dit Camille
» Desmoulins, cela serait dangereux, car le peuple, dans
» son premier courroux, pourrait faire des victimes dans la
» personne de ses plus chers amis. » Dans les prisons, d'affreux pressentiments consternaient les esprits : ce même jour, 2 septembre, à l'Abbaye, on remarqua que le concierge faisait, de grand matin, sortir de la prison sa femme et ses enfants, précaution qui étonna d'autant plus qu'on aperçut du trouble sur sa figure. On remarqua aussi que le guichetier servait le dîner plus tôt que de coutume : « Son

» air effaré, ses yeux hagards, a dit un des prisonniers,
» nous firent présager quelque chose de sinistre. A deux
» heures il rentra; nous l'entourâmes, il fut sourd à toutes
» nos questions, et après qu'il eut, contre son ordinaire,
» ramassé tous les couteaux que nous avions soin de placer
» dans nos serviettes, il fit sortir brusquement la garde-ma-
» lade de l'officier suisse Reding. » Le guichetier avait donc
reçu quelques ordres ou pressentait quelque événement.

» Dans cette même matinée du 2 septembre, la section
du faubourg Poissonnière prit cet arrêté : « Tous les con-
» spirateurs de l'État actuellement enfermés dans les pri-
» sons d'Orléans et de Paris seront mis à mort avant le
» départ des citoyens qui volent à la frontière. » Cet arrêté
fut envoyé et lu aux sections de la Fontaine-Montmartre,
de Mauconseil et du Louvre, qui y adhérèrent. Dans le
même temps, une motion semblable était faite dans la section de Popincourt. Dans le même temps encore, celle du
Luxembourg arrêtait qu'il fallait purger les prisons avant
de partir, en faisant couler le sang de tous les détenus de
Paris; et elle envoyait trois commissaires à la ville pour
signifier son vœu, *afin de pouvoir agir d'une manière
conforme*. La section des Quinze-Vingts prit encore un
arrêté semblable.

» Dans cet état de choses, sur les deux heures, par ordre
du comité de surveillance, des prisonniers furent tirés de
la mairie pour être expédiés à la Force, à la Conciergerie
et à l'Abbaye. Sur ces derniers seuls nous avons des détails.. C'étaient vingt-quatre prêtres, parmi lesquels l'abbé
Sicard. Aux premiers coups que tira le canon d'alarme,
des fédérés avignonnais et marseillais se précipitèrent dans
la prison où ils se trouvaient, les saisirent et les jetèrent

dehors sans leur donner le temps de prendre leurs effets. On fit venir des voitures, qui les reçurent, et l'on donna le signal du départ, en recommandant à tous les cochers d'aller très-lentement, sous peine d'être massacrés sur leur siége, et en adressant aux prisonniers mille injures. Les soldats qui devaient les accompagner leur annoncèrent qu'ils n'arriveraient pas jusqu'à l'Abbaye ; que le peuple, à qui on va les livrer, se fera enfin justice de ses ennemis et les égorgera dans la route. Les voitures marchent ; bientôt le peuple se rassemble et les suit en insultant les prisonniers. « Oui, disent les soldats, ce sont vos ennemis, les
» complices de ceux qui ont livré Verdun, ceux qui n'atten-
» daient que votre départ pour égorger vos enfants et vos
» femmes ; voilà nos sabres et nos piques, donnez la mort
» à ces monstres. » La multitude grossissait de la manière la plus effrayante à mesure que les voitures avançaient vers l'Abbaye par le Pont-Neuf, la rue Dauphine et le carrefour Buci. Les prisonniers voulurent fermer les portières de l'une de ces voitures, on les força de les laisser ouvertes ; l'un d'eux reçut un coup de sabre sur l'épaule, un autre fut blessé à la joue, un autre au-dessus du nez. C'est ainsi qu'on arriva jusqu'à la cour de la prison.

» Cette cour avait son entrée par la rue d'Erfurth ; elle communiquait d'un côté à la prison, d'un autre à l'église, d'un troisième au palais abbatial. Dans l'église se tenaient les séances de la section dite des Quatre-Nations ; dans le cloître, le comité ; section et comité étaient en permanence ; dans la cour, Maillard avec un certain nombre de massacreurs. « La cour était pleine d'une foule immense, a dit
» l'abbé Sicard ; on entoure nos voitures. Un de nos cama-
» rades croit pouvoir s'échapper, il ouvre la portière et

» s'élance au milieu de la foule; il est aussitôt égorgé. Un
» second fait le même essai, il fend la presse; il allait se
» sauver, mais les égorgeurs tombent sur cette nouvelle
» victime, et le sang coule encore. Un troisième n'est pas
» plus épargné. La voiture avançait vers la salle du comité;
» un quatrième veut également sortir, il reçoit un coup de
» sabre, qui ne l'empêche pas de se retirer et de chercher
» un asile dans le comité. Les égorgeurs s'imaginent qu'il
» n'y a plus rien à faire dans cette première voiture; ils se
» portent avec la même rage sur la seconde. » De la seconde ils passent aux suivantes, ils massacrent tout. De tous les prisonniers l'abbé Sicard seul fut sauvé, protégé par un membre du comité qui le reconnut, car le malheureux blessé, qui s'était réfugié aussi près des commissaires, fut égorgé en leur présence, sans que ces commissaires, sans que la section osassent ou voulussent rien empêcher.

» Pendant ce temps, que faisait-on à la commune? Dès qu'à la séance du soir, qui commença vers quatre heures, on apprit les massacres, sur la proposition du procureur de la commune, Manuel, le conseil général arrêta : 1° que chaque section serait invitée à réclamer les prisonniers de son arrondissement détenus pour dettes, pour mois de nourrice ou pour des causes civiles, ainsi que les militaires détenus pour faits de discipline; 2° que la prison de Sainte-Pélagie serait ouverte, et les prisonniers qui y seraient détenus purement pour dettes et reconnus pour tels par la vérification de l'écrou mis en liberté. De son côté, le comité d'exécution donnait l'ordre à différents geôliers de séparer les pauvres débiteurs, les prisonniers pour rixes et les petits délinquants des grands malfaiteurs et des traîtres contre-révolutionnaires. Dans la même séance, le conseil général envoya des commissaires aux prisons pour arrêter, disait-il, l'effusion du sang ; mais voici le langage de celui qui se présenta au comité des Quatre-Nations : « La » commune vous fait dire que si vous avez besoin de se- » cours, elle vous en enverra. — Non, lui répondirent les » commissaires, tout se passe bien chez nous. (On massa- » crait à force, dit l'abbé Sicard.) — Je viens, reprit l'en- » voyé municipal, des Carmes et des autres prisons. Tout » s'y passe également bien. » Manuel alla aussi à la prison de l'Abbaye, et dans la rue Sainte-Marguerite il dit au peuple assemblé : « Peuple français, au milieu des ven- » geances légitimes que vous allez exercer, que votre hache » ne frappe pas indistinctement toutes les têtes. Les crimi- » nels que renferment ces cachots ne sont pas tous égale- » ment coupables. » On répugne à croire qu'il y ait eu de la part de l'autorité municipale intention préméditée de pousser le peuple aux assassinats, afin peut-être de se dégager de la terrible responsabilité de les avoir organisés, mais on est souvent, malgré soi, ramené à cette idée. Dans le même conseil général de la commune, le même jour 2 septembre, pendant que les massacres s'opéraient dans plusieurs prisons, Robespierre dénonça une conspiration ayant pour but de porter au trône le duc de Brunswick, et il désigna clairement Brissot et une partie des députés de la Gironde. En même temps le comité d'exécution, le comité de Marat, sur lequel planait l'esprit de Robespierre, lançait contre Roland et contre plusieurs députés un mandat d'arrêt, qui n'eut aucune suite grâce à l'intervention de Danton.

« Le 3 au matin, nous trouvons Billaud-Varennes, substitut du procureur de la commune, à la prison de l'Ab-

baye. Les *travailleurs* dépouillaient les prisonniers après les avoir tués. Le substitut de la commune, du haut d'une estrade placée dans la cour de la prison, leur dit : « Mes
» amis, mes bons amis, la commune m'envoie vers vous
» pour vous représenter que vous déshonorez cette belle
» journée. On lui a dit que vous voliez ces coquins d'aris-
» tocrates après en avoir fait justice. Laissez, laissez tous
» les bijoux, tout l'argent et tous les effets qu'ils ont sur eux
» pour les frais du grand acte de justice que vous exercez.
» On aura soin de vous payer comme on est convenu avec
» vous. Soyez nobles, grands et généreux comme la pro-
» fession que vous remplissez ; que tout dans ce grand jour
» soit digne du peuple dont la souveraineté vous est com-
» mise. » Que ce ne soient pas là exactement toutes les pa-
roles du substitut de la commune, que la mémoire du témoin ait pu altérer quelques mots, quelques phrases, on le conçoit ; mais le fait est certain et le fond du discours exact, la suite des faits le démontre. Billaud-Varennes avait annoncé aux travailleurs que la section donnerait à chacun d'eux vingt-quatre livres ; sept à huit de ces hommes allèrent au comité de la section demander leur salaire. Le président ouvrit l'avis de donner à chacun un petit écu. « Ce n'est pas assez, dit un de ses collègues, ils ne seraient
» pas contents. » Là-dessus entra Billaud-Varennes ; il fit au comité un long discours pour prouver la nécessité de tout ce qui s'était fait ; puis il dit qu'il avait promis aux ouvriers (ce furent ses expressions) que la section donnerait à chacun un louis. Le comité représenta l'impossibilité de payer, faute de fonds. Billaud-Varennes leur dit de s'adresser au ministre de l'intérieur, qui payerait. Du reste le comité de surveillance, ce même jour 3 septembre, écri-

vait à toutes les communes de France pour les presser d'imiter Paris : « Prévenue, disait-il, que des hordes de bar-
» bares s'avançaient contre elle, la commune de Paris se
» hâte d'informer ses frères de tous les départements qu'une
» partie des conspirateurs féroces détenus dans ses prisons
» a été mise à mort par le peuple : actes de justice qui lui
» ont paru indispensables pour retenir par la terreur les
» légions de traîtres cachés dans ses murs, au moment où
» il allait marcher à l'ennemi ; et *sans doute la nation en-*
» *tière*, après la longue suite de trahisons qui l'ont conduite
» sur les bords de l'abîme, *s'empressera d'adopter ce moyen*
» *si nécessaire de salut public*, et tous les Français s'écrie-
» ront comme les Parisiens : Nous marchons à l'ennemi ;
» mais nous ne laissons pas derrière nous ces brigands pour
» égorger nos enfants et nos femmes. » Cette pièce était signée Duplain, Panis, Sergent, Lenfant, Jourdeuil, Marat, l'*ami du peuple*, Deforgues, Leclerc, Duffort, Celly ; c'est-à-dire des dix membres du comité de surveillance *constitués à la commune et séant à la mairie*. Elle fut adressée le jour même à toutes les municipalités, sous le couvert et avec le contre-seing du ministre de la justice, Danton.

« Pétion, que je ne regarde pas comme exempt de tout reproche dans ces tristes journées, Pétion a peint d'une manière saisissante ce qui se passait dans les prisons de Paris. Il se rendit le 6 septembre, c'était bien tard, à l'hôtel de la Force avec plusieurs de ses collègues. « Des ci-
» toyens assez paisibles, a-t-il dit, obstruaient la rue qui
» conduit à cette prison. Une très-faible garde était à la
» porte. J'entre !... Non, jamais ce spectacle ne s'effacera
» de mon cœur ! Je vois deux officiers (*municipaux*) revêtus

» de leur écharpe ; je vois trois hommes tranquillement
» assis devant une table, les registres d'écrous ouverts et
» sous leurs yeux, faisant l'appel des prisonniers ; d'autres
» hommes les interrogeant ; d'autres hommes faisant fonc-
» tions de jurés et de juges ; une dizaine de bourreaux les
» bras nus, couverts de sang, les uns avec des massues,
» les autres avec des sabres et des coutelas, exécutant à
» l'instant les jugements ; des citoyens attendant au dehors
» ces jugements avec impatience, gardant le plus morne
» silence aux arrêts de mort, jetant des cris de joie aux
» arrêts d'absolution. Et les hommes qui jugeaient et les
» hommes qui exécutaient avaient la même sécurité que si
» la loi les eût appelés à remplir ces fonctions ; ils me van-
» taient leur justice, leur attention à distinguer les inno-
» cents des coupables, les services qu'ils avaient rendus ;
» ils demandaient, pourrait-on le croire ! à être payés du
» temps qu'ils avaient passé. J'étais réellement confondu de
» les entendre ! Je leur parlai le langage austère de la loi ;
» je leur parlai avec le sentiment de l'indignation profonde
» dont j'étais pénétré. Je les fis sortir tous devant moi ;
» j'étais à peine sorti moi-même qu'ils y rentrèrent. Je fus
» de nouveau sur les lieux pour les en chasser ; la nuit ils
» achevèrent leur horrible boucherie. » Pétion ajoute : « Je
» pense que ces crimes n'eussent pas eu un aussi libre
» cours, qu'ils eussent été arrêtés, si tous ceux qui avaient
» en main le pouvoir et la force les eussent vus avec hor-
» reur ; mais, je dois le dire parce que cela est vrai, plu-
» sieurs de ces hommes publics, de ces défenseurs de la
» patrie, croyaient que ces journées désastreuses et désho-
» norantes étaient nécessaires ; qu'elles purgeaient l'empire
» d'hommes dangereux ; qu'elles portaient l'épouvante dans

» l'âme des conspirateurs ; et que ces crimes, odieux en
» morale, étaient utiles en politique. Oui, voilà ce qui a
» ralenti le zèle de ceux à qui la loi avait confié le maintien
» de l'ordre, de ceux à qui elle avait remis la défense des
» personnes et des propriétés. »

» Les organisateurs de ces massacres eurent en vue de se débarrasser des prisonniers politiques, et ils prirent soin de soustraire au danger les prisonniers pour causes civiles et les petits délinquants, cela est certain ; mais il est évident aussi que leur sollicitude ne s'étendit nullement aux gros malfaiteurs, qu'ils entendirent, au contraire, s'en débarrasser du même coup. Les massacres opérés aux Bernardins, à la Salpêtrière, ne purent avoir que ce but-là. L'ancien couvent des Bernardins servait de prison aux galériens, en attendant qu'ils fussent expédiés sur les bagnes ; soixante-quinze prisonniers s'y trouvaient le 3 septembre ; trois furent mis en liberté, soixante-douze furent immolés, ainsi qu'un citoyen *reconnu* pour un voleur. Or il n'y avait là ni aristocrate ni conspirateur. La Salpêtrière renfermait des voleuses, des prostituées, des jeunes filles détenues en correction. Les tueurs y arrivèrent le 3 septembre au soir ; ils en firent sortir les femmes de mauvaise vie. Ils y passèrent la nuit, nuit horrible dont il faut détourner les regards ; et à cinq heures du matin ils commencèrent à travailler, c'est-à-dire à assassiner les malheureuses prisonnières : « Après examen par eux fait sur les registres
» de celles flétries, les assommaient et les perçaient de
» coups de sabre et autres instruments. » Et cela en présence de deux commissaires députés par la section du Finistère ; en présence de la garde nationale, puisqu'on lit dans le registre des délibérations de la section Mauconseil,

séance du 3 septembre : « L'Assemblée a arrêté que deux
» cents hommes armés et une pièce de canon partiront sur-
» le-champ pour la maison de la Salpêtrière et renforceront
» la garde nationale qui s'y trouve. » Sur trente-cinq
femmes tuées, je n'en trouve que quatre non flétries des
lettres V ou W ; et sur la liste de cinquante-deux mises en
liberté, il n'y a pas une seule mention de flétrissure. Le
procès-verbal dressé par les commissaires de la section du
Finistère se termine ainsi : « Ces hommes retirés, nous,
» commissaires, avons fait faire, en notre présence, sur les
» vêtements des cadavres, la recherche des effets qui étaient
» sur eux et dans leurs poches, et il s'est trouvé trente et
» une pièces, tant en anneaux que boucles d'oreilles, croix
» en or et argent, et une somme de huit cent trente-sept
» livres treize sous, tant en deniers comptant qu'en papier-
» monnaie, dont du tout nous sommes chargés, pour par
» nous être remis à ladite section du Finistère. Ce fait,
» nous, commissaires susdits, avons fait inhumer au cime-
» tière de ladite maison de la Salpêtrière les cadavres des-
» dites trente-cinq prisonnières dénommées des autres
» parts, dont et de quoi nous avons fait et dressé le présent
» procès-verbal pour constater leurs décès et inhumation. »

» Un autre fait ressort parfaitement des massacres commis aux Bernardins, c'est que ces massacres furent organisés et payés. Les commissaires de la section des Sans-
Culottes voulurent d'abord abandonner les vêtements des
galériens aux tueurs, aux dépouilleurs et aux charretiers
qui avaient enlevé les corps, et donner encore cinq livres à
chaque tueur, six livres aux dépouilleurs et aux charretiers ;
mais ni les uns ni les autres ne se trouvèrent suffisamment
rémunérés, et ils refusèrent de recevoir le prix taxé. Des

discussions s'étant même élevées entre eux, la section décida que l'argent provenant des galériens, c'est-à-dire cent soixante-treize livres cinq sous trois deniers (moins une somme de dix-neuf livres onze sous dépensée pour pain, vin et fromage consommés par les travailleurs), leur serait distribué par égale portion ; et, pour le surplus de ce qui pourrait leur être dû, il leur fut donné des mandats sur le ministre de l'intérieur. La section autorisa aussi les voituriers *à se retirer par-devant le même ministre* pour réclamer une somme de trente-six livres pour leurs voitures. Tout cela se passait en pleine séance de la section des Sans-Culottes, dans l'église de Saint-Nicolas du Chardonnet.

» Des hommes qui furent dans le secret de ces massacres nous en ont donné le sens en même temps que l'horrible apologie. Robespierre disait à ses commettants : « L'univers, la postérité ne verra dans ces événements que
» leur cause sacrée et leur sublime résultat ; vous devez les
» voir comme elle. Vous devez les juger non en juges
» de paix, mais en hommes d'État et en législateurs du
» monde. »

» Collot-d'Herbois a été plus net encore. « Il ne faut pas
» se dissimuler, a-t-il dit, que le 2 septembre est le grand
» article du *Credo* de notre liberté. Nos adversaires ne nous
» opposent cette journée que parce qu'ils ne la connaissent
» pas... Je déplore tout ce qu'il y a de malheureux dans
» cette affaire ; mais il faut la rapporter tout entière à l'in-
» térêt public... Sans cette journée, la Révolution ne se
» serait jamais accomplie. »

Barère lui-même s'exprime comme Robespierre, comme Collot-d'Herbois : « Cette journée, dit-il, dont il faudrait
» ne plus parler, car il ne faut pas faire le procès à la Révo-

» lution, présente aux yeux de l'homme vulgaire un crime,
» car il y a eu violation des lois; mais aux yeux de l'homme
» d'État elle présente deux grands effets : 1° de faire dispa-
» raître ces conspirateurs que le glaive de la loi semblait ne
» pouvoir pas atteindre; 2° d'anéantir tous les projets dé-
» sastreux enfantés par l'hydre du feuillantisme, du roya-
» lisme et de l'aristocratie, qui levait sa tête hideuse. »

» Maintenant on a le droit de se demander ce que faisait le pouvoir exécutif, ce que faisait l'Assemblée nationale dans ces jours néfastes?

» Le pouvoir exécutif ! Nous l'avons dit, la Constitution n'avait fortement organisé que l'action populaire, concentrée surtout dans la commune. Là était la force matérielle, la garde nationale; là était la police; là était l'administration locale. Partout ailleurs, absence de force, absence de police, absence de moyens d'administration. De plus, absence de garnison à Paris. Que pouvait donc faire le pouvoir exécutif?

» Madame Roland a très-bien peint ce qui se passa au ministère de l'intérieur : « Aux premiers signes d'agitation,
» le ministre de l'intérieur, qui a la surveillance générale
» de l'ordre, mais non l'exercice immédiat du pouvoir ni
» l'emploi de la force, écrivit d'une manière pressante à la
» commune, dans la personne du maire, pour lui repré-
» senter tout ce qu'elle devait déployer de vigilance ; il ne
» s'en tint pas à cette mesure : il s'adressa au commandant
» général, pour lui recommander de fortifier les postes et
» de veiller sur les prisons. Il fit plus encore : en apprenant
» qu'elles étaient menacées, il le requit formellement de
» les faire soigneusement garder, appelant sur sa tête la

» responsabilité des événements; et pour donner plus d'ef-
» fet à une réquisition à laquelle était bornée son autorité,
» il la fit imprimer et afficher à tous les coins de rue :
» c'était avertir les citoyens de veiller eux-mêmes, si le
» commandant oubliait son devoir. » Madame Roland écrit
encore : « Les ministres sortirent du conseil après onze
» heures; nous n'apprîmes que le lendemain les horreurs
» dont la nuit avait été le témoin, et qui continuaient de se
» commettre dans les prisons. Le cœur navré de ces abo-
» minables forfaits, de l'impuissance de les arrêter, de
» l'évidente complicité de la commune et du commandant
» général, nous convînmes qu'il ne restait à un ministre
» honnête homme que de les dénoncer avec le plus grand
» éclat, d'intéresser l'Assemblée à les arrêter, de soulever
» contre eux l'indignation des hommes honnêtes, de se
» laver ainsi du déshonneur d'y participer par le silence,
» et de s'exposer, s'il le fallait, aux poignards des assas-
» sins, pour éviter le crime ou la honte d'être en aucune
» façon leur complice. » Ainsi Roland, aux premiers signes d'agitation, écrivit une lettre pressante au maire, qui
seul disposait de la force publique; il s'adressa même directement, outre-passant en cela son pouvoir, au commandant général de la garde nationale pour lui recommander
de fortifier les postes et de veiller sur les prisons. Je ne
connais pas ces deux lettres. Cela fait, le 3 septembre,
croyant sans doute les massacres terminés, il écrivit à l'Assemblée nationale : « Hier fut un jour sur les événements
» duquel il faut peut-être laisser un voile; je sais que le
» peuple, terrible dans sa vengeance, y porte encore une
» sorte de justice : il ne prend pas pour victime tout ce qui
» se présente à sa fureur, il la dirige sur ceux qu'il croit

» avoir été trop longtemps épargnés par le glaive de la loi,
» et que le péril des circonstances lui persuade devoir être
» immolés sans délai. Mais je sais qu'il est facile à des scé-
» lérats, à des traîtres, d'abuser de cette effervescence, et
» qu'il faut l'arrêter. Je sais que nous devons à la France
» entière la déclaration que le pouvoir exécutif n'a pu pré-
» voir ni empêcher ces excès. Je sais qu'il est du devoir des
» autorités constituées d'y mettre un terme ou de se regar-
» der comme anéanties. Je sais encore que cette déclaration
» m'expose à la rage de quelques agitateurs. Eh bien ! qu'ils
» prennent ma vie ; je ne veux la conserver que pour la
» liberté, l'égalité ; si elles étaient violées, détruites, soit
» par le règne des despotes étrangers ou l'égarement d'un
» peuple abusé, j'aurais assez vécu ; mais jusqu'à mon der-
» nier soupir j'aurai fait mon devoir ; c'est le seul bien que
» j'ambitionne, et que nulle puissance sur la terre ne sau-
» rait m'enlever. » Enfin le 4, voyant les prisons encore menacées, Roland requit formellement le commandant général
de les faire soigneusement garder, appelant sur sa tête la
responsabilité des événements. Cette lettre, nous l'avons,
ainsi que la réponse de Santerre : « Au nom de la nation,
» disait le ministre, et par ordre de l'Assemblée nationale
» et du pouvoir exécutif, je vous enjoins, monsieur, d'em-
» ployer toutes les forces que la loi met dans vos mains,
» pour empêcher que la sûreté des personnes et des biens
» soit violée ; et je mets sur votre responsabilité tout atten-
» tat commis sur un citoyen quelconque dans la ville de
» Paris. Je vous envoie un exemplaire de la loi qui vous
» ordonne la surveillance et la sûreté que je recommande,
» et j'informe l'Assemblée nationale et le maire de Paris
» des ordres que je vous transmets. » Voilà la réquisition

que Roland fit afficher à tous les coins de rue; voici la réponse de Santerre : « Monsieur le ministre, je reçois à l'in-
» stant votre lettre. Elle me somme au nom de la loi de
» veiller à la sûreté des citoyens; vous renouvelez les plaies
» dont mon cœur est ulcéré en apprenant à chaque instant
» la violation de ces mêmes lois, et les excès auxquels on
» s'est livré... Je vais redoubler d'efforts auprès de la garde
» nationale, et je vous jure que si elle reste dans l'inertie,
» mon corps servira de bouclier au premier citoyen qu'on
» voudra insulter. » Roland avait fait tout ce qu'il pouvait faire, plus que dans un temps calme il n'aurait eu le droit de faire.

» L'Assemblée nationale, que pouvait-elle? Quels moyens avait-elle à sa disposition pour empêcher les massacres de s'accomplir? Elle n'avait aucune attribution de police, elle ne disposait d'aucune force; elle pouvait seulement exciter à agir les agents de la police, les dépositaires de la force, et elle le fit; elle pouvait tenter d'exercer quelque influence morale sur les massacreurs, et elle le tenta. Elle alla plus loin : elle prit à partie la commune, le commandant général de la garde nationale; elle leur intima l'ordre de veiller sans relâche à la sûreté des personnes et des propriétés. Voici, du reste, la relation fidèle de ce qui s'est dit et fait à l'Assemblée législative, dans les séances des 2 et 3 septembre, remplies d'un côté par les événements de Paris et de l'autre par les mesures nécessaires pour faire face à l'ennemi.

2 septembre. Séance du soir commençant à six heures. — Des officiers municipaux annoncent qu'il se fait des rassemblements autour des prisons, et que le peuple veut en forcer les portes. Ils prient l'Assemblée de délibérer

à l'instant sur cet objet, en lui observant que le peuple est à la porte et qu'il attend sa décision. Fauchet annonce que deux cents prêtres viennent d'être égorgés dans l'église des Carmes. Sur la proposition de Bazire, le président nomme des commissaires, qui sont Bazire, Dussaulx, François de Neufchâteau, Isnard, Lequinio. Audrein se joint à eux. Quelques moments plus tard, un citoyen de la garde nationale annonce que les commissaires de l'Assemblée n'ont pu parvenir à calmer le peuple, et qu'il faut en conséquence que l'Assemblée prenne une autre mesure. Il est fait lecture d'une lettre de l'abbé Sicard annonçant qu'il vient d'être sauvé de la fureur du peuple par le dévouement d'un généreux citoyen. Les commissaires eux-mêmes rentrent, et Dussaulx s'exprime ainsi :
« Les députés que vous avez envoyés pour calmer le peuple
» sont parvenus avec beaucoup de peine aux portes de
» l'Abbaye. Là, nous avons essayé de nous faire entendre.
» Un de nous est monté sur une chaise ; mais à peine eut-il
» prononcé quelques paroles, que sa voix fut couverte par
» des cris tumultueux. Un autre orateur, M. Bazire, a es-
» sayé de se faire écouter par un début adroit ; mais quand
» le peuple vit qu'il ne parlait pas selon ses vues, il le força
» de se taire. Chacun de nous parlait à ses voisins à droite
» et à gauche ; mais les intentions pacifiques de ceux qui
» nous écoutaient ne pouvaient se communiquer à des mil-
» liers d'hommes rassemblés. Nous nous sommes retirés, et
» les ténèbres ne nous ont pas permis de voir ce qui se
» passait. » Lecture d'un rapport de Gensonné qui propose, au nom de la commission extraordinaire, de transférer les prisonniers d'Orléans au château de Blois. La proposition étant écartée, attendu que ce château n'est pas assez

fort et que la garde nationale de cette ville est insuffisante pour la garde des prisonniers, Gensonné, d'accord avec la commission extraordinaire, substitue le château de Saumur à celui de Blois, ce qui est décrété. On s'occupe de préparatifs de défense. Rapports des généraux et lettres des commissaires aux armées; dons patriotiques en argent, en armes; enrôlements volontaires. Il est onze heures; la séance est suspendue un moment. A une heure du matin, le bruit se répand dans la salle que le désordre continue et qu'on tue toujours des prisonniers. A deux heures et demie, trois commissaires de la commune arrivent. Truchot dit: « Messieurs, la plupart des prisons sont maintenant vides;
» environ quatre cents prisonniers ont péri. A la prison de
» la Force où je me suis transporté, j'ai cru devoir faire
» sortir toutes les personnes détenues pour dettes. J'en ai
» fait autant à Sainte-Pélagie. Revenu à la commune, je me
» suis rappelé que j'avais oublié à la prison de la Force la
» partie où sont renfermées les femmes. J'en ai fait sortir
» vingt-quatre. » Tallien : « On s'est d'abord porté à l'Ab-
» baye. Le peuple a demandé au gardien les registres. Les
» prisonniers détenus pour l'affaire du 10 et pour cause de
» fabrication de faux assignats ont péri sur-le-champ :
» onze seulement ont été sauvés. Le conseil de la commune
» a envoyé une députation pour s'opposer au désordre. Le
» procureur de la commune s'est présenté le premier, et a
» employé tous les moyens que lui suggéraient son zèle et
» son humanité. Il ne put rien gagner et vit tomber à ses
» pieds plusieurs victimes. Lui-même a couru des dangers,
» et on a été obligé de l'enlever, dans la crainte qu'il ne
» pérît victime de son zèle. De là le peuple s'est porté au
» Châtelet, où les prisonniers ont aussi été immolés. A

» minuit environ on s'est porté à la Force. Nos commis-
» saires s'y sont transportés, et n'ont pu rien gagner. Des
» députations se sont succédé, et, lorsque nous sommes
» partis pour nous rendre ici, une nouvelle députation allait
» encore s'y rendre. L'ordre a été donné au commandant
» général d'y faire transporter des détachements ; mais le
» service des barrières exige un si grand nombre d'hommes
» qu'il ne reste point à sa disposition assez de monde pour
» assurer le bon ordre. Nos commissaires ont fait ce qu'ils
» ont pu pour empêcher l'hôtel de la Force d'être pillé ;
» mais ils n'ont pu arrêter en quelque sorte la juste ven-
» geance du peuple, car, nous devons le dire, ses coups
» ont tombé sur des fabricateurs de faux assignats qui
» étaient là depuis fort longtemps ; ce qui a excité la ven-
» geance, c'est qu'il n'y avait là que des scélérats recon-
» nus. » Le troisième commissaire, Guiraud, prend la parole
à son tour : « On est allé à Bicêtre, dit-il, avec sept pièces
» de canon. Le peuple, en exerçant sa vengeance, rendait
» aussi sa justice ; au Châtelet, plusieurs prisonniers ont été
» égorgés au milieu des cris de : *Vive la nation!* et au cli-
» quetis des armes. Les prisons du palais sont absolument
» vides, et fort peu de prisonniers ont échappé à la mort. »
Il ajoute : « J'ai oublié un fait important pour l'honneur du
» peuple. Le peuple avait organisé dans les prisons un tri-
» bunal composé de douze personnes. D'après l'écrou,
» d'après diverses questions faites au prisonnier, les juges
» apposaient les mains sur sa tête et disaient : « Croyez-vous
» que, dans notre conscience, nous puissions *élargir* mon-
» sieur ? » Ce mot *élargir* était sa condamnation. Quand on
» disait *oui*, l'accusé était lâché, et il allait se précipiter sur
» les piques. S'il était jugé innocent, les cris de : *Vive la*

» *nation!* se faisaient entendre, et on rendait à l'accusé sa
» liberté. » Ainsi se termina la séance de nuit. Or, l'Assemblée dut croire, d'après ce qui lui était dit et n'ayant aucun motif d'en suspecter la véracité : 1° que les massacres étaient le fait du peuple en fureur ; 2° que l'autorité municipale et le chef de la garde nationale avaient fait tout ce qu'il était possible de faire ; 3° que tout était fini.

» 3 *septembre.* Séance du matin. — Elle est remplie en grande partie par des nouvelles relatives aux armées, par des mesures pour levées de volontaires, etc. Les commissaires envoyés au Temple par la commune écrivent que l'asile de Louis XVI est menacé, que la résistance serait impolitique, dangereuse, injuste peut-être, et demandent l'envoi de six commissaires de l'Assemblée, pour calmer l'effervescence, de concert avec ceux de la commune. Cette proposition est décrétée ; les commissaires sont : Lacroix, Bazire, Choudieu, Thuriot, Dussaulx et Chabot.

» Séance du soir. — Gensonné, au nom de la commission extraordinaire, propose et l'Assemblée adopte le décret suivant :

« L'Assemblée nationale,

» Considérant que l'un des plus grands dangers de la pa-
» trie est dans le désordre et la confusion ; que, sûr de
» résister aux efforts de tous les ennemis qui se sont ligués
» contre lui, le peuple français ne peut se préparer des
» revers qu'en se livrant aux excès du désespoir et aux fu-
» reurs de la plus déplorable anarchie ;

» Que l'instant où la sûreté des personnes et des propriétés
» serait méconnue serait aussi celui où des haines particu-
» lières substituées à l'action de la loi, où l'esprit des fac-
» tions remplaçant l'amour de la liberté, et la fureur des

» proscriptions se couvrant du masque d'un faux zèle, allu-
» meraient bientôt dans tout l'empire les flambeaux de la
» guerre civile, nous livreraient sans défense aux attaques
» des satellites des tyrans, et exposeraient la France en-
» tière aux dangers d'une conflagration universelle;

» Considérant que les représentants du peuple français
» n'auront pas vainement juré de maintenir la liberté et
» l'égalité, ou de mourir à leur poste; qu'ils doivent compte
» à la nation de tous les efforts qu'ils auront faits pour la
» conservation de ce précieux dépôt; que la confiance gé-
» nérale dont ils sont investis est un sûr garant de l'empres-
» sement de tous les bons citoyens à se rallier à leur voix
» et à se réunir à eux pour le salut de la patrie;

» Considérant que l'exécration de la France entière et de
» la postérité poursuivra tous ceux qui oseraient résister à
» l'autorité que la nation entière leur a déléguée, et qui,
» jusqu'à l'époque très-prochaine où la Convention natio-
» nale sera réunie, est la première que des hommes libres
» puissent reconnaître;

» Considérant que les plus dangereux ennemis du peuple
» sont ceux qui cherchent à l'égarer, à le livrer à l'excès du
» désespoir, et à le distraire des mesures ordonnées pour sa
» défense et qui suffiront à sa sûreté;

» Considérant enfin combien il est urgent de rappeler le
» peuple de la capitale à sa dignité, à son caractère et à ses
» devoirs;

» Décrète ce qui suit :

» Art. 1ᵉʳ. La municipalité, le conseil général de la com-
» mune et le commandant général de la garde nationale de
» Paris sont chargés d'employer tous les moyens que la
» confiance de leurs concitoyens a mis en leur pouvoir, et

» de donner, chacun en ce qui le concerne, et sous sa res-
» ponsabilité personnelle, tous les ordres nécessaires pour
» que la sûreté des personnes et des propriétés soit res-
» pectée.

» Art. 2. Tous les bons citoyens sont invités à se rallier
» plus que jamais à l'Assemblée nationale et aux autorités
» constituées, et à concourir, par tous les moyens qui sont
« en leur pouvoir, au rétablissement de l'ordre et de la tran-
» quillité publique.

» Art. 3. Le pouvoir exécutif rendra compte dans le jour
» des mesures prises pour accélérer le départ des troupes
» qui doivent se rendre aux différents camps formés en
» avant de Paris, et pour fortifier les hauteurs qui couvrent
» cette ville.

» Art. 4. Le maire de Paris rendra compte à l'Assem-
» blée, tous les jours, à l'heure de midi, de la situation de
» la ville de Paris, et des mesures prises pour l'exécution
» du présent décret.

» Art. 5. La municipalité, le conseil général de la com-
» mune, le président de chaque section, le commandant
» général de la garde nationale, les commandants dans les
» sections, se rendront dans le jour à la barre de l'Assem-
» blée nationale, pour y prêter individuellement le serment
» de maintenir de tout leur pouvoir la liberté, l'égalité, la
» sûreté des personnes et des propriétés, et de mourir, s'il
» le faut, pour l'exécution de la loi.

» Art. 6. Les présidents de chaque section feront prêter
» le même serment aux citoyens de leur arrondissement.

» Art. 7. Dans toute la France, les autorités constituées
» prêteront le même serment et le feront prêter par les ci-
» toyens.

» Art. 8. Le présent décret sera proclamé solennelle-
» ment, et porté dans chacune des quarante-huit sections
» de Paris par un commissaire de l'Assemblée nationale. »

» Suivent les noms des quarante-huit commissaires, parmi lesquels figurent ceux de cinq députés de la Gironde, Ducos, Gensonné, Grangeneuve, Guadet et Vergniaud.

» Ici se place la lettre de Roland.

» Après en avoir entendu la lecture, et sur la proposition de Lamourette, l'Assemblée ordonne que la commune de Paris rendra compte sur-le-champ de l'état de la ville de Paris. Une députation de la commune vient annoncer que Paris est parfaitement tranquille.

» Nous avons raconté avec détail ces terribles journées de septembre, parce que nous voulions avant tout faire avec rigoureuse justice la part qui revient à chacun. Maintenant, la main sur le cœur, nous dirons : Danton et le comité de surveillance de la commune, c'est-à-dire Marat, Panis, Sergent, etc., furent les promoteurs et les organisateurs des massacres; Billaud-Varennes y participa; Robespierre, Collot-d'Herbois, Barère, Tallien, les approuvèrent; Manuel et Santerre, peut-être Pétion, laissèrent passer la tempête, n'osant pas ou ne pouvant pas l'arrêter; une partie du peuple et de la garde nationale encouragea les meurtriers par sa présence et son adhésion, l'autre partie resta immobile à l'écart. Quant au pouvoir exécutif, personnifié dans le ministre de l'intérieur, et à l'Assemblée nationale, ils firent ce qu'ils pouvaient faire dans leurs fonctions respectives.

ÉLECTIONS DE PARIS FAITES SOUS LA PRESSION DE LA COMMUNE ET DES CLUBS. — CLÔTURE DE L'ASSEMBLÉE LÉGISLATIVE.

» Les sections organisèrent les assemblées primaires pour le 27 août; chaque section nomma douze électeurs. Les opérations des électeurs commencèrent le 7 septembre et se prolongèrent très-longtemps.

» Des hommes sérieux ont vu dans les massacres de septembre une manœuvre électorale. Après le 10 août, disent-ils, les élections se présentaient à Paris d'une manière favorable au parti modéré. Les chefs du parti anarchique, ou du moins quelques-uns d'entre eux, comprirent que, pour écarter leurs concurrents, il fallait frapper un grand coup, il fallait jeter l'effroi dans la timide bourgeoisie et dans ce qui restait d'une aristocratie proscrite; pour cela, mettre la terreur en sentinelle à la porte des comices. Septembre eut lieu. Beaucoup d'électeurs ne vinrent pas au scrutin; ceux que la peur y conduisit votèrent sous l'influence de la peur, et la députation de Paris se recruta presque entièrement dans le parti anarchique.

» Voici, du reste, l'appréciation d'un des membres les plus sérieux et les plus intègres de nos assemblées politiques : « La municipalité, dit-il, ne recevait d'autre impul-
» sion que celle de la démagogie la plus effrénée. On discu-
» tait dans ses séances non les affaires de la ville de Paris,
» mais les intérêts de l'État. On délibérait sur les hommes
» suspects, sur les conspirateurs, sur les dangers de la pa-
» trie. On mettait en pratique et l'on osait même établir en
» théorie le système de la représentation de tout l'État par

» la capitale; il était surtout question d'éclairer les dépar-
» tements sur les élections qu'ils allaient faire, et de répa-
» rer même, par des épurations, les erreurs qu'ils pour-
» raient commettre. Quelques municipaux avouaient qu'ils
» ne concevaient pas pourquoi appeler de si loin et de tant
» de points un si grand nombre de députés à l'Assemblée
» nationale, lorsqu'on pourrait trouver dans Paris tant de
» patriotes si propres aux fonctions législatives... Il se for-
» mait le soir, dans chacune des quarante-huit sections de
» Paris, une assemblée qui se prolongeait quelquefois jus-
» qu'au lendemain. Là, on rendait compte des séances du
» Corps législatif et de celles du corps municipal. Les lé-
» gislateurs étaient des mandataires peu zélés, dont on ac-
» cusait au moins la tiédeur; et les représentants de la com-
» mune, car c'est ainsi qu'on les appelait, avaient chaque
» jour bien mérité de la nation... C'était dans ces assem-
» blées nocturnes de sections que, en l'absence des citoyens
» éclairés et paisibles, les désorganisateurs endoctrinaient
» à leur aise l'ignorante multitude, et que, l'enivrant d'es-
» pérances, ils la disposaient à commettre ou à absoudre
» tous les crimes. La démagogie avait un autre théâtre,
» le club des Jacobins (celui des Cordeliers, quoique plus
» avancé, ne venait qu'en seconde ligne), composé de quel-
» ques hommes timides, dont la faiblesse y trouvait un
» abri, et d'un vil amas de fanatiques, d'intrigants et de
» brigands, dominés par un petit nombre d'ambitieux,
» mais surtout par Robespierre, qui y régnait écouté
» comme un pontife, obéi comme un maître, et déjà re-
» douté comme un tyran. C'est là que, discourant à son
» gré, sans crainte de contradiction ni de murmures, il re-
» cueillait, il savourait les longs applaudissements d'un

» immense auditoire. Quelle que fût l'énorme puissance de
» ce club, et des assemblées de sections, et des assemblées
» municipales, les anarchistes ne négligeaient point les
» moyens secondaires, tels que les pamphlets, les pla-
» cards, les libelles périodiques. Ils y représentaient leurs
» adversaires comme formant une faction nouvelle, qu'ils
» désignaient par les noms de Brissotins, de Girondins, de
» fédéralistes, machinant le partage de la France en plusieurs
» États confédérés. Cette imputation et d'autres calomnies
» proclamées chaque jour par les colporteurs de journaux,
» servaient de matière à de longues diatribes que débi-
» taient au coin des rues et dans les promenades publi-
» ques des orateurs populaires à tribunes portatives. Quel-
» quefois c'étaient deux interlocuteurs, hommes ou femmes,
» qui récitaient au milieu des places les mêmes invectives
» dialoguées. » C'est ainsi qu'on préluda aux élections.

» Il est de notoriété que les assemblées primaires furent inabordables aux citoyens paisibles. Les suffrages s'y donnèrent à haute voix; ce fut le triomphe de l'audace. Les électeurs ainsi nommés élurent à leur tour, de la même manière, réunis dans la salle des Jacobins, vingt-quatre députés, qui, à quelques exceptions près, étaient les principaux chefs de la démagogie parisienne. Ce furent Robespierre, élu le premier; Danton, le second. Manuel, Camille Desmoulins, Marat, vinrent ensuite; puis Beauvais, Fabre d'Églantine, auteur dramatique, Osselin, Robespierre jeune, Thomas, le duc d'Orléans, Collot-d'Herbois, comédien, Billaud-Varennes, Lavicomterie, le boucher Legendre, Raffron-du-Trouillet, Panis, Sergent, les journalistes Robert et Fréron, Dussaulx, homme de lettres, le peintre David, Boucher-Saint-Sauveur et Laignelot.

» Du reste, les entreprises et les déportements de la commune suivent leur cours ; elle s'empare de toutes les attributions ; elle ne se soumet à aucune autorité supérieure ; elle empiète sur toutes. Elle ne borne plus son action désorganisatrice à Paris, au département, elle l'étend aux départements voisins. Par exemple, le 13 septembre, deux commissaires de son comité de surveillance sont allés à Senlis ; ils y ont requis le maire et un officier municipal de les accompagner dans une visite dont ils se disent chargés. Ils se sont rendus à l'hôpital, se sont emparés de l'argenterie de cette maison et de celle de la supérieure ; ils ont amené à Paris deux des administrateurs, desquels ils ont pris l'argent, les billets, l'argenterie. Arrivés à Paris, ces administrateurs ont été renvoyés avec un certificat de civisme, mais on ne dit pas si leurs effets leur ont été rendus ; ce qu'on sait, c'est que les démarches de la commune de Senlis ne purent lui faire restituer l'argenterie de l'hôpital et de la supérieure. Chaque jour c'étaient de nouveaux actes tout aussi arbitraires, tout aussi despotiques de la part de la commune. Ce même jour 13 septembre, l'Assemblée nationale entendit la lecture d'une lettre plus extraordinaire peut-être que tout ce qu'on lui avait fait connaître jusque-là : le ministre de l'intérieur écrivait : « Je crois devoir
» instruire l'Assemblée que les commissaires de la munici-
» palité de Paris circulent dans les départements et y exer-
» cent une autorité qui excite de l'inquiétude et qui ne me
» permettrait pas de supporter la responsabilité des événe-
» ments. Deux de ces commissaires viennent de se transpor-
» ter dans le château de madame Louvois et en ont enlevé
» l'argenterie. Leurs pouvoirs sont signés de quatre mem-
» bres de la municipalité, qui s'y qualifient d'*administra-*

» *teurs du salut public.* Ils sont ainsi conçus : — Nous
» invitons nos concitoyens armés des villes où passeront
» MM..., commissaires de la municipalité de Paris, à leur
» prêter aide et assistance pour exécuter les ordres dont ils
» sont porteurs ; nous leur ordonnons principalement de se
» transporter dans la ville d'Ancy-le-Franc, pour s'emparer
» des personnes suspectes et des effets précieux qui s'y trou-
» vent. — D'autres commissaires ont pouvoir d'examiner la
» conduite des personnes suspectes. Le même comité de
» salut public a adressé aux administrateurs généraux des
» postes des réquisitions pour qu'ils aient à fournir à leurs
» commissaires des chevaux, des voitures et tout ce dont
» ils auront besoin pour opérer le salut public. A Rouen,
» d'autres commissaires ont déployé une autorité qui donne
» de l'inquiétude aux corps administratifs ; ils veulent même
» rivaliser avec les commissaires du conseil exécutif. Deux
» autres se sont rendus dans l'assemblée électorale de
» Meaux, où (je copie leurs expressions) ils ont eu la satis-
» faction de voir prévaloir enfin les principes de la liberté et
» de l'égalité par une solennité imposante dans un arrêté
» qui porte que les députés seront nommés à haute voix, en
» même nombre que ceux de la première Assemblée consti-
» tuante ; que les curés seront élus par les communes ; qu'il
» sera fondu une pièce de canon du calibre de la tête de
» Louis XVI, afin qu'en cas d'invasion on puisse envoyer
» aux ennemis la tête de ce traître. » L'Assemblée chargea
son comité de surveillance de lui faire dans le jour un rapport sur la conduite de ces administrateurs.

» Le lendemain, Vergniaud fit rendre le décret suivant :
» L'Assemblée nationale, considérant que l'ordre ne peut
» exister dans l'empire qu'autant que chaque autorité con-

» stituée se renfermera dans les limites prescrites par la loi,
» décrète :

« Art. 1ᵉʳ. Les municipalités ne pouvant donner d'ordre
» ou envoyer des commissaires, ni exercer aucune fonction
» municipale que dans leur territoire, il est défendu à tout
» corps administratif ou militaire et à tout citoyen d'obéir
» à aucune réquisition qui leur serait faite par les commis-
» saires d'une municipalité hors de l'étendue de son terri-
» toire.

» Art. 2. Si, après la publication du présent décret, de
» prétendus commissaires faisaient de pareilles réquisitions,
» ils seront arrêtés, et leur procès leur sera fait comme
» coupables de rébellion à la loi. »

» Dans la séance du lendemain, autre lettre de Roland :
« Les dilapidations qui se font journellement dans les do-
» maines nationaux me forcent de demander à l'Assemblée
» les moyens de les arrêter. L'hôtel de Coigny et plusieurs
» autres, garnis de meubles qui appartiennent à la nation,
» ont été dépouillés. Tous les jours de nouveaux visages se
» présentent avec l'écharpe municipale et des ordres d'en-
» lever ou de briser les portes. Je ne dispute pas sur les
» droits de la commune de Paris ; cependant, elle n'en a
» pas plus sur les domaines nationaux que les communes
» de Perpignan ou de Gravelines. On fait beaucoup trop
» d'abus de l'écharpe municipale. J'ai donné ordre aux
» gardiens des propriétés nationales de ne rien laisser sor-
» tir ; cependant, aujourd'hui même, on a pillé ! (On mur-
» mure.) Il est instant de prendre des mesures propres à
» arrêter une spoliation vraiment scandaleuse. » Mazuyer
propose à l'Assemblée de décréter qu'il sera défendu à tout
individu se disant officier municipal de se présenter dans

les hôtels nationaux, et que, s'ils font enlever quelques objets, ils seront punis de mort. « Si l'Assemblée, dit-il, ne » prend des mesures vigoureuses, la ville de Paris est pire » que la forêt des Ardennes. Il faut savoir quels sont les » souverains, ou de la nation, ou de brigands revêtus » d'écharpes municipales. » La commission extraordinaire est chargée de présenter un projet de décret.

» L'exemple est contagieux de haut en bas : ce que les commissaires de la commune se permettaient dans les hôtels, bien des individus se crurent le droit de le faire dans la rue. Le 14 septembre, le ministre de l'intérieur dénonçait des vols et des brigandages commis sur les passants dans les rues de Paris; on leur enlevait en plein jour des bijoux, des montres, sous prétexte d'offrande à la patrie. Le maire de Paris fit les mêmes communications à l'Assemblée; des maisons même étaient dévalisées. Le 17, à l'ouverture de la séance, l'un des secrétaires de l'Assemblée législative fit lecture d'une lettre écrite pendant la nuit par le ministre de l'intérieur, annonçant que le garde-meuble a été forcé et pillé, que les diamants ont été emportés. Pendant la séance, le ministre lui-même vint confirmer le fait et donner des explications : deux personnes ont été arrêtées; leurs réponses dénotent des gens qui ont reçu de l'éducation et qui tiennent à ce qu'on appelait autrefois des personnes au-dessus du commun. Les choses allèrent si loin que la section du Contrat-Social demanda que la peine de mort fût portée contre le vol, afin d'arrêter, disait-elle, les brigandages, et qu'il fût établi douze tribunaux criminels pour juger les prévenus dans les vingt-quatre heures. Dans la séance suivante, Roland donne des renseignements sur le fait du vol commis au garde-meuble. Ce vol extraordinaire n'aurait point eu lieu s'il y avait eu une garde plus nombreuse et surtout plus vigilante. Cependant plusieurs réquisitions avaient été faites à ce sujet et réitérées de la manière la plus pressante. La garde, au lieu de faire faction au dehors, s'est tenue dans l'intérieur; et c'est parce qu'elle y était renfermée que les voleurs ont pu grimper par l'extérieur de la colonnade.

« Pourquoi, disait le ministre, les réquisitions n'ont-elles
» pas été suivies de plus d'effet? Telle est la première
» question à faire ou la première chose à considérer. Je
» sais que cette nuit même, après l'annonce faite hier des
» dangers qu'on pouvait courir, les postes de l'Assemblée
» nationale étaient généralement dégarnis; et j'ai été pré-
» venu à deux heures du matin qu'on n'avait trouvé, de-
» puis le lieu de vos séances jusqu'à la rue de la Féron-
» nerie, qu'une seule patrouille de cinq citoyens. Je n'ignore
» pas que le premier fait a été expliqué par l'allégation du
» froid qui avait, dit-on, fait rentrer les hommes dans le
» corps de garde. Sans examiner si l'excuse est appuyée
» par l'exactitude de l'allégation, je dirai qu'elle est détes-
» table dans la discipline militaire et inadmissible dans les
» circonstances. J'en conclurai, ainsi que des considéra-
» tions précédentes, qu'il faut à l'Assemblée nationale une
» *force armée* continuellement à sa réquisition, et capable,
» par sa constance et son activité, de maintenir à l'abri de
» toute atteinte, et les représentants de la nation, et son
» trésor, et ses archives, et ses enfants, car il ne faut pas
» qu'un seul individu puisse craindre d'être troublé dans
» son repos par l'audace d'un seul brigand. » Dans la séance suivante encore, Roland fournit de nouveaux exemples de troubles et de l'insuffisance des moyens de répres-

sion : « Je crois devoir instruire l'Assemblée, dit-il, qu'une
» cabale inexplicable trouble et arrête tous les travaux pu-
» blics, notamment ceux de la salle de la Convention natio-
» nale ; on parvient presque tous les jours à exciter des
» insurrections parmi les ouvriers. Le même esprit de ma-
» chination fait que l'on démolit l'ancien bâtiment du
» Louvre, par ordre, dit-on, de la municipalité, et sans
» que l'on veuille abandonner ce travail sans un contre-
» ordre émané d'elle. Je n'ai pu obtenir aucun renfort pour
» la garde des Tuileries ni celle du garde-meuble ; et,
» malgré les réquisitions multipliées que j'ai faites, le
» poste de ce dépôt, réduit à un très-petit nombre d'hommes,
» n'a pas été relevé depuis quarante-huit heures. Je ne sais
» si c'est par défiance du ministère que son action se trouve
» ainsi paralysée ; mais je l'ai déjà dit plusieurs fois, etc. »
On conviendra que c'était là un singulier mode de gouvernement. Qu'on demande donc maintenant pourquoi l'Assemblée, pourquoi le pouvoir exécutif toléraient les désordres, pour qu'on les rende responsables de ce qui se
faisait.

» Mais là n'était pas ce qu'il y avait de pire, et la sûreté
des personnes était certainement tout aussi compromise,
plus compromise même, que celle des propriétés. Dans la
séance du 16 septembre, le même ministre Roland vint
faire à l'Assemblée de graves révélations à ce sujet : « On a
» répandu dans Paris, dit-il, que, depuis le 4 ou le 5 du
» mois, quatre ou cinq cents arrestations ont été faites, et
» que les prisons sont garnies au moins autant qu'avant la
» journée du 2 septembre. J'ai voulu vérifier ces faits ; mais
» dans aucune prison je n'ai trouvé ni registres, ni écrous.
» J'ai demandé quelles étaient les personnes qui avaient fait

» consigner ces prisonniers. Les concierges ont été très-
» embarrassés de me le dire. J'ai exigé que les ordres me
» fussent apportés. Il résulte en effet de ces ordres que,
» depuis cette époque, quatre ou cinq cents personnes ont
» été emprisonnées par ordre soit de la municipalité, soit
» des sections, soit du peuple, soit même d'individus. Quel-
» ques-uns de ces ordres sont motivés, la plupart ne le sont
» pas. Je n'ai examiné ni les personnes ni les choses ; j'ai
» cru devoir apporter à l'Assemblée les ordres mêmes signés
» par les particuliers qui les ont donnés, et je les remets sur
» le bureau pour que l'Assemblée puisse les examiner et
» ordonner ce qu'elle croira convenable. »

» Le ministre dépose en effet sur le bureau cinq à six cents mandats d'arrêt, dont quelques-uns sont signés d'une seule personne sans caractère, la plupart de deux ou trois membres seulement du comité de surveillance de la commune, beaucoup sans aucun motif énoncé, et les autres avec la simple allégation du soupçon d'incivisme. Mazuyer demande que la commission extraordinaire fasse le soir même un rapport sur ces pièces. « La vie et l'honneur des
» citoyens sont compromis, dit-il ; il faut que la loi règne,
» que le sort des Français soit assuré, car on ne peut pas
» vivre dans l'état d'anxiété où l'on nous met. » La proposition est adoptée. Un rapport sera fait.

» Dans la séance suivante, Roland annonce qu'on agite les esprits ; on répand des bruits de grandes victoires et de grandes défaites, quand nous n'avons eu ni grands revers, ni grands succès. « On déclama hier, dit-il, à la tribune de
» l'assemblée électorale contre le pouvoir exécutif. On veut
» porter aussi le peuple à la vengeance contre les députés
» qui ont voté pour La Fayette. On prépare des affiches

» pour couvrir les miennes, qui ont été lues à l'Assemblée et
» approuvées par elle. Il y a huit jours que j'ai prié l'As-
» semblée (et dans les circonstances où nous nous trouvons
» les jours sont des siècles) de prendre des mesures pour
» assurer force à la loi. Sans cela non-seulement Paris,
» mais tout le royaume sera bouleversé. »

» Dans la même séance, une lettre de Pétion, que l'on connaît plus disposé à atténuer les désordres qu'à les grossir, annonce qu'au milieu des décombres des maisons qu'on a démolies au Carrousel, le peuple ayant aperçu l'ouverture d'une cave, plusieurs personnes y sont descendues; qu'averti aussitôt, il est parvenu à dissiper la foule, et qu'il a fait poster des sentinelles aux caves. « On avait persuadé
» au peuple que les vins avaient été destinés aux Suisses,
» et que c'étaient des prises de conquête. Il y avait des
» hommes bien vêtus qui achetaient des bouteilles cinq
» livres la pièce, pour exciter le peuple à en prendre. »

» Lasource fit d'autres révélations encore. « On n'a pu
» enchaîner la France, dit-il, on veut la déshonorer. On fait
» courir le bruit que les députés à la législature actuelle se-
» ront égorgés. Des émissaires répandus dans les départe-
» ments accréditent cette calomnie. Voulez-vous savoir quel
» est le but de ces manœuvres? c'est d'intimider les mem-
» bres de la Convention pour les empêcher de se réunir, de
» détruire ainsi le centre d'unité, et préparer par là l'arri-
» vée des troupes ennemies. »

» L'examen d'un grand nombre d'affaires avait été envoyé à la commission extraordinaire; elle avait préparé plusieurs rapports, mais elle comprit que toutes ces mesures partielles ne remédieraient à rien, et qu'il fallait en prendre une qui attaquât le mal dans sa racine. La commission fut invitée à faire son rapport le soir même.

» Dans la séance du soir on lut une pétition des prisonniers de Sainte-Pélagie, qui supplient l'Assemblée de veiller à leur sûreté; ils craignent à chaque moment d'être égorgés. Un membre fait observer que la commission extraordinaire et le comité de surveillance ont un rapport à présenter ce soir sur la sûreté publique. Vergniaud dit que cette commission et ce comité se sont déjà concertés, mais qu'il y a un grand nombre de pièces à examiner, et que le rapport ne pourra être fait que le lendemain, peut-être même à la séance du soir; et il importe, dit-il, de ne pas retarder les précautions. « S'il n'y avait que le peuple à
» craindre, poursuit-il, je dirais qu'il y a tout à espérer, car
» le peuple est juste, et il abhorre le crime; mais il y a ici
» des satellites de Coblentz, il y a des scélérats soudoyés
» pour semer la discorde, répandre la consternation et nous
» précipiter dans l'anarchie. (On applaudit.) Ils ont frémi
» de la démarche fraternelle que vous avez faite auprès des
» sections, du succès qu'elle a eu; ils ont frémi du serment
» que les citoyens ont prêté de protéger de toutes leurs
» forces la sûreté des personnes, les propriétés, et l'exécu-
» tion de la loi; de la fédération qu'ils ont formée pour don-
» ner de l'efficacité à leur serment. Ils ont dit : On veut faire
» cesser les proscriptions, on veut nous arracher nos vic-
» times, on ne veut pas que nous puissions les assassiner
» dans les bras de leurs femmes et de leurs enfants. Eh bien,
» ayons recours aux mandats d'arrêt; dénonçons, arrêtons,
» entassons dans les cachots ceux que nous voulons perdre !
» Nous agiterons ensuite le peuple, nous lâcherons nos si-
» caires, et dans les prisons nous établirons une boucherie
» de chair humaine où nous pourrons à notre gré nous dés-

» altérer de sang!... (Applaudissements unanimes de l'As-
» semblée et des tribunes.) Et savez-vous, messieurs, com-
» ment disposent de la liberté des citoyens ces hommes qui
» s'imaginent qu'on a fait la Révolution pour eux, qui croient
» follement qu'on a envoyé Louis XVI au Temple pour les
» intrôner eux-mêmes aux Tuileries? (On applaudit.) Savez-
» vous comment sont décernés les mandats d'arrêt? La
» commune de Paris s'en repose à cet égard sur son comité
» de surveillance; ce comité de surveillance, par un oubli
» de tous les principes, ou par une confiance bien folle,
» donne à des individus le terrible droit de faire arrêter ceux
» qui leur paraîtront suspects; ceux-ci le subdélèguent en-
» core à d'autres affidés, dont il faut bien seconder les ven-
» geances si l'on veut en être secondé soi-même. Voilà de
» quelle étrange série dépendent la liberté et la vie des ci-
» toyens! voilà en quelles mains repose la sûreté publique!
» Les Parisiens aveugles osent se dire libres! Ah! ils ne sont
» plus esclaves, il est vrai, des tyrans couronnés; mais ils le
» sont des hommes les plus vils, des plus détestables scélé-
» rats. (Nouveaux applaudissements.) Il est temps de briser
» ces chaînes honteuses, d'écraser cette nouvelle tyrannie!
» Il est temps que ceux qui ont fait trembler les hommes de
» bien tremblent à leur tour. Je n'ignore pas qu'ils ont des
» poignards à leurs ordres. Eh! dans la nuit du 2 sep-
» tembre, dans cette nuit de proscription, n'a-t-on pas
» voulu les diriger contre plusieurs députés, contre moi? Ne
» nous a-t-on pas dénoncés au peuple comme des traîtres?
» Heureusement c'était le peuple qui était là: les assassins
» étaient occupés ailleurs. La voix de la calomnie ne pro-
» duisit aucun effet, et la mienne peut encore se faire en-
» tendre ici; et, je vous en atteste, elle tonnera de tout ce

» qu'elle a de force contre les crimes et les tyrans. Eh! que
» m'importent des poignards et des sicaires? Qu'importe la
» vie aux représentants du peuple, quand il s'agit de son
» salut! Lorsque Guillaume Tell ajustait la flèche qui devait
» abattre la pomme fatale qu'un monstre avait placée sur la
» tête de son fils, il s'écriait : « Périssent mon nom et ma
» mémoire, pourvu que la Suisse soit libre ! » (On applau-
» dit.) Et nous aussi nous dirons : « Périssent l'Assemblée
» nationale et sa mémoire, pourvu que la France soit libre ! »
» (Les députés se lèvent par un mouvement unanime en
» criant : « Oui, oui, périsse notre mémoire, pourvu que la
» France soit libre ! » Les tribunes se lèvent en même
» temps, et répondent par des applaudissements réitérés au
» mouvement de l'Assemblée.) Périssent l'Assemblée natio-
» nale et sa mémoire, si elle épargne un crime qui impri-
» merait une tache au nom français! Si sa vigueur apprend
» aux nations de l'Europe que, malgré les calomnies dont
» on cherche à flétrir la France, il est encore, et au sein
» même de l'anarchie momentanée où des brigands nous
» ont plongés, il est encore dans notre patrie quelques ver-
» tus publiques, et qu'on y respecte l'humanité! Périssent
» l'Assemblée nationale et sa mémoire si, sur nos cendres,
» nos successeurs, plus heureux, peuvent établir l'édifice
» d'une constitution qui assure le bonheur de la France, et
» consolide le règne de la liberté et de l'égalité! Je demande
» que les membres de la commune répondent sur leur tête
» de la sûreté de tous les prisonniers. » (Les applaudissements recommencent et se prolongent.) L'Assemblée décrète unanimement la proposition.

» Trois jours seulement séparaient l'Assemblée législative
de celui qui devait mettre fin à son existence, et l'audace

des agitateurs semblait redoubler à mesure qu'on approchait de ce terme. Les murs de Paris étaient couverts de placards où l'on prêchait chaque jour l'anarchie, où l'on parlait sans cesse au peuple de sa liberté, de sa souveraineté. Le jour même où Vergniaud tenait ses collègues fascinés sous la puissance de ses paroles prophétiques, le maire de Paris, à la tête d'une députation de la commune, venait dire à l'Assemblée : « Je n'en suis pas à gémir des excès
» qui se commettent chaque jour. J'ai souvent été déses-
» péré de mon impuissance... Ce n'est pas le peuple qui se
» livre à ces excès ; ce sont des hommes perfides qui se
» mêlent au milieu de lui, et, sous les dehors d'un patrio-
» tisme exagéré, lui font commettre des horreurs dont il est
» le premier à gémir... Nous avons parmi nous, personne
» n'en peut douter, des agents payés par nos ennemis. J'ai
» appris qu'il y avait de la fermentation autour des prisons ;
» je me suis rendu à la Conciergerie, et le peuple a promis
» que tous les prisonniers seront respectés. Je l'ai conjuré
» d'arrêter le premier qui porterait la main sur un prison-
» nier, et il l'a promis. »

» Kersaint fait décider que la commune sera tenue de rendre compte de tous les mandats d'arrêt qu'elle aura décernés ou fait décerner, de la quantité de personnes qui auront été arrêtées et de la nature des délits dont elles sont prévenues.

» Le lendemain 18 septembre Pétion disait encore :
« Hier les esprits étaient agités. On répandait les bruits les
» plus alarmants ; le peuple s'attroupait dans les lieux pu-
» blics. Un homme qui était au carcan sur la place de la
» Maison-Commune courait des risques pour sa vie. Je m'y
» suis rendu à temps, et le peuple a écouté la voix de la

» raison et de la justice. On parlait de se rendre de nouveau
» aux prisons, notamment à celle de la Conciergerie. J'y
» suis allé sur-le-champ; j'ai harangué les citoyens égarés
» par des suggestions perfides. Je leur ai proposé d'arrêter
» eux-mêmes le premier qui voudrait aller violer cet asile
» et porter une main barbare sur la personne d'un prison-
» nier. J'ai été vivement applaudi. Il est aisé de s'aperce-
» voir que ce n'est qu'un très-petit nombre d'hommes qui,
» dans les groupes, cherchent à échauffer les esprits. »

» L'Assemblée pensa, quant à la sûreté personnelle de ses membres, qu'une seule chose pouvait lui convenir, c'était de mépriser les rapports officiels qui lui répétaient chaque jour que des scélérats avaient formé le complot d'assassiner plusieurs d'entre eux aussitôt après l'expiration de leurs fonctions de députés à la législature, et qu'il suffisait, pour prévenir cet attentat, de le dénoncer au peuple lui-même; ce qu'elle fit par une adresse, à la suite de laquelle fut imprimée la loi sur l'inviolabilité des représentants. Voilà comment l'Assemblée législative atteignit le terme de ses travaux.

» Maintenant si nous jetons un regard en arrière, nous comprendrons bien nettement ce qui manquait à la constitution de 1791 et au gouvernement qu'elle avait produit; un grand fait, un fait d'une évidence éclatante nous en instruira mieux que ne pourraient le faire les raisonnements les plus précis. Les Girondins, tant qu'ils n'eurent à combattre que l'ancien régime sous la forme d'un roi, d'un corps de noblesse, d'un clergé, les Girondins furent très-forts; quand ils ont eu à lutter contre les passions populaires, la force leur a manqué; pourquoi? N'étaient-ils plus les mêmes hommes? Si, vraiment: les Guadet, les Vergniaud, les Gensonné, sont toujours les Girondins, travailleurs infatigables dans les commissions, lutteurs énergiques à la tribune, partout les hommes de la légalité. Les Kersaint, les Lasource, les Mazuyer, etc., ont-ils manqué de résolution en face du danger? Et ce ministre Roland, qui pourrait lui dénier l'énergie et l'activité convenables à ses fonctions? Non, le courage ni le talent ne leur firent défaut. Mais la position était changée : l'Assemblée, combattant la contre-révolution, avait derrière elle le peuple, c'est-à-dire la seule force organisée dans le gouvernement; pour combattre les excès populaires, elle était réduite à elle-même, à ses seuls efforts auxquels rien ne répondait. « Donnez-moi » un point d'appui, disait Archimède, et au moyen du levier » je soulèverai la terre. » Les actes, les paroles, voilà le levier; le point d'appui manquait : la Constitution de 1791 n'y avait pas pensé. La seule force disponible était la garde nationale, et nous avons vu ce qu'était cette milice, troupe indisciplinée, obéissant à ses instincts divers; énergique à ses heures, mais pusillanime le plus souvent; active aujourd'hui, endormie demain; discutant les ordres qu'elle reçoit et n'obéissant qu'à ceux qui lui conviennent, ne connaissant de devoir que selon son caprice. En toutes choses et à tout propos, Caton revenait toujours à dire : *Delenda Carthago*; c'était pour lui le remède universel et souverain à tous les maux. Sans prétendre à l'autorité de Caton, je dirai toujours : Tous les désastres de la Révolution ont leur source dans la constitution de 1791, qui pose admirablement les principes de liberté, d'égalité, mais en passant sous silence le principe d'autorité. »

DEUXIÈMES

PIÈCES JUSTIFICATIVES

GUADET ET SES AMIS AU BEC-D'AMBÈS.

« Les proscrits, réunis au Bec-d'Ambès, ne songèrent plus qu'à se mettre en sûreté. Guadet laissa ses amis dans une maison appartenant à son beau-père, et partit lui-même pour Saint-Émilion, sa ville natale, Saint-Émilion, séjour de sa famille et de la plupart de ses amis d'enfance. Là, sans doute, il trouvera des cœurs dévoués, il trouvera certainement asile et protection pour ses collègues, un exprès viendra bientôt les chercher de sa part.

» Cependant, les députés avaient été vus dans le bourg d'Ambès; Guadet même, avec sa confiance ordinaire, comme le dit Louvet, Guadet s'était nommé; dès lors il n'était pas difficile de deviner quels pouvaient être les autres. Ceux-ci pensèrent donc que la prudence leur commandait de se tenir soigneusement cachés; mais ce fut en vain, et l'on connut bientôt leur retraite. Ils apprirent même qu'un citoyen de l'endroit, ardent révolutionnaire, avait fait un voyage à Bordeaux; qu'il en était revenu amenant avec lui des inconnus; qu'on remarquait dans sa maison du mouvement, des conciliabules. Les inquiétudes des députés augmentent. Et Guadet qui ne revient pas, qui ne fait rien dire !

» A tout événement, ils se préparent à la défense; ils se barricadent et se distribuent les armes dont ils disposent, et qui consistent en quatorze pistolets, cinq sabres et un fusil. C'était le soir. Quelques-uns se couchèrent tout habillés, les autres firent sentinelle. Mais rien ne parut cette nuit-là.

» A l'entrée de la nuit suivante arrive un envoyé de Guadet. Celui-ci n'a pu trouver qu'une seule personne qui ose recueillir deux de ses collègues; il s'occupe de placer les autres.

» A cette nouvelle, tous restent consternés. Barbaroux prend enfin la parole : « Nous ne doutons pas, dit-il,
» qu'ici le péril ne soit imminent. Lequel d'entre nous
» pourrait songer à n'y dérober que lui, et ne serait pas
» arrêté par cette pensée que, demain peut-être, ceux qu'il
» va laisser ici ne seront plus? Quant à moi, je n'abandonne
» point les compagnons de mes travaux et de ma gloire!
» N'y a-t-il asile que pour deux? Restons tous, mourons
» ensemble! Mais Guadet, s'il connaissait notre position,
» n'en enverrait-il chercher que deux? Ne sentirait-il point
» que le plus pressant est de nous retirer d'ici? Quelqu'un
» offre asile pour deux d'entre nous; eh bien! pour quatre
» ou cinq jours, s'il le faut, ne tiendrons-nous pas six dans
» la chambre où deux sont attendus? Partons tous. » Il par-

lait encore lorsque, quelqu'un vint avertir qu'il y avait grand monde et grand bruit dans l'auberge voisine. Une trentaine d'officiers venaient d'y arriver, et l'on apercevait déjà dans les environs plusieurs détachements de gardes nationaux et quelques brigades de gendarmerie. Cela trancha toute délibération. Ils partent en silence, ils suivent leur guide vers la barque qui les attend. Et bien leur prit, car à peine avaient-ils quitté la maison qu'elle était cernée. Le chef de l'expédition écrivit à la Convention qu'il avait trouvé les lits encore chauds.

SAINT-ÉMILION. — FAMILLE GUADET. — MADAME BOUQUEY.

» Dans la partie orientale du Bordelais, sur la rive droite de la Dordogne, entre Libourne et Castillon, se développe une plaine que termine une colline escarpée. Cette colline s'enfonce en forme de fer à cheval, et à l'extrémité de cet enfoncement, au sommet du plateau, s'élève une flèche gothique : c'est le clocher de Saint-Émilion, petite ville disposée en amphithéâtre dans le fond du vallon, sur le penchant de deux collines et la lisière du plateau.

» Du côté de la plaine, Saint-Émilion était défendu par de hautes et fortes murailles crénelées et armées de mâchecoulis. Du côté du plateau, indépendamment de ces murailles, il y avait entre vous et la ville un fossé creusé dans le roc à la profondeur de près de trente pieds sur une largeur de plus de cinquante. Six doubles portes, surmontées de grosses tours carrées, celles d'en haut défendues encore par deux tours avancées dans le fossé, donnaient entrée dans cette espèce de château gothique. Mais déjà en 1793, murailles, portes et tours tombaient en ruine; et les brèches qui s'y étaient faites laissaient voir l'intérieur de la ville et ses antiques monuments : une ancienne forteresse royale depuis longtemps abandonnée, un clocher géant comparé à ce qui l'entoure, une église collégiale aux vastes proportions, trois couvents déserts.

» Dans l'intérieur de Saint-Émilion, on chercherait en vain le mouvement et la vie : tout est triste et silencieux; autour de la ville sont d'immenses carrières, longues galeries souterraines au fond desquelles de rudes travailleurs passent une vie pénible. Les parties du souterrain les plus rapprochées du jour fournissent aux pauvres gens de l'endroit des logements grossiers, mais qui ont l'avantage de leur donner de la chaleur en hiver et une fraîche température au plus fort de l'été. Des charrettes attelées de bœufs vont, sous ces voûtes profondes, chercher le bloc de pierre que les ouvriers viennent de détacher de la masse compacte.

» En dehors et tout près de la ville, était la maison de Guadet père. Vaste par elle-même, elle était encore entourée de constructions accessoires, mais, du reste, séparée de toute autre habitation. Guadet père, un fils, une sœur, composaient, avec deux domestiques, le personnel de la maison. Guadet père était un vieillard de soixante-dix ans, au maintien grave, peut-être même un peu sévère; son port, ses manières, son langage annonçaient un homme habitué à parler avec autorité; ses fils avaient pour lui un

profond respect et une soumission absolue. Saint-Brice Guadet, entré sous-lieutenant en 1791 dans le premier bataillon de la Gironde, s'était élevé par degrés jusqu'au grade d'adjudant général. Il était employé en cette qualité à l'armée de la Moselle lors des événements du 2 juin. Après ces événements, il écrivit à la Convention : « J'ai un frère qui
» siégeait parmi les représentants du peuple français. Les
» nouvelles publiques m'ont appris son arrestation et son
» évasion de Paris. Si le titre de frère du représentant Gua-
» det peut altérer la confiance nécessaire au citoyen voué à
» la défense de sa patrie, je m'empresse de vous le dire, la
» suspension, la mort même, seraient pour moi préférables
» à me voir environné de soupçons. Ma conscience me
» prescrit cette démarche, et ma raison me dit que je ne
» dois ma personne à la patrie qu'autant que je crois lui
» être utile. Sûr de la pureté de mes intentions, je ferai tous
» les sacrifices que vous croirez utiles à la chose publique.
» J'attends vos ordres avec impatience, prêt à me sou-
» mettre à ce que vous me prescrirez. » On lui répondit le 2 août : « Le conseil exécutif provisoire, ayant jugé devoir
» vous suspendre provisoirement des fonctions du grade
» d'adjudant général, chef de bataillon, que vous exercez
» à l'armée de la Moselle, je vous préviens que son inten-
» tion est que vous cessiez, à compter de ce jour, lesdites
» fonctions, et que vous vous éloigniez immédiatement de
» ladite armée et des frontières de la république. » Saint-Brice Guadet se retira alors dans la maison paternelle. Il y était depuis un mois, lorsque arriva son frère. Un autre hôte, le représentant Salles, se trouvait aussi à Saint-Émilion.

» Telle était la maison de Guadet père, lorsqu'à sa porte

vinrent frapper, le 27 septembre, les malheureux proscrits que nous avons laissés fuyant le Bec-d'Ambès, Pétion, Buzot, Louvet, Barbaroux, Valady et un de ses amis.

» Dans la maison de Guadet père, les proscrits furent accueillis comme des enfants, comme des frères ; ils y trouvèrent dévouement de la part du vieillard, tendre intérêt de la part de ses fils. Mais la sécurité ne pouvait exister pour eux chez le père du représentant Guadet. Au milieu du jour qui suivit leur arrivée, on vint leur dire que le commandant de l'expédition du Bec-d'Ambès était sur leurs traces, qu'il s'avançait à la tête de cinquante cavaliers, et qu'il était suivi de près par un bataillon révolutionnaire. C'était un dimanche. Ils coururent se jeter dans une carrière. Pour comble de malheur, un homme qui, depuis le matin, courait les environs pour leur chercher des retraites plus sûres, revint le soir avec la triste nouvelle que personne n'osait les recevoir. « Guadet était confondu, dit » Louvet. Que nous étions à plaindre ! mais combien il » l'était plus que nous. »

» Que restait-il à faire ? Se séparer ; car, puisqu'on suivait leurs traces, il ne convenait plus qu'ils marchassent réunis. Il fut donc convenu que Pétion et Buzot se dirigeraient d'un côté, que Salles et Guadet iraient d'un autre, que Barbaroux, Louvet, Valady et son ami suivraient encore une autre direction. Les proscrits s'embrassent ; le cœur serré, ils se séparent. Cependant l'alerte qui venait de les disperser n'eut pas de suites : ni le commandant de l'expédition d'Ambès ni le bataillon révolutionnaire ne parurent à Saint-Émilion.

» Mais les proscrits n'avaient pu échapper à tous les yeux ; ils avaient été vus, car un citoyen mandé à la mu-

nicipalité déclarait, quelques jours après, que « vers la
» Saint-Michel dernière (le dimanche 29 septembre), avant
» six heures du matin, il rencontra quatre ou cinq étran-
» gers, ayant des chapeaux à haute forme, bonnets blancs
» par-dessous, vêtus chacun d'une roupe brune, collet et
» revers rouges, ayant une canne à sabre, et chacun sous
» leur bras un sac de nuit en toile; qu'un instant après, il
» survint deux autres étrangers, l'un de haute taille et
» l'autre plus petit, ayant chacun un habit vert passé, des
» chapeaux à cornes et un bonnet blanc dessous, qui suivi-
» rent les cinq autres; la *méfiance* qu'eut le déclarant que
» c'étaient des déserteurs lui fit faire ces observations, mais
» il ignore où ils furent. » Quelques jours plus tard encore,
un autre citoyen mandé à la municipalité déclarait que « le
» 29 septembre, jour de dimanche, à huit heures du soir,
» il rencontra sept hommes qu'il dit ne pas connaître; et
» que la peur lui ôta l'envie de savoir de quelle manière ils
» étaient habillés. Mais tout ce dont il se souvient, c'est que
» parmi le nombre il y en avait d'une grande taille. Il lui
» sembla que ces sept hommes venaient de Saint-Émilion. »
Or, dans ces sept hommes errants et fugitifs, vêtus de ca-
potes brunes à revers rouges ou d'habits verts passés,
armés de cannes à sabre, des bonnets blancs sous leur chapeau à cornes, un sac de nuit sous le bras, dans ces hommes
dont la rencontre, sur le soir, effrayait les paysans, il est
impossible de ne pas reconnaître Pétion, Valady, Louvet,
Barbaroux, Buzot, Salles, Guadet : Guadet leur guide et
leur unique espoir.

» Du reste, les représentants en mission dans la Gironde
connaissaient, d'une manière certaine, l'arrivée des députés proscrits dans le département. Ysabeau écrivait à la

Convention : « Nous avons la preuve authentique que pres-
» que tous les députés fugitifs du Calvados et de la Vendée,
» ainsi que les généraux et leur état-major, sont à Bordeaux
» ou dans les environs. » Le 6 octobre donc, un dimanche
encore, sur le soir, Tallien, parti de la Réole avec un détachement de cavalerie révolutionnaire, arrive à Saint-
Émilion. Deux députés seulement, Salles et Guadet, s'y
trouvaient alors. Avertis à temps, ils purent se soustraire
aux recherches, qui, du reste, ne paraissent pas avoir été
très-sévères. Tallien fit cependant arrêter plusieurs personnes de l'endroit, et des plus considérables, qui lui furent dénoncées comme suspectes. Il plaça Guadet père sous
la surveillance de deux hommes de garde, qui ne durent
quitter sa maison ni le jour ni la nuit ; enfin, il destitua les
autorités municipales de Saint-Émilion et les remplaça par
une municipalité nouvelle.

» Cette expédition de Tallien fut fatale à Saint-Émilion, en
ce qu'elle effraya les citoyens paisibles et les livra sans
défense aux terroristes du lieu, dont l'audace s'accrut d'autant plus qu'à leur aspect on trembla davantage. La nouvelle municipalité, flanquée d'un *club national des sans-
culottes*, entra largement dans les voies révolutionnaires.
Et cependant, Saint-Émilion est le seul point de réunion
des députés proscrits ; ils pourront bien, par intervalles,
trouver des retraites passagères dans les environs, à Po-
merol, à Saint-Genès, à Castillon ; mais la nécessité les
ramènera toujours à Saint-Émilion.

» Toutefois, la Providence ne les abandonnait pas en-
core : une belle-sœur de Guadet, madame Bouquey, alors à
Paris, accourut à Saint-Émilion pour lui donner asile.
Guadet et Salles trouvèrent dans sa maison, trouvèrent sur-

tout près d'elle les soins les plus touchants, les plus douces consolations.

» Cette heureuse nouvelle fut portée à Barbaroux et à ses deux compagnons. D'après le portrait qu'on leur fit de cet ange du ciel, selon l'expression de Louvet, ils comprirent qu'il n'était pas besoin de lui demander un asile, s'il n'était pas impossible qu'elle le donnât; qu'il suffisait de l'avertir de leur triste situation. Quelqu'un y courut : « Qu'ils vien-
» nent tous trois, » répondit-elle. Elle recommanda seulement qu'on n'arrivât que la nuit. A minuit, en effet, les trois proscrits arrivèrent. Leurs deux amis étaient dans une cache à trente pieds sous terre et à laquelle on n'arrivait qu'en se laissant glisser à l'intérieur d'un puits. Il était presque impossible de les y découvrir; mais l'entrée en était tellement dangereuse, et d'ailleurs l'air s'y renouvelait si difficilement, que les cinq habitants de cet humide souterrain se pratiquèrent, dans une autre partie de la maison, une autre retraite plus saine, presque aussi sûre, presque aussi difficile à découvrir.

» Bientôt Buzot et Pétion firent savoir que depuis quinze jours ils avaient changé sept fois d'asile et qu'ils étaient enfin réduits à la dernière extrémité : « Qu'ils viennent tous
» deux, » dit encore madame Bouquey. Et cependant, il ne se passait pas un jour, nous dit Louvet, qu'elle ne fût menacée d'une visite domiciliaire, ou même d'être arrêtée; elle entendait crier à chaque instant qu'on ferait brûler vifs avec les députés, les gens chez lesquels ils seraient trouvés. « Mon Dieu, qu'ils viennent, disait-elle avec calme et
» gaieté; je suis tranquille, pourvu que ce ne soit pas vous
» qui vous chargiez de les recevoir. Seulement je craindrais
» qu'ils ne m'arrêtassent, et que deviendriez-vous ? »

» Mais faire vivre sept étrangers sans éveiller les soupçons n'était pas chose facile, surtout dans un temps de disette. Les rations étaient comptées, et l'on ne fournissait à madame Bouquey qu'une livre de pain par jour. « Pour ne
» pas déjeuner, c'est encore Louvet qui parle, on ne se
» levait qu'à midi. Une soupe aux légumes faisait tout le
» dîner. A l'entrée de la nuit, nous quittions doucement nos
» demeures, nous nous rassemblions auprès d'elle. Tantôt
» un morceau de bœuf, à grand'peine obtenu à la boucherie,
» tantôt une pièce de la basse-cour bientôt épuisée,
» quelques œufs, quelques légumes, un peu de lait, composaient
» tout le souper, dont elle s'obstinait à ne prendre
» qu'un peu pour nous en laisser davantage. Elle était au
» milieu de nous comme une mère environnée de ses enfants
» pour lesquels elle se sacrifie. »

» Le temps passé chez madame Bouquey fut employé par Louvet à composer la première partie de ses Mémoires, livre plein de charme, mais où la gravité de l'histoire est peut-être un peu trop déguisée sous la forme du roman, où des faits d'une triste réalité empruntent trop souvent une couleur dont s'accommoderait mieux la fiction. Gardons-nous toutefois d'en faire un trop vif reproche à l'auteur : les esprits graves sauront bien trouver dans son livre ce qu'ils y chercheront, et ce qu'il a de brillant, de romanesque même, lui vaudra de nombreux lecteurs qu'un ton plus sérieux aurait pu rebuter.

» Buzot écrivit aussi, pendant son séjour chez madame Bouquey, des Mémoires où se reflètent admirablement les sentiments et les pensées qui remplissaient le cœur et l'esprit des représentants. Les Mémoires de Buzot, conservés je dirais presque miraculeusement, n'ont pas le genre d'attrait qu'on est habitué à trouver dans les écrits de cette espèce; ils sont sérieux, ils discutent plus qu'ils ne racontent; mais par là même ils ont pour nous une importance plus réelle, un intérêt plus grand. Dans ces Mémoires, l'auteur a voulu beaucoup moins faire connaître des faits particuliers à sa personne qu'exposer la conduite et les idées des hommes dont il partagea la fortune; rarement il parle de lui, presque toujours de ses amis; rarement il dit *moi*, mais *nous* presque toujours.

» Les proscrits sont donc à peu près tranquilles sur leur sort présent; oublions-les un moment pour nous reporter vers leurs collègues retenus dans les prisons de Paris.

PROCÈS, CONDAMNATION ET SUPPLICE A PARIS DE VINGT ET UN REPRÉSENTANTS GIRONDINS. — PROCÈS, CONDAMNATION ET SUPPLICE DE MADAME ROLAND. — MORT DE ROLAND, DE CONDORCET ET AUTRES.

» Les représentants prisonniers à Paris n'ont cessé de demander un rapport et des juges. Mais un rapport, mais des juges, mais une procédure publique pendant que la France était levée en faveur des proscrits, c'eût été imprudent, même avec les moyens d'influence et de terreur dont on disposait. Donner la parole en public à vingt et un représentants du peuple, quand ces représentants comptaient parmi eux un Vergniaud, un Gensonné, un Brissot, on s'en gardait bien! Longtemps donc on étouffa leurs cris, ou du moins on sembla ne les pas entendre. Mais lorsqu'on crut le danger passé, on se mit en mesure; et, le 3 octobre 1793, Amar, au nom du comité de sûreté générale, parut à la tribune de la Convention, et donna lecture d'un long rapport contre les proscrits du 2 juin et contre les auteurs de protestations sur cette journée.

« Il a existé, disait Amar, une conspiration contre l'unité
» et l'indivisibilité de la république, contre la liberté et la
» sûreté du peuple français : au nombre des auteurs et com-
» plices de cette conspiration sont : Brissot, Gensonné,
» Vergniaud, Guadet, Grangeneuve, etc., etc. La preuve
» de leurs crimes résulte des faits suivants... » Amar déroule alors un amas inqualifiable d'absurdes calomnies, d'accusations extravagantes. Dans ce factum, évidemment écrit pour tromper la multitude, les faits les mieux avérés sont transformés, les discours les plus authentiques sont dénaturés; et cependant, sur ce honteux réquisitoire, la Convention base un décret portant :

« Art. 1ᵉʳ. La Convention nationale accuse, comme étant
» prévenus de conspiration contre l'unité et l'indivisibilité
» de la république, contre la liberté et la sûreté du peuple
» français, les députés dénommés ci-après: Brissot, Ver-
» gniaud, Gensonné, Duperret, Carra, Mollevault, Gar-
» dien, Dufriche-Valazé, Vallée, Duprat, Brullart, ci-
» devant marquis de Sillery; Caritat, ci-devant marquis de
» Condorcet; Fauchet, évêque du département du Calva-
» dos; Doulcet, ci-devant marquis de Pontécoulan; Ducos,
» député de la Gironde; Boyer-Fonfrède, Gamon, Lasource,
» Lesterpt-Beauvais, Isnard, Duchâtel, Duval (de la Seine-
» Inférieure), Devérité, Mainvielle, Delahaye, Bonnet (de
» la Haute-Loire), Lacaze (de la Gironde), Mazuyer, Sa-
» vary, Lehardy (du Morbihan), Boileau (de 'Yonne),

» Rouyer, Antiboul, Bresson, Noël, Coustard, Andrei (de
» la Corse), Grangeneuve, Vigée, Philippe-Égalité, ci-
» devant duc d'Orléans.

» Art. 2. Les dénommés dans l'article ci-dessus seront
» traduits devant le tribunal révolutionnaire pour y être
» jugés conformément à la loi.

» Art. 3. Il n'est rien changé par les dispositions du
» présent décret à celui du 25 juillet dernier, qui a déclaré
» traîtres à la patrie Buzot, Barbaroux, Gorsas, Lanjuinais,
» Salles, Louvet, Bergoeing, Pétion, Guadet, Chasset,
» Chambon, Lidon, Valady, Defermon, Kervelegan, Henry
» Larivière, Rabaut Saint-Étienne, Lesage (d'Eure-et-
» Loir), Cussy et Meillan. »

» Suit encore un état nominatif de soixante-quinze députés signataires de protestations contre le 31 mai et le
2 juin, dont plusieurs sont déjà compris dans la liste pré-
cédente.

» Des quarante députés compris dans le décret d'accusation, vingt et un seulement étaient ou furent mis sous les
verrous; les autres avaient fui. Et de ces vingt et un, neuf
seulement étaient des proscrits du 2 juin, savoir : Brissot
et Lasource, qui, après s'être dérobés à Paris, y avaient
été ramenés de force; Vergniaud, Gensonné, Valazé,
Lehardy, Gardien, Boileau et Vigée. Les autres avaient été
frappés par d'autres décrets : Ducos et Fonfrède (de la
Gironde), pour avoir osé, dans la Convention, parler en
faveur de leurs amis proscrits; Lacaze, du même département, signataire des protestations contre le 31 mai et le
2 juin; Duprat, Duperret, Mainvielle (des Bouches-du-
Rhône), signataires des protestations, et complices prétendus de Barbaroux; le second considéré de plus, ainsi que

tenteront pas de déposer verbalement sur des faits précis, mais ils viendront lire de longs réquisitoires, sonder les intentions, scruter les cœurs de leurs victimes, usurper le rôle d'accusateurs impudents. Et, pour couronner l'œuvre, le rédacteur des séances conspirera avec les juges, avec l'accusateur public, avec les jurés, avec les témoins contre ces malheureux accusés : tandis qu'il relatera avec complaisance les accusations les plus absurdes portées contre eux, il mutilera leurs réponses, leur donnera d'odieuses interprétations, y substituera des analyses infidèles. Et ce sera là le seul document où l'histoire pourra puiser les éléments de ses récits! Et toutefois, ces éléments, dénaturés avec perfidie, feront éclater encore la grandeur des accusés, l'infamie des accusateurs.

» Le président fit lire l'acte d'accusation. Puis il annonça aux prévenus qu'ils allaient entendre les témoins et que les débats s'ouvriraient ensuite. Le défenseur officieux, Chauveau, prit alors la parole : « La cause qui occupe le tribu-
» nal est célèbre, dit-il; elle intéresse en quelque sorte toute
» la république. La loi accorde aux accusés la plus grande
» latitude dans leur défense; et cependant les pièces à leur
» charge ne leur ont point encore été communiquées. Ce
» retard empêche de proposer leurs moyens de justifica-
» tion. » Il demande donc les pièces en leur nom. L'accusateur public, Fouquier-Tinville, répond que plusieurs de ces pièces ne sont point parvenues, que d'autres sont encore sous les scellés. Il pense qu'elles lui seront remises le soir; et alors il les remettra lui-même aux défenseurs des accusés. On ne s'arrêtait pas alors à si peu, et les débats commencèrent.

» Le premier témoin entendu fut Pache, maire de Paris.

Pache a remarqué dans la Convention, pendant son ministère, une faction dont tous les actes tendaient à la ruine de la république. Ce qui l'a confirmé dans ses idées, c'est la demande d'une force départementale faite par les accusés afin de fédéraliser la république, et la protection qu'ils ont accordée au traître Dumouriez, dont ils devaient connaître les infâmes projets. Devenu maire de Paris, il fut plus à même de les observer. Dumouriez menaçait de marcher sur Paris; cette ville était sans subsistances; il demanda au comité des finances de la Convention les fonds nécessaires à son approvisionnement; ce comité, composé en partie des agents de la faction, s'opposa avec opiniâtreté à ce que ces fonds fussent délivrés. La trahison de Dumouriez décida la commune à faire fermer les barrières; le comité de sûreté générale d'alors trouva cette mesure, que les circonstances rendaient nécessaire, contraire aux lois, et l'un de ses membres alla jusqu'à dire que, si le lendemain les barrières n'étaient pas ouvertes, il fallait mettre les officiers municipaux en état d'arrestation. Pache regarda la commission des douze comme contraire à tous les principes et comme étant l'ouvrage de la faction. Il vit que les arrestations commandées par cette commission avaient pour objet de déterminer une insurrection contre la Convention nationale, afin d'avoir l'occasion de calomnier Paris. Voilà les faits principaux dont il a été particulièrement témoin. Ces faits lui ont acquis la conviction qu'il existait dans la Convention nationale une réunion d'hommes opposés à l'établissement d'un gouvernement populaire; ils sont publics du reste et connus de tous les citoyens. Les accusés sont invités à répondre. Brissot fait quelques observations judicieuses et nettes. Vergniaud fait remarquer que la déposition du témoin s'est renfermée dans un vague tel qu'il est difficile d'y répondre. « Si le témoin était juré, dit-il, je conçois » qu'il pourrait s'exprimer ainsi; mais il ne l'est pas; et » comme témoin il doit articuler des faits, des preuves ma- » térielles, et non pas sa conviction. Il a dit : 1° que la fac- » tion avait voté pour l'établissement de la force départe- » mentale, et il en a tiré la conséquence qu'elle voulait » fédéraliser la république. Ceci s'adresse à tous les » accusés; les uns ont voté pour cette force, les autres » contre, et j'étais de ce nombre; ainsi ce fait ne peut » m'être imputé. 2° Que la plus grande protection avait été » accordée à Dumouriez. Cette accusation porte-t-elle sur » tous les accusés? Je l'ignore. Quant à moi, je n'ai jamais » accordé de protection à Dumouriez. 3° Que le comité des » finances lui avait refusé des fonds pour l'approvisionne- » ment de Paris. Je n'ai jamais été membre de ce comité. » Les accusés Carra, Duprat, Lesterpt-Beauvais, Vigée, Lasource, Boyer-Fonfrède, Boileau, Gensonné, Gardien, Valazé, Fauchet, Sillery, Antiboul, se disculpent, l'un d'une façon, l'autre d'une autre.

» Le second témoin fut Chaumette, procureur de la commune de Paris. « Je regarde comme fondé sur la vérité, dit » Chaumette, l'acte d'accusation; j'y ajouterai seulement » quelques faits qui sont plus particulièrement à ma con- » naissance. » Suit un réquisitoire en forme. Chaumette parcourt toute l'histoire de l'Assemblée législative pour y chercher des crimes aux accusés; il leur reproche surtout d'avoir voulu conserver la royauté en faisant décréter dans la séance même du 10 août qu'il serait nommé un gouverneur au *prince royal;* puis leur hostilité contre la commune; puis le refus de fonds pour les subsistances; puis leur con-

nivence avec Dumouriez ; puis la création de la commission des douze. Vergniaud ayant fait l'observation qu'il est étonnant que les membres de la municipalité et ceux de la Convention, leurs accusateurs, viennent déposer contre eux, Chaumette reprend : « Ce n'est ni comme membres
» de la Convention ni comme magistrats que nous sommes
» appelés ici ; c'est comme témoins. Chaque individu a le
» droit, comme attaqué personnellement dans une conjura-
» tion contre la république, de déposer contre les conjurés ;
» pour l'homme qui a annoncé qu'il tenait les fils de la con-
» spiration, c'est un devoir de déposer, devant les juges
» qui l'appellent en témoignage, les faits qui sont à sa con-
» naissance : les ruines fumantes de Lyon, le sang qui a
» inondé la Champagne et la Vendée, celui qui coula dans
» le Calvados, les mânes de Beauvais, assassiné à Toulon,
» ceux de Marat, assassiné par une furie à leurs ordres,
» ceux des patriotes immolés à Marseille et dans la Lozère,
» déposent avec nous contre les accusés. » Une discussion s'engage sur les paroles prononcées le 10 août par Vergniaud et sur l'article du décret relatif au prince royal.

» Dans la séance du 25, on entendit Destournelles, ancien membre de la commune du 10 août, maintenant ministre des contributions publiques. Le témoin déclare connaître très-peu les accusés, et avoir très-peu de choses à dire sur leur compte. Cependant il articule deux faits, l'un contre Carra, l'autre contre Vigée. Il ajoute : « Main-
» tenant, citoyens, il me reste à parler de ce que je sais
» des griefs énoncés dans l'acte d'accusation et des accusés
» collectivement. L'examen le plus approfondi de cet acte
» m'y a fait trouver les idées et l'opinion que j'ai depuis
» longtemps sur la plupart des accusés. Cette opinion, je me

» la suis formée sur leur compte, presque dès l'ouverture
» de la Convention, mais surtout à dater du procès de
» Louis Capet. Cette opinion est résultée encore de leur
» conduite dans la Convention, de leurs discours, de leurs
» écrits, et du ton des journaux qui leur étaient dévoués.
» L'appel au peuple et le sursis n'ont été à mes yeux que
» des moyens déguisés de soustraire le tyran au supplice
» que méritaient ses crimes. J'ai cru voir que plusieurs des
» accusés voulaient maîtriser l'Assemblée, diriger à leur
» gré la Révolution, ne point lui donner toute la latitude
» qu'elle doit avoir; qu'ils n'adoptaient point l'égalité tout
» entière. J'ai cru voir un système formé de leur part de
» calomnier, d'avilir Paris, et de le perdre en soulevant
» contre lui tous les départements. Voilà ce qui a motivé
» mon adhésion formelle et la signature que j'ai mise des
» premiers à la dénonciation de la commune de Paris
» contre le plus grand nombre de ces mêmes accusés. Et ce
» que j'ai vu avec plus d'évidence, c'est la haine manifestée
» par ce parti et ses adhérents contre la commune de
» Paris, qui n'était animée que de l'amour le plus ardent
» du bien public. »

» Le témoignage suivant est celui de Dobpsen, officier municipal, qui fut arrêté par ordre de la commission des douze. Il rend compte des circonstances de cette arrestation. Il inculpe surtout Gardien et Vigée.

» On passe au témoignage d'Hébert. J'analyserai avec quelque détail la déposition de ce témoin, ainsi que les débats qui la suivirent, parce qu'il convient de montrer d'une manière à peu près complète, sur une déposition au moins, comment les choses se passaient.

» Il a existé, dès le commencement de l'Assemblée légis-

» lative, dit Hébert, une faction protectrice du tyran. Le
» chef de cette faction était Brissot. Cet homme, qui a
» longtemps demeuré en Angleterre, est accusé par la voix
» publique d'avoir fait, pour cette puissance, le métier
» d'espion : au moment où le peuple français fit des efforts
» pour briser ses fers, il se trouva jeté au milieu de la Révo-
» tion qui s'opérait, afin de l'entraver par des mesures
» prématurées. Brissot, parvenu à la municipalité, fut
» membre du comité des recherches de la commune ; il par-
» tagea la scélératesse de ses collègues. Bailly, La Fayette
» et plusieurs autres grands criminels furent dénoncés à ce
» comité. Il garda le silence. Cependant à cette époque il
» aurait pu, par des mesures vigoureuses, sauver la chose
» publique. » Après avoir reproché à Brissot ce qu'il n'a pas
fait, Hébert l'accuse d'avoir rédigé la fameuse pétition qui
servit de prétexte à la municipalité pour égorger des sans-
culottes au Champ de Mars. « A cette époque, dit-il, les
» patriotes furent jetés dans les cachots ; et cependant
» Brissot ne fut point inquiété. S'il n'eût pas servi les pro-
» jets des scélérats, n'aurait-il pas été compris dans la pro-
» scription générale? Brissot, membre du corps électoral,
» fut une pomme de discorde jetée parmi les électeurs.
» Avec acharnement les intrigants s'opposèrent à sa nomi-
» nation, parce qu'ils le croyaient alors patriote ; mais tout
» à coup il se fit une réconciliation entre les patriotes et les
» partisans de la cour ; et ces derniers, à qui Brissot avait
» sans doute promis de servir les royalistes, consentirent à
» ce qu'il fût porté au Corps législatif. A l'Assemblée,
» Brissot se lia avec la faction désignée par Marat sous le
» nom d'*hommes d'État*. Cette faction marchanda la li-
» berté du tyran. Ils proposaient de fortes mesures contre

» le ci-devant roi, et ils les faisaient rapporter le lendemain,
» afin de se vendre plus cher à la cour. Lorsque le peuple
» demanda la déchéance du tyran, Vergniaud s'éleva avec
» fanatisme contre cette proposition ; il prétendit, et c'était
» avant le 10 août, que si jamais cette mesure était adop-
» tée, la France était perdue. La journée du 10 arriva : Ver-
» gniaud, Guadet, Gensonné, se succédèrent au fauteuil ; ils
» répondirent insolemment au peuple qui demandait à grands
» cris la déchéance du tyran ; et Vergniaud promit protec-
» tion à ce traître, au moment même où les cadavres de nos
» frères baignaient dans leur sang. Cette faction voyant
» l'opinion fortement prononcée contre le ci-devant roi,
» désespérant de pouvoir rétablir le tyran en sa première
» dignité, réunit les débris du trône pour y placer une nou-
» velle idole... Ne pouvant dissimuler les crimes de Louis
» Capet, on présenta au peuple avec adresse l'enfant inté-
» ressant. Manuel et Pétion paralysèrent le bras du peuple,
» qui, dans cette journée mémorable, eût exterminé tous
» les tyrans. Quand Louis Capet fut transféré au Temple,
» Pétion ne voulut pas que ce fût une prison ; il prétendait
» qu'il était de la dignité de la nation de conserver cette fa-
» mille de l'entretenir avec profusion, de lui témoigner du
» respect et des égards. Des dépenses énormes ont été faites
» pour alimenter ces monstres. Vainement nous autres pa-
» triotes, réclamions-nous l'égalité ; Manuel et Pétion nous
» disaient que nous attirerions sur nous le blâme de la
» France. Cette commune de Paris, qui avait renversé le
» trône, portait ombrage à la faction ; elle était trop clair-
» voyante ; il fallait donc l'abattre. » Suit une tirade contre
Roland et ses actes. « Brissot, Vergniaud, Guadet, soute-
» naient et approuvaient ces mesures à la tribune de la

» Convention. Tout le monde se rappelle les intrigues qu'on
» employa pour perdre Robespierre. Les premiers jours de
» la Convention furent employés à le dénoncer, sous pré-
» texte qu'il voulait être dictateur. Ce moyen était employé
» pour distraire l'attention du peuple de la conduite des
» véritables conjurés. La faction acquérait de jour en jour
» de nouvelles forces; elle tentait tous les moyens pour sau-
» ver le tyran ou du moins pour diminuer la rigueur de son
» jugement. » Hébert rapporte ici comment Roland a voulu
acheter son journal. « Je ne rappellerai pas, continue-t-il,
» les circonstances qui précédèrent le jugement de Louis
» Capet; les écrits multipliés que répandit Roland pour
» apitoyer en sa faveur, et qu'imprimaient dans leurs
» feuilles Gorsas et Brissot. Les pièces de ce grand procès
» existent, et l'on peut les consulter. La faction, n'ayant pu
» sauver le tyran, voulut fédéraliser la république. La
» révolte des Marseillais, des Lyonnais et la trahison des
» Toulonnais prouvent cette intention. » Suit le récit de
l'arrestation du témoin et de sa comparution à la commission des douze. « Citoyens, poursuit-il, je remercie mes
» persécuteurs. Leur conduite à mon égard a éclairé le
» peuple sur ses véritables ennemis; elle lui a fait connaître
» les hommes qui voulaient tuer la liberté et ceux qui con-
» stamment l'ont défendue. Après mon arrestation, le
» peuple prit une attitude fière; les sections cherchèrent le
» moyen de sauver la chose publique. Enfin la journée du
» 31 mai arriva. Ce fut alors que nous prîmes des mesures,
» à la commune, pour la diriger; car si malheureusement
» une seule tête fût tombée, les départements, qui, d'après
» les calomnies de la faction, auraient cru voir dans cette
» insurrection légitime le rétablissement de la royauté, au-

» raient tourné leurs forces contre Paris, et il faut vous
» dire, citoyens jurés, que parmi les accusés il y a des
» hommes qui ont employé des scélérats pour venir de-
» mander à la commune les têtes des conjurés. »

» Brissot répondit à Hébert, et voici comment le compte rendu s'exprime : « L'accusé fait ici une longue et verbeuse
» apologie de sa conduite. Il cite les écrits qu'il publia en
» Angleterre, etc., etc. Passant à l'affaire du Champ de
» Mars, il avoue avoir rédigé la fameuse pétition dont La
» Fayette, avec lequel il était alors en relation intime, se
» servit pour égorger les patriotes et faire triompher la
» cour; mais il prétend que Laclos, qui y travailla avec
» lui, ajouta la phrase dans laquelle on insinuait que Capet
» étant censé avoir abdiqué par sa fuite, il fallait lui choisir
» un successeur; au reste, il n'explique pas comment lui,
» auteur de la pétition, resta tranquille et paisible au milieu
» de la proscription générale de tous les amis de la liberté,
» qui furent pendant plusieurs mois incarcérés ou fugitifs
» pour le seul crime d'avoir adopté cette même pétition. Il
» dit avoir été cité au tribunal du sixième arrondissement;
» mais cette citation à un tribunal civil n'eut aucune suite. »
Ainsi l'accusation est complaisamment rapportée et la défense ne l'est pas.

» Hébert, reprenant son réquisitoire, reproche à Brissot d'avoir fait déclarer la guerre quand il devait savoir que nous n'étions pas en mesure de la faire; il lui reproche d'avoir fait nommer au ministère Roland et Clavière, ses créatures; il lui reproche d'avoir fait nommer Lamarche,
« cet homme qui a été chassé pour avoir fait disparaître
» plusieurs séries d'assignats, et certes il ne serait pas
» étonnant que Brissot, qui dit n'avoir jamais reçu d'ar-

» gent de l'étranger, n'en ait jamais manqué avec des
» hommes tels que Clavière et Lamarche; » il lui reproche
d'avoir nommé tous les agents de la diplomatie, et
« l'homme, dit-il, qui a fait nommer les ministres et les
» agents de la diplomatie doit être responsable de tous les
» crimes qu'ils ont commis. »

» Brissot répond au reproche d'avoir contribué à faire
déclarer la guerre; et il ajoute : « Citoyens jurés, connais-
» sant la fermeté de Genet et la manière dont il s'était con-
» duit en Russie, je dois dire que je l'ai recommandé au
» ministre Lebrun pour l'envoyer aux États-Unis; c'est le
» seul homme pour lequel je me sois intéressé auprès des
» ministres. »

« Le premier fait que le témoin m'impute, dit Vergniaud,
» est d'avoir formé dans l'Assemblée législative une faction
» pour opprimer la liberté. » Vergniaud repasse toute sa
conduite, et montre que toujours ses paroles et ses actes
furent favorables à la liberté. Quant à Roland, que Brissot
avait déjà vengé des injures d'Hébert, « quant à Roland,
» j'ai eu le droit de l'estimer, dit Vergniaud; les opinions
» sont libres, et j'ai partagé ce délit avec une partie de la
» France. » Il se défend de s'être opposé obstinément à la
déchéance quand on pouvait la décréter. « Le 25 juillet, un
» membre, emporté par son patriotisme, demanda que le
» rapport sur la déchéance fût fait le lendemain. L'opinion
» n'était pas encore formée. Alors que fis-je? Je cherchai à
» temporiser, non pour écarter cette mesure, que je désirais
» aussi, mais pour avoir le temps d'y préparer les esprits. »
Quant à sa réponse au roi le 10 août, il a déjà réfuté ce
qu'on en a dit, « et certes il est étonnant, ajoute-t-il, qu'on
» veuille faire de cette réponse un motif d'accusation contre

» moi, quand l'Assemblée elle-même ne m'improuva pas.

» Hébert : « L'accusé Vergniaud prétend qu'il n'y a point
» eu de coalition. Je vous le demande, citoyens jurés, ceux-
» là sont-ils des conjurés qui ont provoqué la déchéance
» quand ils savaient bien ne pouvoir pas l'obtenir, et qui s'y
» sont formellement opposés quand elle a eu lieu? Ceux-là
» sont-ils des conspirateurs qui disent que Roland n'a pas
» été un corrupteur, qui défendent ses malversations même
» dans ce tribunal, quoique Roland ait dépensé des sommes
» immenses pour répandre des libelles dans toute la répu-
» blique, afin de pervertir l'esprit public et de perdre les
» patriotes? Ceux-là sont-ils des conspirateurs qui, dans la
» Convention nationale, se sont coalisés, n'ont eu qu'une
» seule âme pour demander l'appel au peuple, quand le
» peuple demandait la tête du tyran? Ceux-là sont-ils des
» conspirateurs qui ont écrit dans les départements pour
» discréditer les défenseurs du peuple? Ceux-là sont-ils des
» conspirateurs qui ont semé la discorde à Marseille et à
» Bordeaux, et ont eu l'art d'y former deux partis? Le but
» de toute la conduite des accusés a toujours été la perte de
» la république. »

» Gensonné : « Le témoin m'a compris au nombre des
» hommes qu'il accuse d'avoir formé une conspiration
» contre la république. Il a donné pour preuve contre moi
» l'identité de mon opinion avec celle des hommes qu'il
» m'associe dans la conspiration. Le fait est faux. La seule
» occasion dans laquelle j'aie partagé l'opinion de nos collè-
» gues, c'est sur l'appel au peuple, et cependant parmi
» nous il y en a qui ont voté pour la mort, d'autres pour la
» reclusion. Lors du départ du roi pour Varennes, les Ja-
» cobins demandèrent aussi qu'on consultât le peuple pour

» savoir si, par cette fuite, le roi n'était pas censé avoir ab-
» diqué la couronne. Ainsi, s'il se trouve de l'identité entre
» quelqu'un, c'est entre eux et moi. »

» LE PRÉSIDENT : « Je demande à l'accusé Gensonné si,
» par l'insurrection du 10 août, le tyran n'était pas con-
» damné, et si à l'époque où la Convention nationale lui fit
» son procès il n'était pas déjà jugé? Demander l'appel au
» peuple dans cette circonstance, n'était-ce pas vouloir al-
» lumer le feu de la guerre civile dans toutes les parties de
» la république? Et l'accusé ne pourra pas nier que ce ne fût
» l'espoir de la coalition. »

» GENSONNÉ : « Que l'on m'accuse de faits positifs, et je
» répondrai. »

» VERGNIAUD : « Je ne crois pas être traduit en jugement
» pour avoir demandé l'appel au peuple, ni pour aucune de
» mes opinions : 1° parce qu'il faudrait déchirer la consti-
» tution que nous avons tous jurée; 2° parce qu'il faudrait
» aussi faire le procès aux autres députés qui ont partagé
» cette opinion. On a dit que demander l'appel au peuple,
» c'était vouloir faire naître la guerre civile. Je réponds
» que je n'aurais dû craindre que cette opinion allumât une
» guerre civile qu'autant que les royalistes auraient formé
» la majorité des assemblées primaires. Je n'ai pas dû
» croire sans outrager le peuple que les royalistes fussent en
» assez grand nombre pour influencer ses délibérations. »

» LE PRÉSIDENT : « Il est vrai que l'accusé Vergniaud
» n'est pas traduit en jugement pour ses opinions politiques,
» mais il sera nécessaire de rappeler souvent aux accusés
» les opinions qu'ils ont émises à la Convention nationale,
» afin de prouver la coalition qui a existé entre eux pour
» perdre la république. »

» Le président prie le citoyen Chaumette de donner aux jurés des éclaircissements sur les commissaires envoyés dans les départements.

» Chaumette raconte qu'en septembre 1792, nommés par le conseil exécutif pour aller dans les départements presser la levée des bataillons à opposer aux ennemis déjà maîtres de Verdun, lui et Momoro se trouvèrent dans une voiture avec un nommé Pommier, qui paraissait avoir une mission pour aller dans les départements faire l'éloge de Brissot, de Vergniaud, enfin de toute la faction, et qui, pendant toute la route, représenta ces hommes comme des dieux. « S'étant aperçu, dit Chau-
» mette, que Momoro et moi ne partagions pas son opi-
» nion, il se répandit contre nous en invectives. Nous
» fûmes obligés, pour l'empêcher d'en venir aux voies de
» fait, de le tenir en échec avec un pistolet. » A Caen, ils trouvèrent un autre personnage qui distribuait quantité de papiers de Roland et des exemplaires du journal de Brissot; ce personnage leur dit que Brissot était le seul homme capable de gouverner. « Dans tous les lieux où nous avons
» passé, dit-il, nous avons trouvé des émissaires de Roland
» qui sans cesse ont entravé nos opérations. » Puis il fait cette observation : « Vous voyez, citoyens jurés, que ces
» mêmes hommes qui sans cesse accusaient les meilleurs
» patriotes d'aspirer à la dictature étaient eux-mêmes pos-
» sédés du désir de régner. Après le 31 mai, ce même Pom-
» mier fut envoyé par la faction auprès des députés réfugiés
» à Caen; et ceux-ci l'expédièrent pour Bordeaux, où il eut
» l'audace de lire le manifeste de Wimpfen. J'ai dénoncé le
» club de Marseille dont les membres ont crié : *Vive le roi!*
» *vive Roland!* et dans lequel siégeaient les conjurés. Je

» m'y étais introduit sans me faire connaître et j'ai connu
» tous leurs projets. »

» Hébert : « Les accusés prétendent n'avoir pris aucune
» part à la persécution qu'on a fait éprouver à la commune
» patriote du 10 août. Cependant, à peine avait-elle com-
» mencé ses travaux, qu'on rallia tous les hommes de l'an-
» cienne municipalité qui partagèrent les crimes de La
» Fayette, pour former une commune provisoire. Par con-
» séquent, on avait dessein d'anéantir la municipalité trop
» clairvoyante du 10 août. »

» Brissot déclare n'avoir participé en rien à la nomination des commissaires envoyés dans les départements par
l'Assemblée nationale et par le pouvoir exécutif. Quant à
Pommier, il a publié sous la monarchie un ouvrage intitulé :
les Crimes des rois. « Cet ouvrage m'a donné, dit Brissot,
» la plus grande idée de son républicanisme; mais ce n'est
» pas moi qui l'ai fait nommer, je ne le connaissais pas. »

» Hébert : « Je fus chez Pétion, le lendemain du 10 août,
» avec une députation de la commune de Paris. Brissot, qui
» s'y trouvait, s'avança au-devant de la députation et lui
» dit : « Quelle est donc la fureur du peuple? Est-ce que les
» massacres ne finiront pas? » J'ai cru devoir faire connaître
» ce fait aux citoyens jurés. »

» Brissot : « J'ai vu aujourd'hui pour la première fois le
» citoyen Hébert. Je nie le fait qu'il vient d'énoncer. Je n'ai
» jamais blâmé la journée du 10 août; au contraire, tout ce
» qui est sorti de ma plume, sur ce qui est relatif à cette
» glorieuse époque de notre Révolution, a fait l'éloge de
» cette journée et du courage des citoyens qui y ont com-
» battu. Si le témoin avait parlé des massacres du 2 sep-
» tembre, il aurait eu raison. »

» Le rédacteur du procès fait remarquer que le témoin persiste dans sa déclaration et cite les circonstances du fait, et que l'accusé garde le silence.

» Dans le compte rendu de la séance du 26 octobre, ce même rédacteur écrit : « L'accusateur public lit une lettre » présumée de Fonfrède, dans laquelle l'auteur se permet » d'improuver la salutaire révolution du 31 mai, et d'appe-» ler au secours de la Convention nationale une force dépar-» tementale. »

» Fonfrède déclare que cette lettre n'est pas de lui.

« Cette lettre, dit le président, malgré la dénégation de » l'accusé, ne peut être regardée comme non avenue, car » elle renferme des principes qu'il a avoués lui-même à la » Convention nationale. Je demande maintenant aux accu-» sés qui composaient la députation de la Gironde si les let-» tres qu'ils recevaient de Bordeaux leur étaient adressées » collectivement ou individuellement?»

» Les accusés répondent qu'ils les recevaient collective-ment, afin d'éviter les frais de poste.

« L'accusé nie la lettre, dit Hébert; cependant les mêmes » calomnies qu'elle renferme contre la municipalité et les » habitants de Paris ont été proférées par lui à la tribune de » la Convention. Ce sont ces calomnies, répandues avec » art par des agents de la coalition, qui ont servi à faire » fructifier le fédéralisme dans les départements. Un autre » fait : lorsque je fus à la Convention nationale avec les ha-» bitants et la municipalité de Paris dénoncer Brissot et ses » complices, le député de la Gironde, Fonfrède, monta à la » tribune et dit qu'il regrettait de n'être pas compris dans » l'honorable liste des proscrits; car, à cette époque, ci-» toyens, c'était un honneur dans leur sens d'être dénoncé

» par la commune de Paris, qu'ils n'ont cessé de calomnier.
» Je ne conçois donc pas pourquoi Fonfrède nie une lettre
» si conforme à son opinion, dans laquelle on nous traite
» d'égorgeurs; mais les événements ont prouvé que les égor-
» geurs n'étaient pas parmi nous, puisque Lepelletier et
» Marat sont tombés sous le fer d'assassins soudoyés par la
» faction que vous jugez. »

» Fonfrède dit que comme représentant du peuple il avait droit de juger une pétition que, quelques jours après, la Convention a déclarée calomnieuse.

« Il n'est pas moins vrai, réplique Hébert, que lorsque
» la commune de Paris est venue dénoncer plusieurs dépu-
» tés conspirateurs, elle fut outragée par Fonfrède. Il nous
» contraignait de signer individuellement la pétition, sans
» doute pour dresser une liste de proscription, car nous
» n'étions que les organes du peuple. »

» Vergniaud, interrogé s'il a écrit au club des Récollets de Bordeaux, répond : « Oui; et l'on m'a représenté dans
» mon interrogatoire secret des copies que j'ai avouées. »

» L'accusateur public donne lecture de ces lettres (nous les avons rapportées) qui, selon lui, prouvent jusqu'à l'évidence l'existence de la conspiration. Puis il fait connaître une autre lettre adressée de Libourne *aux citoyens députés de la Gironde, chez le citoyen Lacaze*. Elle porte :

« Votre dernière lettre, mon cher cousin, m'avait fait
» naître quelque espoir de salut; mais celle que je reçois
» aujourd'hui me l'ôte. Il ne reste donc plus à l'honnête
» homme qu'à s'envelopper dans son manteau, et à attendre
» ainsi la mort. Après tant de sacrifices pour conquérir la
» liberté, ne nous reste-t-il plus qu'à attendre des fers? Quelle
» horrible idée! Quoi! quelques monstres enchaîneraient

» vingt-cinq millions d'hommes? Il faut une insurrection gé-
» nérale contre cette ville abominable (Paris); il faut l'écra-
» ser. Cette insurrection se prépare, soyez-en sûr, mon cher
» Lacaze, et vous la verrez bientôt éclater. On doit faire
» fuir de la Convention nationale les M., les R., les D., et
» tant d'autres scélérats qui la déshonorent. Mais, mon
» cher cousin, la Convention peut-elle continuer de gou-
» verner, après avoir été ainsi avilie? Non; il en faut une
» nouvelle.

» Signé : G. L. Z. »

« Vous voyez, citoyens jurés, poursuit Fouquier-Tin-
» ville, que par sa correspondance Lacaze a provoqué cette
» lettre. Je lui demande quel en est l'auteur?

» — Je l'ignore, dit Lacaze, car je ne l'ai pas vue; elle
» a sans doute été interceptée.

» — Au moins connaissez-vous l'écriture? dit Fouquier
» en la lui montrant.

» — Cette lettre a été écrite par mon cousin Gaston
» Lacaze.

» LE PRÉSIDENT : « Vous voyez, citoyens jurés, que Lacaze
» agissait dans le même sens que les autres accusés, qu'il
» provoquait les départements contre Paris. Voilà bien, je
» crois, la conspiration dévoilée. »

» LACAZE : « Les lettres que j'ai écrites à mon cousin Gas-
» ton n'ont point été communiquées à mes collègues. Je lui
» ai écrit ce que je sentais; si c'est un crime, il m'est per-
» sonnel et n'est point le résultat d'une coalition; d'ailleurs
» j'affirme que la lettre qu'on vient de lire est d'un ardent
» ami de la liberté. »

» UN JURÉ : « Pour prouver que la conspiration existait

» dès l'Assemblée législative, je prie le président de de-
» mander aux députés de la Gironde s'ils n'ont pas écrit
» dans leur département pour faire nommer à la Convention
» nationale les infâmes Sieyès et Condorcet. »

» Vergniaud : « J'avoue avoir écrit, non à l'assemblée
» électorale, mais à un ami, pour l'engager à faire nommer
» Condorcet; mais je ne croyais pas alors qu'il méritât le
» nom que vient de lui donner le citoyen juré. Et ce qui
» prouve qu'à cette époque Condorcet était estimé de toute
» la république, c'est qu'il a été nommé par cinq départe-
» ments. »

» Ducos : « Je ne me rappelle point positivement avoir
» écrit dans mon département en faveur de Sieyès et de
» Condorcet; mais, si je l'ai fait, je ne désavoue point ma
» démarche. »

» Fonfrède répond qu'il n'était pas à l'Assemblée législative. Gensonné déclare n'avoir écrit aucune lettre pour
faire nommer qui que ce soit.

» L'accusateur public lit une lettre de Vergniaud relative
à l'insurrection du 31 mai, lettre avouée par l'accusé, et
demande à Brissot si dans le mois de mai dernier il n'a pas
écrit dans le même sens; car une lettre de Bordeaux, du
4 juin, annonçant à Rabaut Saint-Étienne tout ce qui se
passe dans cette ville, dit que l'écrit de Brissot y a fait le
plus grand bruit. Brissot répond qu'il a écrit le 26 mai une
lettre à ses commettants, qui s'est vendue publiquement,
et que c'est sans doute à cet écrit qu'on fait allusion.

» Vergniaud : « Citoyens jurés, vous avez entendu la lec-
» ture de deux copies de lettres que le désespoir et la dou-
» leur m'ont fait écrire à Bordeaux. Ces deux lettres, j'au-
» rais pu les désavouer, parce qu'on ne reproduit pas les

» originaux. Mais je les avoue, parce qu'elles sont de moi.
» Depuis que je suis à Paris, je n'avais écrit que deux let-
» tres dans mon département jusqu'à l'époque du mois
» de mai... J'ai dû croire, d'après tous les complots du
» 10 mars, que notre assassinat tenait au projet de dis-
» soudre la Convention nationale, et Marat lui-même l'a
» écrit le 11 mars; j'ai dû être confirmé dans mon opinion,
» quand j'ai vu l'acharnement qu'on mettait à faire signer
» les pétitions qu'on avait présentées contre nous. C'est
» dans cette circonstance que mon âme s'est brisée de dou-
» leur, et que j'ai écrit à mes concitoyens que j'étais sous le
» couteau. J'ai réclamé contre la tyrannie de Marat, c'est
» le seul que j'aie nommé; je respecte l'opinion du peuple,
» mais enfin Marat était mon tyran. »

» UN JURÉ : « Comment Vergniaud peut-il nous faire
» croire qu'il s'est déterminé à écrire les lettres qu'on vient
» de lire d'après l'opinion de Marat, lui qui n'a cessé de
» vociférer contre cet ami du peuple ? »

» VERGNIAUD : Quelle qu'ait été mon opinion sur Marat,
» je devais croire qu'il disait la vérité lorsqu'il écrivait que
» demander la tête des députés, c'était vouloir dissoudre la
» Convention nationale. On me reproche d'avoir vociféré
» contre Marat. Je n'ai parlé qu'une seule fois contre lui,
» lors du pillage des épiciers : on demanda le décret d'ac-
» cusation contre Marat, je m'y opposai. »

» HÉBERT : « L'accusé prétend que, dans le mois de mars,
» il a existé un complot pour massacrer une partie de la
» Convention nationale; cependant il a avoué que la com-
» mune de Paris s'y était opposée. Par quelle insigne mau-
» vaise foi ne parle-t-on pas de cette opposition dans les
» lettres qu'on vient de lire? La vérité est que les massa-

» cres dont on a parlé, et auxquels se sont opposés les Jaco-
» bins et la section des Quatre-Nations, étaient l'ouvrage de
» la faction, afin d'avoir occasion de calomnier Paris dans
» les départements; et cela est si vrai, que le petit nombre
» de scélérats qui en avaient fait la proposition sont main-
» tenant en état d'arrestation. »

» Un juré : « Vergniaud a dit qu'il avait été persécuté
» par Marat; j'observe que Marat a été assassiné et que Ver-
» gniaud est encore ici. » (Les spectateurs applaudissent.)

» Chaumette : « Vergniaud se vante d'avoir fait décréter,
» le 31 mai, que les sections de Paris avaient bien mérité
» de la patrie. Il faut vous dire, citoyens, que cette révolu-
» tion était faite pour eux et en leur faveur, et que ce ne
» fut que le 1ᵉʳ juin que la commune s'empara de ce mouve-
» ment populaire. Je reproche à Vergniaud, dans le décret
» qu'il a proposé, d'avoir séparé les sections de Paris de la
» commune afin de faire assassiner les membres de cette
» dernière. »

» Tout cela est littéral.

» Vergniaud : « J'avoue que je suis étonné de m'entendre
» reprocher d'avoir provoqué la journée du 10 mars, jour-
» née dans laquelle j'ai peut-être couru quelque danger. S'il
» est des occasions où il faille des preuves pour appuyer une
» accusation, c'est sans doute celle-ci. Pour faire croire que
» j'aie provoqué la journée du 10 mars, il faut que l'on
» prouve nos relations avec les sections, et c'est, je crois,
» ce qui sera difficile. »

» Hébert : « Vergniaud demande des preuves que la con-
» spiration du 10 mars était l'ouvrage des accusés, en voici
» une : c'est que Beurnonville, agent de la faction, entouré
» de coupe-jarrets, courait la ville dans la nuit du 10 au

» 11 mars pour *défendre* les conjurés, et que ceux-ci
» *s'étaient absentés* de chez eux. »

Cela est littéral encore.

» HÉBERT, continuant : « Je reproche à Valazé d'avoir
» répandu dans la ville les écrits de Roland et ceux de la
» députation de la Gironde, d'avoir voulu fédéraliser le
» département de l'Orne ; je l'accuse d'avoir tenu chez lui
» des conciliabules où les Girondins et les Brissotins se ren-
» daient pour préparer le fédéralisme. »

» Valazé avoue que plusieurs députés se sont rendus chez
lui pour y conférer sur les intérêts de la république ; mais
jamais il n'y a été question de fédéralisme.

» CHAUMETTE : « Je demande à dire un fait relatif à Va-
« lazé. Il parut une affiche rouge à Paris, dans un moment
» où cette ville éprouvait quelques difficultés dans son ap-
» provisionnement. On invitait dans cette affiche à massa-
» crer les Jacobins et les Cordeliers pour avoir du pain.
» L'auteur de ce placard, adressé aux *honnêtes gens*, fut
» longtemps inconnu. Enfin, un officier de paix crut recon-
» naître qu'il était de Valazé ou de Valady, son complice. Je
» ne puis affirmer lequel des deux. »

» VALAZÉ : « Je répondis dans le temps par un placard
» dans lequel je déclarai que je n'étais point l'auteur de
» l'affiche qu'on m'imputait. Il a été reconnu depuis que
» Valady en était l'auteur. »

» LE PRÉSIDENT : « Quelles sont les personnes qui se ren-
» daient ordinairement chez vous ? »

» VALAZÉ : « Buzot, Barbaroux, Salles, Bergoeing, Gua-
» det, Chambon, Lidon, Gensonné, Duprat, Lacaze, Le-
» hardy, Brissot, Duperret et plusieurs autres dont je ne
» me rappelle pas les noms. »

» Après le témoin Hébert vint le témoin Chabot, qui lut un réquisitoire formant onze grandes colonnes du *Moniteur* : « Citoyens jurés, dit-il, l'acte d'accusation contre
» Brissot et ses complices porte sur le fait d'un complot
» tramé contre l'unité, l'indivisibilité, la sûreté intérieure
» et extérieure de la république. J'espère que ma déposi-
» tion en démontrera l'existence. J'en ferai connaître l'ori-
» gine et les principaux auteurs ; mais je suis obligé de
» remonter aux premiers jours de l'Assemblée législative et
» de parler de moi quelquefois. » Chabot remonte en effet aux premiers temps de l'Assemblée législative, et il parle beaucoup de lui. Brissot, Vergniaud, Guadet, Gensonné, Condorcet, etc., tous ces gens-là sont des intrigants, des ambitieux, Grangeneuve le lui a dit. Il leur reproche les journaux de Brissot et de Condorcet. « J'eus le courage,
» dit-il, sur la fin de janvier, de dénoncer la faction de
» Brissot et de la Gironde. Elle était parvenue non pas à
» me dépopulariser dans l'Assemblée, mais à me ridiculiser
» sous les titres de *capucin*, de *frère quêteur*, d'*ignorant*,
» de *mauvaise tête* ; de manière que je n'ai jamais pu ou-
» vrir la bouche sans être couvert des murmures de tous
» ceux que la faction avait faits ses dupes dans le côté
» gauche, et de tout le côté droit, ministériel par principe,
» comme la faction l'était par intérêt. » Chabot ne parle des Montagnards qu'en attachant à leur nom l'épithète de *vertueux* : « notre vertueux collègue Lecointre, mon ver-
» tueux collègue Romme, un de mes collègues, le vertueux
» Forestier, Marat, ce vertueux ami du peuple. » Il en veut surtout à Brissot, à Guadet, à Lasource. Ils ont été en connivence coupable avec Narbonne, avec les émigrés ; Brissot a fait nommer Dumouriez, Roland, Clavière, Servan ;

ils ont fait nommer Desparbès aux colonies; ils ont comploté avec La Fayette; ils ont fait le 20 juin pour avoir des ministres de leur choix seulement, quand le peuple voulait faire la république; ils ont repoussé la république en juillet, fait avorter les insurrections, parce qu'ils voulaient donner à la cour le temps de préparer des massacres; ils ont voulu conserver le prince royal, avec Pétion pour gouverneur, sous la régence de Roland; Vergniaud a fait au roi, le 10 août, une réponse digne du plus vil esclave, et les décrets qu'ils ont fait rendre sont à l'unisson; ils devaient recevoir six millions pour avoir servi le roi; le roi ordonna, le 12 août, qu'on leur donnât ces six millions, qui avaient été déposés. Sans doute pour finir de gagner leur argent, ces messieurs ont essayé de perdre Paris, qui avait fait la révolution du 10 août, et de sauver le tyran et ses complices. Ils ont sans cesse attaqué la commune. — Ils ont volontairement laissé faire les massacres de septembre, quand ils pouvaient les empêcher. « C'est donc sur
» Brissot, ce *déclamateur éternel* contre les journées de
» septembre, que doit retomber *le sang impur* qui a coulé
» ce jour-là. » Il en est tout couvert aux yeux de Chabot, qui veut que la France, l'Europe et l'univers entier apprennent de lui que ces hommes qui se disaient ennemis du sang n'en ont pas empêché l'effusion lorsqu'ils le pouvaient, lorsqu'ils le devaient. Oui, continue-t-il, car il tient à son idée, « oui, ces journées entraient dans leurs combi-
» naisons machiavéliques : il fallait porter la terreur dans
» les départements, les effrayer sur la situation de Paris,
» afin d'empêcher les députés d'y arriver, et transférer ail-
» leurs le siége du gouvernement, comme l'avaient tenté
» Roland, Clavière, Lebrun, ministres de la faction bris-

» sotine. » C'était à la révolution du 10 août que la faction voulait faire le procès : « C'était Paris qu'ils voulaient
» punir de l'avoir faite, parce qu'elle n'avait pas été con-
» çue par leur génie, ni dirigée par leurs agents. » Ainsi donc, voilà pourquoi les Girondins ont laissé faire les journées de septembre. Chabot entre dans de très-longs détails sur ces journées, et il dit enfin : « Le 3 et le 4 septembre,
» ceux que la faction a appelés *massacreurs* furent chez
» Pétion dans le temps qu'il dînait. Brissot était du nombre
» des convives. Ceux qu'on appelle les *massacreurs* annoncè-
» rent qu'ils avaient fini leur ouvrage dans une certaine
» prison (je ne me souviens pas laquelle). Ils demandèrent
» à Pétion ce qui restait à faire. Pétion, au lieu de leur ré-
» pondre, leur fit apporter du vin. Et ces hommes débon-
» naires, ces hommes vertueux, ces ennemis du sang
» burent à la santé de ce qu'ils ont appelé depuis *hommes*
» *atroces, altérés de sang...* La postérité apprendra que
» ces déclamations étaient aussi nécessaires à leurs projets
» liberticides, que le sang qu'ils avaient laissé couler
» quand ils pouvaient et devaient en arrêter l'effusion. »
Chabot représente Brissot comme l'agent de Pitt et comme ayant armé les étrangers contre Paris ; il reproche à tous les accusés le projet de la garde départementale ; il leur reproche d'avoir voulu sauver Louis XVI, surtout par l'appel au peuple, ensuite par le sursis, ensuite par l'intervention du ministre d'Espagne. Chabot accuse enfin les représentants d'avoir voulu fédéraliser les départements ; et il termine comme suit : « Citoyens jurés, je crois vous avoir
» prouvé que la faction a existé pendant la Législative ;
» qu'elle a attiré sur la France les fléaux de la guerre civile
» et de la guerre étrangère ; qu'elle a été liée avec tous les

» conspirateurs et avec le tyran; qu'elle a voulu scinder la
» république. Dans la suite des débats, j'aurai occasion de
» reprocher aux accusés des faits qui peuvent m'avoir
» échappé. » Chabot lut le lendemain aux Jacobins son discours contre les vingt et un.

» Brissot repoussa les diverses charges que lui imputait
Chabot, et, au sujet des massacres de septembre, le compte
rendu s'exprime ainsi : « Brissot, passant à l'accusation
» d'avoir *travaillé à amener* les massacres du mois de sep-
» tembre, répond par une vertueuse apologie de son huma-
» nité, de la douceur de son caractère, de son horreur pour
» l'effusion du sang, même légale, etc. » Ainsi l'accusation,
ici encore, est complaisamment rapportée et la défense ne
l'est pas. Le mot d'ordre était sans doute donné.

» Dans la séance suivante (27 octobre), Brissot poursuit sa réfutation, et le compte rendu se contente de dire :
« L'accusé récapitule successivement tous les autres faits de
» la déposition de Chabot, et, sans les réfuter, il se borne
» à des dénégations pures et simples et à l'éloge de son
» patriotisme. » Mais Chabot reprend la parole, récapitule à
son tour tout ce qu'il a dit déjà, et le compte rendu consacre
près d'une longue colonne à ce nouveau plaidoyer.

» Mais voici quelque chose de tout aussi singulier :

» Le président : « La preuve que les accusés s'oppo-
» saient à ce que la France eût une constitution, c'est que
» ce n'est que depuis leur arrestation qu'elle a pu être
» faite par la Convention nationale et qu'elle a été acceptée
» par tous les Français. »

» Il aurait dû ajouter : « et aussitôt voilée. »

» Brissot répond : « Le procès-verbal de la Convention
» nationale prouvera que depuis le 15 avril nous avons fait

» tous nos efforts pour que trois fois par semaine l'on dis-
» cutât la Constitution. »

» Le président : « S'il y a quelque chose de vrai dans ce
» qu'a dit l'accusé, c'est qu'il a demandé qu'on discutât la
» constitution feuillantine de Condorcet. »

» Brissot : « Cette constitution était la plus démocratique
» qui ait jamais existé ; et je pourrais citer celle des États-
» Unis, qui l'est bien moins qu'elle. »

» Le président : « La plus grande preuve que l'on puisse
» donner du projet qu'avaient les accusés de fédéraliser la
» république, c'est la citation que Brissot vient de faire de
» la constitution des États-Unis, citation que les accusés
» faisaient sans cesse. »

» On s'étonne vraiment que les accusés aient eu le courage de répondre à des arguments de cette espèce. A quelle constitution le président voulait-il donc que Brissot comparât celle de Condorcet? Il n'y avait de choix qu'entre celles des États-Unis et de la Suisse, c'est-à-dire entre celles des deux républiques fédératives. Brissot nie, du reste, que, lui présent, il soit venu des massacreurs chez Pétion. Vergniaud, Gensonné, réfutent aussi les dépositions de Chabot. Et ici éclate un fait important à constater, c'est que leurs paroles ont été horriblement tronquées par le rédacteur du procès, car Chabot réplique aussitôt et combat plusieurs de leurs dires dont le compte rendu n'a nullement parlé.

» A l'ouverture de la séance du 28 octobre (7 brumaire), Chabot prend encore la parole et dit : « Je vais préciser et
» résumer ici plusieurs faits de ma déposition. » Et il reprend son accusation. Quelquefois il s'adresse directement aux accusés, par exemple : « J'interpelle Lasource de dé-

» clarer si, en parlant des fédérés, il n'a point dit, aux
» Jacobins, qu'on les gardait ici pour consommer un grand
» crime; je lui demande si, dans sa correspondance avec
» un ministre protestant de Castres, il ne s'exhalait pas
» beaucoup contre Marat et les monstres par lesquels il pré-
» tendait avoir été dénoncé? »

» Lasource : « J'ai dit, à la vérité, aux Jacobins, qu'on
» cherchait à retenir ici les fédérés pour commettre un
» crime; mais je croyais que la cour cherchait à les exciter
» contre l'Assemblée. »

» Un juré : « Lasource s'est entendu avec ses collègues
» pour dire que les massacres du 2 septembre étaient l'ou-
» vrage de cinquante brigands, et tout le monde sait que la
» faction a fait courir le bruit que ces brigands avaient été
» soudoyés par Robespierre et Marat. Je demande à l'accusé
» Lasource où sont les preuves qu'il a de la vérité de ce fait? »

» Lasource répond qu'il n'a jamais tenu ce propos.

« Alors, dit le rédacteur, un juré exhibe un discours de
» Lasource qui *prouve* qu'il a publié ces calomnies *pour*
» *égarer* l'opinion des départements. »

» Un nouveau témoin est entendu, c'est Montaut, député; puis ensuite Réal, procureur de la commune; puis
Fabre d'Églantine, qui ne reste en arrière d'aucun autre
en fait de calomnies et de perfides insinuations. Et, pendant les discussions auxquelles donnent lieu ces dépositions,
Chabot ne cesse de faire office d'accusateur, d'intervenir à
tout propos, de poser des objections ou de demander des
explications aux accusés.

» Le 29, on entendit Léonard Bourdon, député. Ce témoin accuse la faction et surtout Pétion d'avoir fait tout
ce qu'ils pouvaient pour empêcher la journée du 10 août.

Le 11 au matin, Bourdon passa avec plusieurs de ses collègues chez le maire, qui, au lieu de les féliciter sur les mesures aussi sages que vigoureuses qu'ils avaient prises pour le salut du peuple, leur témoigna beaucoup d'humeur, leur reprocha « le sang des traîtres que le peuple avait » versé, et leur demanda si tout cela finirait bientôt. » Le témoin reprend ensuite la plupart des griefs articulés par ses collègues, notamment en ce qui touche le 31 mai. Puis le rédacteur ajoute : « Le déposant finit par faire un rap- » prochement de différents faits connus, avec les événe- » ments du 2 septembre, du 20 juin et du 10 mars; il » *prouve* que c'est la faction qui avait elle-même provoqué » ces *mouvements irréguliers, afin d'avoir des prétextes* » *pour calomnier le peuple.* » Dans les débats sur cette déposition, fut lue une lettre malheureuse de Boileau et sortirent de sa bouche des paroles qu'on voudrait pour son honneur pouvoir effacer de ce triste procès, car, sans lui profiter, elles purent être tournées contre ses collègues.

» Déposent ensuite deux officiers de paix, André Sandos et Arbalerier; puis Desfieux, prenant le titre de négociant. Celui-ci attaque surtout la députation de la Gironde et Brissot. Vergniaud répond du ton du mépris à quelques-unes des accusations de ce misérable. Duhem enfin clôt la liste des témoins. Il reproduit le même système non de déposition, mais d'accusation employé par tous les autres.

» Cependant, soit que les débats ne tournassent pas entièrement comme ils l'auraient voulu, soit que leur impatience de verser du sang ne pût se contenir plus longtemps, la commune et les Jacobins s'émurent. Dans la séance des Jacobins du 28, Chaumette, procureur de la commune, se plaignit que le tribunal jugeât les conspirateurs comme il

jugerait un voleur de portefeuille; et, sur la proposition d'Hébert, substitut du même procureur de la commune, la société prit un arrêté portant qu'elle irait en masse demander à la Convention le jugement des députés dans les vingt-quatre heures. Le lendemain, en effet, à la tête d'une députation de Jacobins, Audouin, gendre du maire Pache, alla demander à la Convention une loi qui donnât aux jurés du tribunal révolutionnaire le droit de se déclarer suffisamment instruits quand ils le jugeraient convenable. « Vous avez créé, disait-il, un tribunal révolution-
» naire chargé de punir les conspirateurs. Nous croyions
» que l'on verrait ce tribunal découvrant le crime d'une
» main et le frappant de l'autre; mais il est encore *asservi*
» *à des formes qui compromettent la liberté*. Quand un
» coupable est saisi commettant un assassinat, avons-nous
» besoin, pour être convaincus de son forfait, de compter
» le nombre des coups qu'il a donnés à sa victime? Eh
» bien! les délits des députés sont-ils plus difficiles à juger?
» N'a-t-on pas vu le squelette du fédéralisme? *Des citoyens*
» *égorgés, des villes détruites*, voilà leurs crimes. Pour que
» *ces monstres* périssent, attendrons-nous qu'ils *se soient*
» *noyés dans le sang du peuple?* Le jour qui éclaire un
» crime d'État ne doit plus luire pour les conjurés. Vous
» avez le maximum de l'opinion, frappez. » La demande des Jacobins fut convertie en motion par un député, et la Convention décréta qu'après trois jours de débats les jurés pourraient se déclarer suffisamment instruits.

» A l'ouverture de la séance, le 9 brumaire (30 octobre), l'accusateur public requit la lecture de la loi sur l'accélération des jugements criminels. Le tribunal en ordonna la transcription sur ses registres; puis le président demanda aux jurés si leur conscience était suffisamment éclairée. Ceux-ci se retirent pour délibérer ; ils reviennent, et leur chef Antonelle dit que leur religion n'est pas suffisamment éclairée.

» Les débats continuent. L'accusateur public lit deux lettres compromettantes pour Duprat, car il est dit dans l'une d'elles : « On pille ici, et l'on pillera jusqu'à ce que » les départements y mettent ordre. La révolution du 31 ma » a relevé l'audace des factieux ; mais d'ici à la fin de juillet » la France sera sortie de cette crise actuelle. » On revient sur les lettres de Lacaze, et, en général, on s'en prend aux signataires des protestations. Beauvais, Antiboul, Lehardy, Fauchet, Sillery, subissent des interrogatoires pressants. A deux heures, le président suspend l'audience jusqu'à cinq heures. A six heures seulement, les juges et les jurés sont réunis ; et alors Antonelle, chef du jury, déclare la conscience des jurés suffisamment éclairée. Le président les invite à se retirer pour délibérer. Les jurés sortent de l'audience. Il est sept heures. Sur l'ordre du président, les gendarmes emmènent les accusés.

» Après trois heures de délibération, les jurés rentrent. Le président les interpelle sur les questions suivantes : 1° Est-il constant qu'il a existé une conspiration contre l'unité et l'indivisibilité de la république, contre la liberté et la sûreté du peuple français? 2° Brissot, etc., sont-ils convaincus d'en être les auteurs ou les complices? A l'unanimité, les jurés répondent affirmativement. En conséquence, le tribunal condamne à la peine de mort Brissot et ses collègues. Les accusés sont ramenés à l'audience, et le président leur fait lecture de la déclaration des jurés et du jugement du tribunal. Il était alors minuit.

» Voilà la relation officielle publiée sous l'inspiration du tribunal lui-même et peut-être revisée par lui, Ainsi, ni les accusés, ni leurs conseils, n'ont été admis à présenter de défense! Pourquoi donc un tribunal? pourquoi des débats? pourquoi cette parodie des formes judiciaires? Assassinat pour assassinat, égorgez-les dans leur prison; au meurtre vous ne joindrez pas l'hypocrisie et le cynisme! Tous ces buveurs de sang, les Fouquier-Tinville, les Chabot, les Hébert, ergotant dans un tribunal, font pitié; assassinant dans une prison, ils feraient plus franchement horreur; ils seraient mieux dans leur rôle. Lanjuinais le leur avait dit : le sacrificateur, immolant les victimes, ne les insultait pas !

» En entendant prononcer le mot fatal, a dit un témoin oculaire, Brissot laissa tomber ses bras, sa tête se pencha subitement sur sa poitrine. Gensonné, pâle et tremblant, demanda la parole sur l'application de la loi; il dit quelques mots qu'on ne put entendre. Boileau étonné, élevant en l'air son chapeau, s'écria : *Je suis innocent!* et se tournant vers le peuple, il l'invoque avec véhémence. Alors les accusés se lèvent spontanément et s'écrient : *Nous sommes innocents! Peuple, on te trompe.* Le peuple reste immobile; les gendarmes serrent les condamnés et les font asseoir. Valazé tire de sa poitrine un stylet et se l'enfonce dans le cœur; il expire renversé. Sillery laisse tomber ses deux béquilles en s'écriant : *Ce jour est le plus beau de ma vie!* L'heure avancée de la nuit, les flambeaux allumés, les juges et le public fatigués d'une longue séance, tout donnait à cette scène un caractère sombre, imposant et terrible. Boyer-Fonfrède se tourna vers Ducos, et, l'entrelaçant de ses bras : *C'est moi*, dit-il, *qui te donne la mort.* Ducos, le serrant dans les siens : *Console-toi*, lui dit-il, *nous mour-*

rons ensemble. L'abbé Fauchet était abattu. Les traits de Lasource exprimaient le courage et l'énergie; il adressa, dit-on, aux juges, ce mot d'un ancien : « Je meurs le jour où
» le peuple a perdu la raison; vous mourrez, vous, le jour
» où il l'aura recouvrée. » Carra conservait son air de dureté. Vergniaud paraissait ennuyé de la longueur d'un spectacle si déchirant.

» Quelques-uns des condamnés jetèrent au peuple des assignats, devenus désormais inutiles pour eux, et en sortant du tribunal ils entonnèrent tous ensemble le chant des Marseillais.

« Ils furent condamnés à mort, ils le furent tous, a dit
» un de leurs compagnons de captivité. On avait en vain
» espéré pour Ducos et Fonfrède, qui peut-être eux-mêmes
» ne s'étaient pas défendus de quelque espérance. Le signal
» qu'ils nous avaient promis nous fut donné. Ce furent des
» chants patriotiques qui éclatèrent simultanément, et toutes
» leurs voix se mêlèrent pour adresser les derniers hymnes
» à la liberté. Toute cette nuit affreuse retentit de leurs
» chants; et s'ils les interrompaient, c'était pour s'entrete-
» nir de leur patrie, et quelquefois aussi pour une saillie de
» Ducos. C'est la première fois qu'on a massacré en masse
» tant d'hommes extraordinaires : jeunesse, beauté, génie,
» vertus, talents, tout ce qu'il y a d'intéressant parmi les
» hommes fut englouti d'un seul coup. Nous étions telle-
» ment exaltés par leur courage que nous ne ressentîmes le
» coup que longtemps après qu'il fut porté. Nous mar-
» chions à grands pas, l'âme triomphante de voir qu'une
» belle mort ne manquait pas à de si belles vies, et qu'ils
» remplissaient d'une manière digne d'eux la seule tâche
» qu'il leur restait à remplir, celle de bien mourir. Mais

» quand ce courage, emprunté du leur, se fut refroidi,
» alors nous sentîmes quelle perte nous venions de faire. Le
» désespoir devint notre partage ; on se montrait en pleu-
» rant le misérable grabat que le grand Vergniaud avait
» quitté pour aller, les mains liées, porter sa tête sur l'écha-
» faud. Valazé, Ducos et Fonfrède étaient sans cesse de-
» vant nos yeux. Les places qu'ils occupaient devinrent
» l'objet d'une vénération religieuse ; et l'aristocratie même
» se faisait montrer avec empressement et respect les lits où
» avaient couché ces grands hommes. »

» Buzot a parlé aussi des derniers moments de ses collègues : « Mes amis, dit-il, firent ensemble leur dernier
» repas, il fut aimable, la gaieté même n'y manqua pas.
» Un domestique de Duprat, qui les servait, pleurait ; son
» maître le consola, lui parla avec bonté de ses services, lui
» recommanda sa femme. Ce domestique a depuis vendu
» une petite rente qu'il possédait pour soutenir la femme de
» Duprat, réduite à la misère. »

» Les faiseurs de romans se sont emparés de ce dernier repas ; l'un y a trouvé l'occasion d'un dialogue prétentieux, l'autre en a fait un festin de Lucullus. Ah ! ne prêtons pas à de tels hommes, et dans de pareils moments, des entretiens factices ; ne leur prêtons pas, en face de la mort, une sensualité qui ne fut ni dans leurs habitudes ni dans leurs goûts !

» L'histoire a donné aussi son jugement sur ce procès célèbre ; et s'il s'est trouvé quelques voix assez malheureuses pour insulter les victimes jusque sous le couteau, leur cause aussi a été noblement plaidée en face de la postérité par des plumes qui lui seront toujours chères. « Leur
» dernière nuit fut sublime, » a écrit M. Thiers.

» Quatre d'entre eux avaient moins de trente ans, hui

moins de quarante ; un seul avait passé cinquante ans.

» Comme si la Providence avait lié au sort des Girondins celui de madame Roland, cette femme, qui fut si activement associée à leur vie politique, fut arrêtée et mourut, pour ainsi dire, avec eux.

» Madame Roland, séparée de son mari, séparée de sa fille, conduite à l'Abbaye, soumise aux plus durs traitements, madame Roland supporta tout avec constance et dignité, fière, comme elle l'a dit, de se mesurer avec la fortune et de la mettre sous ses pieds. Quelquefois par le charme de son esprit, par la grâce de son langage, par la bonté de son cœur, elle touchait ses gardiens, qui consentaient à adoucir pour elle les rigueurs de la captivité. Souvent aussi son courage soutint celui de ses compagnons, souvent elle leur prodigua des consolations. Enfin, ses longs jours de détention ne furent pas perdus pour sa gloire, pour la mémoire de ses amis, pour l'instruction et les délices de la postérité : elle écrivit, sous les verrous, des Mémoires devenus célèbres, et auxquels peut-être ne fut supérieur aucun autre livre de ce genre.

» Cependant, la constance et le courage s'usent à la longue : l'horizon n'offrant plus aux regards que des malheurs sans fin, madame Roland eut la pensée et caressa le projet de se soustraire aux horreurs du supplice. « Quant à moi,
» tout est fini, écrivait-elle : vous savez la maladie que les
» Anglais appellent *heart-break* (cœur brisé) : j'en suis
» atteinte sans remède, et je n'ai nulle envie d'en retarder
» les effets ; la fièvre commence à se développer, j'espère
» que cela ne sera pas long. C'est un bien : jamais ma
» liberté ne me serait rendue. Le ciel m'est témoin que je
» la consacrerais à mon malheureux époux ! Mais je ne l'au-

» rai point, et je pourrais attendre pire : c'est bien exa-
» miné, réfléchi et jugé. » Une autre fois elle écrivait: « Je
» crois, mon ami, qu'il faut s'envelopper la tête; et en vé-
» rité ce spectacle devient si triste qu'il n'y a pas grand
» mal à sortir de la scène. Ma santé a été fort altérée : les
» derniers coups rappellent ma vigueur, car ils en annon-
» cent d'autres à supporter. Adieu ; je ne vis plus que pour
» me détacher de la vie. » Ailleurs elle dit: « J'ambitionnais
» il y a deux mois l'honneur d'aller à l'échafaud; on pou-
» vait parler encore, et l'énergie d'un grand courage aurait
» servi la vérité : maintenant tout est perdu. Je sais que le
» règne des méchants ne peut être de longue durée; ils sur-
» vivent ordinairement à leur pouvoir, et subissent presque
» toujours le châtiment qu'ils ont mérité. Inconnue et igno-
» rée, je pourrais, dans la retraite et le silence, me dis-
» traire des horreurs qui déchirent le sein de ma patrie, et
» attendre, dans la pratique des vertus privées, le terme de
» ses maux : prisonnière et victime désignée, je ne prolon-
» gerais mon existence qu'en laissant à la tyrannie un
» moyen de plus de s'exercer. Trompons-la du moins,
» puisque nous ne pouvons la renverser. Pardonne-moi,
» homme respectable, de disposer d'une vie que je t'avais
» consacrée; tes malheurs m'y eussent attachée, s'il m'eût
» été permis de les adoucir; la faculté m'en est ravie
» pour toujours, et tu ne perds qu'une ombre, inutile
» objet d'inquiétudes déchirantes. Pardonne-moi, cher
» enfant, jeune et tendre fille, dont la douce image pé-
» nètre mon cœur maternel, étonne mes résolutions. Ah!
» sans doute, je ne t'aurais jamais enlevé ton guide, s'ils
» avaient pu te le laisser : les cruels ! ont-ils pitié de l'inno-
» cence? Ils ont beau faire, mon exemple te restera; et je

» sens, je puis me dire, aux portes mêmes du tombeau, que
» c'est un riche héritage. Vous tous que le ciel, dans sa
» bonté, me donna pour amis, tournez vos regards et vos
» soins sur mon orpheline, jeune plante arrachée du sein
» natal qui l'a nourrie... Je sais supporter le malheur; vous
» me connûtes, et vous ne croirez point que la faiblesse ou
» l'effroi m'ait dicté le parti que je prends. Si quelqu'un
» pouvait me répondre que, devant le tribunal où l'on tra-
» duit tant de justes, j'aurais la liberté de signaler les ty-
» rans, je voudrais y paraître à l'heure même; mais l'expé-
» rience nous a trop appris que cette vaine formule de
» jugement n'est qu'un insultant appareil, dont on a soin
» de retrancher, pour les victimes, la faculté de s'expri-
» primer... Mais les chances d'une révolution nouvelle,
» l'approche des étrangers!... Que m'importe pour mon
» salut? Je n'aimerais pas mieux le devoir aux Autrichiens
» que recevoir la mort des Français qui règnent aujour-
» d'hui; ils sont également ennemis de mon pays, et je ne
» veux rien d'aucun d'eux que leur honorable haine. Divi-
» nité ! Être suprême, âme du monde, principe de ce que
» je sens de grand, de bon et d'heureux; toi dont je crois
» l'existence, parce qu'il faut que j'émane de quelque chose
» de meilleur que ce que je vois, je vais me réunir à ton
» essence! »

» Quittant ces hautes régions, madame Roland règle
avec un calme parfait et une prévoyante dignité, peut-être
même avec une minutieuse attention, les intérêts et des
droits qui, pour sa fille, naîtront de sa mort volontaire.
L'histoire, je le sais, entre rarement dans ces détails domestiques; mais le lecteur me pardonnera, j'en suis sûr,
de l'initier dans l'intérieur d'une famille qui a joué un si

grand rôle, et en même temps dans les mœurs intimes d'une époque qui ressemble si peu à ce qu'on avait vu jusque-là et à ce qu'on vit depuis, d'une époque dont il nous est si difficile de nous rendre compte aujourd'hui.

« Quant à mes effets, dit madame Roland, je trouve dans » ma résolution l'avantage de les assurer à qui il appar- » tient ; ils passent à ma fille, qui, lors même qu'on s'em- » parerait de la fortune de son père, aurait droit de récla- » mer tout ce qui m'est propre et qui se trouve sous les » scellés. » Elle énumère avec précision tout ce qui compose sa petite fortune. « Ma fille répéterait douze mille » livres que j'ai apportées en dot, ce dont fait foi le contrat » de mariage passé chez Durand, notaire à Paris, place » Dauphine, en février 1780. Plus une terre, un petit bois » et un pré, achetés par moi, suivant la faculté que m'en » donnait le droit écrit, d'après lequel j'étais mariée, des » fonds provenant de divers objets de mon chef, héritage et » remboursement constatés par un acte qui est double, dans » mon appartement à Thésée et à Villefranche, le tout mon- » tant à treize ou quatorze mille livres. J'ai d'ailleurs un » millier d'écus en papier ; je désire que, sur cette somme, » on achète à ma fille la harpe dont elle se sert... J'aime » mieux qu'on les emploie ainsi que de les garder en na- » ture. Les vertus sont les premiers trésors ; mais les ta- » lents font partie de leur bon emploi. On ne sait pas com- » bien, dans la solitude et le malheur, la musique procure » d'adoucissements, ni de combien de séductions elle peut » sauver dans la prospérité. Que la maîtresse de harpe soit » continuée encore quelques mois... Il y a sous les scellés » un excellent piano acheté de mes économies, et dont, en » conséquence, la quittance est en mon nom, comme on

» verra dans les papiers ; il ne faudrait pas manquer de le
» réclamer. Quant au dessin, ce doit être l'objet essentiel
» vers lequel il faut tourner l'application, l'étude et les
» soins... J'ai trouvé moyen, continue madame Roland, de
» faire écrire à son oncle et parrain, et j'espère qu'il pren-
» dra des arrangements, s'il est libre, pour assurer ce qui
» appartient à mon enfant. Dans ce cas, ma fille, n'étant
» point au dépourvu, devra procurer un sort à sa bonne ;
» et c'est ce que je prie ses conducteurs de déterminer.
» Mes vénérables parents Besnard ont confié à mon mari
» des sommes dont nous leur faisions la rente ; il est pos-
» sible qu'ils ignorent les formalités à remplir pour consta-
» ter leur créance ; il faudrait éclairer là-dessus ces respec-
» tables vieillards : il faudrait aussi qu'ils vissent quelquefois
» leur arrière-petite-nièce, qui leur tient lieu d'enfant, et
» sur laquelle vont reposer toutes leurs espérances. Je n'ai
» jamais eu de bijoux ; mais je possède deux bagues, de
» très-médiocre valeur, qui me viennent de mon père ; je les
» destine, comme souvenir, l'émeraude au père adoptif de
» ma fille, et l'autre à mon ami Bosc. »

» L'écrit de madame Roland se terminait comme suit :
« Adieu, mon enfant, mon époux, ma bonne, mes amis !
» Adieu, soleil dont les rayons brillants portaient la séré-
» nité dans mon âme ! Adieu, campagnes solitaires dont le
» spectacle m'a si souvent émue ! Et vous, rustiques habi-
» tants de Thésée, qui bénissiez ma présence, dont j'es-
» suyais les sueurs, adoucissais la misère et soignais les ma-
» ladies, adieu ! Adieu, cabinets paisibles où j'ai nourri
» mon esprit de la vérité, captivé mon imagination par
» l'étude, et appris, dans le silence de la méditation, à
» commander à mes sens et à mépriser la vanité ! »

» L'écrit de madame Roland fut envoyé, le 8 octobre, à Champagneux, avec un billet ainsi conçu : « Lorsque vous
» ouvrirez cet écrit, cher Jany, je ne serai plus. Vous y
» verrez les raisons qui me déterminent, en trompant mes
» gardiens, à me laisser mourir de faim. Cependant, comme
» aucun transport ne m'inspire cette résolution que je veux
» soumettre à tous les calculs, soit pour ne manquer à au-
» cun de mes devoirs, soit pour ne pas mériter le blâme de
» nos amis, je consens à attendre le jugement des députés,
» pour juger alors des conséquences et de l'instant d'exé-
» cuter mon projet. »

» Quelques jours plus tard, madame Roland envoyait à sa fille, dans une lettre sublime, les derniers adieux et les derniers conseils d'une mère : « Je ne sais, ma petite amie,
» s'il me sera donné de te voir ou de t'écrire encore. *Sou-*
» *viens-toi de ta mère.* Ce peu de mots renferme tout ce que
» je puis te dire de meilleur. Tu m'as vue heureuse par le
» soin de remplir mes devoirs et d'être utile à ceux qui
» souffrent. Il n'y a que cette manière de l'être. Tu m'as
» vue paisible dans l'infortune et la captivité, parce que je
» n'avais pas de remords, et que j'avais le souvenir et la
» joie que laissent après elles de bonnes actions. Il n'y a que
» ces moyens non plus de supporter les maux de la vie et les
» vicissitudes du sort. Peut-être, et je l'espère, tu n'es pas
» réservée à des épreuves semblables aux miennes; mais il
» en est d'autres dont tu n'auras pas moins à te défendre.
» Une vie sévère et occupée est le premier préservatif de
» tous les périls; et la nécessité, autant que la sagesse,
» t'impose la loi de travailler sérieusement. Sois digne de
» tes parents; ils te laissent de grands exemples; et si tu
» sais en profiter, tu n'auras pas une inutile existence.

» Adieu, enfant chérie, toi que j'ai nourrie de mon lait et
» que je voudrais pénétrer de tous mes sentiments! Un
» temps viendra où tu pourras juger de tout l'effort que je
» me fais en cet instant pour ne pas m'attendrir à ta douce
» image. Je te presse sur mon sein. Adieu, mon Eudora! »

» Madame Roland écrivit aussi à sa bonne pour la remercier de sa fidélité, de ses services et de son attachement.
« Reçois, lui dit-elle, mes embrassements et mes adieux...
» Mes douleurs vont finir, calme les tiennes... J'aurais voulu
» t'être utile; du moins, que je ne t'afflige pas. Adieu, ma
» pauvre bonne, adieu! »

» Dans une lettre à Champagneux, datée du 24 octobre, madame Roland revient sur cette idée qu'elle doit vivre encore dans l'intérêt des représentants captifs, bien qu'elle craigne de n'être pas entendue, parce que leurs bourreaux redoutent, dit-elle, les vérités qu'elle aurait à dire et l'énergie qu'elle mettrait à les publier : « Il leur sera plus facile
» de nous égorger sans nous entendre : vous ne reverrez
» plus ni Vergniaud, ni Valazé; nous périrons tous, mon
» ami. » Cette idée de porter témoignage en faveur de ses amis la préoccupe constamment : « Être appelée en témoi-
» gnage avant d'être judiciairement accusée, dit-elle le
» même jour, m'oblige à une autre marche que celle que
» j'avais arrêtée quand je vous donnai mon testament, et
» pour laquelle j'avais fait déjà mes essais; je boirai donc,
» puisqu'il le faut, le calice jusqu'à la lie. »

» Le 26, elle écrit à Bosc, qui avait combattu son projet de se laisser mourir : « Mon tour pour l'audience n'est pas
» arrivé : on devait me venir chercher le second jour; le
» troisième s'achève, et l'on n'a pas paru. J'attends avec
» impatience, et je crains maintenant d'être privée d'avouer

» mes amis en leur présence. Vous jugez, mon ami, que,
» dans tous ces cas, il faut attendre et non commander la
» catastrophe; c'est sur cela seul que nous ne sommes pas
» complétement d'accord : il me semblait qu'il y avait de la
» faiblesse à recevoir le coup de grâce quand on pouvait se
» le donner, et à se prodiguer aux insolentes clameurs d'in-
» sensés aussi indignes d'un tel exemple qu'incapables d'en
» profiter. Nul doute qu'il fallût faire ainsi il y a trois mois,
» mais, aujourd'hui, c'est en pure perte pour la généra-
» tion. »

» Le jour même de l'exécution des députés, madame Roland fut transférée à la Conciergerie et placée dans un lieu infect, couchant sans draps sur un lit qu'un prisonnier voulut bien lui prêter. Le lendemain, elle fut interrogée; on lui fit de nombreuses questions, mais elle vit bientôt qu'on n'aimait pas les longues discussions. On voulait qu'elle répondît par oui et par non; l'accusateur public l'interrompait et exigeait d'elle qu'elle abrégeât. Quand l'interrogatoire fut fini : « Que je vous plains, lui dit-elle ; vous croyez
» tenir un grand coupable, vous êtes impatient de le con-
» vaincre; mais qu'on est malheureux avec de telles préven-
» tions ! Vous pouvez m'envoyer à l'échafaud, vous ne sau-
» riez m'ôter la joie que donne une bonne conscience, et la
» persuasion que la postérité vengera Roland et moi en
» vouant à l'infamie ses persécuteurs. » On lui dit de choisir un défenseur; elle indiqua Chauveau, et se retira en disant avec le sourire de la sérénité : « Je vous souhaite,
» pour le mal que vous me voulez, une paix égale à celle
» que je conserve, quel que soit le prix qui puisse y être
» attaché. » Après sa condamnation, elle dit : « Vous me
» jugez digne de partager le sort des grands hommes que

» vous avez assassinés ; je tâcherai de porter à l'échafaud le
» courage qu'ils ont montré. »

» Rioufle vit madame Roland jusqu'à ses derniers moments, et il nous a conservé les impressions qu'il ressentit de cette vue. « Le sang des vingt-deux fumait encore, dit-il,
» lorsque madame Roland arriva à la Conciergerie. Bien
» éclairée sur le sort qui l'attendait, sa tranquillité n'en
» était point altérée. Sans être à la fleur de son âge, elle
» était encore pleine d'agréments ; elle était grande et d'une
» taille élégante ; sa physionomie était très-spirituelle ; mais
» les malheurs et une longue détention avaient laissé sur son
» visage des traces de mélancolie qui tempéraient sa viva-
» cité naturelle : elle avait l'âme républicaine dans un corps
» pétri de grâces, et façonné pour une certaine politesse de
» cour ; quelque chose de plus que ce qui se trouve ordinai-
» rement dans les yeux des femmes se peignait dans ses
» grands yeux noirs, pleins d'expression et de douceur. Elle
» me parlait souvent à la grille, avec la liberté et le cou-
» rage d'un grand homme. Ce langage républicain, sortant
» de la bouche d'une jolie femme française dont on prépa-
» rait l'échafaud, était un miracle de la Révolution auquel
» on n'était pas encore accoutumé. Nous étions tous atten-
» tifs autour d'elle, dans une espèce d'admiration et de
» stupeur ; sa conversation était sérieuse sans être froide ;
» elle s'exprimait avec une pureté, un nombre et une pro-
» sodie qui faisaient de son langage une espèce de musique
» dont l'oreille n'était jamais rassasiée ; elle ne parlait ja-
» mais des députés qui venaient de périr qu'avec respect,
» mais sans pitié efféminée, et leur reprochant même de
» n'avoir pas pris des mesures assez fortes ; elle les désignait
» le plus ordinairement sous le nom de *nos amis ;* elle faisait

» souvent appeler Clavière pour s'entretenir avec lui. Quel-
» quefois aussi son sexe reprenait le dessus, et on voyait
» qu'elle avait pleuré au souvenir de sa fille et de son époux.
» Ce mélange d'amollissement naturel et de force la rendait
» plus intéressante. La femme qui la servait me dit un jour
» Devant vous elle rassemble toutes ses forces; mais dans sa
» chambre elle reste quelquefois trois heures appuyée sur la
» fenêtre, à pleurer. » Le jour où elle monta à l'interroga-
» toire, nous la vîmes passer avec son assurance ordinaire,
» et quand elle revint, ses yeux étaient humides : on l'avait
» traitée avec une telle dureté, jusqu'à lui faire des ques-
» tions outrageantes pour son honneur, qu'elle n'avait pu
» retenir ses larmes, tout en exprimant son indignation. Un
» pédant mercenaire outrageait cette femme célèbre par son
» esprit, et qui, à la barre de la Convention nationale,
» avait forcé, par les grâces de son éloquence, ses ennemis
» à se taire et à l'admirer. Elle resta huit jours à la Con-
» ciergerie, où sa douceur l'avait déjà rendue chère à tout
» ce qu'il y avait de prisonniers, qui la pleurèrent sincère-
» ment. Le jour où elle fut condamnée, elle s'était habillée
» en blanc, et avec soin : ses longs cheveux noirs tombaient
» épars jusqu'à sa ceinture; elle eût attendri les cœurs les
» plus féroces, mais ces monstres en avaient-ils un ?...
» D'ailleurs, elle n'y prétendait pas : elle avait choisi cet
» habit comme symbole de la pureté de son âme. Après sa
» condamnation, elle repassa dans le guichet avec une
» vitesse qui tenait de la joie : elle indiqua, par un signe
» démonstratif, qu'elle était condamnée à mort. Associée à
» un homme que le même sort attendait, mais dont le cou-
» rage n'égalait pas le sien, elle parvint à lui en donner,
» avec une gaieté si douce et si vraie, qu'elle fit naître le

» rire sur ses lèvres à plusieurs reprises. A la place du sup-
» plice, elle s'inclina devant la statue de la Liberté, et pro-
» nonça ces paroles mémorables : *O liberté, que de crimes*
» *on commet en ton nom!* »

» Et voilà la femme que l'aveugle haine des partis n'a pas craint de représenter comme une pédante sans entrailles, comme une furie révolutionnaire, comme une misérable intrigante! Qu'ils montrent donc la noble dame, qu'ils montrent la femme du peuple qu'ils croiront valoir mieux que madame Roland !

» Madame Roland avait dit souvent que son mari ne lui survivrait pas; il fit plus qu'elle ne croyait, il la devança. Réfugié d'abord près de Montmorency, chez son ami Bosc, il se retira ensuite à Rouen chez deux personnes courageuses, retraite paisible et sûre où il recevait les consolations et les soins de l'amitié. Dès qu'il apprit que sa femme allait périr, sa résolution fut prise. Voulant rendre sa mort utile à la patrie, il eut d'abord la pensée de se présenter au milieu de la Convention, d'y faire entendre les derniers accents de la liberté, et de monter ensuite à l'échafaud; mais bientôt, comme si la sympathie unissait les âmes des deux époux et qu'ils se confondissent dans les mêmes pensées, Roland aussi s'arrêta à l'idée de se donner la mort pour assurer son héritage à sa fille. Il prit une canne à épée, embrassa ses amis et s'éloigna dans la direction de Paris, jusqu'à seize ou vingt kilomètres de la ville.

» Bientôt après, dans le district de Louviers, sur la commune de Radepont, à l'entrée d'un bois, on trouvait un cadavre ensanglanté, et l'autorité dressait le procès-verbal qui suit : « Du tridi de brumaire de l'an II de la république

» française (24 octobre 1793), moi Legendre, représen-
» tant du peuple dans le département de la Seine-Inférieure
» et circonvoisins... accompagné de J.-P.-B. Pillon,
» membre du comité de surveillance du département de la
» Seine-Inférieure... me suis transporté en la commune de
» Radepont, canton de Pont-de-Saint-Pierre, district de
» Louviers, dans une maison de campagne... où un jardi-
» nier m'a représenté un cadavre, trouvé à l'entrée d'un
» bois conduisant à ladite maison, suivant le procès-verbal
» dressé par Mauchrétien, juge de paix dudit canton, et
» placé dans ladite maison de campagne, à l'entrée du
» vestibule. Les linges qui couvraient ledit cadavre étant
» levés, j'ai reconnu que ce cadavre est celui de Roland,
» ex-ministre, et, après plusieurs examens, je me suis con-
» vaincu que ce ne pouvait être autre. Pourquoi je déclare
» en mon âme et conscience, et d'après la connaissance
» que j'ai du physique dudit Roland, que Roland est mort
» et que son cadavre a été présenté à mes yeux percé de
deux coups de poignard. » Sur Roland, on trouva un
billet aussi conçu : « Qui que tu sois qui me trouves gisant
» ici, respecte mes restes. Ce sont ceux d'un homme qui est
» mort comme il a vécu, vertueux et honnête. Un jour vien-
» dra, et il n'est pas éloigné, que tu auras un jugement
» terrible à porter. Attends ce jour. Tu agiras alors en
» pleine connaissance de cause et tu connaîtras même la
» raison de cet avis. Puisse mon pays abhorrer enfin tant
» de crimes, et reprendre des sentiments humains et sé-
» rieux. » Signé : *G.-M. Roland.* Au dos était écrit : « Non
» la crainte, mais l'indignation... J'ai quitté ma retraite au
» moment où j'ai appris qu'on allait égorger ma femme, et
» je ne veux plus rester sur une terre couverte de crimes. »

» De la mort de Brissot et de ses amis, ou de la mort de Roland, périrent encore, à Paris ou ailleurs, plusieurs représentants proscrits le 2 juin ou depuis le 2 juin. J'en compte dix-sept. Tels furent : Gorsas, député de Seine-et-Oise, exécuté à Paris le 8 octobre 1793; Biroteau, député des Pyrénées-Orientales, saisi et exécuté à Bordeaux le 24; Coustard, député de la Loire-Inférieure ; Manuel, ancien procureur de la commune de Paris, député de Paris, exécuté dans cette ville le 14 novembre ; Cussy, député du Calvados, exécuté à Paris le lendemain. Lidon, député de la Corrèze, reçut la mort en se défendant à Brives contre ceux qui voulaient l'arrêter. De la même manière périt Chambon, député de la Corrèze. Kersaint, député de Seine-et-Oise, fut exécuté à Paris le 4 décembre, ainsi que Rabaut Saint-Étienne, député de l'Aube. Valady, député de l'Aveyron, périt à Périgueux ; Noël, député des Vosges, à Paris le 8 décembre ; Grangeneuve, de la Gironde, à Bordeaux le 21. Déchézeaux, député de la Charente-Inférieure, fut exécuté à Rochefort le 17 janvier 1794; Bernard, député des Bouches-du-Rhône, à Paris le 22; Mazuyer, député de Saône-et-Loire, le 19 mars. Le cadavre de Rebecqui, des Bouches-du-Rhône, fut trouvé dans une rivière de ce département. Enfin, la dernière et la plus illustre de ces victimes fut Condorcet, député de l'Aisne.

» Condorcet ne fut point frappé par le décret du 2 juin : il ne faisait partie de la commission des douze, ni ne figurait sur aucune liste des sections. Mais le 8 juillet 1793, Chabot, au nom du comité de sûreté générale, dénonça Condorcet comme auteur d'un écrit contre le projet de la nouvelle constitution ; il cita quelques passages de cet écrit, prouvant, selon lui, l'intention d'empêcher l'acceptation du projet, et demanda que l'auteur fût arrêté et traduit à la barre de l'Assemblée. En vain on objecta que chacun a le droit d'émettre son opinion pour ou contre un projet que la Convention a soumis elle-même à la discussion et à la libre acceptation des citoyens. Chabot insista, et l'arrestation de Condorcet fut décrétée, avec l'apposition des scellés sur ses papiers et traduction de sa personne à la barre pour qu'il eût à avouer ou à désavouer l'écrit. Ainsi allaient les choses dans ces temps de liberté.

» Enfin le 3 octobre, sur le rapport d'Amar, Condorcet fut décrété d'accusation en même temps que Brissot, Vergniaud, Gensonné, Guadet, etc. Mais il s'était déjà mis en sûreté.

» La vie de Condorcet avait toujours été consacrée à l'étude des sciences, de la philosophie ou des grands problèmes sociaux. A vingt-six ans, il était déjà membre de l'Académie des sciences, dont il fut fait plus tard secrétaire perpétuel. En 1782, il devint membre de l'Académie française. Il publia, bientôt après, un livre qui fut, en même temps que l'œuvre élevée d'un mathématicien, celle d'un philosophe. Le dix-huitième siècle s'était déjà occupé sérieusement du calcul des probabilités, question de première importance par les nombreuses et fécondes applications que lui demanda l'économie sociale. Mais il restait un point encore intact: l'application régulière des principes posés à la détermination de la vraisemblance des jugements humains dans les sciences morales et politiques. Cette dernière face de la question, incomparablement la plus ardue, le génie de Condorcet osa l'aborder ; et il faut le reconnaître, nul plus que lui n'était préparé à cette grande œuvre, qu'au milieu de la curiosité et de l'étonnement universels il mit au jour, en 1785, sous le titre d'*Essai sur l'application de l'analyse à la probabilité des décisions rendues à la pluralité des voix.*

» Mais on n'aurait qu'une idée incomplète des nombreux travaux de Condorcet si l'on ne considérait en lui que le savant, même le savant philosophe; il fut aussi l'un des publicistes les plus féconds de son temps : il composa un grand nombre d'éloges; il écrivit sur le commerce des grains, sur l'esclavage des nègres, sur l'unité du pouvoir législatif, sur les lois criminelles et les prétentions des parlements, sur les droits de l'homme, sur les fonctions des états généraux, sur la forme des élections, sur la banque nationale et la fixation de l'impôt, sur les conventions nationales, sur la révolution de 1688 comparée à celle de 1792, etc. Il travailla à la rédaction des journaux *la Bibliothèque de l'homme public*, *le Journal de Paris*, *la Chronique du mois*; et nous connaissons ses travaux à l'Assemblée législative et à la Convention.

» Il était impossible qu'un esprit de cette trempe ne fît pas tourner au profit de la science, de la philosophie, de la morale ou de la politique, le temps de la proscription et le silence de la retraite. Condorcet passa huit mois chez une amie, caché à tous les regards et entouré des soins les plus constants. Ces huit mois furent employés à la composition de l'ouvrage qui, plus que tous les autres peut-être, recommande à la postérité la mémoire du savant et profond écrivain : *Esquisse d'un tableau historique des progrès de l'esprit humain.* Sublime faculté donnée à l'homme d'élite de détacher sa pensée de lui-même et des misères qui l'entourent, pour chercher dans le passé, pour deviner dans l'avenir la marche générale de l'humanité à travers les siècles; et de tromper ainsi, par des jouissances intellectuelles, la persécution et la fureur de ses ennemis! Grâce d'état offerte par la Providence en compensation aux maux dont de tels hommes sont frappés!

» Mais, au bout de huit mois de séjour tranquille dans sa retraite, l'illustre proscrit, ayant appris par les journaux l'existence d'une loi féroce punissant de mort ceux qui donneraient asile aux proscrits, dit à l'amie qui l'avait reçu : « Il faut que je vous quitte, je suis hors la loi. » Et, quelques instances que fît pour le retenir sa généreuse protectrice, il partit. Son intention était de se cacher pendant quelques jours chez un ancien ami, aux environs de Sceaux. Il traversa les barrières de Paris, sans passe-port, vêtu d'une simple veste, un bonnet sur la tête. Lorsqu'il arriva chez son ami, celui-ci était à Paris. Il passa plusieurs nuits dans les carrières ; enfin, pressé par la faim, il entra dans un cabaret de Clamart, où son avidité à manger, sa longue barbe, son air inquiet, le signalèrent à un membre du comité révolutionnaire du lieu, qui le fit arrêter. Devant le comité, il déclara être domestique et s'appeler Simon. Mais on le fouilla, et, trouvant sur lui un Horace avec des notes marginales en latin, on comprit qu'on n'avait point affaire à un domestique, et on le conduisit à Bourg-la-Reine, alors Bourg-Égalité, où il fut enfermé dans un cachot. Le lendemain, 29 mars 1794, lorsqu'on vint lui apporter du pain et de l'eau, on le trouva mort ; il s'était empoisonné. Condorcet avait écrit un testament contenant cette belle recommandation : « Qu'on éloigne de ma fille tout sentiment » de vengeance personnelle ; qu'on le lui demande en mon » nom ; qu'on lui dise que je n'en ai jamais connu aucun. »

» Ainsi vécut et périt Condorcet ; intelligence admirable

d'étendue et d'élévation, a dit un historien, homme deux fois illustre par la science et par les lettres, caractère d'une irréprochable pureté, âme ferme et stoïque sous des apparences timides ; homme portant en lui, a dit un autre écrivain, tout ce qui faisait la vie et la pensée du dix-huitième siècle.

CRUELLES ANGOISSES DES GIRONDINS RÉFUGIÉS A SAINT-ÉMILION.

» Oh ! comme le coup qui abattit à Paris toutes ces têtes, comme ces cadavres jonchés sur les chemins, portèrent l'horreur et le désespoir à Saint-Émilion ! Entendez Buzot: « Vengeance ! j'implore tes fiers et terribles secours ! sou-
» tiens les restes languissants d'une vie consacrée à te ser-
» vir ! que je puisse voir les tyrans de mon pays abattus !
» qu'ils expient leurs forfaits par un supplice digne d'eux !
» Que je puisse, à forces égales, les combattre et les faire
» punir par les lois ! Ou si elles ne peuvent pas les atteindre,
» ou que l'intérêt et l'injustice n'osent pas les frapper après
» leur trahison, puissé-je connaître les lieux qui les recèlent,
» le pays qui les tolère ! puissé-je d'un fer mortel leur per-
» cer le sein ! qu'ils sachent que le coup est parti de ma
» main, et qu'ensuite je meure ! Pétion, Barbaroux, Gua-
» det, Louvet, et toi Salles, et vous tous qui survivez à la
» persécution et à la tyrannie de nos persécuteurs, mes de-
» voirs sont les vôtres, vos serments sont les miens ! le ciel

» en est témoin, nous saurons les remplir. « Puis, d'autres sentiments s'emparaient de son cœur, et alors il s'écriait : « Honorables victimes de la tyrannie ! un jour la postérité
» ne prononcera vos noms qu'avec le recueillement de la
» vénération et de la reconnaissance. Vous êtes morts,
» comme Phocion et Sidney, pour la liberté de votre pays ;
» comme eux vous vivrez dans la mémoire des hommes de
» bien. L'ami de la sagesse et de l'humanité viendra méditer
» sur votre tombe vos leçons et ses droits ; heureux si votre
» destinée ne le détourne pas de suivre votre exemple !...
» O mes amis, que votre mort fut belle ! comme nous aimons
» dans notre solitude profonde à nous entretenir d'elle, de
» vous, de nos actions communes, de nos attachements
» mutuels ! Tant qu'il restera quelqu'un d'entre nous sur la
» terre, vous y vivrez dans son cœur ! et quand le tocsin de
» la mort nous appellera vers vous, nous saurons mourir
» aussi toujours semblables à nous-mêmes, toujours dignes
» de nos principes et de votre amitié. » Puis, revenant à ses premières idées : « La vengeance, disait-il, est une espèce
» de justice sauvage ; voilà celle qui nous reste, si celle de
» la loi ne vient pas à notre aide... Si je survis à la puis-
» sance de mes oppresseurs, à la persécution, n'importe où
» me conduira ma destinée, je promets de remplir toute ma
» tâche... Partout où je pourrai punir ou faire punir les
» assassins de mes amis, les oppresseurs de la liberté de
» mon pays, j'y serai tout entier. Leur châtiment importe à
» l'humanité entière qu'ils ont outragée dans ses droits les
» plus chers, à la dignité de l'espèce qu'ils ont dégradée,
» avilie autant qu'il fut en leur pouvoir, à la vertu que leur
» impunité décourage et calomnie. La Providence qui les a
» laissés si longtemps jouir de leur triomphe doit être jus-

» tifiée par leur supplice, ou tout principe de morale est
» anéanti. Oui, me venger ! venger mes amis, leur mémoire
» et nos barbares oppresseurs ! c'est là tout l'objet de mes
» vœux et de mes espérances ; il m'occupe tout entier ; je le
» médite le jour, il se reproduit dans mes songes, et je ne
» vis plus que pour remplir cet unique et dernier devoir. »

» Cris impuissants, menaces vaines ! ils ne sauraient faire un pas sans courir à la mort. Bordeaux, frappé de stupeur, est affaissé sous un décret monstrueux : « Le gouvernement
» de Bordeaux, ont dit les délégués de la Convention, est
» provisoirement militaire ; tous les corps armés qui ont
» accompagné les représentants du peuple lors de leur en-
» trée dans Bordeaux sont déclarés *armée révolutionnaire ;*
» il est adjoint à ce corps un bataillon de sans-culottes bor-
» delais, choisis et indiqués tant par les sections que par le
» club national. Il sera sans délai créé un *comité révolu-*
» *tionnaire,* composé de vingt-quatre membres, chargé de
» rechercher tous les fils de la conspiration, de faire arrêter
» tous ceux qui y ont pris part, tous les hommes suspects,
» tous les étrangers, et tous ceux enfin qui leur seront dési-
» gnés par les bons citoyens comme ennemis de la répu-
» blique ; il sera sans délai formé une *commission militaire,*
» chargée de reconnaître l'identité des personnes mises hors
» la loi et de les faire exécuter dans les vingt-quatre
» heures. Tous les *gens suspects* seront mis en arrestation.
» Tous les citoyens sont requis de déposer dans les vingt-
» quatre heures toutes les armes, afin qu'il soit procédé à
» la remise de celles des gens suspects entre les mains des
» braves sans-culottes. Il sera fait fréquemment par quatre
» commissaires de sections, accompagnés d'un détachement
» de l'armée révolutionnaire, des *visites domiciliaires* dans

» les maisons publiques et particulières. Conformément aux
» décrets de la Convention nationale, tous les frais de l'ar-
» mée révolutionnaire seront supportés par les *riches*, et
» surtout par ceux qui se sont fait connaître par des senti-
» ments inciviques et fédéralistes. Enfin il sera adressé des
» *réquisitions nominatives* pour des sommes déterminées,
» qui devront être payées dans les vingt-quatre heures,
» *sous peine d'exécution militaire et de confiscation de tous*
» *les biens.* » Marseille gémit de même sous les dominateurs
de la France. Lyon, après un long siége, a été réduit, le
9 octobre, à se livrer corps et biens à de farouches et im-
pitoyables ennemis. Pour le moment, tout l'espoir des proscrits pouvait donc aller à passer dans le silence, et loin de
tout regard, les temps malheureux qui pesaient sur la
France; trop heureux s'il leur eût été donné de conserver
l'asile sûr et tranquille qui les recèle !

» Ils étaient depuis un mois chez madame Bouquey; mais
le courage, le dévouement, la grandeur d'âme, sont personnels ; ils ne peuvent se commander ni se transmettre, et
la dépendance d'une femme n'est pas un vain mot : si les
mouvements de son cœur lui appartiennent, il n'en est pas
ainsi de ses actions; telle est notre société. « Au milieu de
» nous, dit Louvet, quelqu'un voulait en vain dissimuler
» son désespoir : c'était notre généreuse protectrice ; elle
» pleurait, elle gémissait de la nécessité qui la forçait à ne
» plus s'exposer pour nous : « Les cruels ! s'écriait-elle en
» parlant de ses parents, quelle violence ils me font ! je ne
» la leur pardonnerai jamais s'il faut que quelqu'un de
» vous... » — « Elle n'acheva point, continue Louvet, mais
» ses pressentiments étaient trop fondés : oui, l'un de nous
» devait bientôt périr. » C'était le 12 novembre.

» Obligés de s'éloigner, les représentants se divisèrent en deux parts : Buzot, Barbaroux et Pétion, qui désormais ne devaient plus se quitter, allèrent du côté des Landes chercher un asile incertain. Ils se séparèrent de leurs amis comme si une voix secrète leur eût dit qu'ils embrassaient quelqu'un d'eux pour la dernière fois. Valady se dirigea du côté de Périgueux, vers la maison d'un parent chez lequel il espérait trouver une retraite : hélas ! c'est la mort qu'il trouva !

» Guadet, Salles et Louvet passèrent la journée suivante dans des carrières, attendant un ami qui devait, à l'entrée de la nuit, les conduire, par un chemin de traverse, à six lieues de là, du côté de Montpont, vers la demeure d'une femme dont la famille était depuis longtemps liée avec celle de Guadet, que Guadet avait personnellement sauvée d'un procès où son honneur et celui de ses parents étaient compromis ; cent fois elle l'avait assuré de sa reconnaissance, lui avait fait mille offres de services. L'ami de Guadet ne vint pas. A la nuit, les trois députés partent seuls, ils s'égarent en route. Le temps était affreux, et ce n'est qu'à quatre heures du matin qu'ils arrivèrent, épuisés de fatigue, chargés de boue et de pluie, à la porte qu'ils cherchaient. Mais, de la part de madame, un domestique leur répond qu'on ne peut les recevoir. Guadet insiste : qu'on l'introduise seul si madame l'exige, mais qu'au moins il lui parle. Madame fait répondre que c'est impossible, et la porte se referme. Cependant la pluie tombait à flots, leurs habits imprégnés d'eau étaient glacés : Louvet succombe à la fatigue, le frisson le saisit, il perd connaissance ; ses amis veulent l'appuyer debout contre un arbre, il ne peut s'y tenir : il faut l'étendre à terre, c'est-à-dire dans l'eau. Guadet court de nouveau frapper à la porte... on n'ouvre pas : « Au

» nom du ciel, dit-il, une chambre et du feu seulement
» pour deux heures! un de mes amis se trouve mal. » Même
réponse : « C'est impossible. — Au moins du vinaigre et
» de l'eau! » Madame fait réponse que cela ne se peut.
« Je ne pouvais parler, dit Louvet, mais j'entendais; j'en-
» tendis Guadet accuser la nature humaine et déplorer son
» sort. Cela me valut mieux pour réparer mes forces que
» les liqueurs les plus irritantes. » Il n'y tient plus : il veut
partir pour Paris. Ses amis le supplient, rien n'y fait. « A
» la hâte, dit-il, je me dépouille de tout ce qui pourrait me
» gêner dans ma longue route : des bas, des mouchoirs, un
» habit, restent sur le chemin; je garde ma redingote na-
» tionale... Je presse Guadet et Salles sur mon cœur; j'ouvre
» mon portefeuille et je partage quelques assignats avec
» celui-ci plus pauvre que moi; j'embrasse encore une fois
» mes amis et je pars. A quelques pas cependant je m'ar-
» rête : je tourne la tête, je tourne un regard inquiet sur les
» gens de bien que je quitte. Eux aussi s'étaient retournés,
» eux aussi me regardaient, et tandis que je tremblais pour
» eux, ils tremblaient pour moi. Je les vois prêts à s'élancer
» pour me retenir encore : je leur fais un dernier signe de
» la main, je reprends mon chemin, je m'éloigne. » Résolution téméraire, mais qui fut peut-être une inspiration du
ciel, car celui-là du moins ne périt pas.

» Salles et Guadet reprirent tristement le chemin de Saint-
Émilion. La maison de Guadet père avait cessé d'être soumise à une surveillance permanente, et la garde en avait
été retirée; quelque danger qu'il y eût à s'y cacher, c'est
là qu'ils se rendirent. Inutile de dire que toutes ces allées
et venues ne s'effectuaient que la nuit. Les trois autres
représentants, Buzot, Barbaroux et Pétion, revinrent aussi

à Saint-Émilion, et c'est madame Bouquey qui les recueillit.

» Les mémoires de Buzot nous fournissent des détails curieux sur l'état de dénûment dans lequel se trouvaient alors les cinq représentants du peuple retirés à Saint-Émilion. Il examine les divers prétextes dont on s'est servi pour les perdre, et entre autres l'accusation de s'être vendus aux puissances étrangères, et dans son indignation il s'écrie : « Avec quoi nous ont-elles achetés? A quel prix? Où sont
» les agents de ce marché? où sont les traces? Dans nos
» biens, dans nos habitudes, quel changement a pu donner
» des soupçons? Pour moi, je ne possédais que l'héritage
» de mes pères lorsque, après avoir pillé, volé mes petites
» propriétés, on m'a forcé à chercher ailleurs un asile contre
» la persécution et la mort. Nous partageâmes, ma femme
» et moi, avant de nous quitter, le peu qui nous restait
» d'assignats et d'argent, car de ses propres effets ma
» femme n'avait pu retirer une seule chemise, et moi je
» n'avais que le peu de linge qu'elle m'avait envoyé à
» Caen... Pétion n'a rien ; ce qu'il avait en partant était si
» peu de chose, qu'en arrivant à Quimper il vécut avec moi
» des fonds qui me restaient. Nous gardons précieusement,
» lui quatre à cinq cents livres en argent, moi, cinq cent
» quarante-huit en or, pour nos plus extrêmes besoins.
» Voilà tous nos trésors, et certes nous n'avons rien dé-
» pensé pour nos commodités, pour notre aisance. A l'ex-
» ception de deux vestes de laine et d'une culotte neuve que
» la nécessité nous a fait acheter pour cet hiver, nous por-
» tons les mêmes vêtements déchiquetés et rapiécés que
» nous avions en quittant Caen ; les autres, en petite quan-
» tité, sont ou égarés ou perdus, et les bas, les chemises

» dont nous faisons usage ne sont pas même à nous. Ce sont
» les amis de Barbaroux qui lui ont prêté quelques assignats
» pour aller de Paris à Caen ; là, des Marseillais lui adres-
» sèrent quelques secours qu'il partagea avec une femme
» qui l'avait aidé lui-même, avec sa mère et Girey-Dupré.
» Aujourd'hui quatre-vingts livres en assignats et deux
» louis en or, deux paires de bas, autant de chemises et de
» mouchoirs, une mauvaise culotte, une veste d'emprunt et
» sa vieille roupe composent sa garde-robe et toute sa for-
» tune. Louvet avait gardé son habit de garde national et
» une redingote d'uniforme, quelques chemises, encore
» moins de bas, avec une culotte et une veste assez mau-
» vaises. C'est dans ce pauvre attirail qu'il vient de nous
» quitter, avec cinq louis en or et cinquante livres en assi-
» gnats qu'il possède pour tout bien. Salles est encore moins
» fortuné que nous : il a laissé sa femme et trois enfants,
» dont un est à la mamelle, avec les trois cents livres qu'il
» possédait, dans une ville de Bretagne, où la charité d'un
» pieux ecclésiastique a bien voulu les recueillir. A Quim-
» per, il manquait de tout ; un ami lui prêta quelques assi-
» gnats dont il lui reste à peu près quatre-vingts livres,
» avec un mauvais habit, une veste et une culotte tombant
» de vétusté, qu'il recouvre d'un pantalon de grosse toile
» grise. Guadet enfin... Guadet, en quittant Paris, fut
» obligé de laisser le peu qu'il avait à sa respectable femme
» près de faire ses couches, laquelle fût bientôt périe de
» misère si ses parents ne lui eussent envoyé quelques se-
» cours. Ils sont réduits maintenant au plus strict néces-
» saire ; les secours qu'on leur envoie suffisent à peine à
» leurs premiers besoins. Guadet a été obligé d'emprunter
» de quoi payer sa dépense de Paris à Bordeaux. Il lui reste

» si peu qu'il n'a pu rendre à Barbaroux l'argent que celui-
» ci lui a prêté. Cependant il est au milieu de ses proches
» qui tous le chérissent et l'estiment; mais, peu fortunés eux-
» mêmes et également persécutés, ils ne peuvent lui donner
» que ce qu'on partage aisément en famille, sans être en
» état de s'ôter rien pour lui. Voilà donc, continue Buzot,
» où sont réduits les représentants fidèles du peuple fran-
» çais! Accusés d'avoir reçu d'immenses richesses des puis-
» sances étrangères, ils n'ont pas de quoi se vêtir, se nour-
» rir, se mettre à l'abri de l'hiver ou de la faim; et leurs
» femmes, leurs enfants, leurs mères sont dans la misère!
» Mais combien leur est chère cette honorable indigence!
» combien elle répand de consolation et de charme sur leur
» douloureuse existence! combien, en les couvrant de son
» égide immortelle, elle prépare de gloire à ces hommes
» vertueux, de remords et de honte au peuple qui les a
» persécutés, de supplices et d'infamie à leurs féroces enne-
» mis! Mais ne blasphémons jamais contre la vertu; elle
» seule suffit à tout dans la vie; elle seule nous rend heureux
» au milieu de la misère la plus extrême. Rayon céleste
» émané du sein de la Divinité même, je te bénis des maux
» que je souffre pour toi. Soutiens mon courage et fais que,
» toujours semblable à moi-même, je ne sois jamais infidèle
» à tes lois. » Lorsque Dieu nous donna la conscience, il
nous fit l'un des plus beaux et des plus précieux dons que
sa bonté pût nous départir; elle guérit bien des plaies, elle
tarit bien des larmes! Elle soutient le courage près de dé-
faillir, elle console des malheurs non mérités; elle est au
passé ce que l'espérance est à l'avenir.

» Le défaut de subsistances ne permettait guère alors un
long séjour dans une même maison. Après avoir passé

quelque temps chez madame Bouquey, Buzot, Barbaroux et Pétion durent quitter cette retraite douce et tranquille. Saint-Brice Guadet leur en avait ménagé une autre dans la demeure du curé de Saint-Émilion. Ils y passèrent quelques jours sinon aussi doux, du moins paisibles encore, et c'était beaucoup. Mais enfin le curé fit connaître l'impossibilité où il était de les garder plus longtemps.

» Madame Bouquey alors porta ses regards et son espoir sur un homme pauvre mais dévoué; et le frère de Guadet se chargea de sonder ses dispositions, qui se trouvèrent telles qu'on pouvait les désirer. Nous avons entendu, de la bouche même de cet homme de bien, le récit simple et naïf de l'acte de dévouement qu'il accomplit dans cette circonstance : « J'étais, nous disait-il, perruquier des maisons » Bouquey et Guadet; un jour que je coiffais Guadet Saint-» Brice, il me dit : « Trois amis de mon frère sont venus » pour le voir, mais il n'est pas ici; il est en Suisse. Ne » pourrais-tu pas les recevoir chez toi pour quelques jours? » » Je répondis que oui, et le soir même il les accompagna » chez moi. C'était dans les premiers jours de janvier » 1794. »

» Dans leur nouvelle et humble retraite le temps coulera lentement; mais la main tutélaire de leur bienfaitrice ne se retirera pas; absente, madame Bouquey veillera toujours sur eux, et cette pensée les console.

TEMPS DE RÉPIT AU COMMENCEMENT DE 1794.

« Le perruquier Troquart vivait seul ; il occupait une maison située dans le centre de la ville et en encoignure sur deux rues. Les proscrits se tenaient dans une grande chambre au premier étage ; ils ouvraient à peine les volets, afin d'échapper aux regards extérieurs ; ils osaient à peine parler de peur d'être entendus des passants, faire du feu en l'absence de leur hôte, redoutant une fumée dénonciatrice.

« Là, me disait Troquart, en me montrant la cheminée,
» nous faisions ensemble notre cuisine ; là couchaient Buzot
» et Pétion, ils occupaient mon lit ; ici, sur des matelas,
» dormait Barbaroux. » Il conservait religieusement un vieux fauteuil sur lequel Pétion avait coutume de s'asseoir.
« Je les soignais de mon mieux, me disait-il, je gagnais au
» moins douze cents francs par an ; le jour, la nuit j'étais en
» courses pour leur procurer les subsistances nécessaires,
» ce qui m'était plus facile qu'à tout autre, parce que j'a-
» vais beaucoup de relations avec les gens de la campagne
» que je rasais. » De celui-ci il recevait des œufs au lieu d'argent, un autre le payait avec de la farine et du pain ; ici des légumes, là du porc salé, venaient alimenter ses provisions. C'est ainsi qu'il rentrait chaque soir, apportant les vivres du lendemain. Il me disait tout cela le cœur ému, et de grosses larmes roulaient dans ses yeux.

» Vers cette époque, cependant, la terreur sembla sommeiller quelque peu. Marat n'était plus, et Robespierre n'était pas encore maître absolu de la France : Danton balançait son influence, et Danton trouvait qu'on usait beaucoup trop le couteau de la guillotine.

» Dans le département de la Gironde en particulier, les représentants en mission semblent parfois avoir fermé les yeux pour ne pas voir, et s'être occupés de procurer du bien-être à la ville de Bordeaux tout autant que de la tenir sous un régime de terreur. Il semble, à lire leur correspondance et leurs discours, que plus d'une fois ils sentirent eux-mêmes le besoin de se faire absoudre à Paris de ces dispositions relativement modérées, soit en s'abritant derrière quelques-uns de leurs actes de vigueur, soit en représentant la ville comme revenue de ses erreurs et animée maintenant d'un esprit franchement patriotique.

» Un fait parle très-haut, et avec l'éloquence des chiffres, en faveur des représentants alors en mission à Bordeaux (Tallien et Ysabeau). Il y eut dans les quatre mois de brumaire, frimaire, nivôse, pluviôse, c'est-à-dire du 22 octobre 1793 au 18 février 1794, quatre-vingt-douze condamnations à mort, ce qui revient à vingt-trois par mois; dans les deux mois suivants, du 19 février au 20 avril inclusivement, il n'y en eut que vingt et une, ou moins de onze par mois; et les quarante-quatre jours qui suivent n'en comptent qu'une.

» On voit même que les commissaires en mission dans la Gironde descendaient quelquefois sans effort du siége proconsulaire dans les vallons chéris des muses. Un poëte bordelais, plus connu par sa fécondité que par la valeur de ses productions, Romain Duperrier, était depuis assez longtemps en prison. Il lui vint en esprit de rédiger en vers, au nom du comité de surveillance de Bordeaux, une espèce

PIÈCES JUSTIFICATIVES. 439

d'arrêté de mise en liberté, réservant toutefois aux représentants de confirmer la mesure. Duperrier s'y qualifiait de *poëte civique*; il y était dit qu'il avait, *dans ses écrits et discours poétiques*, chanté la constitution. Les membres du comité apposèrent leur signature au bas de l'arrêté, qui fut ainsi présenté à Ysabeau. Celui-ci écrivit à la suite :

>Vu l'arrêté ci-dessus présenté,
>Nous reposant avec tranquillité
> Sur la sagesse et la prudence
> Du comité de surveillance,
>Nous, du peuple français représentants augustes,
>Sévères quelquefois, mais aussi toujours justes;
>Ordonnons que Romain Duperrier, sans délai,
> Du fort de Ha sortira s'il lui plaît;
> Étendant même aussi notre arrêté
> Sur la muse aimable et civique
> Qui durant sa captivité
> A ses côtés chanta la République,
>Laquelle désormais en pleine liberté,
> Errant dans les bois du Parnasse,
> Sans rancune pour sa disgrâce,
> Célébrera l'égalité.
>
>Fait par nous, à Bordeaux, en séance publique,
>Vingt-six ventôse an deux de notre République.

» Évidemment ces vers ne sont pas d'un Racine; mais ils ne sont pas d'un ogre non plus.

» Saint-Émilion et les cinq députés auxquels il donnait asile purent donc jouir de quelque temps de calme et peut-être laisser aller doucement leur imagination à des illusions trompeuses.

» Chez des hommes graves, habitués à réfléchir sur les grandes questions de philosophie, de morale, de politique, le calme appelle la méditation. Les députés réfugiés à Saint-Émilion s'étaient trouvés, en quelques années, mêlés à plus d'événements que n'en voient d'ordinaires plusieurs générations, et ils conservaient peut-être l'espoir de rentrer un jour dans la vie publique. Que leur esprit se reportât vers le passé, qu'il se lançât dans l'avenir, il devait travailler sans cesse. Et qu'avaient-ils de mieux à faire que de chercher en effet, pour le temps où, délivrés du régime affreux qui les opprimait, ils viendraient demander à la législation d'asseoir le sort des Français sur des bases justes et solides, quelles seraient les lois les plus en harmonie avec les mœurs, les besoins, les habitudes du peuple français? Ou bien encore de remplir la longueur de jours solitaires par quelques-unes de ces œuvres qui détournent la pensée et l'imagination de la réalité pour les attacher vivement et avec délices aux objets de la création.

» Pendant son séjour dans la maison de Guadet père, Salles se livra à des compositions qui, bien qu'éloignées de la forme ordinaire des ouvrages historiques, pourraient cependant, à bien des égards, passer pour tels. Il écrivit des drames où sont appréciés les événements et les hommes les plus saillants de la Révolution. Telle est, par exemple, une tragédie en cinq actes et en vers dont le sujet est le dévouement, la condamnation et la mort de Charlotte Corday. Dans ce drame, l'auteur semble avoir voulu surtout mettre en présence la Montagne et la Gironde, les proscripteurs et les proscrits.

» Salles avait vu se dérouler devant lui toute la Révolution, il avait vu à l'œuvre tous les hommes de cette époque :

membre de l'Assemblée constituante et de la Convention, il avait pu étudier dans leur carrière publique tous ceux qu'il met en scène : Robespierre, Danton, Barère, Amar, Hérault de Séchelles, Bazire, Hanriot; il avait vu à Caen cette belle Corday, dont la tenue paisible cachait un cœur brûlant du feu de la liberté. Il confia sous forme poétique ses impressions passées et ses pensées présentes à des feuilles légères qui sont arrivées jusqu'à nous.

» Sorti de la plume de Salles, le drame de Charlotte Corday doit être considéré moins peut-être comme une œuvre littéraire que comme un écrit historique. Et cependant, s'il s'agissait d'apprécier le mérite littéraire de cette production tout exceptionnelle, nous dirions qu'elle se recommande par une grande hardiesse de conception et d'effets dramatiques, hardiesse à laquelle les esprits n'étaient pas encore habitués en 1793. On pourrait y signaler en même temps une chaleur et une verve qu'on chercherait vainement dans plus d'un ouvrage renommé.

» Buzot écrivait aussi. Son âme, plus profondément pénétrée que celle de son collègue, se répand tantôt avec énergie et chaleur, tantôt avec effusion et tristesse, sur la réalité des faits accomplis, ou bien s'élance avec exaltation dans les sombres appréhensions ou vers les séduisantes illusions de l'avenir. Buzot est préoccupé du soin de laisser après lui des pages qui témoignent de sa vie et de ses principes, qui vengent ses amis des calomnies qui les poursuivent. On sent, dans les mémoires de Buzot, l'homme qui écrit un testament politique.

» Buzot reconnaît franchement qu'il a mal estimé le degré de liberté que pouvait supporter son pays. « Il ne faut pas » se le dissimuler, dit-il, la majorité du peuple français

» soupirait après la royauté et la constitution de 1791.
» C'est à Paris surtout que ce vœu était le plus général;
» il n'y avait que quelques hommes, aux sentiments nobles
» et élevés, qui se sentaient dignes d'être républicains.
» Une nation capable d'adorer Marat, ajoute-t-il, est au-
» tant éloignée du caractère et des vertus républicaines,
» que le ciel est éloigné de la terre. » Ce qui lui paraît certain, c'est que le despotisme qui pèse sur la France la rendra désormais incapable de liberté. Il fait volontiers le sacrifice du gouvernement démocratique. Ses sympathies sont plus fortement attachées au gouvernement représentatif; mais, ici encore, il n'ose croire que ses concitoyens puissent se façonner aux conditions qu'exigent ce gouvernement. Il a, dit-il, des principes particuliers, que les nations les plus sages ont appliqués, mais que le peuple français est désormais incapable d'adopter. « La division entre
» ceux qui ont le droit d'élire et ceux qui ont le droit d'être
» élus, la manière de donner les suffrages, sont des lois
» fondamentales dans ce gouvernement : c'est de là que
» dépend sa durée et sa prospérité. » Or, il est permis de douter que le droit de suffrage, accordé sans distinction à tous les citoyens français à ces deux degrés, ne soit un des moyens les plus actifs de corruption et de dissolution qu'on ait pu imaginer pour les conduire rapidement à l'esclavage.

« Une autre erreur non moins funeste, et plus difficile
» encore à déraciner des cœurs français, parce qu'on lui
» doit en quelque sorte la Révolution elle-même, c'est de
» repousser la division du Corps législatif en deux corps
» séparés et indépendants. Le peuple voit toujours là le
» rétablissement de la noblesse, et, consultant plus sa haine
» que la raison, il confond toutes les idées; tous les temps,

» et ne trouve dans l'institution la plus sage que le retour
» des distinctions et des préjugés qui blessent son orgueil
» et choquent tous les principes. Il me semble que la divi-
» sion du Corps législatif est de la nature même du gouver-
» nement représentatif. Dans cette forme de gouvernement,
» il s'agit moins de compter les suffrages que de les peser,
» moins d'exprimer la volonté générale que d'empêcher
» qu'elle ne soit pas exprimée. » Buzot ne voit dans toutes
les idées connues de Saint-Just, Robespierre et Barère,
« que le funeste avantage d'avoir en France chaque année
» une révolution nouvelle, jusqu'à ce que le peuple, las de
» sa misère et de l'anarchie, retombe enfin, entraîné par
» son propre poids, dans le plus absolu despotisme. »

» Du reste, Buzot est en proie à une tristesse que reflète
chaque page de ses derniers écrits.

« Dans le département de la Gironde, notre malheur fut
» au comble, dit-il. Je ne conçois pas comment nous vivons
» encore. Sans une femme, une seule femme, nous étions
» infailliblement perdus ! Une femme, ai-je dit : oh ! non ;
» c'est un ange accouru de cent lieues pour nous donner ses
» soins, sa maison, ses consolations ; tout ce qu'elle pos-
» sède est à ses amis. Imaginez une femme jeune encore,
» d'une figure plus agréable que belle, qu'on voit sans sur-
» prise, mais qu'on quitte avec regret ; la douce sensibilité
» brille dans tous ses traits, dans sa voix et plus encore
» dans ses yeux. Tout ce qui est vrai, beau, courageux,
» est sûr de lui plaire ; elle s'y attache, elle s'y complaît
» avec simplicité, sans effort, comme lui étant naturel et
» composant tout son bonheur. Pour nous elle a tout bravé,
» elle brave tout encore. Je crois lire même dans son noble
» et généreux courage que, sans d'autres devoirs qui lui

» commandent une réserve qui l'afflige et la contient, elle
» ne voudrait partager avec personne le danger de nous
» conserver la vie. O femmes, femmes! malheur à qui ne
» connaît pas votre prix! Et vous que je n'ose nommer, vous
» notre amie, notre sœur; vous à qui nous devons tout sur
» la terre, modèle de courage et de vertu; quand nous
» sommes abandonnés, proscrits, condamnés à mort, par
» quel charme inconcevable pouvez-vous encore nous ratta-
» cher à notre existence infortunée, à nous la rendre chère
» comme votre propriété la plus aimée, et surprendre,
» jusque dans nos cœurs, flétris par de longs chagrins,
» quelque sentiment de plaisir et d'espérance? Encore dans
» ce jour, où votre industrieuse et touchante amitié a paré
» de quelques fleurs nouvelles le pauvre et sombre asile qui
» nous recèle, vous nous avez rappelé le souvenir de notre
» liberté passée. Hélas! ces roses du printemps, leur tendre
» et vert feuillage, nous ne songions plus à les revoir! Bien-
» tôt, images fidèles de nos passagères vies, ces fleurs
» fanées retourneront au sein de la nature, qui ne les fit
» éclore que pour un moment. Ainsi tout passe sur la terre,
» grâces, beauté, jeunesse; la vertu seule survit au temps
» qui ravage tout le reste; et quand nous ne serons plus,
» quand nos éléments confondus reposeront dans la paix de
» la tombe, que vous n'aurez plus vos amis à consoler, vos
» frères à secourir, il vous restera de nous le souvenir de
» vos bienfaits; et, versant de douces larmes sur eux, vous
» direz avec une noble fierté : Je n'ai pas vécu inutilement
» sur la terre. » Hélas! elle ne devait pas leur survivre.

GRANDE TERREUR : DERNIERS MOMENTS DES DÉPUTÉS RÉFUGIÉS A SAINT-ÉMILION.

» La terreur avait sommeillé; mais elle se réveilla terrible. Danton vient de succomber; Robespierre, désormais sans rival, domine aux Jacobins, domine à la commune, domine au comité de salut public, domine à la Convention; tout plie, tout tremble sous lui. La Convention avait ses émissaires dans les départements, mais ce n'était pas assez; ce n'étaient pas des hommes dont Robespierre pût disposer complétement. Des émissaires du comité de salut public, ou plutôt des émissaires de Robespierre courront la France pour réchauffer sa tiédeur, pour surveiller les représentants en mission.

» Bordeaux reçut alors dans ses murs un jeune homme de dix-neuf ans, naguère secrétaire de Robespierre, aujourd'hui son agent secret. Le 6 avril 1794, nous trouvons cet agent à la tribune du club national de Bordeaux : « Il y
» développe, portent les procès-verbaux de ce club, les
» trames perfides des conspirateurs; il annonce qu'on en
» tient le fil, et qu'une chose connue est bientôt déjouée; il
» s'étend longuement sur le reste impur des crapauds du
» marais qui conspirent dans l'ombre; il fait connaître les
» piéges sans nombre que tendent les ennemis de l'État
» pour détruire l'édifice qui, malgré leurs efforts, s'élève
» majestueusement dans le tourbillon de la foudre et de
» l'orage le plus cruel que jamais mortel ait vu. Il exhorte
» ensuite les pères et mères de famille à venir s'électriser
» dans le sein de la société populaire. » Quelques jours plus

tard, le 20 avril, ce même agent fait un crime à Bordeaux de l'intérêt qu'il porte au représentant Ysabeau, seul alors en mission dans cette ville, et un crime au représentant d'avoir mérité cet intérêt : « Passe-t-il dans les rues, écrit
» Jullien à *son bon ami* Robespierre, passe-t-il dans les rues
» avec les gendarmes qui le suivent, on se découvre, on
» applaudit; quelques voix même crient : *Vive le sauveur*
» *de Bordeaux!* Paraît-il au spectacle, au club ou dans
» une assemblée quelconque, les mêmes cris se font en-
» tendre; l'enthousiasme et l'idolâtrie sont poussés au der-
» nier période... Quand on fait courir le bruit du prochain
» rappel des représentants délégués à Bordeaux et de leur
» remplacement, on dit que Bordeaux est perdu; on a dit
» même, et c'est dans une réunion nombreuse qu'a été pro-
» féré ce blasphème, on a dit qu'il faudrait que le peuple se
» portât en foule pour s'opposer au départ de son ami. »

» Le lendemain, Jullien prononçait au club national un de ces discours qui restent dans l'esprit des auditeurs comme un rêve affreux dont le souvenir trouble encore l'imagination longtemps après le réveil. Ce discours est un long anathème au modérantisme. « Je viens aujourd'hui, dit-il, vous
» développer quelques réflexions que je crois utiles pour
» déjouer les menées du modérantisme, les espérances de
» l'aristocratie, les machinations des secrets conspirateurs,
» pour bien montrer la nécessité indispensable que le
» peuple soit arraché à cette inclination vers la mollesse et
» le repos qui seraient la mort de la patrie et la cause de
» maux affreux. Je parais me répéter souvent, je reviens
» tous les jours sur les mêmes choses, je fatigue vos oreilles
» des mêmes leçons. Oui, sans doute, parce que les mêmes
» périls sont là; parce que les ennemis de la liberté rôdent

» furtivement autour de l'arche sainte ; parce que le dogue,
» fidèle gardien d'une ferme, doit aboyer au moindre bruit ;
» parce que l'oie du Capitole crie pour réveiller Manlius et
» les Romains ; parce que nous aussi, nous sommes dans le
» Capitole, et qu'à la faveur d'ombres noires et de ténèbres
» épaisses les Gaulois veulent pénétrer dans le fort. Les
» Gaulois, ce sont les aristocrates, les modérés, les Feuil-
» lants. Malheur à nous si nous admettons un instant le
» sommeil ! Craignons qu'il ne devienne celui de la mort !

» Ne pensez pas néanmoins que les modérés fassent une
» guerre ouverte aux patriotes ; ils n'ont pas pour cette lutte
» un assez mâle courage. Ils nous assassinent en nous ca-
» ressant : de pompeux festins où règne une mielleuse poli-
» tesse, où sont prodigués avec affectation les mots de *fra-*
» *ternité, sans-culottes, républicanisme ;* des réunions dont
» le prétexte cache la véritable cause, des voix mélodieuses,
» des jeux, des fêtes, des soirées, des plaisirs : telles sont
» les armes perfides qui, dirigées par un adroit modéran-
» tisme, tuent la rigidité républicaine. Peut-on dire jusqu'où
» va l'influence d'une conversation particulière, d'un entre-
» tien familier, d'un sourire, d'un regard ? Aura-t-on la fer-
» meté de poursuivre celui dont on vient de recevoir l'hos-
» pitalité, à la table duquel on a été admis, dans l'âme
» duquel on vient de s'épancher ? Non ; et c'est là que l'éner-
» gie la plus sévère se fond, comme la glace qu'on ap-
» proche du brasier. Un vieux proverbe trouve ici son ap-
» plication : *Dis-moi qui tu hantes, et je te dirai qui tu es.*
» Eh bien, je le déclare, malheur au républicain qui n'aura
» pas la force de s'arracher de la société d'un modéré. Je
» sais qu'il est des hommes estimables, patriotes, qui sont
» loin de vouloir nuire à la Révolution, dont l'entretien est

» fait pour plaire, dont l'esprit et les grâces sont propres à
» séduire, dont l'humanité mal entendue est le seul défaut.
» N'importe, il faut les fuir comme ces roses qu'on ne peut
» toucher sans s'exposer à leurs épines. Il faut craindre une
» douce contagion, d'autant plus dangereuse qu'elle est
» plus cachée. Le serpent se glisse sous les fleurs ; le mo-
» déré, même sans le vouloir, fait gagner le vice de son
» tempérament politique à l'homme qui le fréquente...
» Qu'un républicain mange à la table d'un modéré sans in-
» tention de la part de l'un ni de l'autre, le mal gagne et le
» républicanisme s'affaiblit...

» Citoyens et citoyennes, j'ai beaucoup insisté sur l'ef-
» frayante contagion du modérantisme. C'est elle qui fit
» dominer la contre-révolution dans vos murs, qui fédéra-
» lisa Marseille, qui fit que Lyon, cette cité florissante;
» offre aujourd'hui les tristes restes de la guerre et de l'in-
» cendie...

» Tant que nous, républicains fermes, nous serons con-
» fondus avec les tièdes, les froids, les faibles, les modé-
» rantistes, nous n'avons rien à espérer, et nous avons tout
» à craindre... Je déclare qu'une société populaire qui veut
» concourir au salut de la liberté doit bannir de son sein
» les hommes même estimables qui n'ont rien fait contre la
» Révolution, qui ont monté leurs gardes, multiplié leurs
» offrandes, combattu même dans les armées de la répu-
» blique, mais dont le tempérament politique est, s'il m'est
» permis de le dire, goutteux et asthmatique, et ne leur
» laisse la possibilité ni de marcher au pas de charge, ni
» de respirer l'air montagnard, trop vif et trop fort pour
» eux...

» D'où naît le modérantisme et le peu de tenue de carac-

» tère des hommes même révolutionnaires et énergiques? Je
» dois le dire, parce que j'en ai fait l'épreuve, de l'influence
» trop puissante que les femmes ont sur nous. Un sexe
» faible, doux, sensible, qu'effraye la vue du moindre mal,
» que l'approche de la douleur suffit pour faire souffrir, est
» peu propre à la vigueur du tempérament qu'une révolu-
» tion exige. Parlez à une femme de sang à répandre, de
» guerre à soutenir, de périls à braver, elle recule trem-
» blante, elle pleure; ses larmes, trop pressantes, amollis-
» sent le courage, énervent la fermeté, identifient l'être le
» plus fort à sa timide faiblesse; et pour craindre quelques
» calamités légères qui pouvaient en éviter d'autres, on ap-
» pelle sur la patrie une suite incalculable de maux. Il est
» un mot vrai : *La liberté n'a pour lit que des matelas de*
» *cadavres*, ou comme on l'a dit encore, *le sang est*, à la
» honte des nations, *le lait de la liberté naissante*. Mais que
» le sang impur inonde seul notre territoire; que le sang
» pur soit épargné; que les têtes coupables tombent sur
» l'échafaud; que les têtes innocentes soient à l'abri de la
» trahison et de la calomnie; que la statue de la loi, quelque
» temps couverte d'un voile, s'élève triomphante sur l'autel
» de la patrie, et que son glaive exterminateur frappe tout
» ce qui résiste à son empire; la loi c'est le peuple, c'est sa
» volonté toute puissante; que les ennemis du peuple dis-
» paraissent, le néant les réclame; la liberté vous ap-
» pelle, etc. »

» De tels discours, où l'éloquence propre au temps, où
l'habileté à présenter le côté spécieux des choses, où surtout le fanatisme du sectaire ne manquent pas, de tels discours, jetés par la parole au milieu d'un auditoire ardent,
au milieu d'une population entière par l'impression, de-

vaient préparer aux plus déplorables excès. L'influence, en effet, du *bon ami de Robespierre* sur la *ci-devant ville de Bordeaux*, c'est ainsi qu'il la qualifie, fut profonde et désastreuse.

» Nous sommes au 21 avril 1794. Le 5 du mois suivant, nous trouvons Marc-Antoine Jullien, proposant aux Jacobins de Paris et leur faisant adopter une adresse à la Convention nationale pour la féliciter d'avoir décrété l'existence de l'Être suprême.

» Ce voyage à Paris ne fut pas étranger à la révocation d'Ysabeau. De retour à Bordeaux, Jullien s'attacha au représentant et ne le laissa plus respirer. « Il était bien urgent
» qu'Ysabeau partît, écrit-il le 30 mai; et cependant, mal-
» gré l'arrêté du comité de salut public, il est encore ici et
» diffère son départ de quelques jours sous je ne sais quels
» prétextes. Il a parlé au club sur les grands services qu'il
» avait rendus à Bordeaux, sur l'obéissance qu'il devait à
» des ordres supérieurs, et il a beaucoup répété ce mot,
» qu'il fallait bien obéir... Ce soir Ysabeau est encore venu
» au club...; et cette affectation de s'y rendre plus assidû-
» ment et d'y rester tout le long de chaque séance, ce qui
» ne lui arrivait jamais auparavant, devient plus suspecte
» encore par le contraste de ses discours particuliers et de
» ses discours publics. Il n'a pas manqué d'occuper le fau-
» teuil, quoique non président, d'être couvert par les accla-
» mations du peuple et de réitérer ses adieux pour réveiller
» les regrets d'une funeste idolâtrie... Je crois, d'après
» toutes les intrigues et les menées sourdes que je vois, qu'il
» serait important d'ôter à Ysabeau même son congé dans
» les Pyrénées, d'où il serait trop voisin encore de Bor-
» deaux, qu'il n'a pas perdu l'espérance de revoir... Avec

» un bon comité de surveillance que je cherche à composer,
» d'après ma mission, j'espère que Bordeaux ira mieux.
» Presse l'envoi du représentant destiné à remplacer Ysa-
» beau ; et qu'il soit bon, ferme et disposé à suivre les con-
» seils des Montagnards dont j'aurai soin de l'entourer. Le
» moment est venu de révolutionner cette commune ; et
» celui qui commencera le travail, surtout après un homme
» aussi mielleux et modéré qu'Ysabeau, ne sera pas aimé. »

» Le lendemain, 31 mai, Jullien écrivait encore : « Nous
» allons révolutionner Bordeaux, et j'ai déjà un bon comité
» de surveillance... Plusieurs négociants s'étant retirés dans
» leurs campagnes, il importe que le comité de surveillance
» puisse agir dans le département. » Et, par *post-scriptum :*
« Presse l'envoi du représentant qui doit remplacer Ysa-
» beau ; qu'il soit bon, ferme et révolutionnaire. On in-
» trigue ici pour obtenir des signatures pour qu'Ysabeau
» revienne. »

» Le lendemain autre lettre : Ysabeau ne part point en-
» core, malgré votre arrêté ; il reste et il intrigue. Sa pré-
» sence prolongée est une rébellion aux ordres du comité.
» Tout me prouve qu'il cherche même à le décrier, et je
» passe sous silence ce qui ne regarde que moi, contre le-
» quel il s'exprime de manière à m'ôter toute confiance,
» quoique je sois votre agent. Ysabeau veut se créer un
» parti ; il divise les patriotes, dont quelques-uns lui restent
» encore attachés, et rallie aussi les négociants et les aristo-
» crates, *qu'épouvantent la commission militaire et mon re-
» tour, dont on paraît ignorer le motif.* Hier nous célé-
» brâmes l'anniversaire du 31 mai. Ysabeau parut avec les
» corps constitués à la fête, et l'on battit des mains sur son
» passage, on cria : « Vive Ysabeau ! » Il saluait les applau-

» disseurs. Quelques patriotes indignés firent entendre le
» cri : « Vive le comité de salut public ! » Ysabeau se re-
» tourna de mauvaise humeur et dit : « Vive la Montagne
» suffit, il comprend celui-là. » Sa conduite tend à discrédi-
» ter publiquement le comité... Il importe, pour sauver
» Bordeaux, qu'un courrier extraordinaire apporte l'ordre
» du rappel positif et direct à Paris d'Ysabeau, pour ôter
» aux négociants l'attente de son retour après un congé
» dans les Pyrénées... »

» Le lendemain, 2 juin, Jullien écrivait, et toujours *à son bon ami* : « Nous avons eu séance au club, où Ysabeau a
» répété ses adieux déjà faits; et cependant il ne part point
» aujourd'hui. »

» Enfin le lendemain, 3 juin, Jullien écrit : « Ysabeau est
» parti cette nuit. » Et il ajoute : « Je suis à la piste des
» coupables, et le comité de surveillance, qu'il entrait dans
» ma mission de désigner, m'aidera dans ces recherches...
» La punition des intrigants de Bordeaux, dont les uns
» n'avaient en vue qu'un intérêt, dont les autres servaient
» Hébert et Danton, et dont tous n'aspiraient qu'à détruire
» le comité de salut public pour détruire la liberté, la puni-
» tion, dis-je, de ces intrigants de tous les partis, va régé-
» nérer Bordeaux. »

» Dès lors Bordeaux fut placé sous la direction absolue de l'agent du comité de salut public, qui put donner libre cours à ses instincts révolutionnaires. Nous pouvons apprécier mathématiquement l'influence de l'ami de Robespierre sur Bordeaux. Nous avons dit que vers la fin de 1793 et le commencement de 1794 la guillotine moissonnait vingt-trois têtes par mois; que, du 19 février au 20 avril 1794, ce nombre était tombé au-dessous de onze, et que les quarante-quatre jours suivants n'avaient vu qu'une seule exécution. Eh bien, depuis le départ d'Ysabeau jusqu'au 13 thermidor, c'est-à-dire en cinquante-sept jours, il y eut cent quatre-vingt quinze exécutions, ou plus de cent par mois; et le nombre allait toujours croissant, car les quatorze derniers jours de prairial n'en donnèrent que trente-deux, ou un peu plus de deux par jour, tandis que le mois de messidor en compte cent six, ou plus de trois, et les treize premiers jours de thermidor cinquante-sept, ou plus de quatre. On recule d'effroi en pensant à cette horrible progression.

» On supposait les députés proscrits cachés dans les carrières qui entourent Saint-Émilion. « Ces réflexions, dit une
» pièce semi-officielle, furent communiquées à Jullien, l'en-
» voyé du comité de salut public. Il les trouva fondées, et
» concerta de suite les mesures nécessaires pour faire cerner
» au même instant toutes les ouvertures des grottes, qui sont
» en grand nombre, pendant qu'on les fouillerait avec des
» chiens. » Deux individus furent envoyés pour prendre des informations sur les lieux. Ils se rendirent d'abord à Libourne auprès de l'agent national du district; de là ils allèrent à Sainte-Foy, « où ils prirent dix patriotes décidés et
» à toute épreuve, qu'ils amenèrent avec eux sans que per-
» sonne se doutât de rien... Marcou était du nombre avec
» ses chiens. » Revenus à Libourne, ils requirent un fort détachement du dixième bataillon de la Gironde. Ils partirent dans la nuit, et au point du jour, le 17 juin 1794, les carrières de Saint-Émilion, la ville entière, les maisons de Guadet père et de sa famille se trouvèrent investies sans qu'on se fût aperçu de l'arrivée des troupes. Les perquisi-

tions eurent un caractère atroce : dans les carrières étaient lancés les chiens, comme si l'on eût chassé des bêtes féroces. De là les recherches s'étendirent sur toutes les maisons suspectes. « Ils les avaient déjà toutes visitées inutile-
» ment et perdaient l'espoir de rien trouver, lorsque
» Favereau et Marcou, qui avaient parcouru plusieurs fois
» la maison de Guadet père, s'aperçurent que le grenier
» était moins long que le rez-de-chaussée. Ils y remontè-
» rent, et après l'avoir mesuré, ils se convainquirent qu'il y
» avait une loge pratiquée à l'extrémité, mais à laquelle
» aucune ouverture apparente ne communiquait. Ils mon-
» tèrent sur le toit, et ils travaillaient à découvrir la loge,
» lorsqu'ils entendirent rater un pistolet. Alors ils crièrent
» que ce qu'ils cherchaient était là; et Guadet et Salles criè-
» rent eux-mêmes qu'ils allaient se rendre, ce qu'ils effec-
» tuèrent. » Le père de Guadet, une tante, les domestiques furent aussi arrêtés et conduits à Bordeaux avec les députés.

» Salles et Guadet étaient hors la loi ; il ne s'agissait que de constater l'identité. « Quel est ton nom ? dit-on au pre-
» mier. — Salles, représentant du peuple. — Ci-devant re-
» présentant. — Non ! représentant. » Cette réponse fit impression. Quand vint le tour de son collègue :» Je suis
« Guadet, dit-il, bourreaux, faites votre office ; allez, ma
» tête à la main, demander votre salaire aux tyrans de ma
» patrie ! »

» Les dernières pensées de Salles furent pour sa femme. Il lui écrivit au moment de mourir, le 18 juin 1794, une lettre qui me paraît sublime de calme et de simplicité :
» Quand tu recevras cette lettre, ma bonne amie, je ne vi-
» vrai que dans la mémoire des hommes qui m'aiment.

PIÈCES JUSTIFICATIVES.   455

» Quelle charge je te laisse, trois enfants, et rien pour les
» élever ! Cependant c'est une de mes consolations, de pen-
» ser que tu voudras bien vivre à cause de ton innocente
» famille. Mon amie, je connais ta sensibilité, j'aime à
» croire que tu donneras des pleurs amers à la mémoire d'un
» homme qui voulait te rendre heureuse, qui faisait son
» principal plaisir de l'éducation de ses deux fils et de sa
» fille chérie ; mais pourrais-tu négliger de penser que ta
» seconde pensée leur appartient ? ils peuvent du moins, par
» leurs innocentes caresses, te tenir lieu de celles que je ne
» puis te donner.

» J'ai tout fait pour me conserver, je croyais me devoir à
» mon pays ; je croyais devoir vivre aussi pour recueillir
» sur le compte de mes malheureux amis, tous les monu-
» ments que je croyais utiles à leur mémoire. Enfin, je
» devais vivre pour toi, pour ma famille, pour mes enfants.
» Le ciel en dispose autrement ; je meurs sans avoir à me
» reprocher d'avoir compromis la sûreté de ma conserva-
» tion par aucune imprudence ; ma bonne amie, je meurs
» tranquille. J'avais promis dans une déclaration à mon
» département, lors des événements du 31 mai, que je sau-
» rais mourir ; au pied de l'échafaud, je crois pouvoir affir-
» mer que je tiendrai ma promesse. Mon amie, ne me plains
» pas : la mort, à ce qu'il me semble, n'aura pas pour moi
» des angoisses bien douloureuses. J'en ai déjà fait l'essai :
» au moment où l'on m'a saisi, j'ai dix fois présenté sur
» mon front un pistolet qui a trompé mon attente. Je ne
» voulais point être livré vivant. Toutefois, j'ai cet avan-
» tage d'avoir bu d'avance tout ce que le calice a d'amer,
» et il me semble que ce moment n'est pas si difficile.

» O mon amie, renferme tes douleurs, et n'inspire à mes

» enfants que des vertus modestes; il est si difficile de faire
» le bien de son pays! Je crois m'être dévoué pour le
» peuple; si, pour récompense, je reçois la mort, j'ai la
» conscience de mes bonnes intentions. Il est doux de pen-
» ser que j'emporte au tombeau ma propre estime, et que
» peut-être un jour l'estime publique me sera rendue. Mon
» amie, si je ne me trompais pas, tu pourrais alors espérer
» des moyens suffisants pour élever ta famille. Je te laisse
» dans la misère : quelle douleur pour moi! Et quand on te
» laisserait tout ce que je possédais, tu n'auras pas encore
» de pain. Cependant, que cette considération ne te jette
» pas dans le désespoir : travaille, mon amie, tu le peux;
» apprends à tes enfants à travailler quand ils seront en âge.
» Oh! si tu pouvais de cette manière éviter d'avoir recours
» aux étrangers! Sois, s'il se peut, aussi fière que moi;
» espère encore, espère en celui qui peut tout. Il est ma
» consolation au dernier moment, et j'ai trop besoin de
» penser qu'il faut bien que l'ordre existe quelque part pour
» ne pas croire à l'immortalité de mon âme. Il est grand,
» juste et bon, ce Dieu au tribunal duquel je vais compa-
» raître : je lui porte un cœur sinon exempt de faiblesse, au
» moins exempt de crime et pur d'intention; et, comme dit
» si bien Rousseau : » Qui s'endort dans le sein d'un père
» n'est pas en souci du réveil. »

» Baise mes enfants, aime-les, élève-les; console-toi,
» console ma mère, ma famille. Adieu! adieu pour toujours.
» Ton bon ami : Salles. »

» Guadet se distinguait de son collègue par une attitude plus sévère. Chez lui les sentiments de l'époux et du père, sentiments à coup sûr bien vifs dans son cœur, s'effaçaient cependant devant le caractère du citoyen, du représentant;

les regards, la pensée de Guadet ne s'arrêtaient pas au toit domestique, ils portaient plus loin, ils étaient fixés sur la France. Dans ce moment suprême, en face de la postérité, son âme voyait surtout son pays, ses concitoyens. Au peuple accouru sur son passage il disait : « Citoyens, voilà » le dernier de vos représentants fidèles. » Sur l'échafaud il voulut parler encore, mais un roulement de tambour couvrit sa voix, et il ne put faire entendre que ces mots : « Peuple, voilà l'unique ressource des tyrans : ils étouffent » la voix de l'homme libre pour commettre leurs attentats. » Guadet avait trente-neuf ans ; il laissait après lui une veuve et trois jeunes enfants, une veuve dont la vie entière ne devait être qu'un long souvenir du bonheur qu'il lui avait donné, un long regret de l'avoir perdu si vite et si fatalement, trois jeunes enfants qu'elle devait élever dans un religieux respect pour la mémoire de leur père.

» L'arrestation de Salles et de Guadet à Saint-Émilion fit penser que Pétion, Buzot et Barbaroux ne devaient pas être loin : une visite domiciliaire fut donc ordonnée. Troquart en avertit les trois députés ; ils lui répondirent qu'ils partiraient la nuit même. Ils écrivirent et lui remirent chacun une lettre, Buzot et Pétion pour leur femme, Barbaroux pour sa mère.

» *Lettre de Pétion :* « Ma chère amie, j'ai vécu pour toi,
» j'ai vécu pour mon fils et pour ma patrie, pour mes amis
» lâchement et férocement assassinés, pour mon honneur.
» J'ai éprouvé bien des peines : je les ai supportées avec
» courage; mon caractère ne s'est jamais démenti. Je m'in-
» quiète peu de ce que les hommes penseront de moi ; j'ai
» voulu le bien de mon pays, et ma conscience ne me re-
» proche rien. Je me trouve dans la plus cruelle situation

» qu'il soit possible d'imaginer. Je me jette dans les bras de
» la Providence, je n'espère pas qu'elle m'en tire. Adieu
» mille fois, chère femme! je tembrasse, j'embrasse mon
» fils; mes derniers soupirs sont pour vous; qu'il se sou-
» vienne de son père. Récompense le brave homme qui te
» remettra cette lettre : il a fait tout ce qu'il a pu pour
» m'être utile. »

» *Lettre de Barbaroux* : « O ma mère, ma bonne mère !
» je n'ai pas le temps de t'en dire davantage. Je me livre à
» la providence de Dieu pour chercher un asile : ne déses-
» père pas de mon sort; et, si tu le peux, récompense le
» brave homme qui te remettra ce billet. Adieu, ma bonne
» mère, ton fils t'embrasse. »

» *Lettre de Buzot* : « Ma bonne amie, je laisse entre les
» mains d'un homme qui m'a rendu les plus grands services
» ces derniers souvenirs d'un mari qui t'aime. Il faut fuir
» un asile sûr, honnête, pour courir de nouveaux dangers;
» une catastrophe terrible nous enlève notre dernière espé-
» rance. Je ne me dissimule aucun des dangers pressants
» qui nous menacent; mais mon courage me reste. Mais,
» ma chère amie, le temps presse, il faut partir. Je te re-
» commande surtout de récompenser autant qu'il sera en
» toi le généreux... qui te remettra ce billet; il te racontera
» tous nos malheurs. Adieu, je t'attends au séjour des
» justes. »

» Quand vint la nuit, les trois députés reçurent de leur hôte un pain renfermant un morceau de veau rôti et des pois verts; et ils s'éloignèrent chargés de ces humbles provisions. Ils errèrent toute la nuit : le lendemain matin ils se trouvèrent à une demi-lieu de Castillon. On suppose qu'ils aperçurent de loin une réunion d'hommes, qu'ils entendirent le bruit de tambours et de fifres, car c'était la fête du village voisin; qu'ils virent là des populations prêtes à marcher sur eux, et qu'alors ils prirent la résolution d'en finir avec la vie. Des volontaires qui passaient, et qui peut-être avaient concouru à l'erreur des malheureux proscrits, entendent un coup de pistolet et voient deux hommes se sauver; ils courent à l'endroit d'où le coup est parti et ils trouvent un homme couvert de sang. Ils le portent à Castillon. Comme le linge du blessé était marqué des initiales R. B., on lui demanda s'il est Buzot. Ne pouvant parler, car il avait la mâchoire fracassée, de la tête il fit signe que non; on lui demanda s'il était Barbaroux, il fit signe que oui. — Barbaroux fut transféré à Bordeaux, où il eut la tête tranchée.

» Le document d'où nous tirons ces tristes détails fait espérer que les deux collègues de Barbaroux seront bientôt pris « parce que les campagnes sont sur pied, y est-il dit, et qu'il est impossible qu'ils échappent. » —Deux jours plus tard, les corps de Pétion et de Buzot furent trouvés dans un champ de blé, à demi dévorés par les loups. Le lieu où ils périrent a conservé le nom de *Champ des émigrés*, car, pour les naïfs habitants de ces campagnes, les représentants du peuple proscrits étaient des émigrés. Buzot l'avait dit à plusieurs reprises : « Quand on voit une nation jadis
» si douce, si humaine, se plier à des mœurs si féroces,
» égorger de sang-froid l'innocent, et même ses plus dignes
» défenseurs mis *hors la loi*, il n'y a plus qu'à se couvrir la
» tête de son manteau, à prévenir les poignards par une
» mort plus indépendante et plus honorable. Va, nation in-
» grate, aucun de ceux qui partagent mon asile ne périra
» sous tes coups; tu ne jouiras pas du plaisir barbare de

» verser toi-même notre sang ! Celui que tu répands à flots
« doit suffire à ta curiosité ! Tu pourras bien insulter nos
» cadavres, dévorer quelques lambeaux de notre chair pal-
» pitante, tremper tes mains dans notre sang figé ; mais
» notre mort sera comme notre vie, noble, fière, indépen-
» dante de toi ! »

» Ainsi finirent les cinq représentants du peuple réfugiés à Saint-Émilion : Guadet, Salles, Pétion, Buzot, Barbaroux. Ils avaient passé près de quatorze mois dans la proscription, ils avaient pendant quatorze mois échappé à mille dangers ; ils avaient supporté les privations, la misère, le désespoir ; et quelques jours seulement les séparait du 9 thermidor qui les rendait à la liberté !

» Guadet père et sa sœur avaient vu arriver successivement dans les prisons de Bordeaux, madame Bouquey et son mari, ainsi que M. Dupeyrat, son père. Saint-Brice Guadet se trouvait dans la maison paternelle lors de l'arrestation de son frère et de Salles : à la faveur de son costume militaire il en put sortir : il erra quelques jours dans les environs, mais bientôt reconnu, dénoncé, il fut arrêté lui aussi. Enfin B. Troquart fut également conduit dans les prisons de Bordeaux.

» Dans ses premiers interrogatoires, Guadet père assuma sur lui seul une entière responsabilité : « Tout le monde
» ignorait, dit-il, la présence de son fils et de Salles dans sa
» maison ; seul il leur portait des aliments, du linge ; il
» descendait pour eux aux soins les plus vils de la domesti-
» cité. » On lui demanda qui l'avait prévenu de l'arrivée de son fils : « Ce fut lui-même, dit-il ; il vint à minuit se jeter
» à mes pieds en me priant de lui donner asile ; tout se
» passa entre lui et moi ; j'avais envoyé coucher les ser-

» vantes, et, demeuré seul avec mon fils, à la faveur d'une
» échelle, je le plaçai avec son compagnon dans un grenier ;
» le lendemain je répandis dans la maison qu'ils étaient
» partis le soir même. On le crut ; et personne, jusqu'au
» moment de leur arrestation, n'a su qu'ils étaient chez
» moi. » — Mais lorsque les autres accusés parurent devant
le tribunal, ils déclarèrent tous, avec une touchante unanimité, qu'ils savaient la présence des représentants à Saint-Émilion, et qu'ils n'avaient pas eu le triste courage de les dénoncer. — « Tu eus un fils qui se couvrit du masque du
» patriotisme, dit Lacombe à Guadet père ; il voulut la guerre
» civile, il fut mis hors la loi ; tu devais le rejeter de ton
» sein ; pourquoi l'as-tu accueilli ? « Le vieillard eut un mouvement d'indignation, puis se remettant : « C'est le senti-
» ment paternel qui a dicté ma conduite, dit-il ; il est bien
» difficile d'étouffer un pareil sentiment... » — « Devais-tu,
» continua Lacombe, sacrifier les lois et la patrie à un scé-
» lérat ? Il n'était plus ton fils, tu aurais dû le chasser et te
» souvenir à cette heure-là de Brutus immolant son enfant. »
Le peuple battit des mains et le malheureux vieillard ne répondit plus.—Le tribunal condamna à mort Guadet père, Marie Guadet, François Bouquey, Thérèse Dupeyrat sa femme, et François-Xavier Dupeyrat, père de celle-ci. La sentence fut accueillie par le cri de : « *Vive la République !* » et les malheureuses victimes furent conduites immédiatement au supplice (20 juillet).

» Saint-Brice Guadet, le jour même de son arrestation, le 21 juin, avait subi son premier interrogatoire ; il en subit un second le 23. Questionné alors si son frère et Salles avaient constamment demeuré ensemble dans la maison de son père, il répondit : qu'ils y avaient constamment demeuré, qu'ils n'avaient jamais été ailleurs. — *D.* Qui étaient les personnes qui allaient les voir ? — *R.* Lui seul. — *D.* N'y avait-il que lui qui sût que Guadet et Salles étaient cachés dans la maison de son père ? — *R.* Il n'y avait que son père et lui qui le sussent, pas même les servantes, ni sa tante, qui pouvait tout au plus le soupçonner. — *D.* S'il avait connaissance du décret qui mettait hors la loi les deux ci-devant députés logés chez son père ? — *R.* Il le connaissait, mais l'amitié fraternelle l'a emporté sur ce qu'il aurait dû faire. — *D.* S'il sait à quoi son frère et Salles s'occupaient pendant le séjour qu'ils ont fait chez son père ? — *R.* Ils méditaient sur le bonheur de leur patrie. — *D.* S'il sait qu'elles étaient les opinions de son frère et de Salles sur le nouveau gouvernement ? — *R.* Ils croyaient que là où l'opinion est un crime, il n'y a plus de liberté ; ils étaient ennemis des rois, amis du peuple ; ils trouvaient la Révolution souillée par trop d'effusion de sang ; ils étaient républicains dans l'âme. C'est là toute la connaissance qu'il a pu avoir de leurs opinions.

» Un mois plus tard, le 21 juillet, Saint-Brice Guadet vint s'asseoir à la place laissée vide la veille par son père. » Savais-tu, lui dit le président de la commission militaire, » que les citoyens que tu as vus chez ton père étaient hors » la loi ? — Oui ; mais les services que j'ai rendus à la chose » publique depuis le commencement de la Révolution ne » permettent pas de douter de mon patriotisme. » Et il demanda à lire une défense qu'il avait préparée dans sa prison. L'autorisation lui en fut accordée. Il raconta alors avec simplicité et d'une manière touchante toutes les circonstances de sa vie, et il termina sa défense en disant : « A » ceux qui conserveront encore quelques doutes sur la pu-

» reté de mes intentions, je dirai : Je ne sache pas avoir
» jamais fait tort à personne ; mes mœurs ne furent jamais
» corrompues ; je chéris toujours l'homme vertueux et je
» tâchai de l'être; je fus, dès le commencement de la Révo-
» lution, ardent patriote ; j'ai été zélé républicain ; j'ai volé
» avec zèle sur les frontières à la défense de ma patrie ; j'y
» ai reçu une blessure honorable à l'œil gauche par un éclat
» d'obus ; j'ai toujours été fils respectueux, frère tendre,
» ami sincère... Mais s'il existait quelque loi qui ne permît
«pas aux juges d'écouter les mouvements d'intérêt que je
» crois devoir inspirer, si ma mort était utile à ma patrie,
» je la supporterais en républicain, c'est-à-dire avec fer-
» meté ; ma conscience rassurée me donnera l'espoir que
» l'Être suprême n'envisagera pas mon action du même œil
» que les hommes ; je me réfugierai avec confiance dans son
» sein ; mais en tout événement mon dernier vœu comme
» mon dernier cri sera : *Vive la république!* — Tout cela
» est fort bien, dit Lacombe, mais parlons du procès véri-
» table. Voyais-tu souvent Troquart? — Oui. — Qui lo-
» geait-il? — Pétion, Barbaroux, Buzot. — Quel était le
» but de ces trois conspirateurs? — Leur but était de passer
» à l'étranger. — Tu as parlé de tes services ! Que me font
» tes services passés, quand tu cesses un moment de servir
» la république? Rien. Tu te dis patriote; tu savais la re-
» traite des scélérats et tu ne t'es pas rendu au comité pour
» les dénoncer ! — J'étais frère, et l'amitié fraternelle a
» parlé plus haut dans mon cœur que le reste ; je suis excu-
» sable. — Mais Salles et les autres n'étaient pas tes frères.
» — C'est vrai. — Tu peux t'asseoir, nous sommes fixés. »
Quelques instants après, la tête de Saint-Brice Guadet tombait sur l'échafaud.

» Un seul membre de la famille Guadet, autre frère du représentant, lieutenant-colonel d'un régiment alors à Saint-Domingue, car les trois frères s'étaient donnés à la patrie, survécut à ces temps affreux. La veuve même du représentant était vouée à la mort, dont elle ne fut préservée que par un événement providentiel. Elle avait la petite vérole ; les gendarmes envoyés pour l'arrêter rendirent compte de son état à Lacombe, qui répondit : « Ce sera pour une autre » fois. » Mais il comptait sans le 9 thermidor, qui l'envoya lui-même à l'échafaud.

FIN DU SEPTIÈME ET DERNIER VOLUME DES GIRONDINS.

TABLE

DES MATIÈRES CONTENUES DANS CE VOLUME

                                          Pages.

CRITIQUE DE L'HISTOIRE DES GIRONDINS, PAR L'AUTEUR DES GIRONDINS LUI-MÊME. 3

PIÈCES JUSTIFICATIVES. 263

    Discours de Vergniaud. — La patrie déclarée en danger. 265

    Tentative des Girondins pour rattacher Louis XVI a la constitution 274

    Révolution du 10 août. — Suspension provisoire du chef du pouvoir exécutif. 285

    Nouveau rôle des Girondins en face de la commune. 303

    La Commune de Paris fait les massacres de septembre. 318

ÉLECTIONS DE PARIS FAITES SOUS LA PRESSION DE LA COMMUNE ET DES CLUBS. — CLÔTURE DE L'ASSEMBLÉE LÉGISLATIVE.................................. 345

DEUXIÈMES PIÈCES JUSTIFICATIVES.

GUADET ET SES AMIS AU BEC-D'AMBÈS.............. 363

SAINT-EMILION. — FAMILLE GUADET. — MADAME BOUQUEY.. 365

PROCÈS, CONDAMNATION ET SUPPLICE A PARIS DE VINGT ET UN REPRÉSENTANTS GIRONDINS. — PROCÈS, CONDAMNATION ET SUPPLICE DE MADAME ROLAND. — MORT DE ROLAND, DE CONDORCET ET AUTRES......... 375

CRUELLES ANGOISSES DES GIRONDINS RÉFUGIÉS A SAINT-ÉMILION..................................... 427

TEMPS DE RÉPIT AU COMMENCEMENT DE 1794...... 437

GRANDE TERREUR : DERNIERS MOMENTS DES DÉPUTÉS A SAINT-ÉMILION............................. 445

FIN DU QUINZIÈME VOLUME